福建省优秀出版项目

家庭教育指导丛书

丛书主编 / 连榕

家庭教育原理与操作指导手册
（小学版）

连榕 主编

海峡出版发行集团
福建教育出版社

图书在版编目（CIP）数据

家庭教育原理与操作指导手册：小学版/连榕主编
. 一福州：福建教育出版社，2024.4
（家庭教育指导丛书/连榕主编）
ISBN 978-7-5334-9529-9

Ⅰ.①家… Ⅱ.①连… Ⅲ.①小学生－家庭教育－手册 Ⅳ.①G782-62

中国版本图书馆 CIP 数据核字（2022）第 222745 号

家庭教育指导丛书
丛书主编　连榕

Jiating Jiaoyu Yuanli Yu Caozuo Zhidao Shouce（Xiaoxue Ban）

家庭教育原理与操作指导手册（小学版）
连　榕　主编

出版发行　福建教育出版社
（福州市梦山路 27 号　邮编：350025　网址：www.fep.com.cn
编辑部电话：0591-83763162
发行部电话：0591-83721876　87115073　010-62024258）
出 版 人　江金辉
印　　刷　福建省地质印刷厂
（福州市金山工业区　邮编：350011）
开　　本　787 毫米×1092 毫米　1/16
印　　张　19.5
字　　数　372 千字
插　　页　2
版　　次　2024 年 4 月第 1 版　2024 年 4 月第 1 次印刷
书　　号　ISBN 978-7-5334-9529-9
定　　价　49.00 元

如发现本书印装质量问题，请向本社出版科（电话：0591-83726019）调换。

编 委 会

丛书主编： 连　榕
丛书副主编： 孟迎芳　林荣茂　缪佩君

本册主编： 连　榕
本册副主编： 邓惠明　郭明春　高思刚

编者名单（按姓氏拼音排列）：

陈　菁　陈　静　陈　姗　陈思寒　邓惠明
高　莉　高思刚　郭明春　黄　硕　黄雪梅
李思馨　连　榕　刘建榕　刘　强　任佳铿
邵永红　沈梓锋　叶铭珊　尹　红　张　玲
郑雅珍

前　言

党和政府非常重视和强调家庭教育工作。习近平总书记强调，家庭是人生的第一所学校，家长是孩子的第一任老师，要给孩子讲好"人生第一课"，帮助扣好人生第一粒扣子；要重视家庭建设，注重家庭、注重家教、注重家风，全社会都要担负起青少年成长成才的责任。2022年1月1日起，《中华人民共和国家庭教育促进法》开始施行，这既是大力弘扬中华民族家庭美德的法治体现，也是促进未成年人健康成长和全面发展的法治保障。

父母可能是唯一不需要持证上岗且受鼓励的"职业"。随着我国社会主要矛盾转化为人民日益增长的美好生活需要和不平衡不充分的发展之间的矛盾，社会和家庭对高质量教育的需求更为迫切，如何做一个合格的、胜任的父母成为每一位家长的必修课。但是，由于我国现代化家庭教育指导工作刚刚起步，家庭教育指导资源和专业人员非常匮乏，家长们"自然"获得了这一身份和职业，但缺乏相应的家庭教育知识和技能，在教育孩子时遇到困惑和烦恼无处咨询、无法有效解决等问题已凸显。

为进一步普及家庭教育知识，提升家庭教育的科学性、有效性和可操作性，在福建省委教育工委的指导下，我们组织编写了这套"家庭教育指导丛书"。该套丛书具有两个特点：一是注重差异性和针对性。我们首先根据不同年龄阶段孩子的发展特点和家庭教育的不同侧重点，将丛书各册分为幼儿版、小学版、初中版和高中版，以期更好地反映不同年龄阶段孩子的差异性，提高家庭教育的针对性。二是注重理论性与实操性。各册分为原理篇和操作篇两部分：原理篇结合具体实例，通过通俗易懂的语言描述不同年龄段孩子心理发展的特点、规律，提出家庭教育的基本要领，以期帮助家长快速建构家庭教育的基本知识和认知结构；操作篇搜集了家庭教育中的常见问题，以问题形式，通过具体案例，简述案例背后的原因，给予具体的操作指导和教育提升。本套丛书既可以作为家庭教育的指导用书，也可以作为家庭教育指导师培训的教学用书或参考资料。

本分册原理篇参编人员：连榕、刘建榕、叶铭珊、李思馨、陈思寒、郑雅珍、任佳铚、张玲、沈梓锋；操作篇参编人员：邓惠明、郭明春、高思刚、邵永红、黄雪梅、黄硕、尹红、陈菁、陈姗、高莉、刘强、陈静。丛书主编连榕审校了最终稿。

本书在编写过程中参阅了相关文献，在此向原作者致以诚挚的谢意。由于时间和精力有限，书中可能尚存一些纰漏，敬请广大读者批评指正。

编者

2024 年 4 月

目 录

第一部分 原理篇

第一章 心理与心理发展

第一节 心理与生活 …………………………………………………………… 3

第二节 心理发展的实质 ……………………………………………………… 9

第三节 心理发展的理论 ……………………………………………………… 15

第二章 小学生的认知能力

第一节 感知、注意和记忆的发展 …………………………………………… 23

第二节 思维与想象的发展 …………………………………………………… 33

第三章 小学生的社会性

第一节 情绪与自我意识的发展 ……………………………………………… 43

第二节 道德与人格的发展 …………………………………………………… 49

第三节 人际关系的发展 ……………………………………………………… 55

第四章 家庭教育的作用

第一节 家庭教育的影响 ……………………………………………………… 62

第二节 家庭教育的促进 ……………………………………………………… 71

第二部分 操作篇

主题一 生命与生活

问题1：如何回答孩子"我从哪里来"？ ……………………………… 83

问题2：如何与孩子谈论生命的逝去？ …………………………… 86

问题3：如何引导孩子热爱生命、敬畏生命？ …………………… 88

问题4：如何培养孩子的性别意识？ ……………………………… 91

问题5：在多子女家庭中，如何引导孩子手足相亲？ …………… 93

问题6：如何提升孩子的自我效能感？ …………………………… 96

问题7：如何提高孩子抗击挫折的能力？ ………………………… 98

问题8：孩子害怕一个人睡，为什么？怎么办？ ………………… 101

问题9：孩子总是"宅"在家里，为什么？怎么办？ …………… 103

问题10：孩子被欺负了，怎么办？ ……………………………… 106

问题11：要不要与孩子谈"性"，怎么谈？ …………………… 108

问题12：如何培养孩子的自我保护意识？ ……………………… 111

问题13：孩子被性侵了，怎么办？ ……………………………… 114

问题14：孩子的求助信号，你收到了吗？ ……………………… 116

问题15：少年儿童自残，家长如何应对？ ……………………… 119

主题二 亲子关系与沟通

问题1：如何有效疏导孩子的不良情绪？ ………………………… 122

问题2：什么样的表扬方式更切实有效？ ………………………… 124

问题3：孩子沉迷于手机游戏，为什么？怎么办？ ……………… 127

问题4：父母想借别人家孩子作榜样，孩子却很反感，怎么办？ … 129

问题5：父母想亲近的亲戚，孩子却非常不喜欢，怎么办？ …… 131

问题6：为孩子付出那么多，孩子却说父母不爱他，为什么？怎么办？ … 133

问题 7：孩子因失败陷入负面情绪，怎么安慰都不管用，为什么？怎么办？ ……… 136

问题 8：父母提醒孩子不要做某事，却没用，为什么？怎么办？ ……… 138

问题 9：想用奖励来激励孩子，却总没有效果，为什么？怎么办？ ……… 140

问题 10：孩子早上爱赖床，为什么？怎么办？ ……… 143

问题 11：孩子爱顶撞父母，为什么？怎么办？ ……… 145

问题 12：孩子开始对异性感兴趣，父母该如何引导？ ……… 148

问题 13：如何与留守儿童沟通？ ……… 151

问题 14：如何与青春期的孩子沟通？ ……… 153

主题三　学习与成长

问题 1：如何帮助孩子养成良好的学习习惯？ ……… 157

问题 2：如何培养孩子的学习自主性？ ……… 159

问题 3：输入＋输出学习模式——如何提升孩子的学习效率与动力？ ……… 162

问题 4：我不是学习的料？——如何让成长型思维帮助孩子学习成长？ ……… 164

问题 5：父母如何给孩子的学习提供帮助？ ……… 167

问题 6：孩子不爱学习怎么办？ ……… 169

问题 7：孩子做作业拖拉怎么办？ ……… 172

问题 8：孩子考试焦虑怎么办？ ……… 175

问题 9：孩子学习成绩退步了怎么办？ ……… 177

问题 10：孩子对学习没有信心怎么办？ ……… 180

问题 11：我担心，我害怕——孩子的学习心态不好怎么办？ ……… 182

问题 12：为什么我总是记不住？——如何帮助孩子提升记忆力？ ……… 185

问题 13：我不想背诵了——孩子学习中不能坚持怎么办？ ……… 187

问题 14：做完作业就玩游戏——孩子不爱课外阅读怎么办？ ……… 190

问题 15：一边做一边玩——孩子学习时注意力不集中怎么办？ ……… 192

主题四　品德与个性

问题 1：孩子做事不认真，常常应付了事，为什么？怎么办？ ……… 195

问题2：孩子喜欢恶作剧，为什么？怎么办？ ······ 197
问题3：孩子喜欢攀比和炫耀，为什么？怎么办？ ······ 200
问题4：孩子做错事情不敢承认，喜欢撒谎，为什么？怎么办？ ······ 202
问题5：孩子不喜欢和别人分享，为什么？怎么办？ ······ 205
问题6：孩子在学校容易和别人起冲突，为什么？怎么办？ ······ 207
问题7：孩子只想赢，输不起，怎么办？ ······ 210
问题8：孩子吃不了苦，为什么？怎么办？ ······ 212
问题9：孩子讲粗话，为什么？怎么办？ ······ 214
问题10：孩子胆小怕事，做事缩手缩脚，为什么？怎么办？ ······ 216
问题11：孩子会认错，但改不了，为什么？怎么办？ ······ 219
问题12：孩子做事被动，依赖性强，为什么？怎么办？ ······ 221
问题13：孩子自控力差，为什么？怎么办？ ······ 224
问题14：孩子答应好的事情，总是临时变卦，为什么？怎么办？ ······ 226

主题五 家教与家风

问题1：家庭教育要重视言传身教，为什么？怎么办？ ······ 229
问题2：如何培养孩子的责任感？ ······ 231
问题3：父母该如何对待孩子犯错？ ······ 233
问题4：孩子懒，不愿做家务，为什么？怎么办？ ······ 236
问题5：孩子过分依赖父母，为什么？怎么办？ ······ 239
问题6：家里的长辈太宠孩子，为什么？怎么办？ ······ 241
问题7：孩子对长辈的付出总是感觉理所当然，为什么？怎么办？ ······ 244
问题8：孩子不懂礼貌，不会主动跟长辈问好，为什么？怎么办？ ······ 246
问题9：孩子眼里只有自己，不懂得尊重他人，为什么？怎么办？ ······ 249
问题10：孩子的生活自理能力要从小培养，为什么？怎么办？ ······ 251
问题11：孩子不诚实、说谎话，为什么？怎么办？ ······ 253
问题12：家风传承要讲好家庭故事，为什么？怎么办？ ······ 255
问题13：父母如何克服自己的"控制欲"？ ······ 257
问题14：父母尽量别当着孩子的面吵架，为什么？怎么办？ ······ 259

主题六　家长自我提升和家校合作

问题 1：家长要接受家长教育，为什么？怎么办？ ········· 263
问题 2：父母自身文化水平不高，如何教育孩子？ ········· 265
问题 3：家长学了家教理论却没什么用，为什么？怎么办？ ········· 267
问题 4：父母相互推卸教育责任，为什么？怎么办？ ········· 269
问题 5：父母要做好"幼小衔接"准备，为什么？怎么办？ ········· 272
问题 6：孩子教育问题父母无法摆脱"内卷"，为什么？怎么办？ ········· 274
问题 7：家长的教育期望越高失望越大，为什么？怎么办？ ········· 277
问题 8：家庭教育不能依葫芦画瓢，为什么？怎么办？ ········· 280
问题 9：父母在教育孩子时经常意见不一致，怎么办？ ········· 282
问题 10：家长难以改变不良的教育行为，怎么办？ ········· 285
问题 11：教育要求被孩子当成了耳旁风，为什么？怎么办？ ········· 288
问题 12：父母无法纠正孩子的坏习惯，为什么？怎么办？ ········· 290
问题 13：隔代抚养影响到家庭教育成效，为什么？怎么办？ ········· 293
问题 14：家长忽略了家校合作请求，为什么？怎么办？ ········· 295
问题 15：父母和老师沟通不顺畅，为什么？怎么办？ ········· 297

第一部分　原理篇

第一章　心理与心理发展

◇ 心理学是一门怎样的科学？
◇ 什么是心理发展？个体心理发展有哪些特点？
◇ 个体心理发展的进程是怎样的？
◇ 个体心理发展受哪些因素的制约？
◇ 有哪些经典理论可以解释个体的心理发展？

说到心理学，许多人会说"挺深奥的，不太懂"，是魔术，意念控制，算命？很多人都觉得心理学神秘莫测，看不见又摸不着。其实，心理实质上是人脑的一种功能，也就是人脑对客观事物主观的反映，如一朵花的颜色、形状，这些信息储藏在脑海里就变成了记忆。而心理学就是研究心理现象的一门科学。人们对心理的研究历史悠久，但直到1879年德国心理学家冯特在莱比锡大学建立了世界上第一个心理学实验室，心理学才从哲学中脱离出来，成为一门真正独立的科学。从1879年至今这短暂的百余年发展历程中，心理学不仅在不断地自我发展，在人们生活中的地位也逐渐提高。呼唤健康心灵、注重个体自我实现，不仅是心理学研究的目的，也是孩子成长的目标。

第一节　心理与生活

▶**心理实验**

1968年的一天，美国心理学家罗森塔尔和他的伙伴们一起来到了一所学校，他们先对小学一至六年级学生进行了一次预测未来发展的智力测验，之后，在各班随机抽取20%的学生作为实验组，并告诉各班级的老师这些

> 学生智力测验得分很高，未来肯定大有成就。实验者将"最有发展前途者"的名单交给了各班级老师，并叮嘱他们务必要保密，以免影响实验的准确性。其实，罗森塔尔撒了一个"权威性谎言"，因为名单上的学生是随便挑选出来的。八个月后，罗森塔尔和助手们对这些学生又做了一次智力测验，结果奇迹出现了：名单上的学生成绩都有了显著进步，他们的智力测验得分也上升了！且个个性格活泼开朗，自信心强，求知欲旺盛，更乐于和别人打交道。

上述例子中，在罗森塔尔和老师等人的热切期待下，那些学生的成绩真的显著进步了。心理学上把这种现象称为"罗森塔尔效应"，也叫"期待效应"。那么，这种神奇作用是如何发生的呢？其实，这就是一种心理暗示。研究人员给老师暗示哪些学生会有优异的发展，左右了老师对这些学生的评价，使老师在日常教学中无意间对这些学生传递出热爱和期待，学生感觉被肯定，感到鼓舞和振奋，从而在之后的学习中朝着被期待的方向努力。你们看，这就是心理学在生活中发挥作用的经典例子。不需要高深的技巧，也不是什么神奇的窥视人心，仅仅是一句赞美、一个肯定，就能满足他人被信任的需要，就会激发和影响一个人的行为。所以，心理学不是电影中高深莫测的领域和学科，相反，它就像我们每天呼吸的空气、喝的水一样，深深地存在于我们的日常生活中，却又常常被人们忽略。心理学就是研究人的行为和心理活动规律的一门科学。

一、生活中的心理现象

生活中，你是否担忧孩子的成长问题？如何让他们的身心健康成长，如何帮助他们面对生活带来的问题和情绪，如何帮助他们养成好习惯、形成规则感？小朋友逐渐长大，心理活动也日渐丰富，和父母的冲突也逐渐增多，父母该如何和孩子形成良好联结，达到有效沟通呢？是否有方法能让孩子提高学习效率、提升学习兴趣呢？网络诱惑那么多，生活环境复杂，要如何教养孩子才不会"长歪"呢？……诸如此类的烦恼和困惑相信是每个父母都会面临的问题。其实，无论是情绪的处理、行为的养成，还是沟通的风格、学习的动力，抑或是道德品质的养成，都属于心理学的研究范畴。每个发展阶段的个体都有特定的心理特点，父母可以通过心理学知识了解孩子的内心、知晓他们的需求，如此"对症下药"，才能建立良好的亲子关系，让孩子们的身心健康发展。下面，我们通过一个小现象来看看心理学在生活中的表现吧！

> ▶ **心理实验**
>
> 心理学家做过这样一个实验,把一群孩子分为两批,让他们在不同的条件下完成两个具有相同吸引力的绘画游戏。第一种条件是让孩子们自己选择顺序依次完成两个活动;在第二种条件下,孩子们被告知他们如果想要做其中的一个活动,必须先做另一个活动。研究者在暗处观察孩子们在每个活动上各花了多少时间。结果发现,那些自己选择顺序完成两个活动的孩子在两个活动上花的时间相当;而那些先要完成一个活动来达到参与后一个活动的目的的孩子会倾向于避开前一个活动,他们对前一个活动的兴趣已经被破坏了。

为什么会发生上述情况呢?其实,在心理学中,我们为了得到其他东西而实施了某个行为,那么这个行为的价值会被我们低估,这种现象被称为"过度辩护效应"。本来孩子们做绘画游戏是出于对活动的兴趣,但当这种活动变成达到目的的手段,该行为的动机就从内部原因转为外部原因,从而让孩子们忽略了本身对活动的兴趣和动机。在生活中,家长经常会为了让孩子取得好成绩或有其他好表现而奖励他们,在有些情况下甚至会用某种外部的奖励来"诱惑"孩子努力达成自己的目标。但是家长们渐渐会发现,有时候当撤销奖励时,孩子们学习的动力就减弱甚至消失了。当孩子出于兴趣做某件事时,父母如果给予过多的奖励,就会弱化兴趣对孩子的激励作用,孩子就不再因为"我喜欢数学""我觉得钢琴很有趣"去学习,而是为了"我学了就能得到很多零花钱"去学习。渐渐地,孩子就会变成被奖励推动的被动学习者。

二、心理学的起源与发展

心理学作为一门真正独立的学科,虽然到现在只有百余年的历史,但在这短暂的时光中却获得了惊人的发展,整个心理学界出现了前所未有的学术探讨的繁荣局面,其研究的深度和广度也是史无前例的。在这一百多年的历史发展中,心理学家各立门派,每个学派都在这段历史的某个节点大放光彩,客观而深刻地影响着心理学的发展进程。下面就让我们来了解一下各学派的理论。

(一)刺激与反应的联结——行为主义

1913年,华生为心理学界带来了行为主义,该学派的代表人物还有斯金纳等。该理论确立之初,华生就高举两面反对大旗:反对研究意识、反对内省。他主张用客观方法来研究那些可以被观察、预见,最终可以被科学工作者控制的行为。华生提出了心理研究的基本公式——S-R(刺激-反应),心理学研究行为的任务就是查明刺激和反应之间的规律性关系。行为主义心理学发现的行为习得的规律有经典条件反射、操作性条件反射、社会观察学习。同时，行为主义在心理发展上的观点是典型的环境决定论，认为个体的行为完全是由环境控制和决定的。行为主义强调用客观方法研究行为的观点对心理学的发展具有积极作用，但是该流派过于强调环境对行为的塑造作用，忽视了遗传和意识的影响。

▶ **心理实验**

斯金纳箱

心理学家斯金纳设计了一个箱子，箱壁的一边有一个可供按压的控制杆，杆下面有个小孔和外面的食物传送器连接。只要箱内的小白鼠按动控制杆，食物就会通过通道落在食槽里。刚开始时，小白鼠只是无意间碰到控制杆而吃到食物，经过不断的重复后，小白鼠逐渐掌握了按压控制杆与得到食物之间的联结，这只是最初的学习行为。之后，斯金纳对小白鼠进行了更加复杂的训练，如灯亮时按压控制杆才可以得到食物，灯灭则没有。渐渐地，小白鼠也学会了在灯亮时按压控制杆。

a灯 b食物槽 c杠杆或木板 d电格栅

斯金纳箱

(二) 探讨无意识——精神分析学派

精神分析学派代表人物有弗洛伊德、荣格、阿德勒。弗洛伊德将人格分为潜意识、前意识和意识三个部分，提出了心理冰山模型。他认为性的欲望是人类最基本的行为动力，而这些欲望都藏在人的潜意识当中。在他看来，露出海面的是可见的意识，在水下的大部分是潜意识，也叫无意识，包括人的原始冲动、各种本能和出生后形成的各种欲望。潜意识是意识的基础，决定着人的大部分行为，而前意识是两者之间的"检察官"，防止潜意识随意进入意识当中。

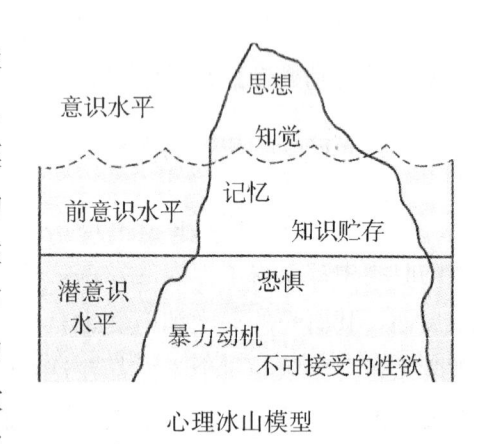

心理冰山模型

> **知识拓展**
>
> 人具有免疫系统来保护我们的身体健康，同样，心理也具有自我防御机制来避免精神疾病，弗洛伊德提出了9种自我防御机制，一起来看看主要的几种吧！
>
> | | |
> |---|---|
> | 压抑 | 主动地将超我不允许的欲望和动机驱逐入潜意识中 |
> | 投射 | 个体将潜意识存在的，但承认引起焦虑的事转嫁到别人身上 |
> | 反向形成 | 将合乎自己态度的感受用相反的方式显现出来 |
> | 转移或替代 | 将敌意等强烈的情感从最初唤起的对象转移到另一个比较不具有威胁的对象上 |
> | 合理化 | 用自我能接受的理由来代替自己行为的真正理由 |
> | 否认 | 扭曲现实，从而避免面对那些无法解决的问题和无法实现的愿望，来降低焦虑 |
> | 升华 | 将具有威胁性的潜意识冲动转化为可被社会接受的社会性行为 |

（三）信息处理器——认知主义

1967年，美国心理学家奈塞尔发表的《认知心理学》标志着现代认知心理学的诞生。认知主义心理学家认为心理学应该研究认知过程中表现出的各种心理活动，具体包括人的注意、感知觉、记忆、想象、思维、智力和创造力等。奈塞尔指出，认知是感觉输入受到转换、简约、加工、存储、提取和使用的全部过程。认知主义认为人本身就具有丰富的内在资源，并且能够利用这些资源和周围环境发生相互作用。在该理论中，人就像一个信息加工者，接收外来的信息，开始考虑各种可能性，找到最合适的方案，最后付诸行动。

> **知识拓展**
>
> **认知风格**
>
> 认知风格反映了个体在信息加工方式上的偏好。下面是一些常见认知风格的对比，看看你更偏向于哪种认知风格吧！
>
> 1. 场独立型与场依存型。场独立型的个体在判断客观事物时以自己作为参照标准，不容易受外来因素的影响和干扰；相反，场依存型的个体在判断客观事物时以外部作为参照依据，更容易受环境因素的影响，特别容易受权威人士的影响。

2. 沉思型与冲动型。沉思型的个体遇到问题时，往往会先深思熟虑一番，用充足的时间审视各种解决问题的方法，再从中挑选出最佳方案，错误较少；冲动型的个体往往不假思索就对问题迅速作出反应，容易发生错误。

3. 整体型与系列型。整体型个体在解决问题时，倾向于从整体入手，先对问题进行总体分析；系列型个体则常常把重点放在解决系列子问题上，按顺序一个一个解决，直至最后才形成对问题比较完整的看法。

（四）相信你自己——人本主义

人本主义心理学家倡导以人为本，强调个体的个人价值和潜在力量。他们认为个体行为的动机都是在需要发展的基础上才被激发起来的，按需求性质由低到高可以分为七个层次：生理需要（满足基本生存与种族延续的需要），安全需要（避免遭受威胁，获得安全感的需要），归属与爱的需要（被他人接纳、关爱的需要），尊重需要（获得他人尊敬、认可的需要），认知需要（获取知识、理解未知的需要），审美需要（追求和享受美好事物的需要），以及自我实现需要（个人理想全部实现的需要）。

需求的七个层次

在这七种需要中，前四种需要属于基本需要，是个体成熟发展所必需的；后三种属于成长需要。当基本需要被满足后，个体就更多表现出对成长需要的追求。因此，家长和教师在对儿童进行教育时，要充分满足儿童成长的基本需要，给予他们充分的安全感与归属感，保护他们的自尊心，以激发他们对成长需要的追求，达到自我实现的理想境界。

三、心理学的研究领域

心理学的应用领域非常广泛，小到一个表情、一个动作，大到人际交往、学习工作，都涉及心理学。随着心理学的不断发展，心理学研究领域也逐渐细化。下表是一些主要的心理学研究领域及其主要研究内容。

主要研究领域	主要研究内容
发展心理学	研究个体从受精卵开始直至生命结束各方面发展的全过程
人格心理学	研究个体特有的行为模式，包括气质、性格、动机等方面
认知心理学	以个体的认知过程为主要研究对象，如记忆、思维、创造力等方面
变态心理学	研究个体心理与行为的异常表现，包括焦虑障碍、抑郁障碍、睡眠障碍等
教育心理学	研究教育教学情境中学与教的基本心理规律，并应用于教育教学之中
社会心理学	研究个体和群体在社会相互作用中的心理和行为的发生及变化规律
工业心理学	研究工业劳作过程中人的心理特点和行为方式，可分为消费心理学、管理心理学等
医学心理学	研究心理因素在疾病的发生、诊断、治疗及预防中的作用
军事心理学	研究军事人员的选择和培训，军事职业的特点，军队中的人际关系和组织、士气等
咨询心理学	研究心理咨询的过程、原则、技巧和方法，增进身心健康

第二节 心理发展的实质

一、心理发展的内涵

( ) 心理发展的含义

所谓心理发展，是指个体从受精卵开始到出生、成熟直至衰老、死亡整个生命过程中的连续性和稳定性的心理变化。一方面，心理发展是毕生持续，贯穿于生命全过程的。心理发展可以是积极的变化，表现为心理机能的改善；也可能是消极的，表现为心理机能的衰退。另一方面，这些变化是有序的、模式化的、相对持久的、稳定的，而一些短暂的变化，比如说平日里沉默寡言的个体由于喝醉酒而性情大变，则不能称为心理发展。

人类个体的心理发展，是一个随着年龄增长，在相应环境的作用下，整个反应活动不断得以改进，日趋完善、复杂化的过程，大致体现为：反应活动从混沌未分化向分化、专门化演变；反应活动从不随意、被动向随意、主动演变；从认识客体的外部现象向认识事物的内部本质演变；对周围事物的态度从不稳定向稳定演变。这一系列的变化使人类个体对环境更有适应性，能够表现出更有组织、更高效和更为复杂的行为，这一过程在青少年期最为典型。

(二) 心理发展的特点

1. 连续性与阶段性。

发展的连续性强调心理发展过程中量的积累。儿童心理发展随着量的不断积累，在某些特定时刻会发生质的飞跃，表现出一些带有本质性的重要差异，使儿童的心理发展呈现出阶段性。在发展的不同阶段，个体会表现出不同的年龄特征及主要的矛盾，也面临着不同的发展任务。家长和教师在教育孩子的过程中，也要时刻关注每个阶段儿童的特殊性，从实际情况出发，进行有针对性的教育。

2. 定向性与顺序性。

正常情况下，心理发展遵循一般规律，具有一定的方向性和先后顺序。尽管个体发展的速度可能存在个别差异，但总体不可逆向发展，发展顺序也不能逾越。例如：婴儿总是先学会抬头，再到坐、爬、站，最后才是行走。这也提示我们在对儿童进行教育时，要遵循儿童身心发展的规律，注重循序渐进，由浅入深，切忌过于超前的灌输。

3. 个体差异性。

人类发展具有一定的共性和一般规律。但由于个体的遗传素质、接触的环境以及主观能动性的不同，个体的发展优势、发展速度、发展高度往往是千差万别的。比如有人善于记忆，有人善于逻辑推理；有人早慧，有人大器晚成；有人善于交际，有人安静内敛。因此，我们在对儿童进行引导教育的过程中，要对他们进行全面深入的了解，针对儿童的不同发展水平、个性、爱好等，因材施教，促使个体充分发挥潜能。

4. 不平衡性。

个体的发展不是按照一个模式进行的，也不是匀速直线发展的，而是表现出不平衡性。具体表现为两个方面：一方面，不同系统的发展速度、起始时间、达到的成熟水平是不同的。比如说：婴幼儿时期，个体的神经系统的发育显著快于生殖系统。另一方面，同一个机能系统在不同的发展时期也具有不同的发展速率。例如：个体身高的发育存在两个高峰期，即婴儿期与青春期。因此，把握儿童发展的关键期，不失时机地施以教育，才能更好地促进儿童的发展。

▶ 知识拓展

发展的关键期

人的某些行为与能力的发展有一定的特殊时期，如果在这些特殊时期给予儿童良性刺激，会促使其行为与能力得到更好的发展，反之则会阻碍其发展甚至导致行为与能力的缺失，这就是所谓的发展的"关键期"。心理学家所

> 津津乐道的是一则关于印度狼孩的报道：狼孩卡玛拉从小就离开人类社会，在狼群中生活了8年，被深深地打上了狼的烙印，后来虽然被救回并接受教育与训练，但到17岁时她的智力仅仅只有3岁儿童的水平，只学会50个词，只能讲简单的话。这间接说明了，个体确实会在特定时期对某些刺激特别敏感，过了这一时期，同样的刺激影响很小甚至没有影响。

（三）生命的毕生发展观

1. 毕生发展观的提出。

早在19世纪之前就已经出现了一系列儿童心理学的思想，如柏拉图、夸美纽斯等杰出的思想家都提出了有价值的教育思想。之后达尔文又从进化的角度来探讨儿童心理发展。但直到1882年普莱尔《儿童心理》的出版，才标志着科学的儿童心理学的诞生。之后儿童心理学的研究范围也在不断拓展，不但涉及早期儿童的心理发展问题，20世纪六七十年代以后还逐渐扩展到人的一生的发展。可以说，发展心理学是由儿童心理学逐渐进化而来的。

20世纪初，"美国儿童心理学之父"霍尔将儿童心理学的研究范围拓展到青少年，埃里克森直接将心理发展的年龄范围拓展为人的一生，提出了人格发展八阶段。1927年，第一本发展心理学著作《发展心理学概论》问世。1957年，美国《心理学年鉴》正式以"发展心理学"代替"儿童心理学"作为章名，发展心理学的学科概念逐渐确立。由于社会老龄化问题和发展心理学本身研究范围的拓展，毕生发展问题引起广泛注意。20世纪六七十年代，以德国的巴尔特斯为代表的一批心理学家提出了毕生发展的思想，注重对生命全程的研究。

毕生发展观认为，毕生发展心理学是关于从妊娠到死亡的整个生命过程中行为的成长、稳定和变化规律的科学。它的核心假设是个体心理和行为的发展并没有到成年期就结束了，而是拓展到整个生命全程，它是动态的、多维度的、多功能的和非线性的，心理结构和功能在一生中都有获得、保持、转换和衰退的过程。

2. 毕生发展观的基本观点。

（1）个体的发展是整个生命发展的过程。

生命是一个不断发展变化的过程，从婴儿迈向老年，我们经历了分不同阶段但又连续的一生，每一个阶段我们都要面临新的问题和挑战，或许还要解决上个阶段遗留的问题，不停地开始又不停地结束。

传统的心理发展观认为，个体自出生后不断发展，直至成年期时到达顶点并保持稳定，之后夕阳西下，心理衰退也就成为老年阶段的主旋律。可以看出，传统心理发展观注重个体前期的发展，认为儿童青少年是发展的主要年龄阶段。同时，传统心理发展观也强调早期发展对后续发展的重要性，认为后续的发展由早期经验所决定。毕生发展观则不然。它认为个体发展是整个生命发展的过程，不仅青少年期在不断发展，老年期也有发展。毕生发展观也注重每个阶段特定的社会背景等因素的影响，而不是单纯地主张心理发展取决于上个阶段，因此，每个阶段对个体的发展都有着十分重要的意义，不存在一个年龄阶段对发展的本质特别重要。

（2）个体的发展是多方面、多层次的。

在一片树林里找不到两片相同的树叶，就像世界上不存在两个相同的人。同理，在人的发展过程中，心理和行为发展的各个方面，甚至同一方面的不同成分和特征，它们的发展进程和速率都各不相同。

传统发展理论认为个体的发展在成年期达到顶峰，而老年期则进入衰退模式。按照这一观点，成年期应该是个体智力发展水平最高、最具智慧的时期，但为什么无论中西方，通常智慧的代表都是老人呢？卡特尔提出了流体智力和晶体智力来解释，之后巴尔特斯提出的认知机械和认知实用的概念也与卡特尔的概念两相对应。其中，认知机械反映了认知的神经生理结构特征，随着生物的进化和成熟不断发展，在个体成年期之后开始衰退；认知实用主要与知识的获得和文化作用密切相关，包括言语、技能等，其中以才智为典型指标，即使中年后也可以保持增长。可见，个体的发展是多方面的，老年期的个体虽然其他方面开始衰退，但智慧却在持续发展。

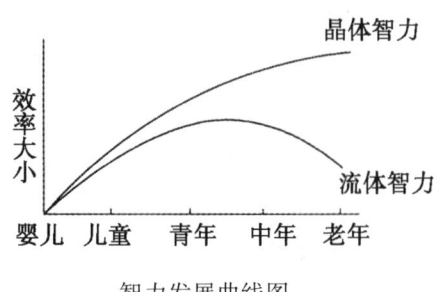

智力发展曲线图

（3）个体的发展是由多种因素共同决定的。

个体随着年龄增加，生理和心理都在发生不断的变化，但毕生发展观强调社会文化环境等因素，因此，年龄只是影响心理发展的因素之一。整体来看，主要有三类影响系统决定个体的发展：

①年龄阶段的影响，主要指生物性上的成熟和与年龄相关的社会文化事件，包括接受教育的年龄、女性更年期、职业事件（如退休）等。

②历史阶段的影响，指与历史时期有关的生物和环境因素，如战争、经济状况等。

③非规范事件的影响，指对某些特定个体发生作用的生物与环境因素，包括疾病、离异、职业变化等。这类突发事件无论在哪个年龄阶段都会对个体的心理产生影响。

二、人类心理发展的进程

从精子与卵子在母亲体内相遇结合形成受精卵的那一刻开始，生命也就随之开始了。胎儿的发育阶段为人一生的生理与心理发育奠定了基础，之后个体会经历婴儿期、幼儿期、学童期、青少年期、成年期等若干个发展时期。

（一）婴儿期（0~3岁）

婴儿期指的就是个体0~3岁的时期。这个时期的儿童处在生理与心理发展最快速的时期。婴儿大脑和身体在形态、结构以及功能上的生长发育，为其认知、语言、情绪以及社会性等方面的发展奠定了基础。研究发现，婴儿在感知觉、注意、记忆等认知方面有着飞跃性的发展；这一时期也是语言发展的关键期，19~21个月的婴儿会出现"语词爆炸"的现象。同时，婴儿在与主要监护人和同伴的早期交往中不断社会化。

（二）幼儿期（3~6岁）

幼儿期的生理与心理相较于婴儿期有了更进一步的发展。到幼儿末期，其神经系统的发育已经接近成人水平。在语言发展方面，这时期的儿童能够与成人进行更为有效的沟通，初步掌握书面语言。在社会性发展方面，儿童能初步评价自己的行为，能与成人和同伴相处，个性倾向性开始形成。

（三）学童期（6~12岁）

这一时期的儿童开始进入小学学习，这是儿童生活中具有重大意义的转折点。小学时期，儿童的脑和神经系统的发育表现出均匀和平稳的特点，心理则处于快速、协调发展的时期。在新的社会生活中，儿童自我认识的内容不断丰富，对他人的认识也更为深刻，自我中心成分逐渐减少；社会交往能力不断提高，品德发展表现出协调性的特点。因此，小学时期是促进儿童智力发展、形成和谐个性、培养良好心理品质与行为习惯的好时机。

（四）青少年期（12~18岁）

青少年期是童年期向成年期过渡的时期，也是个体身心发展的加速期。青少年身体外形的变化、体内机能的增加以及性的发育和成熟，是其生理发育的三个主要标志。在认知方面，思维由形象思维、抽象思维过渡到辩证思维。基于个体生理与认知的发展，个性发展也表现出新的特点。例如：情绪上表现出一系列矛盾共存的特性；自我意识的发展迎来第二个飞跃期；与父母、同伴的相处模式发生改变；性的成熟使个体产生异性意识等。

（五）成年早期（18~35岁）

这一时期是个体获得经济和独立的时期。与青少年时期相比，职业发展代替学业发展成为这一时期的主要发展主题。在个人事务方面，个体也面临着选择配偶、成家立业、开始家庭生活等新挑战。

（六）成年中期（35～60岁）

成年中期相比于其他人生发展阶段来说，是心理的相对稳定期。中年期的个体往往表现出既成熟又精力旺盛的一面，工作状态达到一生中的最高峰。当然，中年期也是一个从成年到老年的过渡时期，面临着各种各样的转折和冲突。来自生理的、家庭生活的、事业上的变化和压力更容易给中年人带来所谓的"中年危机"。

（七）成年晚期（60岁以上）

个体60岁之后就进入了人生发展的最后一个时期——成年晚期。这一时期是人生中一个重要的适应与调整时期。个体要适应健康状况的下降、退休、收入减少以及社会角色转变等一系列问题。诚然，这一时期个体主要表现出退行性变化，但毕生发展观认为人的心理机能一生都在发展，因而这一时期是衰退与获得性发展并行的时期。

三、影响个体心理发展的因素

（一）生物遗传因素

遗传指双亲的身体结构和功能的各种特征通过遗传基因传递给下一代的现象，是儿童心理发展必要的物质前提。我们知道，最高等的动物，就算它长期和人类一起生活并接受专门的训练，也不可能具有人的心理发展水平，这就是基因限制了它们的发展。可见，遗传是儿童心理发展的物质前提。

（二）家庭环境因素

家庭是社会的小单元，家庭成员间不仅有自然方面的遗传因素，也有社会方面的遗传因素，主要表现为家庭的教养问题。俗话说有其父必有其子，父母按照自己的意愿和方式来教育孩子，使他们具有某些特定的心理特征，不同的家庭教养方式会形成不同的个体特征。如权威型的教养方式，表现为过于支配和控制孩子，会造成孩子消极、被动、依赖的性格特征；放纵型的教养方式，表现为过于溺爱孩子，会导致孩子形成放纵、随心所欲、缺乏规则等性格特点；民主型的教养方式，表现为尊重孩子，和孩子处于一个平等的位置，会促进孩子形成主动、积极等性格特点。所以在对孩子的教育中，家长要注意自己的教养方式，不可过于严格也不可过于溺爱。

（三）社会文化因素

你是否有这样的观念，觉得东北人大气豪放，南方姑娘温柔体贴？为什么不同地区的人会给人不同的印象呢？那是因为人们生活的社会环境不同。我们说南北东西有差异，不仅因为地理环境不同，更是因为每个地方的社会文化不同，人在不同的社会文化中成长，受到社会环境的影响，自然会形成不同的心理特点。

（四）学校教育因素

学校是一种有目的、有计划地向学生施加影响的教育场所。教育确定了对个体发展的期待，教师在教育的过程中让学生朝被期待的方向发展，因此，教师对学生的心理发展具有指导定向的作用。教师的教育风格和言传身教、学校的风气以及学校同伴的交往都会影响学生的个性发展。

（五）早期童年经历

心理学家阿德勒有句至理名言："幸福的人用童年治愈一生，不幸的人用一生治愈童年。"弗洛伊德也认为，个体各种心理疾病都和早期童年经验相关。也就是说，早期童年经历确实会对个体未来的发展产生深远影响，但不幸的童年就会注定一生的不幸吗？答案是否定的。我们时常听闻童年时期历经苦痛最终成才的故事。可见，早期童年经历不能单独对个体起决定作用，它与其他因素一起影响个体心理发展。

（六）主观能动性

上述因素都是外部因素，内部因素也会影响孩子的心理发展。主观能动性指人的主观意识和行动对于客观世界的反作用，它是人身心发展的动力。外部环境的客观要求只有转化为个体身心需要才能发挥环境与教育的影响力。教育环境再好，孩子自己缺乏主观能动性，不愿意学，那也是徒劳。因此，在教育中，培养孩子的主观能动性、提升孩子学习生活的积极性是非常有必要的。

综上所述，个体心理的发展是先天和后天结合的产物，是遗传和环境相互作用的结果。遗传决定了个体发展的可能性，环境决定了发展的现实性，其中教育起到了关键的作用，自我能动性是个体发展的内部决定因素。

第三节 心理发展的理论

在上一节当中，我们了解了心理发展的含义、特点以及影响因素，那是什么在推动个体的心理发展呢？人一生的发展具体有哪些阶段，每个阶段又有着怎样的特点呢？个体的发展进程都是一样的吗？对于这些问题，每个流派都有着不同的理论观点。接下来，就让我们一起看看心理发展的经典理论是怎样回答这些问题的吧！

一、精神分析的心理发展观

（一）弗洛伊德的心理发展学说

精神分析学派产生于20世纪20年代，其代表人物是奥地利精神病医生弗洛伊德。在他看来，人的所有行为，不仅受到外部的社会伦理规范的约束，更受到内部的生物方面的原始本能的驱动。他把这些不能被意识到的欲望和冲动称为潜意识，之后又将"意识""潜意识"细分为本我（id）、自我（ego）和超我（superego）。本我遵循"快乐原则"，主要是为了满足生理上的欲望和需求；自我遵循"现实原则"，根据社会环境的现实性来限制本我的满足；超我遵循"道德原则"，通过道德标准来指导自我对本我的限制。正常情况下，三者处于相互平衡的状态。

弗洛伊德认为人的所有行为都是为了需求的满足，有些需求从根本上是人的本能，而其中性本能的力量最为强大。因此，他把性本能（力比多）看作是驱动人行为的基本动力。这里的性本能不仅指性欲，还包括满足快乐的需求。在心理发展的不同阶段，性本能的投射点也不同，而这些投射点被称为性感区。根据不同的性感区，弗洛伊德把心理发展分为五个阶段，创建了独特的心理性欲发展阶段理论。

1. 口唇期（0～1岁）。

这一阶段性本能投射在口、唇和舌上。婴儿通过吮吸、咀嚼和咬等行为来获得快感。如果这一阶段的发展不良，可能会形成不良的口腔型人格。如果需求没有得到满足，会形成口腔性依赖，表现为不成熟，过分依赖他人；若过分满足，则可能会出现口欲施虐的现象，表现为苛求、退缩、贪吃等负面人格特征。

2. 肛门期（1～3岁）。

在这个阶段，性感区域转到肛门、直肠和膀胱，大小便的排泄是儿童获得快感的主要来源。这个时期父母会对儿童进行排泄行为的训练。但如果要求不适宜，与儿童发生冲突，则会形成所谓的肛门型人格。过于严格会形成肛门便秘型人格，表现为过分干净、固执、小气、忍耐等；过于宽容则会出现肛门排泄型性格，表现为邋遢、缺乏条理、放肆、凶残等。因此对于儿童大小便的训练不宜过早、过严。

3. 性器期（3～6岁）。

这个时期儿童通过抚摸和暴露生殖器来获得满足。这个阶段，男孩会出现"恋母情结"，表现为爱恋自己的母亲而敌视自己的父亲，同时由于害怕受到惩罚而产生一种"阉割恐惧"，于是转而模仿自己的父亲。女孩出现"恋父情结"，情况和男孩相反。

4. 潜伏期（6～11岁）。

本阶段儿童的性冲动受到压抑，处于潜伏状态。儿童进入校园，注意力被社会活动所吸引，男女之间界限分明，对性缺乏兴趣。

5. 生殖期（11或13岁开始）。

这一时期儿童进入青春期。潜伏期被压抑的恋父恋母情结在这一阶段转移到同龄的异性身上，表现为乐于接受他人，寻求与他人建立长期的异性关系。

虽然之后弗洛伊德的"泛性论"受到批评和反对，且研究对象主要集中在儿童期而忽略了成人期，但在20世纪初，这套理论一经提出，在当时的心理学界很快掀起轩然大波，更是在心理学百余年发展历史中经久不衰。

（二）埃里克森的心理社会发展理论

埃里克森继承了弗洛伊德的人格结构说，但是他反对弗洛伊德关于性本能的说法，更加注重社会文化背景对心理发展的作用。他认为，每个人在成长过程中，都普遍经历着生物的、生理的、社会的发展顺序，按照一定的成熟程度分阶段地向前发展。在精神分析理论的基础上，埃里克森提出了自己的人生发展阶段理论。他把人的一生划分为八个阶段。

1. 信任对怀疑（0～1岁）：这一阶段婴儿的发展任务是培养信任感，克服不信任感，经历着信任的实现。如果婴儿的需求能得到很好的满足并与父母建立了良好的亲子关系，婴儿就会形成健康的依恋关系。

2. 自主对羞怯（1～3岁）：这一阶段儿童的发展任务是发展自主性，克服羞怯感，体验能力的实现。这一时期儿童的自我意识高涨，有着强烈的自我控制意识。他们能够凭自己的力量做越来越多的事，自主感提升。

3. 主动感对内疚感（3～6岁）：这一时期的发展任务是形成主动感，克服内疚感，获得良心和性别角色，体验着目的的实现。这一阶段儿童表现出对世界的好奇，表现出主动性和创造性。如果这一阶段他们的自我娱乐活动受到成人的禁止，会降低他们的自信心和主动性。

4. 勤奋感对自卑感（6～12岁）：这一阶段的任务是获得勤奋感，克服自卑感，体验着能力的实现。这一阶段获得良好发展有助于培养以后学习工作的勤奋和积极性。

5. 自我同一性对角色混乱（12～18岁）：这一阶段的主要任务是获得自我同一性，防止角色混乱，体验着忠诚的实现。所谓的自我同一性就是关于自己是谁、在社会上有何种地位、将来会怎样等稳定的自我形象和自我历程的体验。青年期是新的自我同一感形成的关键时期。

6. 亲密感对孤独感（18～25岁）：这一阶段的主要任务是获得亲密感，避免孤独感，体验着爱情的实现。这个时期个体感受到情感和家庭的需求，希望能在工作和家庭中获得别人更多的认可，并与异性建立亲密关系，避免过分孤独。

7. 精力充沛感对颓废感（25～50岁）：这一时期的发展任务是获得繁殖感，避免停滞感，体验着关怀的实现。繁殖不仅指生育和照料孩子，而且指在工作中创造出新的事物，缺乏这种经验的人难免会有停滞颓废的感觉。

8. 完美感对沮丧感（50岁之后）：最后一个阶段是从老年期到死亡，主要发展任务是获得完美感，避免绝望和对人生的厌倦，体会着智慧的实现。

二、行为主义的心理发展观

（一）华生的心理发展理论

1913年，华生开创了行为主义新学派。他认为心理的本质是行为，主张心理学研究的对象是行为而不是意识和精神等。他提出了著名的刺激-反应公式（S-R），即环境中的刺激，包括体内的和体外的各种刺激，可以直接引起有机体的任何反应。基于这种理论，华生成为环境决定论的代表人物之一，他认为环境和教育决定了儿童的一切发展，他的观点主要体现在以下两方面。

1. 否认遗传的作用：（1）导致行为的刺激来自客观而不是遗传，所以行为不可能取决于遗传；（2）生理上的遗传作用并不引起心理上的差异；（3）行为主义者研究心理学的目的是提高行为的可控性，而遗传是不可控的，否认遗传就能提高行为的可控性。

2. 夸大了教育和环境的作用：（1）构造上不同只导致简单反应的不同，复杂的行为都是后天形成的；（2）鼓吹教育万能论；（3）刺激塑造行为，只要呈现的刺激适当，无论多复杂的行为都能形成。

（二）斯金纳的心理发展理论

斯金纳是新行为主义的代表人物。他在华生的理论基础上提出了操作性条件作用来解释行为的获得。斯金纳的操作条件反射强调塑造、强化与消退、及时强化等原则。斯金纳认为强化作用是塑造行为的基础，如果一种行为得到了满意的结果，这种结果就会提高该行为出现的概率。这种通过施加个体想要的刺激，或撤销个体不想要的刺激，来增加某种行为出现的概率的过程就是强化。同样，如果行为没有得到强化就会逐渐消退。同时，斯金纳还强调及时强化，他认为强化不及时是不利于人的行为发展的。因此，教育者要及时强化希望在儿童身上看到的行为。

> ▶知识拓展
>
> **强化和惩罚的区别**
>
> 强化包括正强化和负强化，正强化是指通过施加给儿童一个喜欢的刺激（如糖果），来使他的某种行为更有可能发生；负强化是指撤销一个儿童讨厌的刺激（如做家务）导致行为概率的增加。但是，惩罚是通过给儿童一个他不想要的刺激（如罚款），来使某种行为出现的概率降低，它和强化刚好相

反。例如，一个孩子和别人打架受到老师的斥责，这个孩子的打架行为以后就减少了，其中，斥责就构成了惩罚。虽然强化和惩罚都可以用来塑造儿童的行为，但斯金纳更强调强化的作用。

	愉快刺激	厌恶刺激
给予	正强化	正惩罚
撤除	负惩罚	负强化

强化和惩罚的类型

（三）班杜拉的心理发展理论

观察学习是班杜拉心理发展理论的一个基本概念。他认为个体不必亲自体验强化，只需观察他人（榜样）的行为表现及其结果就能进行学习。例如：班上有同学做好事得到了学校的肯定和表扬，其他同学观察到了这一行为的积极结果，也强化了他们乐于助人的行为表现。

▶**心理实验**

在班杜拉著名的波波玩偶实验中，研究者让一些儿童观看男子攻击人形玩偶，另一些儿童则未看到攻击行为。之后，实验者将这些儿童带到有人形玩偶的房间中，暗中观察他们的行为表现。那些看到过攻击行为的儿童比未看到过攻击行为的儿童对玩偶表现出更多的攻击性。班杜拉认为，许多社会行为通过观察、模仿即可习得，不需强化。也就是说，在日常生活当中，家长和教师要给孩子树立积极正面的形象，提供给孩子良好的学习榜样，注重榜样的教育力量。

三、皮亚杰的心理发展观

皮亚杰是建构主义的代表人物，他认为人生来就有如抓握反射、吮吸反射等先天的图式，个体为了应付周围的世界，逐渐丰富和完善自己的认知结构以达到与环境的平衡，获得发展。在这个发展过程中，认知结构在与环境的相互作用下不断重构，从而表现出具有不同质的不同阶段，具体包括以下四个阶段。

（一）感知运动阶段（0~2岁）

此阶段为儿童思维的萌芽期，这个阶段的儿童还不能用语言和抽象符号为事物命名。儿童主要通过探索感知觉与运动之间的关系来获得动作经验。其中，手的抓取和嘴的吮吸是他们探索世界的主要手段。

（二）前运算阶段（2～7岁）

这一时期是儿童的表象思维阶段。在这一阶段，儿童开始能运用语言或较为抽象的符号来代表他们经历过的事物，但这一阶段的儿童还不能很好地掌握概念的概括性和一般性。个体思维具有刻板性、不可逆性、不守恒性、以自我为中心的特点。

（三）具体运算阶段（7～11岁）

这一阶段儿童的认知结构已发生了重组和改善，思维可逆，并获得了关于长度、体积、重量和面积等方面的守恒概念，能凭借具体事物进行逻辑思维和运算。但这个阶段儿童的思维仍离不开具体事物的支持，还不能进行抽象思维。

（四）形式运算阶段（11岁以上）

这一阶段儿童的思维已超越了对具体的可感知事物的依赖，即这时期儿童可以不依赖具体事物进行思考，可以进行纯逻辑的推理、演绎、归纳；能理解符号的意义、隐喻和直喻；能做一定的概括，其思维发展水平已接近成人的水平。

四、维果茨基的心理发展观

维果茨基从种系和个体发展的角度分析了心理发展实质，提出了文化历史发展理论。他区别了两种心理机能：一种是作为动物进化结果的低级心理机能，如基本的知觉加工和自动化过程；另一种是作为历史发展结果的高级心理机能，即以符号系统为中介的心理机能，如记忆的精细加工。维果茨基认为，心理发展是个体的心理自出生到成年，在环境与教育的影响下，在低级心理机能的基础上，逐渐向高级心理机能转化的过程。

> **▶知识拓展**
>
> **最近发展区**
>
> 在探讨认知发展与教学的关系时，维果茨基提出了"最近发展区"的概念。最近发展区指的是儿童独立活动时所达到的解决问题的水平（现有水平）与在有指导的情况下儿童所达到的解决问题水平（潜在水平）之间的差异。根据最近发展区的思想，维果茨基提出教学应当走在发展的前面。教师应当创造最近发展区，为学生提供有一定难度的内容，调动学生的积极性，发挥其潜能，以促进学生在其现有的水平上获得更进一步的发展。

五、生态系统发展观

生态系统理论是由布朗芬布伦纳提出的个体发展模型,强调发展个体嵌套于相互影响的一系列环境系统之中,系统与个体相互作用并影响着个体发展。

(一) 微观系统

布朗芬布伦纳认为,环境层次的最里层是微观系统,指的是个体活动和交往的直接环境。对于大多数的婴幼儿来说,家庭就是他们生活发展的最主要的微观环境。当然,随着个体成长发展,进入幼儿园、学前班,他们与老师、同伴等有了更为密切的接触,此系统也就变得越来越复杂。

(二) 中间系统

布朗芬布伦纳认为,第二个环境层是中间系统,指的是微观系统中的家庭、学校和同伴群体等之间的联系或相互关系。若微观系统之间有较强的支持性和一致性关系,那么个体就更有可能实现最优化发展。例如:家长对孩子的要求若与教师对学生的要求是协调一致的,个体就更能够将这些要求内化为自己的行为准则,也就更有利于学生的发展。

(三) 外层系统

布朗芬布伦纳认为,第三个环境层是外层系统,指的是那些儿童未直接参与但却对他们的发展产生重要影响的系统。例如:父母的工作状况、教师的教学风格、同伴的家庭条件等。因此,在对儿童进行教养的过程中,不应忽视这些潜在因素对儿童的影响。

(四) 宏观系统

布朗芬布伦纳强调发展也出现在宏观系统中。宏观系统实际上是一个广阔的意识形态,包括文化、亚文化、价值观等。它规定如何对待儿童、教给儿童什么,以及儿童应该为之努力的目标。在不同的文化中这些观念不同,间接地影响儿童知识经验的获得。

(五) 历时系统

布朗芬布伦纳的模型还包括了时间维度,或者称作历时系统,将时间和环境相结合来考察儿童发展的动态过程。随着时间的推移,儿童生存的环境不断发生变化。布朗芬布伦纳将这种环境的变化称为"生态转变",每次转变都是个体人生发展的一个阶段,比如升学、结婚、退休等。

第二章　小学生的认知能力

◇ 小学生的各种认知能力是如何发展的？
◇ 小学生的各种认知能力的发展在不同阶段有哪些特征？
◇ 小学生的各种认知能力发展受哪些因素影响？
◇ 家庭教育如何促进小学生的各种认知能力的发展？

小学是个体开始系统接受教育、心智德能全面发展的重要时期。6到13岁是儿童在小学学习的时期。这是儿童心理发展的重要转折时期。在小学低年级，儿童还具有明显的学前儿童的心理特点，而小学高年级的儿童随着生理年龄的变化，逐渐进入青春发育期。

在小学时期，儿童神经系统的发育表现出均匀和平稳的特点，学习开始成为儿童的主导活动，儿童的社会关系开始趋于复杂多样。因此，小学儿童的认知能力、个性特点、社会适应等方面迅速发展，其思维从以具体形象思维为主要形式过渡到以抽象逻辑思维为主要形式，实现思维形式的质变。同时，小学生的心理活动是比较开放的，他们的经历有限，心理活动纯真、直率，没有明显的闭锁性，其情绪情感的表达比较外显，不善于修饰和控制，没有显著的动荡性。此时，小学生的心理处于快速、协调发展的时期，且成人与儿童容易沟通，师生之间、亲子之间的关系容易融洽。因此，小学阶段是促进智力发展、形成和谐个性、培养良好心理品质与行为习惯的好时机。

第一节 感知、注意和记忆的发展

案例

巴登大公国的卡巴斯·豪瑟（Kabas Hauser），在3岁时被关入黑暗的地牢，并禁止与人和外界接触长达13年之久。被释放后，他的智力仍停留在幼儿时期。在环境刺激极度缺乏的黑暗地牢中，他的感官未得到相应发展，也未能接受来自外界的刺激，不能为其智力发展提供相应的滋养，而其年龄恰为人脑和智力发育的关键时期，这使得他的大脑发育较正常人的要小，大脑沟回呈萎缩状态，致使其认知停滞不前。

一、感知觉的发展

人了解他们周围环境的过程包括感觉和知觉。感觉（sensation）是人脑对事物个别属性的认识，而知觉（perception）是客观事物直接作用于感官而在头脑中产生的对事物整体的认识。

（一）感觉的发展

首先，感觉提供了内外环境的信息。通过感觉，人能够认识外界物体的颜色、明度、气味、软硬等，从而能够了解事物的各种属性。其次，感觉保证了机体与环境的信息平衡。人们从周围环境获得必要的信息，是保证机体正常生活所必需的。再次，感觉是一切较高级、较复杂的认识活动的基础，也是人的全部心理现象的基础。人的知觉、记忆、思维等复杂的认识活动，必须借助于感觉提供的原始资料。

根据刺激物的性质以及它所作用的感觉性质，可以将感觉分为外部感觉和内部感觉。外部感觉接受外部世界的刺激，如视觉、听觉、嗅觉、味觉、肤觉等。内部感觉接受机体内部的刺激（机体自身的运动与状态），因而又叫机体觉，如运动觉、平衡觉、内脏感觉等。

1. 视觉的发展。

小学生的视觉发展在整个感知觉的发展中占主导地位，主要表现在视敏度、颜色视觉等方面。研究证明，小学生的视觉调节能力已有较好的发展，10岁前儿童的视敏度不断提高，10岁儿童的水晶体的弹性较大，视觉调节能力的范围最大，远近物体看得都较清楚；10岁以后，随着年龄的增长，视觉调节能力逐渐降低。这与眼睛的生理机能变化有关，更与人们用眼习惯有关。近年来，小学生近视的人数不断增加，有的小学生不注意用眼卫生，如经常在暗淡的光线下长时间用眼、眼睛离书本距离太近、写字时执笔、姿势不正确、长时间玩平板电脑或手机等。由于视觉对小学生从事学习活动是非常重要的，为此，家长应特别注意小学生正确用眼，防止眼睛过度疲劳而出现的频繁眨眼、弱视、近视、斜视等。

2. 听觉的发展。

小学生听觉的发展典型地表现在纯音听觉和语音听觉两个方面。随着年龄的增长，小学生听觉的敏感度逐步提高，但在整个小学阶段，小学生的听觉敏感度都不如成人，更未达到高峰。

小学生在学习语言的过程中，需要精确地分辨各种语音，如 zh 和 z、ch 和 c、sh 和 s、d 和 t、n 和 l，以及汉语拼音的四个声调和语音相近的字词等；在音乐学习过程中，更需要精确地分辨各种音调、音强、音色、节奏等，这些都会促进儿童听觉的发展。小学生入学后，在语音教学特别是汉语拼音教学的影响下，语音听觉发展非常迅速。到一年级末，辨别汉语四声和相近字音的能力可达到成人的水平。家长要重视对孩子听觉器官的保护和训练。为防止孩子的听觉器官受损，家长要告诫孩子不挖耳朵，以免引起中耳炎，不大声喧哗，不把音响的音量开得过大，不让水和异物进入耳内，不戴耳机听收音机、手机音乐等。在训练方面，可通过阅读、朗读、唱歌、外语听力练习等活动，提高小学生的听觉能力。

(二) 知觉的发展

知觉是人通过感官得到外部世界的信息。这些信息经过大脑的加工（综合与解释），让人对事物整体全面认识，并了解它的意义。知觉以感觉作基础，但它不是个别感觉信息的简单总和。知觉作为一种活动，包含互相联系的三种感观活动：觉察、分辨和确认。

根据人脑所认知的事物特性，可以把知觉分成空间知觉、时间知觉和运动知觉。

1. 空间知觉的发展。

在空间知觉方面，空间的感知是人脑对事物的大小、形状、方位、距离等空间特性的反映。

（1）大小知觉。小学生不仅能熟练地用目测和比较测量进行直觉判断，而且还能逐渐运用推理进行判断。有研究发现，对图片空间面积大小的判断能力，低年级小学生处于直觉判断和推理判断相交叉的过渡阶段，高年级小学生有85％以上已能运用推理判断来比较空间和面积的大小，说明小学高年级学生大小知觉发展到新的水平。

（2）形状知觉。小学生对几何图形的认识，已由对具体直观图形的认识过渡到对一类图形共同特征的掌握。但由于认识水平的局限，小学生识别几何图形时仍表现出一些不足。如：不能正确识别和说明图形的本质属性；由于缺乏对透视原理的了解，知觉立体几何图形要比知觉平面图形困难。另外，小学生对汉字字形结构的识别能力不高，但对出现频率高、笔画少的字或独体字的识别相对熟练。

（3）方位知觉。刚入学的小学生一般能很好地辨认前后、上下和远近，但是对左右方位的辨认还不完善，常常要和具体事物联系起来方能辨认。假如只有左、右的抽象口令，而不与具体的事物相联系，低年级的小学生常常发生错误。如：上体操课时，对"向左转""向右转"的口令反应不够灵敏和准确，对字形的感知往往只注意形状而不注意方位，如把"3"写成"ε"，把"8"写成"∞"，"b""d"和"q""p"不分等。这说明在小学初期，学生在空间概念的辨认上，有一个从直观水平向词的抽象水平过渡的过程。在正确的教育下，三年级以后的小学生随着思维能力的发展，能在熟练掌握词汇的水平上辨认一般的空间概念。

2. 时间知觉的发展。

小学生刚入学时，一般能正确辨认"昨天""今天""明天""前天""后天"等。三年级以后，小学生能理解"周""月"的实际意义，从整个小学阶段看，小学生辨认的时间范围与生活经验密切相关。对"秒"或"年"，特别是对"纪元""世纪""时代"等这种过小或过大的时间概念理解是困难的。这说明小学生对时间概念的理解与他们的生活经验、思维和想象力的发展是相联系的。

3. 运动知觉的发展。

运动知觉包括大肌肉运动知觉和小肌肉运动知觉。小学生大肌肉运动知觉成熟较早，刚入学的小学生已有相当发展，能自如地做各种基本动作，如走、跑、跳、爬行、攀登、伸展、弯腰等。小肌肉运动知觉的发展较迟，在小学阶段手部肌肉的力量也在不断增强。手部的关节有了较大的发展，但还未成熟。因此，刚入学的小学生的手指、手腕运动不够灵活协调，如：一年级小学生刚学写字时，字迹歪歪扭扭，还经常把本子戳破。随着小学生手的骨骼、肌肉的发展，再经过小学阶段各种书写、绘画、手工劳动等活动的训练，小学生手指小肌肉运动知觉已发展得比较成熟，灵活性和协调性都有较大的提高。据研究，8～14岁的儿童，运动知觉的精巧性可以提高50％以上。

小学生运动知觉的发展，对他们的书写、绘画、制作等作业和体操、表演等学习活动都具有重大意义。在整个小学阶段，大、小肌肉运动知觉都在发展，其发展速度和水平与训练有直接关系。因此，家长可以利用课外活动，从耐力、速度、灵活性、协调性等方面加强对小学生进行训练，以帮助学生掌握正确的书写动作，保持正确的书写姿势。由于小学生运动器官比较稚嫩，训练时要循序渐进，切忌操之过急、过量训练，绝不能把书写、朗读等作为惩罚手段。

（三）发展小学生的感知觉

人认识世界是从自己的身体感知开始的。人的认识并不局限于大脑的神经活动，而是根植于大脑、身体、环境三者的交互作用中。教育家卢梭认为，儿童的教育应从锻炼感觉、四肢和各种器官开始，通过感官教育和身体发育可以让儿童学会思考，因为感官教育是知识生成的工具，儿童心智成长离不开感官的发展。

1. 接触自然。

感知经验来自于环境的互动，现代小学生的生活环境与过去大相径庭，随着城市化的深入以及电子设备的出现，小学生与大自然接触的机会越来越少。应鼓励小学生走近大自然，例如在草地上奔跑、感受下雨天、观察云朵等，多进行户外活动。积极接近大自然可以磨砺小学生的感官，培养小学生的洞察力，锻炼小学生的运动知觉，增强小学生视觉、听觉、空间和时间知觉，促进其身体技能的发展。

2. 满足好奇心。

小学生进入校园后，接触的人与事物比他们之前的要多，对新鲜事物充满好奇心，不单单是功课上的疑问，还包括校园环境、学校中发生的事情、同伴之间的关系等等，家长要满足小学生的好奇心，耐心地对待小学生的"十万个为什么"，不要对他们说"只要功课完成了就好"。现阶段小学生需要家长充分的陪伴，倾听他们自己对于事物的思考，并为他们解答疑惑。

3. 游戏。

对小学生而言，游戏是他们利用感官主动探索世界、感知外界环境的重要途径，深刻地影响着他们探索力、理解力、思考力发展。游戏并不单指电子游戏，还包括户外活动、自由玩耍、与同伴游戏，游戏不仅可以锻炼感官，如反应速度、肢体协调能力，在玩耍过程中小学生还能培养自身的社会性，如规则意识、同伴意识、责任意识、环境意识以及合作意识。但家长要合理规划小学生的游戏时间，让小学生劳逸结合。

> **感觉剥夺实验**
>
> 在心理学中，首例感觉剥夺实验是在加拿大的麦克吉尔大学实验室进行的。心理学家贝克斯顿、赫伦和斯科特等研究人员，付给被试大学生每天20美元的报酬，被试者只要安静地躺在实验室中一张舒适的床上，室内非常安静，听不到一点声音；同时，室内一片漆黑，看不见任何东西；被试者两只手戴上手套，并用纸卡卡住。被试者的吃喝由主试事先安排好，不需要移动手脚。来自外界的刺激几乎都被"剥夺"了。在刚开始阶段，许多被试者都是大睡特睡，或者考虑其学期论文。但随后，被试者开始失眠，不耐烦，急切地寻找刺激，他们唱歌，吹口哨，自言自语，用两只手套互相敲打，或者用它探索这间小屋。被试者变得焦躁不安，感觉很不舒服，老想活动。被试者很难在这个实验中坚持2~3天以上。在实验过后的几天里，被试者出现注意力涣散，思维受到干扰，不能进行明晰的思考，智力测验的成绩不理想。另外，被试者生理上也发生明显的变化。通过对被试者脑电波的分析，证明被试者的全部活动严重失调，有的被试者甚至出现了幻觉（白日做梦）。这个实验说明，来自外界的刺激对维持人的正常生存是十分重要的。

二、注意的发展

注意（attention）是心理活动或意识对一定对象的指向与集中，有两个特点：指向性与集中性。注意的指向性是指人在每一瞬间，他的心理活动或意识选择了某个对象，而忽略了另一些对象。当心理活动或意识指向某个对象的时候，它们会在这个对象上集中起来，即全神贯注起来，这就是注意的集中性。

（一）小学生注意发展的一般特点

1. 选择性注意发展的特点。

选择性注意是个体在同时呈现的两种或两种以上的刺激中，选择一种进行注意，而忽视另外的刺激。小学生的选择性注意的发展趋势在小学的某一阶段会呈现出一定的波动。一个实验表明，三年级的小学生完成相似的视觉选择注意任务的错误率高于一年级与五年级的小学生，但五年级的小学生错误率低于一年级的小学生，并且一年级与五年级的小学生错误率较稳定，三年级的小学生则表现出明显的注意力不稳定（如有时可能会转移注意力），说明在儿童发展过程中，选择注意和注意集中能力不是持续稳定发展的，在某一年龄阶段，由于生理、心理和环境等因素，会引起儿童注意的阶段性波动，而且这种波动在不同文化背景儿童中表现出一定的相似性，具有跨文化的一致性，其原因与家庭和学校教育、环境和儿童的个性发展有直接的关系。一年级小学生更多是在"权威性"的教育和环境下从事学习和其他活动，这促使他们有意识地服从"权威"，并将注意力集中在从事的活动中，而三年级小学生反抗"权威"的特点，使他们在自主性的活动中表现缺乏服从性。随着年龄的增长，小学生的选择注意策略进一步建立和发展。此外，小学生的神经生理功能发展也是注意的发展和变化的一个重要因素，并且一年级到五年级的小学生在视觉选择注意加工速度方面的发展趋势和成人具有一致性，只是在加工速度上要比成人稍慢一些。有效线索提示的目标、新异刺激也有助于提高儿童选择注意加工速度，即在吸引小学生的注意力上，有新鲜感或有特色的和有效果的目标能更好地提高小学生任务完成速度。

2. 无意注意占优势逐步发展到有意注意占主导。

在个体发展过程中，无意注意先于有意注意发生。低年级小学生的无意注意已经相当成熟，一切能引起成人无意注意的对象也能引起低年级小学生的注意，因此，他们的认识活动常依赖于无意注意。低年级小学生的注意，在很大程度上会被教学内容的直观性、形象性和教师创设的教学环境所吸引，当然也很容易被新颖或生动的刺激事物所影响而不由自主地"开小差"。随着年龄的增长、大脑机能的不断成熟，以及学校训练，如为了一定的目的、任务，组织一些游戏，尤其是参与一些竞赛性活动，小学生逐步学会有意识地调节、控制自己的行动，随之有意注意发展起来。到了四、五年级，小学生有意注意占主导地位。小学生在日常学习活动中更多地依靠有意注意，而且有意注意的效果明显高于无意注意。在高年级小学生的认识活动中，有意注意的作用超过了无意注意，占据主导地位。

3. 有意注意的有意性由被动到主动。

低年级小学生的心理活动缺乏自觉性和自控性，因而自己不会主动确立目的，需要教师或家长给他们提出目的，并不断提醒和督促他们保持注意，避免注意终止或分散。随着小学生心理活动目的性、有意性、自控性增强，高年级小学生逐渐能自己确立目的，并根据一定的目的独立地组织自己的注意，不需要别人的督促。

4. 小学生的注意有明显的情绪色彩。

小学生由于神经系统的内抑制发展局限，一个兴奋中心的形成往往波及其他部位（如相应器官、面部、手脚乃至全身），使之配合活动，所以，注意会表现出明显的情绪色彩，如：小学生听得认真和高兴，就会眉开眼笑，甚至手舞足蹈。

（二）小学生注意品质的发展

注意品质包括注意的广度、注意的稳定性、注意的转移和注意的分配四个方面。在小学教育教学的影响下，小学生的注意品质不断发展。

1. 小学生注意广度的发展。

注意的广度也称为注意的范围,是指在单位时间内所注意到的对象数量。提高注意的广度对小学生学习有重要价值,它可以在单位时间内扩大感知的范围,提高学习效率。

随着年龄的增长、知识经验的丰富,小学生注意的广度扩大。研究表明,用速视器在 1/10 秒时间内呈现圆点图,二年级小学生能清楚地知觉到的圆点数一般少于 4 个,五年级小学生在 4 到 5 个之间,成人能达 8 个或 9 个。如果呈现的是有意义的语句,那么小学生的注意就会低于成人。在小学生中,注意的广度存在性别差异,无论低年级或高年级,女生的注意广度高于男生。

影响注意广度的因素,有知觉对象的特点,与知觉者的主观状态密切相关。在任务相同的情况下,对象越集中,排列越有规律,越能成为相互联系的整体,注意的范围就越大。在其他情况相同时,知觉活动的任务越多,注意的范围就越小。比如,对于一定数量的外文字母,要求小学生不仅要辨认出字母个数,还要指出字母在书写上的错误,这时小学生注意到的字母的数量就比只辨认字母数量时少得多。此外,知识经验也影响注意的广度。知觉主体知识经验越丰富,注意的广度就越大。比如,刚学会阅读的小学生其阅读的速度是很慢的,注意的广度较小,但随着知识经验的积累,注意的范围不断扩大,阅读的速度随之加快,以至于能够"一目十行"。

2. 小学生注意稳定性的发展。

注意的稳定性是指把注意集中保持在某一对象(事物或操作活动)上时间的长短,注意集中时间越长,稳定性越高。在小学阶段,小学生的注意稳定性随年级的提高逐步发展。研究表明,小学一年级学生和三年级学生的注意稳定性具有显著性差异。在一般情况下,低年级小学生可以连续集中注意 20 分钟左右,中年级小学生可达 25 分钟左右,高年级小学生可保持 30 分钟左右。

注意的稳定性不仅与小学生的年龄有关,还与小学生的知识经验、个性特点及刺激的性质、呈现方式有很大关系。一般与小学生知识经验有联系的、能够满足小学生需要或小学生感兴趣的活动,注意稳定时间较长。因此,在教学中,教师给小学生提供稳定而有规律的刺激,对维持小学生注意的稳定性有很大帮助。教学内容的新颖性、形象性,活动方式的多样性,寓教于乐,激发小学生求知欲望和引发探索心理等,这都有利于小学生注意稳定性的提高。尤其是在学习情境下,做到无意注意和有意注意的交替调节,小学生注意的稳定性可保持 30 至 40 分钟。注意稳定性在小学生中也有性别差异,女生的稳定性高于男生。

3. 小学生注意分配的发展。

注意的分配是指在同时进行两种或多种活动时,把注意指向不同的活动和对象。例如，司机一边开车一边观察路况以便于随时调整车速；教师一边讲课一边观察学生的听课情况。大量的事实证明，注意是能够进行分配的，但分配的实现是有条件的。注意分配的基本条件主要有两个方面：第一，同时进行的两种或多种活动中只有一种是不熟悉的，需要集中注意，而其余的对象和活动都很熟悉，或达到"自动化"的程度，无须更多的注意；第二，同时进行的两种或多种活动之间存在一定的关系。如果它们之间毫无联系，同时进行这些活动就比较困难。例如，一边记笔记，一边思考问题，较容易做到；而左手画圆、右手画方就困难一些。除此以外，注意的分配还与活动的性质有关。如果同时进行的活动属于动作技能，则注意的分配比较容易；如果同时进行的是两种智力活动，则注意的分配就比较困难。

小学生的注意分配能力较幼儿有明显的发展，尤其是在小学二年级时发展尤为迅速。初入小学的小学生，写字时往往注意写字的笔画而忽略了字的结构，注意写字时的坐姿就不能保持正确的握笔方法。到了二年级时他们就有很大进步，以后发展就比较缓慢了，小学二年级和五年级学生的注意分配能力基本处于同一水平。要使小学生在日常生活和学习活动中，把注意分配到较多的方面并顺利完成复杂的活动，教师或家长要让他们进行适当的练习。

4. 小学生注意转移的发展。

注意的转移是指根据新任务的需要，主动及时地把注意从一个对象转移到另一个对象或活动上。注意的转移不同于注意的分散。注意的转移是根据新任务的需要，主动地把注意转移到新的对象上，使一种活动合理地代替另一种活动，是一个人注意灵活性的表现。注意的分散则是在需要注意稳定的时候，随意地改变注意的对象，或者由于受无关刺激的干扰，使自己的注意离开了需要注意的对象。

注意转移的快慢、难易与原来注意的紧张度和引起注意转移的新事物或新活动的性质有关。原来注意的紧张度越高，注意转移就越困难；引起注意转移的新事物越直观越形象，小学生越感兴趣，注意转移就越容易。

注意转移能力的发展也是有意注意发展的重要表现。随着小学生有意注意逐渐占主导地位，注意转移的发展也呈上升趋势，五年级学生比二年级学生有明显的增长，尤其男生发展更快。

(三) 小学生注意的培养

1. 明确学习目的。

父母在家庭教育中给小学生布置任务或开展活动时，目的任务越明确、越具体，越易引起和维持小学生的有意注意。

2. 激发学习动机。

学习动机是推动学习的内部动力，这是集中注意的最有效的手段。当小学生问"为什么"时，父母表现出不耐烦的情绪或者以成人的想法去敷衍，会阻碍小学生求知欲的发展。父母应当给予回应，引导小学生去主动思考问题，及时给予肯定的评价、赞许的目光和恰当的鼓励，这些都能让小学生从成功的体验中产生学习的间接兴趣。

3. 形成良好的注意习惯。

良好的注意习惯表现为注意的稳定性和注意的转移两个方面，即根据学习任务长时间地保持注意而不分心，而学习任务的变化又需要注意迅速转移而减少惰性。比如，营造或提供一个安静、纯粹的学习环境，避免无关刺激对小学生的干扰。

三、记忆的发展

记忆是个体在头脑中积累和保存个体经验的心理过程。根据信息加工理论（information processing theory），小学生能够越来越娴熟地处理信息。就像计算机一样，随着记忆容量的增加，以及用于处理信息的"程序"越来越高级，小学生能加工的数据量也在不断地增加（Kail，2003；Zelazo et al.，2003）。用信息加工的术语来讲，就是人脑对外界输入的信息进行编码、存储和提取的过程。对于要记住某个信息的小学生来说，这三个过程必须全部正常发挥功效。通过编码（encoding），小学生将信息编码成记忆能存储的方式并记录起来。从来没有学过"5＋6＝11"，或是学习时没有注意到这些信息的小学生将永远无法记起它，因为他们一开始就没有编码这一信息。但仅接触信息仍然是不够的，信息还需要被储存（stored）。例如，上述的例子中，"5＋6＝11"这个信息必须被存入并保持在记忆系统中。最后，记忆系统正常工作，还需要存储在记忆中的内容能够被提取（retrieved）。通过提取，存储在记忆中的内容被定位，并被提取到意识层面，然后加以利用。

根据记忆三系统理论（three system approach to memory），三个不同的记忆存储系统或阶段描述了信息的加工过程（Atkinson & Shiffrin，1968，1971）。第一阶段即感觉记忆（sensory memory）阶段，感觉记忆是指最初的、短暂的信息存储，一般只能维持片刻，它仅仅是刺激的精确复制。在第二阶段即短时记忆（short-term memory，也被称作工作记忆）阶段，在这一阶段信息可以被存储15～25秒。第三阶段是长时记忆（long-term memory）阶段，此时信息能够长久地存储在记忆中，虽然有可能很难被提取。

元记忆（metamemory）是指个体对记忆基础过程的理解，元记忆出现在儿童中期并逐渐完善。当进入一年级时，小学生的心理发展得更为成熟时，他们就会对什么是记忆有一个大致的了解，也能明白有些人的记忆要比其他人好（Ghetti et al., 2008; Jaswal & Dodson, 2009; Grammer et al., 2011)。

(一) 小学生记忆发展的特点

1. 从记忆的目的性来说，有意记忆逐渐占主导地位。

小学生记忆的有意性和目的性都很差，兴趣在学习的过程中起主导作用，有兴趣的就注意，就容易记忆，没有兴趣的就不注意，就不容易记忆。当小学生进入学校以后，在以学习为主导活动的条件下，情况就不同了，他们不能只去注意和学习一些感兴趣的东西，而且要学习那些虽然自己没有兴趣但必须学习的东西。因为学习和游戏不一样，他们必须把学习当成一种有目的性的任务，使自己的记忆服从于这种有目的性的任务，学习任务的要求锻炼了他们记忆的有意性。因此，在小学生的记忆发展过程中，有意记忆逐渐占主导地位。当然，有意记忆的增强和发展，并不意味着无意记忆不再发挥作用，在整个小学阶段甚至以后的中学时期内，一方面，有意记忆日益占有重要地位，另一方面，无意记忆仍在发挥作用，因为小学生的知识经验和学习兴趣都是不断发展变化的。

2. 从记忆的方法来说，意义的、理解的记忆逐渐占主导地位。

小学生在正确的教育下，在他们经验所及的知识范围内，已经表现出意义识记能力开始发展，但是总的说来，他们的意义识记的能力还是很差的。刚进入小学的小学生也还保留着这个特点，许多教师的观察证明，低年级的小学生在学习教材时，常常是从头到尾、逐字逐句地反复背诵，这对他们来说，似乎是比较容易的。如果要求他们把材料的次序重新加以安排，找出重点，或用自己的话来复述那个材料，就会感到困难。低年级的小学生之所以更多运用机械记忆的方法，是因为低年级的小学生智力发展水平处于特定阶段，抽象逻辑思维还不发达，语言水平不高，他们还不可能把许多新的知识和已有的知识很好地联系起来，对学习的材料理解不了。但随着小学生年龄的增长，在正确教育下，从一个年级向高一年级的过渡，意义记忆也将逐渐增加，机械记忆逐渐减少。实验研究表明，学生年级越高，意义记忆所占的比例越大，而逐字逐句的机械记忆也就越少。需要指出的是，意义记忆和机械记忆不是对立的，因为两者在学习上都是必要的，是相辅相成的。

3. 从记忆的内容来说，词的、抽象的记忆迅速发展。

小学生的具体形象记忆优于词的抽象记忆，他们善于记忆具体的事物或形象，而不善于记忆关于事实的解释、公式、法则、规律等等，这与他们的经验贫乏相关。小学生进入学校以后不但要记住一些具体的事物或形象，而且要记住一些概念、公式、原理等。因此，小学生的词的抽象记忆就迅速发展起来。这一时期，小学生的记忆主要有以下特点。

(1) 在整个小学阶段，特别是低中年级，具体形象记忆占主要地位，词的抽象记忆同时在不断地发展着。因此，教材内容的安排和选择必须要考虑这一点。

（2）整个小学时期，由于教学的影响，小学生对词的抽象材料记忆的增长率超过对具体形象材料记忆的增长率。这正是小学生智力发展的重要标志。从小学到中学，小学生的词的抽象记忆是在不断发展的，但小学生在识记具体的材料或抽象的材料时，主要以具体事物为基础，到了中学以后，才可能转变为主要以抽象概括为基础。

(二) 改善记忆

小学生在经过训练后能够更有效地使用控制策略吗？答案是肯定的。随着小学生的成长，并逐渐使用一些控制策略（control strategy）（为了改善认知加工过程而有意识、有目的地使用一些策略）后，他们对记忆将会有更深入的了解。小学生不仅需要知道如何使用记忆术，还需要知道何时何地使用才最有效。例如，会意识到复述（rehearsal），即对信息的重复，是有效的记忆策略，于是他们会越来越多地使用这一策略。类似地，他们会逐渐付出更多的努力，把记忆材料组织成一致的模式，这种策略也有助于他们更好地回忆信息。国外的一项研究表明：当要记忆杯子、刀、叉子和盘子的词汇表时，与刚上学的小学生相比，年长的小学生更可能将不同的单词组合成一致的模式—杯子和盘子、叉子和刀（Sang, Miao & Deng，2002）。例如，在学习外语词汇时，将一个外语词汇和一个读音类似的普通英语单词相匹配，这个英语单词就是关键词。因此，在学习西班牙语单词"鸭子"（pato，发音为 pot—o）时，关键词可以是"pot"；学习西班牙语单词"马"（caballo，发音为 cob—eye—yo）时，关键词可以是"eye"。一旦选择了关键词，小学生就形成了关于这两个词相关联的心理表征。例如，一个学生可能想象一只鸭子在水壶里洗澡的图景，以此记住 pato，或者用凸眼睛的马来记住 caballo。不管使用的是哪种策略，随着年龄的增长，他们会越来越多并越来越有效地使用它们。

第二节　思维与想象的发展

案例

今天，小简的父母亲特别高兴，因为今天从幼儿园回到家里，小简开始告诉父母自己已经知道天空是蓝色的原因了。不仅如此，还没办法发出正确读音的小简甚至开始和父母谈论地球的大气，并且谈论空气中的湿气微粒是如何反射太阳光的。虽然因为不了解"大气"导致她的解释很粗略，但她掌握了"大气"的大体概念，父母认为，这对于 5 岁的孩子来说，已经非常了不起了。

一转眼过去了 6 年，小简现在 11 岁，上小学四年级了。她的班主任答应同学们，如果这个月能够获得 10 次作业的 A$^+$，就会在期中考后带领这些同学去春游。为了成为春游队伍里的一分子，她每天晚上都认真地完成家庭作业。现在小简已经获得了 8 次 A$^+$，今天是她的第 9 次家庭作业。在结束了英语词汇作业之后，她开始写数学的分数乘除法作业。她需要搞清楚分子与分母之间要怎么约分，最后如何将结果化成最简分数。母亲看着咬着笔头的小简，询问她是否需要帮助时，小简斩钉截铁地说道："不用，我可以独自解决这些问题。"作业的成绩很快下来了，小简非常开心，因为她的作业获得了两个 A$^+$，这代表着她可以成为春游的队伍中的一分子啦！

在上述的例子里，我们可以看出小简在 6 年时间内思维变化很大，从 5 岁粗略地解释"大气"的概念，到 11 岁能够独立完成数学和英语作业。这样的变化并不是小简独有的，而是这个阶段的小学生都要经历的。在小学时期的认知发展阶段中，小学生的认知能力不断扩展，他们可以逐渐理解和掌握复杂的技能。然而，小学生和成人的思维并不完全一样，而是具有自己的特点。那么，小学生的思维是什么样子的呢？思维和想象又是如何发展的？思维和想象的特点又是什么呢？

一、思维与想象的概念

（一）思维

在我们的日常生活中，我们常常需要运用到思维。哲学中的思维、逻辑学中的思维、神经科学中的思维相互联系又有区别的。那么，在心理学领域中要怎么定义思维呢？心理学认为：思维是人脑借助于语言对外界事物的概括和间接的反应过程。思维属于感知系统，感知觉更多是反映了事物的个别属性、表面现象及外部联系，而思维反映的是事物共同的、本质的属性和内部规律性。也就是说，感知觉在认知过程中处于低级阶段，是思维的源泉与基础，而思维探索与发现事物的内部本质联系及其规律性，是认识过程的高级阶段，在小学生的认识过程中处于重要地位。

1. 思维的特点。

思维具有概括性和间接性的特点。所谓思维的概括性，是指思维能够把同类事物的共同的、本质的属性抽取出来加以概括，反映事物间的规律性联系。简而言之，就是通过对一类事物的总结，总结出事物的本质属性和客观规律。比如我们知道铁能导电、铜能导电，从而会总结出金属能导电的本质属性。概括性是形成或掌握概念的直接前提，个体可以通过自己的知识和经验来感知未接触过的事物。思维的间接性是指思维总是以一定的事物为媒介，来反映那些不能直接作用于感官的事物，即通过 A 现象推导出 B 现象，而不是直接观察得出来的。例如我们能够通过燕子飞得很低推导出未来会下雨的迹象。

2. 思维的分类。

从思维的抽象性上，我们可以把思维分为直观行为思维、具体形象思维和抽象逻辑思维。直观行为思维又称为感知运动思维，是个体最初的思维形式。具体形象思维借助鲜明、生动的表象和语言来表现。抽象逻辑思维依靠概念、判断和推理进行思维。

从思维的逻辑性上，可以把思维分为直觉思维和分析思维。直觉思维，顾名思义，是指逐步分析就迅速对问题答案作出合理的猜测、设想或突然领悟的思维。分析思维则是对问题经过了严密分析后，再对问题解决作出明确结论的思维方式。

从思维的指向性上，可以把思维分为聚合思维和发散思维。聚合思维指在解决问题时将思路集中到一个方向形成唯一答案的思维方式；发散思维是指能够将思维不同方向扩散得到多种答案的思维方式。

从思维的创新程度来看，可以把思维分为常规思维和创造思维。常规思维是依靠过去的记忆进行的思维，也就是按惯用的方法和模式来解决问题的思维方式；创造思维指将过去的知识经验综合组织成全新东西的思维。

（二）想象

诗仙李白曾在《题峰顶寺》中写道"夜宿峰顶寺，举手扪星辰"，用想象的笔法写出了峰顶寺之高。想象在心理学里指的是人脑对原有感性形象进行加工改造形成新形象的过程，是一种借助语言为工具、以知识经验为中介的高级认知活动，也可以说是一种特殊的思维，是具有一定创造性的分析综合活动。

想象分为无意想象和有意想象。无意想象是指事先没有预定目的的想象，在没有外界刺激的作用下自然而然地形成的，最生动的例子就是梦。有意想象指的是事先有预定目的的想象。

有意想象又可以分为再造想象和创造想象。再造想象是根据某一事物的图样、图解或言语描述而在头脑中产生关于这一事物的新形象；创造想象是人们按照一定目的在头脑中独特地创造某一事物的新形象。再造想象和创造想象虽然都有一定的创造性成分，但是创造想象和再造想象比起来，具有更大的创造性，因此，创造想象是更加复杂、更富有独立性的想象。例如，让小学生复述听过的故事和让小学生独立编造一个故事，所要求的想象水平是不一样的，前者主要是再造想象，后者主要是创造想象。在教学影响下，由于表象的积累和抽象逻辑思维的发展，不但小学生的再造想象更富于创造性成分，而且以独创性为特色的创造想象也日益发展起来。

幻想是创造想象的一种特殊形式，是一种与生活愿望相结合并指向未来的想象。很多创造性的活动常常是从幻想开始的。例如，宇宙航行最初不过是一种幻想而已。幻想可以是从实际出发的、鼓舞人们向上的，这是有益的幻想。但如果净想象一些荒诞的、引导人们脱离现实甚至歪曲现实的东西，就成了不切实际的幻想，或者叫作空想、梦想。

二、小学生思维与想象的发展特点

皮亚杰的心理发展观认为，7～11岁个体的思维处于具体运算阶段，也就是说，在这个年龄段的小学生的思维逐渐开始从前运算阶段向具体运算阶段迈进。在入学后，他们掌握知识经验的可能性和广度、深度逐步扩大。

（一）小学生的思维发展特点

小学生的思维从具体形象思维为主要形式过渡到以抽象逻辑思维为主要形式。皮亚杰认为，尽管小学生在具体运算阶段有所进步，思维开始有了抽象性，但这种抽象逻辑仍然有局限性，在很大的程度上还是与感性的经验相关，他们的思维还是脱离不了具体的物理事实，不能理解真正抽象或假设的问题，或涉及形式逻辑的问题。这一阶段的小学生思维发展有以下特点。

1. 抽象逻辑思维逐步发展，但是仍然带有很大的具体性。

低年级的小学生所掌握的概念大部分是具体的、可以直接感知的，到了中、高年级时，小学生才能够逐步掌握概念思维。要求低年级的小学生指出概念中最本质的东西，常常是比较困难的，因为他们的思维带着较大的具体性。例如：1+1=2，在小学生看来就是一支铅笔加上一支铅笔的结果，他们无法完全将1+1看成是抽象的数字。只有在中、高年级，小学生才逐步学会分出概念中本质的东西和非本质的东西、主要的东西和次要的东西，学会独立进行逻辑论证。

2. 抽象逻辑思维的自觉性开始发展，但是仍然带有很大的不自觉性。

低年级的小学生学会了一些概念思维，并可以对这些概念进行思考和判断，所以在家长辅导孩子的家庭作业时，家长可以指导他们从出声思维（互相讨论、交流）向无声思维（独立思考、内部言语）过渡，让孩子能够自觉地调节、检查、了解自己的思维过程，思维的自觉性也就随之发展。

3. 抽象逻辑思维水平不断提高。

在小学时期，小学生思维中的具体形象和抽象逻辑分关系不断发生变化，这是小学生思维发展的一般趋势。但是具体到不同学科、不同教材时，这个一般发展趋势又常常会表现出很大的不平衡性。比如说，在算术教材的学习中，小学生已经达到了较高的抽象水平，可以离开具体事物进行抽象思考，但是在历史教材的学习中，仍旧停在比较具体的表象水平上，对历史发展规律的理解还比较困难。又如，小学生能够掌握1+1的概念和运算方法，不需要再用铅笔这样的具体事物进行比对，可是，当他们开始学习分数概念和分数运算时，如果没有具体事物的支持，就会感到很大的困难。

4. 思维发展有一个"关键点"。

在整个小学时期内，小学生的思维发展是一个从具体形象性向抽象逻辑性逐步转化的过程，在这个转化过程中，存在着一个关键转变点。这个关键转变点是从具体形象思维向抽象逻辑思维转化的一个比较明显的"质变"或说"飞跃"，这个质变发生的时期，就是小学生思维发展的"关键年龄"。一般认为，这个关键年龄在小学四年级（约10～11岁）。当然，其中也有可变性。如果教育适当，这个关键年龄可能提前，有的实验报告指出，这个"关键年龄"可以发生在小学三年级；反之，如果没有适当的教育条件，这个"关键年龄"也可能推迟。在这样的情况下，小学教师更需要有计划、有目的地去培养小学生的思维，同时也要根据小学生的思维特点，采用适合的教育方式进行培养。

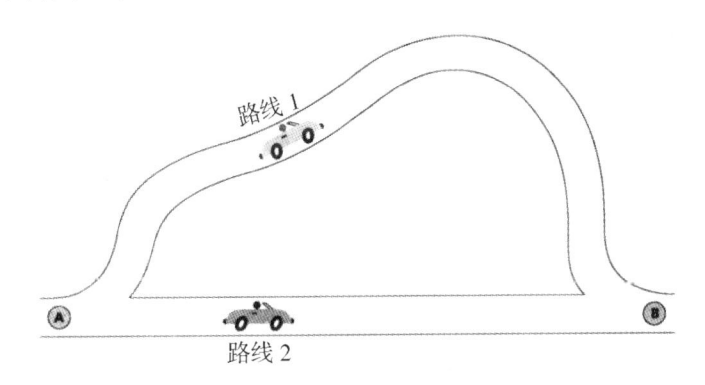

关于守恒的路线

研究者告诉小学生：这两辆行驶在路线1和路线2的汽车从启程到结束行程使用的总时间相同。刚步入具体运算时期的小学生可能会认为两辆车以相同的速度行驶。后来，他们得出的正确结论是：如果行驶较长路线的汽车其启程和结束行程的时间与行驶较短路线的汽车相同，那它一定是以较快的速度行驶。

（二）小学生的想象发展特点

在进入学校之前，小学生的想象具有一定的发展特点。小学生的想象发展整体上处于过渡状态，即由占主导地位的无意想象、再造想象、脱离现实性的想象，向有意想象、创造想象、趋于现实的想象过渡。小学生的想象发展与上小学之前相比出现了很大的不同。小学生的想象发展具有以下特点。

1. 想象的有意性迅速增加。

进入小学之后，为了更好地理解和掌握教材知识、完成作业，小学生必须主动地开展有意识、有目的的想象活动。比如：在作文课中，小学生要围绕作文的主题进行构思；在美术课的绘画中，小学生要按照特定的要求进行想象和设计，再将脑海中的形象画到画纸上。因此，随着年龄的增加、学习经历的增长，小学生想象的有意性也会随之迅速增长。

2. 想象的创造性水平提升。

小学低年级儿童的想象，仍和学前儿童类似，他们的想象常常不符合现实事物，或不能确切地反映现实事物，主要体现为模仿他人和简单再现，想象中比较缺少创造性成分。例如，学前初期儿童只能以几根缭乱的线条来表现一个人、一只动物、一幢房子或一棵树。而学前后期和小学低年级学生在绘画时就能具有简单布局和突出细节的能力。但是由于他们知识经验水平有限，他们所画的事物还不完整，大小比例、前景后景一般表现得不正确，不符合现实事物。随着年龄的增长，生活经验的丰富、语言表达能力及思维水平的提高，小学中高年级学生的创造性想象逐渐发展起来。他们能够依据已有的经验，例如表象的积累和语言的发展，对已经获得的表象事物做出真正的创造性改造。例如：在绘画时，他们不但能注意到所画事物的完整性，而且能初步运用透视关系来更好地、更真实地表现事物，从而产生相应的创造性成果，随之以独创性为特色的创造想象也日益发展起来。

3. 想象的概括性提高。

随着思维的抽象性和逻辑性发展，小学生的想象概括性也逐步提高。有研究表明：小学一二年级学生在朗读或讲述时，经常需要图画或具体形象作为想象辅助，否则描述或想象任务情境就会感到困难；而较高年级的学生已经较少地利用实物来想象。尽管小学时期小学生想象的概括性、逻辑性都有所发展，但我们应当明确的是，这种认知的发展仍是处于低水平。根据皮亚杰的心理发展观理论，该阶段的小学生仍处于前运算思维阶段，他们不能完全脱离具体表象而进行抽象的符号化思维。因此，在整个小学时期，小学生想象的复杂性、概括性、逻辑性水平还是不高。

4. 想象的完整、精确性进一步完善。

随着小学生的记忆力发展、生活经验的丰富，其想象的完整性也不断提高。同时，小学生对想象的精确程度要求也日益提高，他们不仅尝试完整地表现客体，而且力图正确地表现。

5. 想象更加符合客观现实。

学前期的儿童由于知觉经验匮乏，其想象总是脱离现实，习惯性地将事物加以夸张或缩小。随着年纪的增长、知识经验的积累，小学生的想象逐渐向现实性发展，想象越来越具体、细化，具有可操作性。如，低年级的小学生与学前儿童类似，主要喜欢童话故事、神仙故事，但他们逐渐明白这些故事的虚构性；而中高年级的小学生对这些童话故事的喜爱程度逐渐降低，代之以更富有现实性的、结构复杂的文学作品。

三、小学生思维与想象的培养

在小学时期，家长与教师的重大任务之一就是积极培养小学生的抽象逻辑思维能力，帮助小学生逐步从以具体形象性为主导的思维形式过渡到以抽象概括性为主导的思维形式，同时也要积极培养小学生的想象力，这是培育儿童独立思考能力，避免学习上形式主义倾向的重要条件。教师在课堂上传授知识，促进学生认知发展，作为教师的合作者，家长可以在家庭环境中更加重视培育孩子的思维和想象。

抽象逻辑思维是掌握知识经验的重要前提，抽象思维是在正确的教学活动中锻炼和培养起来的。同样，想象过程也和任何心理过程一样，是客观现实的反映，小学生的想象与小学生的记忆、思维等心理过程一样，是在教学的影响下培养起来的。家长与教师要根据小学生所处的思维水平创造条件，循序渐进地积极促进小学生抽象逻辑思维和想象能力的不断发展。那么，家长与教师应当如何共同协作，帮助小学生培养思维和想象能力？

(一) 对小学生思维的培养

1. 帮助小学生学会和提高思维过程中的各种基本能力。

为了让小学生能够更好地接受新知识、发展抽象逻辑思维，家长和教师可以一定的具体事例为出发点进行引导。例如，在课堂上，教师可以通过用"铅笔"举例子的方式让小学生理解加减法的意义和运算，进一步教会小学生乘除运算，若小学生对加减乘除法依然不理解，在辅导课后作业时家长也可以通过具体事例来教会孩子。从具体的事例开始教学是很必要的，但如果只停留在具体事例上，这对小学生的抽象逻辑思维发展是不利的。在教学过程中，教师不仅要考虑如何更好地传授知识，而且要考虑如何更好地培育小学生的思维能力，比如比较、分析、综合、抽象、概括等等。家长可以在辅导孩子家庭作业时，指导他们如何有意识地去组织自己的思维活动，这样才能使孩子更加牢固地掌握知识和思维方法，提高孩子的知识水平和思维水平。

2. 充分理解学习材料是发展小学生思维的直接前提。

如果提供小学生难度过高、无法理解的材料，那么对他们的思维发展来说是无益的；而提供过于简单、低级的学习材料又没办法让小学生学到新东西，这对他们思维的发展也是不利的。因此，教师要根据从已知到未知、从简单到复杂、从具体到抽象、从部分到整体的原则正确地开展教学，使小学生在学习中所遇到的困难，是能够经过思考和努力而可以克服的，从而不断地、有节奏地在旧经验的基础上去理解和掌握新的知识；家长对孩子的要求也不要过于苛刻，要结合他们的思维特点来考虑用什么方式给孩子解答困惑，帮助孩子理解材料和问题，再引导孩子考虑如何解决这个问题。

3. 帮助小学生正确地掌握概念是发展逻辑思维的基本环节。

小学生能够掌握哪些抽象概念，这取决于他们自身已有的知识经验和智力水平。在掌握这些概念的时候，要尽量做到概念具有一定的精确性和全面性，使小学生更好地掌握概念的含义和范围。不应该孤立地让小学生掌握概念，而是要在概念的系统中去掌握概念，即从相互联系的视角去掌握概念。培养小学生抽象逻辑思维能力，也就是培养他们运用概念来恰当地进行判断、合乎逻辑地进行推理的能力。所谓恰当的判断，就是正确地反映客观事物的关系和情况。所谓合乎逻辑的推理，即要求一切论证都能从真实的前提出发，而且推理必须是不矛盾的、一以贯之的。论证要力求有说服力。在推理时，不以个别当作一般，也不匆忙地随便下结论。小学生应该学会把归纳和演绎结合起来，从许多个别事实中找出一般规律，又能用一般规律来解释个别事实。

4. 培养小学生独立思考能力，并学会运用抽象规律。

帮助小学生对问题进行有目的性的独立思考，能够使小学生的抽象思维发展得更好。刚入学的低年级小学生因为思维的具体性较强、逻辑性较弱、灵活性较低，因此在解决一些算术题时常常千篇一律。教师和家长在帮助小学生获取知识的过程中，要注意培养他们思维的逻辑性，同时也要注意培养小学生思维的灵活性和批判性，在解释一个事物时多用一些具体的例子来说明原理，再用启发性的问题让小学生进行独立思考。在掌握一些抽象公式、原理以后，教师和家长更要鼓励小学生去把这些抽象规律运用在实际生活里解决其他问题。

(二) 对小学生想象的培养

1. 丰富小学生的表象。

想象水平是根据一个人所具有的表象的数量和质量情况决定的。对于同一事物，小学生和成人相比，想象的广度和深度是不一样的，这主要是由于成年人的表象积累更多，即已有的知识经验更加丰富。例如，讲到"人类祖先用石刀、石斧来从事劳动"这件历史事实的时候，低年级小学生所能想象的内容是比较贫乏的，如"祖先"就是"爷爷"的形象，"石刀"就是石头做的切菜刀等。而一个成人所能想象的内容更加丰富。因此，在教学中，为发展小学生的想象，首先应该根据小学生想象所处的阶段，通过实物、图片或参观等，使他们获得足够的有关表象。一些有经验的教师，为了使学生更加深入理解关于描写"秋天"的词句，会带领他们秋游，到郊外观赏秋天的景色，这种教学方式是值得学习的。

2. 利用生动的言语描述。

教师的言语是启发小学生想象的重要因素。教师要善于运用生动形象的、带有情感的言语，来描述小学生所要想象的事物形象。例如，在讲述历史人物的时候，教师不应该冷淡地、死板地讲一堆史实，而应该在小学生所能理解的范围内，用生动的言语、恰当的表情来描绘有关的史实，使小学生的想象活跃起来。当然，教师必须注意：言语必须是小学生所能理解的，否则就毫无作用。实验研究指出：词只在它能够使过去知觉中那些与当前想象形象有关的成分活跃起来的时候，才能改变或充实想象的形象。如果小学生在过去知觉中获得的印象很贫乏，词就不能促使想象的形象更为完善。

3. 培养正确的、符合现实的想象。

想象与人的思想意识、个性品质密切联系的。在日常生活中，教师和家长要注意培养小学生符合现实的想象。例如，在语文、自然常识等学科的教学中，要激发小学生热爱祖国、准备为祖国社会主义建设事业服务的崇高愿望，同时及时纠正他们的一些不切实际的愿望；家长可以通过给孩子讲述一些有趣的故事，让孩子想象故事后续如何发展等等。

4. 指导小学生阅读文艺作品。

文艺作品是培养小学生想象的最好材料，因为文艺作品一般都是通过艺术语言来塑造典型的人物形象，这些人物形象具有极大的感染力。教师应该积极关心和指导儿童阅读良好的、适合儿童水平的文艺读物，借以发展儿童的想象力；家长可以购买一些书籍，在家里和孩子一同阅读书籍，询问孩子阅读后的感悟等。

延迟满足

想象你现在是一个孩子了，有一位老师给你和你的伙伴每人一颗好吃的软糖，同时告诉你们：如果马上吃，只能吃一颗，如果等20分钟后再吃，就可以吃两颗。如果是你，你会马上吃掉这颗糖，还是等待20分钟吃两颗糖呢？

研究人员对一群4岁的孩子做了实验。有的孩子急不可待，马上把糖吃掉了；而有一些孩子则耐住性子、闭上眼睛或头枕双臂做睡觉状，也有一些孩子用自言自语或唱歌来转移注意以克制自己的欲望，从而获得更丰厚的报酬。

研究人员在十几年以后再考察当年那些孩子的表现，研究发现，那些以坚韧的毅力获得两颗软糖的孩子，上中学时表现出较强的适应性、自信心和独立自主精神，他们的学习成绩要相对好一些，而那些禁不住软糖诱惑的孩子则往往屈服于压力而逃避挑战。在后来几十年的跟踪观察中，也证明那些有耐心等待吃两块糖果的孩子，事业上更容易获得成功。也就是说延迟满足能力越强，更容易取得成功。

"延迟满足"实验证明：自我控制能力是个体在没有外界监督的情况下，适当地控制、调节自己的行为，抑制冲动、抵制诱惑、延迟满足，坚持不懈地保证目标实现的一种综合能力。它是自我意识的重要成分，是一个人走向成功的重要心理素质。从发展心理学的角度来看，三岁看大，十岁看老，幼儿时期就可表现出一定的能力。

第三章 小学生的社会性

◇ 如何促进小学生自我意识的发展？
◇ 小学生如何提高控制情绪的能力？
◇ 道德发展理论有哪些观点？
◇ 小学生的人格发展呈现什么特点？
◇ 小学生的同伴交往呈现什么特点？
◇ 如何看待小学生的欺侮现象？

社会性是指个体与社会系统的相互作用，以及在这个作用过程中个体对社会事物的认识和适应过程及其结果，例如与他人保持关系和互动。小学时期作为人生的重要阶段，其社会性发展关系到儿童将来能否很好地适应社会、融入社会。

第一节 情绪与自我意识的发展

案例

小刚，小学三年级学生，是一个脾气大、点子多的小顽童，只要稍不顺心，就很难控制自己的情绪。考试考不好，他就怪老师出题太难，把考卷揉成一团。当学习骑自行车不小心摔了一跤时，他就拿自行车出气，使劲地用脚踢自行车。当上学迟到时，他就怪妈妈没有按时叫他起床，回家愤怒地责怪妈妈。当邻桌不小心在教室门口和他相撞，他就把人打得鼻青脸肿。老师反映，全班同学中很多人都被他"修理"过，他有时还会在课上发脾气，让正在上课的老师非常生气。因为脾气暴躁，他在学校几乎没有朋友，成绩也一直处于班级中下游。

上述例子中的小刚脾气不好，难以自控，这严重影响了他的人际关系与学习生活。在当今的素质教育中，心理健康教育是重要组成部分之一，而情绪和自我意识的健康发展在心理健康中起着不可忽视的作用。一个人能否对自己的情绪进行积极地调控，提升自我意识，维持良好的身心状态，与他人保持和谐的人际关系，具备良好的社会生活适应能力，对其个人全面素质的提高有着重要的意义。

一、小学生情绪能力的发展

（一）情绪调节能力的发展

小学生情绪调节能力的发展对其心理健康水平及学业成就有着重要的预测作用。小学生在师生互动和同伴交往中会产生多种情绪，良好的情绪调节能力能够帮助小学生积极面对负性情绪，以恰当的方式表达情绪，构建良好的人际关系，继而提升学业水平。

情绪调节受前额叶神经系统的控制，随着年龄的增长，小学生的生理成熟程度和认知发展水平均有所提升，这在一定程度上促进了小学生情绪调节能力的发展。结合以往研究来看，小学阶段儿童情绪调节策略发展具有如下特点：1. 情绪调节策略使用逐渐从外在行为导向的策略，转变为以内在认知为基础的策略。2. 采用适应性情绪调节策略的频率有所增加。3. 能够使用的情绪调节策略越来越丰富、灵活。

研究表明，情绪调节能力的发展随年级不同而有所不同，在具体策略上的表现也随策略的不同呈现出不同的特点。小学生的情绪稳定性差，男、女生在认知重评策略的采用倾向上没有表现出差异，原因在于认知策略的发展是以元认知的发展为基础的。高年级的小学生相较于低年级更倾向于采用认知重评策略。

（二）情绪表达能力的发展

由于大脑皮层兴奋与抑制的不平衡，低年级学生的情绪更加多变和冲动，不容易被个体所控制。中低年级的小学生在情绪表达方式上具有以自我为中心的特点，表现出更高的攻击性和消极性，难以考虑情绪表达的内容、方式对情绪接受者的影响。此时，他们能够意识到需要根据社交情境进行情绪表达，但较少应用于实践。而高年级的学生在情绪表达方面能够认识到情绪的社会化作用，在个人表达情绪时，会更加关注情绪接受者的反应。此外，随着年级的升高，在社交情境中小学生的情绪表达具有一定的掩饰性。

小学生使用的情绪调节策略具有从表达抑制逐渐向认知重评发展的趋势。小学低年级的学生在调节情绪时倾向使用表达抑制策略，即个体抑制将要产生或正在发生的情绪；中年级和高年级的学生倾向使用认知重评策略，即个体通过改变对情绪事件的理解和评价进行情绪调节。小学低年级学生通过表达抑制策略调整自身的消极情绪，能够在短期内得到成人的关注和爱护。但是，表达抑制策略的长期使用会导致消极的社会互动结果，使小学生在获得良好的人际互动体验方面存在困难。随着小学中高年级的到来，同伴互动越来越注重互动者的沟通效率与心理体验。在与同伴的交流中，他们会逐渐以更加积极的方式理解导致消极情绪的事件，从而促进积极情绪和良好的社会互动行为的产生。

（三）情绪智力的发展

小学阶段是学生情绪智力发展的黄金时期，不同年级小学生的情绪智力发展水平存在明显的差异：五年级学生的情况最好，三年级学生的情况次之，而四年级学生遇到的问题较多。调查研究发现，小学生情绪困扰较多出现在三、四年级，而五年级学生很少有情绪困扰，这与五年级学生情绪控制能力增强、智力更加成熟，能较为全面地思考问题有关，同时说明三、四年级正是小学生情绪不稳定、情绪智力发展的关键时期。

小学生情绪智力发展与心理健康发展是密切相关的，如果父母对孩子的教育方式简单、粗暴，疏于管理或管理过于严厉，只重视学习成绩的提高而忽视情绪的健康发展等，这些都会对小学生情绪智力发展产生消极影响。

（四）情绪社会化的发展

情绪社会化是在原始情绪产生的基础上，在人际交往和社会行为反馈中发展起来的。小学生情绪社会化发展对小学生的心理健康、人格发展，乃至中学阶段和成年时期的社会适应都具有重要作用。

随着小学生认知水平的提高，他们的情绪社会化表现出从情绪类型的识别到理解情绪产生的原因，从自我中心到关注与外界联结的发展趋势。小学低年级学生能够识别单一情绪，但无法理解混合情绪，在情绪表达方面呈现以自我为中心的特征。小学中高年级，是小学生混合情绪理解的关键期，此时他们能够理解抽象的情绪概念和词汇，理解他人情绪状态从而促进共情的产生和情绪社会化水平的提升。

小学生情绪社会化是在社会环境中不断形成与发展的，受许多因素的影响。首先是言语能力，情绪理解水平与言语流畅性紧密相关。其次是同伴交往和同伴接纳，受同伴欢迎程度较高的学生情绪理解水平较高。这是由于他们有更多的机会参与同伴交往，从而在与他人互动的过程中形成更好的情绪理解水平。再次是成人情绪情境，小学生在成人愤怒的情境中会较高频率地掩饰自身真实的情绪。最后是父母人格特质和教养方式等因素的影响，母亲情绪调节困难、恐惧亲密关系、神经质等都会导致孩子形成不良的情绪调节方式。

二、小学生自我意识的发展

自我意识是指个体自身的主体意识，是个体对其生理、心理、社会功能状态等的知觉与主观评价，是个体人格结构中的核心部分。随着年龄增长，小学生的自我意识逐渐完善，这在他们形成健全人格过程中具有重要的调节作用。

（一）自我意识发展的特点

依据埃里克森的理论，小学生处于勤奋对自卑的阶段。他们接受学校教育，通过勤奋努力的学习以获得成就感，这使他们在今后的独立生活和承担工作任务中充满信心。心理学家奥尔波特将人的自我意识发展分为三个阶段：自我中心期、客观化时期和主观化时期。小学生的自我意识正处于客观化时期，他们能够比较客观地看待自己与他人、自己与社会，但是没有形成稳定的性格和独立的思想观念。

在自我意识的总体发展趋势中，小学生的自我概念呈"U"字形发展，这说明自我意识能力发展具有波动性。低年级的小学生描述自己时开始关注抽象、内在的特征，会关注自己和同伴的行为，以此来推断他人的内在思想，但是他们还没有形成独立的、稳定的世界观、人生观和价值观。高年级小学生的自我意识发展存在显著的性别差异，这与女生进入青春期略早于男生有关。女生的自我意识发展要早于男生，在自己的外在行为、学校表现和与他人相处方面，女生的表现会优于男生，而男生的焦虑程度高于女生。

（二）自我意识发展的重要性

1. 有助于促进认知能力的发展。

随着小学生自我意识的发展，他们对周围环境的认识日益清晰。例如，他们能清楚地知道老师在上课，要将注意力集中在课堂上等。

2. 有助于促进自我评价能力的发展。

自我意识的发展有助于小学生认识自己的优点和缺点，对自己作出适当的评价。小学生开始意识到自己与环境的关系，意识到自己在环境中的作用，能客观地认识到自己的优点和缺点。

3. 有助于促进自我控制能力的发展。

自我控制是个体在认识自我、悦纳自我的基础上，自觉规划行为目标，主动调整自身行为，以适应社会要求的过程。对于低年级的学生，教师会用明文标示来帮助学生进行行为控制。对于高年级的学生，要在了解课堂纪律要求基础上能控制好自己的行为。

4. 有助于增强自我体验。

自我体验的核心在于能否悦纳自我。小学生自我意识的发展有助于他们在实践活动中获得自我价值，体验积极快乐的情感，促进自豪感、自尊感和自我效能感的形成。

（三）家庭教育对自我意识发展的影响

小学生的家庭教育是学校教育的补充和发展。在小学各年级，家庭氛围、教育理念、教养方式和教育方法的不同，都会使小学生在自我认识、自我评价等水平上出现差异。

1. 家庭氛围。

不同的家庭氛围会给小学生带来不一样的情感和心理体验。首先，父母的爱好、性格等都会融合在家庭氛围之中，对小学生的行为习惯、气质等产生潜移默化的影响。其次，和睦友好的家庭人际关系有利于小学生在爱自己的同时也爱他人，能够正确评价自己且与同学和谐共处。最后，通过父母的非言语交流，小学生可以判断出父母对自己的态度，让他们在得到积极的情感体验时，自我意识也会得到相应的提升。

2. 家庭教育理念。

良好的家庭教育理念是以人为本和全面发展的教育理念，旨在以孩子为中心，促进孩子的全面发展。家长在家庭教育中要充分尊重孩子的主体地位，帮助孩子了解他们的长处与短处。反之，一些陈旧的家庭教育理念会让小学生习惯性地否定自己，看不到自己的长处，自我评价就会向消极方向转变，难以获得积极的情感体验。

3. 家庭教养方式。

心理学家戴安娜提出，家庭教养方式可以分为权威型、专制型、溺爱型、忽视型四种。

权威型教养方式的特点是家长对孩子的高控制和接纳，对孩子有充分的理解和尊重，对待孩子的态度是积极的、鼓励的，尊重他们自己的想法和观点。在这种教养方式下成长的孩子通常有较强的自尊心和自信心，对自己的评价较高，善于与人交往，自我意识水平较高。

专制型教养方式是家长要求孩子绝对服从，强烈希望孩子的一言一行都符合家长的标准和期望。他们对待孩子往往是忽视和冷漠的态度。小学生正处于自我意识、独立性、自主性快速发展的时期，这样的教养方式会让孩子缺少话语权，让其在面对问题时无法独立思考，自控能力较差。

溺爱型教养方式的特点是家长面对孩子的各种要求都选择满足、妥协或者忽视的态度，使得孩子缺乏控制、任性傲慢。由于小学生思想还不成熟，缺少自主的能力和独立的思想，倘若孩子性格较为内向且在学校与其他同学存在沟通障碍，家长也没有对其加以关注，孩子对自我的认识、评价会向消极的方向发展。

忽视型教养方式的特点是家长缺乏关注和控制。忽视型父母缺乏对孩子各种行为的积极反馈，他们与孩子的互动很少，不愿意在孩子身上投入更多的时间和精力。在这样的教养方式下成长的孩子往往缺乏对别人的关心，又因为长期被忽视，更可能通过表现一些反社会行为来引起别人的关注。

4. 家庭教育方法。

批评和表扬是家长教育孩子最常用的方法。严厉的家长会认为孩子没有努力，直接批评孩子，导致他们失去学习信心，消极地评价自己，这种方式不利于促进孩子的自我意识发展。而表扬的教育方法更看重孩子每一点的进步，家长通过口头或是物质的方式来鼓励孩子，让孩子更自信、更勇敢，也能更客观评价自己，促进其自我意识的发展。

三、教育启示

对于小学生产生厌学情绪、考试焦虑、人际关系紧张等问题，缺乏对情绪和自我意识的调控能力是主要原因之一。因此，引导小学生掌握适应性情绪调节策略，对提升小学生的自我意识十分重要。

（一）开展一对一心理辅导

心理辅导教师应针对有需要的学生开展一对一辅导。对于脾气暴躁、人际关系较差的学生，教师首先要引导学生意识到消极情绪的危害；其次，要指导学生学会使用适应性情绪调节策略；再次，要教会学生通过转移注意力的方式，以此达到缓解消极情绪的目的。当学生能够使用适应性情绪调节策略调节情绪时，教师要及时对其进行鼓励，以增强学生的信心。

针对不同年级学生的阶段性特点，教师和家长评价学生时应该更加全面，为他们搭建更多展示自我的平台，建立多方面评价体系，以此帮助学生发现自身的长处和优势。

（二）开展团体行为训练

在心理课上开展"做自己情绪的主人"主题团体行为训练，通过富有趣味的团体活动，帮助小学生掌握适应性情绪调节策略，学会做自己情绪的主人。这个主题团体活动可按照"认识情绪—调节情绪—分享收获"的顺序开展。

同时，对高年级小学生进行自我意识教育也是至关重要的。根据埃里克森的人格发展理论，青春期是建立自我同一性的关键期，学生需要正确地认识自我、评价自我，建立良好的自我意识。

（三）塑造良好的家庭教育

作为父母，最重要的是激活孩子的内部动机，为孩子展示更多的社会正能量。父母可以通过新闻、社会事件等资源，培养孩子的积极意识和责任感，同时在生活中让孩子完成力所能及的事情，培养孩子的独立性，给予孩子更多的陪伴和耐心的沟通。

第二节 道德与人格的发展

> **案例**

小洪是小学五年级学生,他擅长踢足球,是学校足球队的主力。但是,他平日里吊儿郎当的,学习不认真,作业潦草应付,学习成绩很一般。有一次,班主任陈老师要给班里的孩子兑换点赞卡,拉开抽屉时才发现原本一包鼓鼓的点赞卡一下子少了十几张。陈老师四处查探之后,最终锁定了小洪,她并未当众点破此事,而是私下叫来小洪谈话了解。陈老师笑眯眯地说:"小洪,老师看到你昨天下午比较晚回家,有没有看见哪位同学放学后到过老师的办公室?"小洪眼中闪过一丝慌乱,随即摇摇头,说:"足球队训练完之后我就直接回家了,没回班级,所以没看见。"陈老师不说话,只是看着小洪的眼睛。小洪有些手足无措,说:"哦,我好像看到小毅回班级了,不知道是不是他进过办公室。"

在上述例子里,孩子做错事情不敢承认,反而用撒谎来掩盖自己的错误,这样的现象在生活中其实是十分普遍的。说谎并不意味着孩子道德败坏或是存在人格缺陷,而是因为孩子的道德认知水平较低,或性格怯懦、不敢说真话。但大部分家长并不了解这一点,如果发现孩子说谎,经常又气又急,认为孩子犯下了不可饶恕的错误,往往将其痛打一顿,可最后却发现自己没有成功纠正孩子的说谎行为。小学阶段是塑造个体道德品质发展和人格形成的最基础时期,在教育过程中,教师和家长应掌握小学生道德品质和人格发展的特点和规律,了解其影响因素,从而引导小学生形成良好的道德品质。

一、道德发展

(一) 皮亚杰道德发展阶段理论

心理学家皮亚杰在他早期的《儿童的道德判断》一书中提出了道德发展阶段理论,将儿童的道德发展划分为四个阶段。

第一阶段为自我中心阶段或前道德阶段(2~5岁),该阶段的儿童缺乏按规则来规范行为的自觉性,在亲子关系、同伴关系、价值判断等方面均表现出自我中心倾向。

第二阶段为权威阶段或他律道德阶段(6~7或8岁),该阶段儿童表现出对外在权威的绝对尊重和顺从,皮亚杰认为,对错是由行为的结果和成人的权威决定的,行为的意图并不重要,规则是绝对的,在任何情况下都不能打破。

第三阶段为可逆性阶段或初步自律道德阶段（8~10岁），该阶段儿童发展出了更高级的思维技能，他们已经不把规则看成是一成不变的东西，能理解在某种情境或在某特定的环境下规则可以改变，开始看到对错的复杂性，例如，理解说谎也许是不伤害他人情感所必需的，在正义的战争中或自卫时杀人是可接受的。

第四阶段为公正阶段或自律道德阶段（10~12岁），该阶段的儿童公正观念或正义感得到发展，道德观念倾向于主持公平、公正。

小学生的道德发展就是这样一个由他律逐步向自律、由客观责任感逐步向主观责任感的转化过程。10岁是小学生从他律道德向自律道德转化的分水岭。即10岁前，小学生对道德行为的思维判断主要依据别人设定的规则标准，也就是他律道德；而10岁以后，小学生对道德行为的思维判断大多依据自己的内在标准，也就是自律道德。这一时期的小学生会通过个体与环境的相互作用，将外在事物逐渐转化为自己的内在观点，十分具有自己的想法和主观性。

（二）科尔伯格道德发展阶段理论

科尔伯格是皮亚杰的学生，他认为儿童的道德发展过程比皮亚杰提出的两阶段过程更复杂，提出了自己的道德发展阶段理论，分为三个水平，每个水平又包括两个阶段，如表所示。

科尔伯格道德发展阶段理论

水平	阶段	描述
前习俗水平	服从与惩罚定向	服从规则以及避免惩罚
	天真的利己主义	遵从习惯以获得赞赏
习俗水平	好孩子的道德定向	遵从陈规，避免他人不赞成、不喜欢
	维护权威和秩序的道德观	遵从权威，避免受到谴责
后习俗水平	履行准则与守法的道德	遵从社会契约，维护公共利益
	个人原则或良心式的道德观	遵从良心或原则，避免自我责备

在前习俗水平阶段，个体判断行为对错时主要持自我中心、利己主义的观点，忽视社会标准或习俗。处于该水平第一阶段的儿童，即处于"服从与惩罚定向"阶段的儿童，关注他们行为的结果，这与皮亚杰的道德实在论是相似的。例如，"撒谎是错的，因为我可能会被抓或课程不及格"。在第二阶段，即"天真的利己主义"阶段，儿童关注行为带来的利益，例如，"听妈妈的话就会得到棒棒糖"。

在习俗水平阶段，个体判断行为对错时主要关注外在的权威，如社会的习俗和标准。由于自我中心关注的减少以及思维技能的提高，处于习俗水平的儿童能够判断行为的意图，如"他不是有意绊倒我的"。在第三阶段即"好孩子的道德定向"阶段，"获得好孩子的评价"有最高的优先权，这意味着儿童希望获得父母和其他家庭成员的喜爱。因此，他们会遵守规则来获得权威人物的赞同。例如，"作弊是错的，因为妈妈是这样说的，她不喜欢我这样做"。而在第四阶段即"维护权威和秩序的道德观"阶段，"社会权威"拥有最高的优先权，个体关注决定法律和行为规则的社会系统。例如，"作弊是错的，因为这违反了学校的规定"。

在后习俗水平阶段，个体超越了简单的推论和外部权威，转向内部权威，此时个体建立了关于对错的认知。处于第五阶段，即"履行准则与守法的道德"阶段的个体，对于道德有自己的主张与想法。个体自由决定何时、为什么以及规则应该怎样改变。例如，义工会欺骗患癌的病人：他被治愈的希望很高，即所谓善意的谎言。在第六阶段，即"个人原则或良心的道德观"阶段的个体，关注最能使全社会受益或更好的道德系统。例如，不应该容忍偷窃，因为随之而来的是社会混乱和崩溃。

科尔伯格通过呈现道德两难故事，要求儿童对故事作出判断并陈述自己判断的理由，从而测量儿童的道德发展阶段。道德两难问题的回答没有对错之分，因此科尔伯格感兴趣的不是个体选择做或不做什么，而是关注个体选择的理论基础所决定的道德发展阶段。

> **道德两难故事**
>
> 这是经典道德两难故事——"海因茨偷药"的故事大意：欧洲某地的一妇女海因茨太太罹患严重癌症，医师诊断只有一种新制镭锭药物可治。海因茨奔赴药店时，店主将成本仅200美元的药物售价提高至2000美元。而海因茨为妻子治病已用尽所有积蓄，向亲友借贷只能凑得1000美元。他恳求店主允许其先付此数取药回去救他妻子一命，保证稍后补足余款。店主拒绝并称卖药目的只求赚钱，不考虑其他问题。海因茨的妻子性命危在旦夕，海因茨走投无路，就在当天夜间撬开药店窗户为妻子偷走了药物。
>
> 海因茨是否应该偷药，为什么？

（三）艾森伯格的亲社会道德理论

儿童心理学家艾森伯格认为，科尔伯格只研究了儿童道德判断的禁令取向推理，比如在"海因茨偷药"的故事中，海因茨必须在不去偷药和不救妻子之间作出选择，这在一定程度上制约了儿童作出的道德判断。

相对于皮亚杰与科尔伯格关注"积极公正"，关注为什么人要做正确的事情，艾森伯格更关注为什么人会自愿关心和安慰他人，即亲社会行为。于是，艾森伯格设计了亲社会道德两难情境来研究儿童的道德发展水平。亲社会两难情境的特点是个体必须在满足自己的愿望与满足他人的愿望之间作出选择，助人者的个人利益和受助者之间存在着不可调和的利益矛盾。例如，一个人必须在帮助一个遭抢劫的妇女和保护自己之间作出选择。

艾森伯格基于自己的纵向研究，提出亲社会道德理论，并将儿童的亲社会道德发展水平分为5个阶段。

阶段1：享乐主义或自我关注倾向。这个阶段的个体关注自我，将其作为亲社会行为的动机。例如，"我会分享我的蜡笔，因为老师会高兴，会表扬我。"

阶段2：需要倾向。这个阶段的个体关注他人的需要，甚至当那些需要与自我兴趣产生了冲突时，仍关注他人的需要。例如，"我会和小红分享我的蜡笔，因为她今天找不到自己的蜡笔了。"

阶段3：赞同和人际倾向。这个阶段的个体根据对他人的印象来参与亲社会行为，帮助一个被认为是好人的人，不帮助一个被认为是坏人的人，目的是得到他人的赞同或接受。例如，"我要和小红分享我的蜡笔，因为她是好人，但我不和小明分享，因为他对人一直很小气。"

阶段4：自我反思的移情倾向。这个阶段的个体会采用移情等方法来决定他们的行为。例如，"我会把课堂笔记借给小红，她因为参加爷爷的葬礼没来上课，我为她感到难过，我想应该有人去帮助她。"

阶段5：内在倾向。这个阶段的儿童因个人的价值，而不是外部的期待而表现出亲社会行为。例如，"因为我认为更富有的人应该帮助他人，所以我会把自己的压岁钱捐给福利院。"

二、人格的发展

"人格"是我们生活中常听到的一个词，心理学中的人格是一个人独特的、相对稳定的心理品质，是各种心理特性的总和，它影响着一个人的思想、情感和行为。人格包括气质和性格两个方面。小学生的人格发展呈现在平稳中慢慢进步的趋势。二到四年级小学生的人格是相对稳定的，五年级到六年级成为一个转折点。小学高年级学生在熟悉校园生活的同时，同伴交往更加密切，集体生活范围扩大，学校环境深刻地影响着小学生的人格，小学生会迅速地形成自己的个性。所以，小学阶段是人格最可塑的时期，这个时期是至关重要的，教师和家长要及时引导小学生的人格发展。

(一) 小学生的人格结构

在人格结构研究中，"大五"人格理论得到了广泛认可。"大五"人格是指个体的人格特质，包括神经质、宜人性、尽责性、开放性、外倾性五个维度。研究人员将这五个词的第一个字母组合起来就是"OCEAN"（海洋），因此"大五"模型人格结构又被称为"人格的海洋"。在关于儿童人格结构的研究中，多项研究在不同文化背景下进行了探讨，发现儿童人格结构基本符合以成人为被试者得出的"大五"人格模型。

(二) 小学生的人格发展特点

神经质反映的是敏感焦虑、暴躁易怒水平。研究发现，前额叶皮质对消极情绪评估和调节起着重要作用，小学低年级儿童的前额皮质大量增加，这使得小学低年级儿童评估和调节消极情绪的能力迅速提高，因此，小学低年级儿童的情绪稳定性水平迅速发展。到小学高年级，儿童在生理、心理和社会性上都表现出显著变化，这一阶段儿童自我意识迅速提高，变得更加内敛，不再视老师为权威，同时消极情绪大量出现。

宜人性反映的是个体同情、合作、考虑他人的行为倾向。小学低年级儿童对自己及他人情绪的理解能力快速提高，在三年级以后则逐渐变缓。同时，小学低年级儿童开始更多地考虑他人的需要、感受，表现出更多的帮助他人、分享等行为。小学高年级儿童开始向青春期过渡，可能会对朋友之外的他人表现出漠不关心的态度，从而避免朋友的嘲讽。所以，儿童的宜人性人格在小学阶段呈现出持续增长的趋势。

尽责性表现为负责、坚毅、有计划性。研究发现，5~11岁儿童自我控制的发展与神经心理机制和环境相关。在6~9岁时，儿童的大脑发育，前额叶中灰质迅速增加，从而使儿童的自我调节能力、计划性和行为抑制能力不断提高。同时，随着环境对个体的影响越来越大，儿童将学校、家庭和社会的规则不断内化，使得计划性、抑制能力等稳步提高。所以儿童的尽责性在小学阶段呈现出持续增长的趋势。

开放性反映的是对感知、想象、美感和情绪的认知投入。小学低年级阶段儿童的前额叶中灰质迅速增加，而前额叶中灰质与智力发展、创造性认知等自发性认知过程相关，这使低年级儿童的记忆力、理解力、想象力、独立性快速发展以及开放性水平不断提高。进入高年级后，儿童进入青春期的过渡期，再加上升学压力进一步加大，其创造性、自主性和积极性受到更大抑制，因此出现下降趋势。

外倾性反映的是善于交际和活跃水平。对于小学低年级儿童，他们更加乐于交往、活泼好动。进入高年级后，由于学业压力的增大，儿童精力和活动水平迅速下降，同时，儿童越来越少地表达自己，因此小学高年级儿童的外倾性水平会有所下降。

除了年龄发展特点外，研究发现，小学高年级女生相较于男生表现出更高水平的宜人性、尽责性、外倾性，而其他人格维度性别差异均不显著。导致此类性格差异的原因主要是传统社会文化中的性别角色期望，父母和教师在教育过程中会对男女儿童提出不同的发展要求，如希望男孩独立、进取，有更大的抱负，而希望女孩温柔和善、服从、合作，为他人考虑等。

综上可知，处于发育初期的小学生，人格发展具有极大可塑性。小学生的自我人格塑造与培养也影响着小学生人格的健全发展，因此针对不同年龄儿童进行人格塑造是可行且必要的。

三、如何促进小学生道德发展与培养健全人格

（一）家庭环境

孩子的成长离不开家庭环境，家族传统与文化、父母的人格和教养方式影响着小学生的道德发展与人格。

在儿童年幼时，父母是外部权威人物，如果父母采用合理的教养方式，包括结束孩子的错误行为和提出合理的行为要求，儿童就更可能表现出高水平的社会责任感。在考察家庭的重要性时，心理学家提出几种养育策略以帮助促进小学生的道德发展与培养健全人格。

1. 引导。通过讲述每个选择的结果以及让孩子思考他人的情绪来启发孩子，给孩子自主的权利，一步步地去辨明是非，这不仅有利于促进孩子的道德发展，还有利于孩子健全人格的形成。

2. 教育。父母通过向孩子表达温暖和情感对儿童情绪状态加以关心。在日常行为中，父母要表现出稳定的情绪和积极的态度。

3. 提出要求。父母为孩子制定高水平的行为标准，并对他们达到标准的尝试表示支持。

4. 示范。父母言传身教，做到他们所要求孩子做的行为，成为孩子的榜样。

5. 民主程序。父母和孩子一起做决定，尤其是在需要他们倾听以及理解他人观点的时候。

（二）学校环境

苏霍姆林斯基说过，只有良好的教育环境，才能获得很好的教育效果。校园文化作为小学生最亲密的文化之一，对小学生的道德发展与健全人格形成具有十分重要的意义。

班级和学校系统应该有一个信任的氛围和关爱的道德规范，孩子表达情绪时应该感到安全，知道他们会得到教师的关心。例如教师可以多在教学时间之外与学生互动，谈话时倾斜身体与学生保持一个高度，利用召开班会等方法制止班级中的不良行为。

除此之外，学校可以为学生提供服务学习的机会。服务学习是将学习与社区服务相结合的一种教育方式，包括志愿者活动、社区活动等。参与服务学习有利于提高亲社会行为，降低攻击行为。

(三) 同伴背景

同伴互动是儿童进入高水平的道德认知、推理以及学会与他人合作来决定公正公平的重要成分，有利于塑造儿童的人格。因此，父母和教师应该尊重、鼓励、引导儿童的同伴交往，可以通过采用合作学习策略确保儿童有足够的同伴交往。

第三节 人际关系的发展

案例

今年小芳上四年级了，不知道从什么时候开始，小芳总喜欢和别人进行比较。看到同桌的文具盒很漂亮，回家就缠着父母给她换一个更好看的；与同学聊天时听说同学去过很多地方旅游，回家就向妈妈抱怨：为什么不多带自己出去旅游；在观看学校文艺汇演时，她看到台上跳舞的同学赢得大家的惊叹，她也嚷嚷着要报一个舞蹈班；过年时长辈给的红包她悄悄地收好，背着父母拿到学校跟同学们"晒晒"……

小芳出现爱攀比心理的原因是多维度的，从马斯洛的需要层次理论来看，每个人都会有归属、爱和自尊的需要，孩子也不例外。他们想要融入班集体，希望寻求归属感和同伴的认同，担心自己被孤立，就会无意识地想要和同学保持一致，所以想和同学要一样的东西，会模仿同学的攀比行为。此外，孩子都希望得到别人的关注，把自己的东西带来向同学炫耀，能够在同学的羡慕中获得满足感，从而强化这一行为。

小芳的行为表现，正体现了该阶段儿童同伴交往中的特点，了解儿童行为背后的心理原因与需求，有助于老师和家长更好地进行引导。

从幼儿园到小学最大的一个变化是，儿童开始了正规的学校生活，他们开始系统地学习，慢慢地培养自身的勤奋感。人际交往也与幼儿阶段有很大不同，小学生的独立性与批判性不断增长，他们从对父母、教师的依赖到开始变得自主，从对成人权威的完全信服到开始表现出富有批判性的怀疑和思考。与此同时，更具平等地位的同伴交往逐渐在他们的生活中占据重要地位，对小学生的发展产生重要影响。

一、同伴关系的发展

在小学阶段，儿童与同伴一起学习和生活的时间很多。随着小学生社会认知能力的发展，他们可以更好地理解别人行为背后的原因，因而跟同伴间的交流更加有效，这是区别于幼儿阶段的。对儿童来说，与同伴形成友谊关系，是他们发展的最佳模式。

（一）同伴关系的功能与价值

同伴交往是儿童形成和发展个性特点、社会行为、价值观和态度的主要方式，良好的同伴关系对儿童的个性和社会性发展发挥着家长无法替代的作用。首先，儿童在同伴集体中被接纳、受到同伴的赞许和尊重，能够产生一种心理上的满足，同伴是儿童得到情感支持的重要来源，这有益于儿童的身心健康与发展。其次，在和同伴交往的过程中，儿童有机会学习到与他人相处的知识和技能，比如怎样保持友谊、如何解决冲突等。再次，儿童可以在同伴团体的互动中习得团体规范，促进自我概念的形成，更好地评价与认识自己。与父母不同的是，同伴带来的这些影响是在平等的基础上进行的，同伴的榜样示范在儿童行为和态度方面的改变具有很大的作用。

（二）小学生的同伴交往

1. 小学生的友谊。

小学生同伴交往的一个重要特点是开始建立友谊，友谊是和亲近的同伴、同学等建立起来的特殊亲密关系，对儿童的发展具有重要影响。小学生很重视与同伴建立友谊，他们对于友谊的看法是逐渐发展的。6～7岁的儿童会认为朋友就是离得近、一起玩耍的伙伴。9～11岁的儿童强调朋友间的相互关心和帮助，他们在选择朋友的时候会考虑对方身上的一些积极品质，如善良、忠诚等，以及跟自己是否志趣相投，此时友谊的核心是相互信任，在需要时能够帮忙的人会被当成朋友。11～15岁的儿童对于友谊的标准转向亲密和忠诚，他们会相互倾诉以及分享各自的想法和感受，进而建立友谊，此时的友谊具有排他性。

2. 小学生的同伴团体。

同伴团体是指一些在年龄、身体、社会地位等方面较为接近的儿童组成的群体。小学生已经有了明显的群体认同，小学时期是开始建立同伴团体的时期，因而也称为"帮团时期"。这种同伴团体能够满足他们交往与归属的需要，教会他们与他人交往的基本技能，在促进儿童社会化过程中发挥着重要作用。儿童的同伴团体从其结构的严谨程度来看，一般可以分为有组织的集体和自发的团体。

（1）班集体。小学生的集体就是班集体。在教师的正确引导下，一年级下学期的小学生初步形成集体关系和集体意识。到二年级时，他们逐步将自己当成班集体中的一员，服从集体要求、产生班级荣誉感。在这个时期，儿童在班集体中的地位开始分化，一部分能力较强的儿童开始成为班集体的活跃分子，逐步成为班里的重要支柱和教师的得力助手，而另一部分儿童成为班里的普通成员。可以看出，此时的班集体变得具有组织性和纪律性。随着中高年级的小学生集体意识的逐渐提高，他们初步懂得集体利益与个人利益的关系，并能自觉服从集体、维护集体利益。班集体对于培养儿童交往能力以及发展集体主义精神具有重要作用。

（2）自发团体。自发团体是儿童基于共同目标或兴趣而自发形成的，其组织结构通常是松散的，且形式多样，一般可以分为：亲社会团体，即被社会认可的、有助于培养儿童良好的道德品质的团体（如学雷锋活动小组）；非社会团体，即建立在共同娱乐活动基础上的团体（如各种兴趣小组）；反社会团体，即不被社会认可、具有危害性的团体（如偷窃团伙）。

无论是班集体还是自发团体，都会对儿童的个性品质产生重要影响。如果儿童能够遵守团体规范，往往可以得到同伴的赞许和尊重；相反，儿童会受到团体的指责与排挤，这对于小学生遵守规范准则、形成自我概念起到很大的作用。

3. 同伴接纳与受欢迎性。

儿童在同伴中的地位，是否被接纳或被欢迎，是儿童关心的一个问题，也在相当程度上影响到他们以后的适应问题。同伴接纳是指儿童被群体同伴重视和喜欢的程度，研究者发现，一般来说，在同伴群体中有受欢迎的、被忽视的和被拒绝三个类型的儿童。受欢迎的儿童通常是外向的、友好的；被拒绝的儿童不受欢迎的原因是他们通常制造分裂，攻击性较强，所以他们的提议总是被拒绝；被忽视的儿童在社交上通常是懒惰的，因为他们害羞和内向，总是自己玩，或者游离在圈子的边缘。

受欢迎的、被拒绝的和被忽视的儿童的特征

儿童类型	受欢迎的儿童	被拒绝的儿童	被忽视的儿童
主要特点	1. 积极的、快乐的天性 2. 友好解决冲突 3. 有较多的亲社会行为 4. 较少的破坏和攻击性行为 5. 高水平的合作性游戏，愿意分享 6. 被认为是好领导	1. 常常狂妄自大、喜欢捣乱 2. 亲社会行为水平较低 3. 好争辩和反社会 4. 很少参与合作性的游戏，不愿意分享 5. 不适宜的行为	1. 害羞、退缩 2. 不善言谈 3. 很少有反社会行为 4. 很多单独的活动 5. 较少尝试进入同伴群体 6. 较少让别人注意自己

受欢迎的儿童在团体中更容易成为地位高者。在一个团体中，地位高的儿童

更容易比其他地位的儿童建立友谊、拥有更多的朋友，儿童在团体中的地位以及其他成员对自己的评价对儿童自我意识的发展起着重要作用。影响儿童在同伴中是否受欢迎的因素有很多，一个很重要的因素是儿童自身的社会交往技能，因此对儿童进行同伴交往的知识指导和技能训练，帮助儿童改善人气特点，对促进其同伴接纳有重要意义。

4. 小学生的性别交往。

青春期以前的小学生倾向于回避异性，他们的社交圈里几乎全是同性的伙伴，这个现象在小学阶段呈上升趋势，随着年龄增长更加明显。这是因为同性别的伙伴之间拥有更多的相似之处，譬如相同的兴趣爱好和活动方式。同时，男生与女生内部的友谊性质也有很大不同，男生通常有更大的朋友圈，喜欢一群人一起玩耍，而女生更重视一两个好朋友。此外，在他们的同伴交往中也会出现一些"女孩守规矩，男孩瞎起哄"的现象，有些男生特别是低年级男生，常常采取制造麻烦的方式跟女生接触，这表明了小学生对异性同伴特有的兴趣。伴随着年龄增长，男女生之间会出现微妙的变化，表现出拘谨、腼腆、故意漠不关心等行为特征，这些也是小学生异性交往的特点。

二、亲子关系的发展

在儿童的众多社会交往中，与父母的关系在其成长过程中一直发挥重要作用。进入小学后，儿童更多地进行学习活动，与老师和同学之间的交流越来越多，他们与父母的关系发生了一些变化。这些变化主要体现在以下几方面。

1. 亲子交往的时间和内容发生变化。

从交往时间上来看，儿童与父母待在一起的时间明显变少，同时父母关注儿童的时间也有所减少。从交往内容上来看，在幼儿阶段，父母更关心孩子的身体健康和各种能力（如语言）的发展。而到了小学阶段，父母的关注重点一般会转移到孩子的在校表现以及知识技能的学习。因此，父母与孩子在一起的时候，他们谈论的话题常常围绕着学习和校园生活展开，这成为小学阶段亲子交流的重要内容。

2. 父母处理日常问题的类型发生变化。

在幼儿阶段，父母主要处理诸如儿童发脾气、打架等问题，当然有的问题在小学阶段依然存在（如打架），但也会出现一些新的、更为复杂的问题，如父母是否应该要求孩子做家务，安排多少家务合适？孩子交往的朋友是不是好孩子，父母要插手吗？父母应该如何监控孩子在家之外的活动？父母和孩子应如何处理情感关系的变化？……这些都是父母在与孩子的交往互动中需要思考与解决的问题。

3. 父母对孩子的控制模式发生变化。

随着年龄的增长，小学生对父母的依赖性逐渐降低，独立性逐步提高，自己作出的选择和决定日益增加。麦克斯白据此提出了儿童行为阶段论。

第一阶段：父母控制阶段，6岁以前。这个时候的父母通常是孩子心中的"绝对权威"，他们对父母基本上言听计从，在生活中对父母的依赖性特别强，大部分的重要决定是由父母来做出的。

第二阶段：共同控制阶段，6～12岁。该阶段处于小学阶段，是一个亲子"共治"的过渡阶段，父母与孩子协商着解决一些问题。在这个阶段，随着儿童在体力、智力以及自我意识方面的显著增强，父母需要逐渐给他们一些自主权，在一些小事上让孩子自己做决定、自己做力所能及的事、相对独立地学习和生活，只有经历过这样的过程，孩子才能更好地发展出独立思考和解决问题的能力。但是，由于生活经验和技能的缺乏，这个阶段的儿童在很大程度上还是要依靠父母的关心和指导，因此，家长要有效利用能跟孩子直接交流的时间，在一定的距离内监督和引导他们的行为，同时要培养孩子的自我监督能力，让他们知道在什么时候需要寻求父母的帮助。

第三阶段：儿童控制阶段，12岁以后。儿童逐渐变得完全自主，能够自己作出更多的重要决定。

三、师生关系的发展

小学生与教师的关系是一种重要的人际关系。跟幼儿园的教师相比，小学教师更为严格，他们引导儿童学习各种知识和技能，监督学生的学习、培养学生的品行，给学生提供具体而细腻的关心和帮助，在小学生心目中更具有权威性。在这一时期，师生关系对于儿童的学习状态以及社会性的发展具有重要作用。

1. 小学生对教师的态度。

从总体上看，小学生对教师充满崇拜与敬畏，多数低年级的学生对教师可以说是绝对服从，这种"绝对服从"的心理有助于他们快速学习并掌握学校生活的基本要求。但随着年龄的增长，小学生的独立性和评价能力迅速发展，特别是从三年级开始，他们不再一味地服从和坚信教师了，而是开始对教师作出各种评价，并对不同的教师表现出不同的态度。他们对自己喜欢的教师会产生积极的反应，而对不喜欢的教师会产生消极的反应。例如，同样是批评，如果来自于自己喜爱的教师，学生会更多地感到内疚与羞愧；而来自于不喜欢的教师的批评则可能引起他们的反感和不满。这种态度的差异还会影响儿童的学习状态，对于喜爱的教师所教的课程，他们更愿意积极地学习，而在不喜欢的教师所教的课程上，他们学习的努力程度就要差一些。

调查发现，小学生最喜欢的教师往往是讲课有趣、喜欢体育运动、严格、耐心、公正、知识丰富、能为学生着想的教师。小学生对教师态度中的情感成分较重，教师努力保持与学生的良好关系，有助于开展教学工作。

2. 教师的期望。

在师生交往的过程中，教师会对学生形成不同的期望，进而影响到对学生的行为反应。当对学生具有高期待时，教师会表现出更和蔼、愉快的态度以及友好的行动，如微笑、点头和注视学生，跟学生的谈话更多，也更经常赞扬学生。研究表明，教师的这种期望确实能够被学生感知到，学生会因此变得更加自信、更加努力学习，最终获得的飞速进步也进一步印证和提升了老师的期望。这种现象描述的是一个著名的效应——"期望效应"，也称作"罗森塔尔效应"，即教师对学生殷切的希望能够引起学生微妙而深刻的变化，进而收获到预期的效果。

教师对儿童的积极期望与儿童的良好表现之间具有相互促进的关系，从而形成师生关系的良性循环；反之，教师对儿童的消极期望和儿童的不良表现之间也会形成师生关系的恶性循环。因此，教师或家长应深刻理解对儿童期望的重要性，努力表现出对孩子的良好期望，特别是对后进学生更应采取积极鼓励的方式来激励他们。

四、小学生的校园欺侮

攻击行为是儿童个性和社会性发展的重要方面，是指个体违背社会发展主流价值观的、有攻击意图和动机的、伤害他人的行为，其发展状况是个体社会化的重要指标。校园欺侮是儿童在学校的学习和生活中经常发生的一种特殊的攻击性行为，这种行为在校园中（尤其在小学）较为普遍，不利于儿童的学习和身心健康。

（一）校园欺侮的特点

校园欺侮在小学阶段较为严重，中学阶段有所减弱。总体上，小学生欺负与受欺负的问题随年级升高而有所减少。在欺侮行为中，最多的是直接言语欺负，如骂人、羞辱等，其次是直接身体欺负，如打人、踢人等，间接欺负最少，如造谣、离间等。男生以直接身体欺负为主，女生以直接言语欺负为主。欺负者大多与被欺负者一样大或年长于被欺负者，多数欺负行为是发生在同班同学之间的。

（二）校园欺侮的原因

小学生实施欺侮行为的原因有很多，如心智不成熟、学校管理不到位、家长教育力度不够等。家庭破裂、缺乏父母监督和关爱是导致儿童产生欺侮行为的一个重要因素。儿童具有较强的模仿能力，父母的不良言行都会被孩子模仿。因此，长期生活在缺乏温暖、充满虐待和暴力的家庭中的儿童要么性格孤僻、怯懦，成为被欺侮的对象，要么性格暴躁、极具攻击性，成为欺侮者。此外，大众媒体中的暴力和色情内容也对儿童的校园欺侮行为起到了一定程度的助长作用。小学阶段是儿童求知欲旺盛而世界观尚未形成的时期，他们对一些行为的善恶是非缺乏基本判断，极易简单模仿，这也助长了他们在学校中对他人的攻击行为。因此，针对小学校园中的欺侮现象，家长、学校以及社会要积极行动、采取多种措施，从宏观层面到微观层面建立系统的保障工程。

五、教育启示

小学生在进入小学校园后，面临着许多新的任务与人际交往，家长要看到孩子在该阶段表现出的不同于幼儿时期的心理特点，引导他们形成正确的世界观、掌握与他人交往的知识和技能，从而帮助孩子与父母形成良好的亲子关系、与同伴发展健康的友谊、与老师建立积极的师生关系。

首先，家长应创设良好的家庭交往环境。父母要给予孩子机会来表达自己的想法，适当放权让其自己做决定，营造民主平等、亲切和谐的家庭氛围，在这种氛围下的孩子更容易形成良好的个性品质，保持身心健康。

其次，家长应发挥良好的榜样作用。小学阶段的儿童具有较强的模仿能力，他们能够习得父母的行为模式，进而以相类似的方式对待他人。通过父母榜样和观察学习的方式，家长传递给孩子与他人交往的方法。

再次，家长应教授给孩子一些具体的社会交往策略。被同伴拒绝的孩子，大多是因为他们不懂得交往的规则，父母通过在日常生活情境中训练孩子的交往技能，以帮助其适应小学生活，融入班级集体，发展健康的友谊。

最后，家长应多与孩子进行更多的沟通交流。尽管小学生的独立意识在发展，但他们对父母仍然怀有深厚的依恋情感，并常常会向父母寻求帮助。通过在日常生活中多与孩子交谈，及时发现孩子在学校遇到的困难，给予鼓励和支持，帮助其一起解决难题。

第四章 家庭教育的作用

◇ 什么是家庭教育？
◇ 家庭教育的理论基础有哪些？
◇ 家庭教育对儿童心理影响有哪些方面？
◇ 家庭教育有哪些方面的促进作用？

家庭，简称"家"，主要含义有两层，一是居住的处所，二是一门之内共同生活的人。家庭是小学生生活成长的主要环境，家庭生活经历是影响小学生心理健康的重要因素。小学生的表现是父母行为的一个缩影，正因为如此，在家庭生活中，父母务必要谨言慎行。

第一节 家庭教育的影响

子弟之贤否，六分本于天性，四分由于家教。
　　　　——（清）曾国藩：《曾国藩家书·与弟书》
不怕饥寒，怕无家教；惟有教儿，最关紧要。
　　　　——（清）李西沤：《老学究语》

> **案例**

晚清至民国，正值时局动荡时期，梁启超从清光绪二十四年（1898年）到民国十七年（1928年）三十年间梁启超写给子女至亲的信件，是梁启超对子女进行日常教育的真实写照。"梁启超家书"内容广泛，如人际关系、家庭事务的指导，修身进德、经邦纬国之道的传授等，在家书中都有体现，写给子女的家书就有408封。梁启超的九个子女中，先后有七个曾到国外求学或工作，他们在国外都接受了高等教育，学贯中西，成为各行各业的专家学者。梁启超在家庭教育中很注意引导孩子们追求知识的兴趣，培养他们好学深思的习惯。他很尊重孩子们的个性和志趣，根据每个孩子的特点因材施教，并以平等商量的方法设想每个孩子的发展方向。在治学方法上，梁启超要求儿女既要专精又要广博，他在与子女的谈话及通信中指出："思成所学太专门了，我愿意你趁毕业后一两年，分出点光阴多学些常识，尤其是文学或人文科学之某部门，稍多用点功夫。我怕你因所学太专门之故，把生活也弄成近于太单调；太单调的生活容易厌倦，厌倦即为苦恼，乃至堕落之根源。"他要求次女梁思庄"在专门学科之外，还要选一两种关于自己娱乐的学问，如音乐、文学、美术等"。他曾对梁思成说："做学问总要'猛火熬'和'慢火炖'两种工种，循环交互着用去，在慢火炖时才能令所熬的起消化作用，融洽而实有诸己。"

梁启超不断鼓励孩子们战胜学业上的困难，继续前进，要效法古人"读万卷书，行万里路"的治学精神，同时也要培养和提高自己的实践能力。当学建筑的梁思成在美国完成学业之后，梁启超要他到欧洲考察一两年，再结合对中国古建筑的考察研究形成自己的学问。当学考古的梁思永完成了在美国的学业之后，梁启超立即安排他回国实习，并收集中国的有关史料。梁启超的幼子梁思礼在五岁时，梁启超就去世了，他十七岁赴美求学，边打工边读书，在饭馆里洗碗碟，在游泳池当救生员，什么都干，苦读八年，终于获博士学位。梁思礼回国后从事电子科学研究工作，是我国著名的火箭专家，曾获国家科技进步特等奖，并当选为国际宇航科学院院士。正是由于梁启超良好的家庭教育方法，他在对子女的教育培养方面大获成功。他的儿女们不负父望，个个意志坚强、性格开朗、学有专长，又多才多艺。

一、家庭教育概述

（一）什么是家庭教育

什么是家庭教育？家庭教育有广义和狭义之分。广义的家庭教育是指家庭成员之间有意或无意中对孩子施加或产生的影响孩子品行的所有行为和服务。狭义的家庭教育就是家庭成员尤其是第一监护人对孩子成长、生活和学习潜在的或施加的影响及服务。家庭教育在小学生发展的过程及其一生中都起至关重要的作用，小学生在成长的过程中，受到家庭氛围的熏陶、父母言行举止的影响，所以父母应该为小学生建立良好的家庭环境，培养小学生良好的性格、习惯和品德等。

（二）家庭教育的理论基础

1. 家庭系统理论。

家庭是一个稳定的系统，家庭成员交互作用时所产生的有形和无形规则构成比较稳定的家庭结构，家庭成员间形成特定的交往模式。20世纪40年代产生的大系统论扩展了对家庭系统的理解。大系统论指出，一个系统可以是由小系统组成的，也可以是大系统的一部分。因此，同一个实体既可以被看作是系统也可以被看作是亚系统。在家庭中是指家庭内部更小的单元，他们通常共属于一代，或是性别相同，或是有共同的兴趣和实现某种共同的功能。在一个家庭中主要存在着父母、父子和母子等次系统，最持久的次系统是配偶、父母、手足次系统。夫妻次系统是基础，影响到整个家庭的功能结构。

家庭系统理论认为：

第一，家庭关系影响家庭成员的身心健康发展。

第二，家庭中子系统是相互关联、互相影响的。如果家庭成员处在一个安全稳定的家庭结构中，各个子系统之间协调稳定，家庭成员中出现"问题成员"的概率就小。

第三，家庭系统边界感清晰，家庭功能就越好。家庭成员之间边界的紧密或者疏远，会导致家庭功能失调，家庭成员之间的关系出现紧张或者疏离的状态。

第四，家庭的互动模式，是会出现代际传递的。

第五，家庭系统自带调控能力。良好的家庭系统应该有自身的控制调节机制，以确保家庭在沿着既定目标前进时，确保家庭朝着正向发展。当家庭成员内部出现问题或者危机时，家庭系统可以进行自我调控，以保持系统平衡。

2. 家庭生态理论。

社会生态系统理论是20世纪70年代兴起的，生态系统理论的研究主题是社会环境和人类行为的交互作用。心理学家布朗芬布伦纳首次提出该理论，他将社会生态系统分为微观系统、中观系统、外层系统、宏观系统和历时系统五个子系统。随后，生态系统理论研究的另一位代表人物查尔斯·扎斯特罗对生态系统理论进行了更深层次的解读，他按照规模大小将人所生存于其中的社会生态系统分为微观系统、中观系统、外层系统、宏观系统四个层次的系统。生态系统理论强调发展个体嵌套于相互影响的一系列环境系统之中，在这些系统中，系统与个体相互作用并影响着个体发展。

微观系统指个体活动和交往的直接环境，这个环境是不断变化和发展的，是环境系统的最里层。对大多数婴儿来说，微观系统仅限于家庭。随着婴儿的不断成长，活动范围不断扩展，幼儿园、学校和同伴关系不断纳入到婴幼儿的微系统中来。对小学生来说，学校是除家庭以外对其影响最大的微系统。中观系统是指各微系统之间的联系或相互关系。布朗芬布伦纳认为，如果微系统之间有较强的积极的联系，发展可能实现最优化。相反，微系统间的非积极的联系也会产生消极的后果。小学生在家庭中与兄弟姐妹的相处模式会影响到他在学校中与同学间的相处模式。如果在家庭中小学生处于被溺爱的地位，在玩具和食物的分配上总是优先，那么一旦在学校中享受不到这种待遇则会产生极大的不平衡感。这些家庭环境中的小学生就不易于与同学建立和谐、亲密的友谊关系，还会影响到教师对其指导教育的方式。外层系统是指那些儿童并未直接参与，但却对他们的发展产生影响的系统。例如，小学生在家庭的情感关系可能会受到父母是否喜欢其工作环境的影响。宏观系统是指存在于以上三个系统中的文化、亚文化和社会环境。宏观系统实际上是一个广阔的意识形态。在不同文化中这些观念是不同的，但是这些观念存在于微观系统、中观系统和外层系统中，直接或间接地影响小学生知识经验的获得。

3. 心理社会发展理论。

埃里克·埃里克森将心理发展视为毕生的发展，并按照积极和消极性质的二分法，描绘了各个阶段心理发展的特点。该理论不仅指出了每一阶段人格发展的任务，同时揭示了潜伏的发展危机：一种是纵向的危机，表现为前一阶段能否顺利过渡到后一阶段的发展；一种是横向的危机，即每一阶段自我发展与社会要求间矛盾的解决。每一危机的解决方式和后果都直接影响到整个个性的形成，合起来呈现出个性发展的"总体功能"。

任何一个阶段的发展对家庭而言都是一种新的挑战：父母只有努力使孩子相信其所作所为是有意义的，并宽容孩子成长中的问题，对儿童一系列内心体验作出适量的合理指导，关心他们并积极地对儿童的感受作出反应，才能让儿童在成长过程中感到一种不断前进的连续感和价值感。如在第二阶段中，只有善于使小学生"从自己的生活中获得尊严和个人独立感"的父母才能引导小学生形成自主性，父母的过度控制和控制丧失则会导致小学生产生羞怯与怀疑感。又如在第四阶段中，随着孩子实践活动能力增长和步入学校生活，有助于培育孩子勤奋感的做法是父母不断地帮助孩子在生活中感受到自己的价值，引导孩子信赖老师；任何来自家庭的使个体产生无价值感的体验都会引发自卑感，成为心理发展的致命因素。

(三) 家庭教育的原则

1. 循序渐进、量力而行原则。

循序渐进、量力而行是指在家庭教育中必须根据小学生身心实际发展水平，遵循由易到难逐步提高的顺序进行。要使小学生的教育获得成功，就要全面了解小学生身心发展的实际水平，遵循小学生生理和心理的发展规律，以此考虑教什么、怎么教。小学生在生理和心理方面发展非常迅速，独立生活能力和对周围事物的认识能力以及语言的表达能力，都随着年龄的增长发生变化，所以在早期教育时，家庭教育内容既要有一定的难度，又要让小学生经过努力可以达到。如果家长不考虑小学生的实际水平，过难或过易都不能促进小学生的身心发展，无论是让小学生学做一定的家务劳动，还是让他学习某些文化知识，都要从小学生实际身心发展出发，遵循从易到难的顺序进行，忽视这一点就难以获得应有的效果。

2. 因材施教、全面发展原则。

因材施教、全面发展是指要根据小学生的年龄特征个性差异及身心发展水平，确定教育内容和要求。运用适当的方法，有的放矢地进行教育，使小学生按照德、智、美、劳全面发展的要求健康成长。小学生的年龄、个性发育程度不同，其生理和心理特征就有所不同，身心发展水平也存在差异。家长要根据小学生的具体情况，有针对性地做好小学生的教育工作。有的家长不看具体情况，不顾小学生的身心发展水平，只凭主观臆断盲目拔高，以主观主义教育方法对待孩子，这是违反小学生的身心发展规律的，往往达不到教育效果，甚至事与愿违。

3. 要求一致、教育统一原则。

要求一致、教育统一原则是指在对小学生进行家庭教育过程中，家庭成员要互相配合，协调一致，使小学生的品德和行为按照统一的要求发展。小学生的思想品德和行为习惯的形成既是一个长期发展的过程，又是一个连续完整的过程。因此，在早期教育中，应遵循教育统一的原则。只有家庭成员对小学生的教育互相配合协调一致，有统一的认识和要求，才能取得良好的效果。在现实生活中，有些家庭以孩子为中心，独生子女成了"小太阳"，整个家庭都围着孩子转，当孩子有了缺点、错误时，有的主张批评教育，有的却要包庇护短，往往是长辈与父母的意见不统一，有的父母之间认识也不一致。家庭成员在认识和要求上的不一致，必然会以不同情绪、不同态度、不同做法暴露在孩子面前，孩子必然会喜欢袒护自己的一方，会气恼批评自己的一方。这不仅影响家庭和睦，还不利于教育孩子，以致使孩子养成任性、是非不清、听不进正确批评、经常无理取闹等不良行为。因此，在对小学生进行教育时，家庭成员应做到互相配合、步调一致，即使意见有分歧也不能在孩子面前暴露，否则会给小学生身心发展造成不良影响，这是父母在教育时应当注意的。

4. 寓教于实践活动原则。

家庭是孩子最早的课堂，参与家庭生活是孩子最早的实践活动。因此，对小学生的早期教育，要贯穿于家庭生活之中，寓教于生活之中，互相关心、和睦协调、文明礼貌，潜移默化地让小学生养成尊重别人、关心别人、助人为乐的良好品德。家庭生活实践对小学生品德和行为习惯的形成有着不可估量的作用。正如有人比喻说：家庭是第一个染缸，学校是第二个染缸，社会是第三个染缸。第一个染缸是人生的第一道着色，是在底色的基础上着色的，所以家庭这一道着色对小学生的思想品德和行为习惯的形成有着重要的影响，甚至会影响一个人的一生。因此，家长要特别注意把对小学生的早期教育和家庭生活的实践活动结合起来，创造一个良好的家庭教育环境，让小学生在一个和睦、文明的家庭环境中接受教育和健康成长。比如，让小学生自己做些力所能及的家务劳动，大人不要包办代替，引导小学生的自主意识。通过实践活动进行教育，对增强小学生体质、培养小学生的智力和能力都是有益的。

5. 理性施爱原则。

在家庭教育中，家长在无私爱子女的基础上，更要将情感与理智相结合，坚持科学的教育。爱是家庭的核心和纽带，也是父母之所以为父母的基础，只有无私的爱，才能产生感化的力量，但爱不是听之任之，任其自流。理性施爱要求家长在教育孩子时要做到晓之以理，动之以情，导之以行。家庭教育的理性施爱原则，要求家长既要有对孩子的关爱，又要有教师对学生的严肃，做到爱而不纵、严而不苟。对孩子提出的合理要求，如孩子要求给买一些有利于增长知识、开发智力、丰富精神生活的书画及必要的生活、娱乐用品，家长一般应给予满足。如果家长一时难以办到，应向孩子说明理由。在教育孩子时，家长既要积极为促进孩子的身心健康创造条件，也要教育孩子注意节约俭朴，防止养成挥霍浪费的不良习惯。

(四) 家庭教育的功能

1. 教导子女掌握基本的生活技能。

幼儿缺乏生存的能力，环境适应能力非常差，所以需要家人的照料才可健康长大，在发育成熟之前需要家长提供其衣、食、住、行等方面的照顾和教导，让他们掌握生存的技能来适应社会，为未来独立生活做准备。这些技能都是在家长的帮助和教导下逐渐掌握的，这也是家庭教育最基本的也是最不可或缺的功能。

2. 教导子女掌握社会规范，形成道德情操。

个体要在社会中生存，就必须要具备社会价值观念，遵守社会行为规范和道德准则，这些都是在与家庭和学校以及与社会的相互作用中掌握的。在进入学校前，父母就要在日常生活中对儿童进行引导和教育，以使其在学校中能够与他人很好地相处。

3. 教导子女形成生活目标、个人兴趣和理想。

子女最初的兴趣、爱好是在家庭生活中萌发的，家庭教育在儿童发展兴趣爱好的过程中所起的作用就是满足儿童的好奇心，培养子女的进取心，支持子女的兴趣和爱好，让其逐渐懂得热爱生活，发现自身的长处，为自己的人生道路铺砖贴瓦。

4. 培养子女社会角色。

角色确立能让个体意识到自己的社会地位、作用、责任和义务，并对自己产生期待和规划。不论是性别角色还是未来的种种角色都离不开成长的家庭环境，父母扮演的各种角色也成为子女的榜样。

5. 引导子女性格形成以及社会适应能力。

家庭成员的素质、教养、言行举止和世界观、人生观、价值观等都影响子女的成长。长时间的耳濡目染对儿童成长以及未来走上社会起着重要的作用。子女的性格和个性、学习态度、为人处世在家庭中表现得最多，也最自然、最充分，所以，家庭教育要注重了解子女的各个方面，并从其实际出发，进行相应的指导和培养。

二、家庭教育的影响

（一）家庭教育影响小学生认知能力发展

认知能力是指人类从客观世界提取、加工、储存和利用信息的能力，包括观察力、记忆力和想象力，具体可分为数学能力、空间能力、语言能力和阅读能力。家庭作为孩子的"第一所学校"，父母作为孩子的第一任老师，对小学生认知能力的形成产生了重要影响。维果茨基认为，儿童认知能力的发展受到各种社会因素的影响，在问题解决过程中成人创造的环境及提供的指导是十分重要的，而这种指导体现在家庭的教育方式。通过这些指导，儿童的认知能力才能超越现有水平而向上发展。学习成绩不良与父母教育方式等因素密切相关。学业不良的小学生的父母往往采用惩罚严厉、拒绝和过分干涉的教育方式，较少采用情感温暖和理解的教育方式。温暖和理解使小学生产生信任和安全感，并形成良好的个性与学习习惯，惩罚、否认、拒绝和干涉则使后进生有逆反与自卑感，对学习厌恶、抵触和缺乏信心。学业不良的小学生的父母往往采用惩罚、打骂、羞辱、拒绝、专制、过度保护、包办、溺爱、不问不管等不合适的教育方式。学业优良的小学生的父母往往采用灵活的教育方式，在合理规范的基础上，随环境变化灵活调整行为规则，灵活处理违规行为。总体来看，父母尊重孩子的独立、自主，能够给孩子较多的情感温暖和理解，是促进小学生认知发展的重要因素。

(二) 家庭教育影响小学生社会化发展

人的社会化过程，不仅促进了品德发展和个性完善，而且从中获得了行为方式的各种成分。家庭是小学生社会化的主要场所，小学生的社会知识、道德规范和社会行为首先是从家庭中获得的，同时，社会的价值观念和社会化目标是首先通过父母传递给小学生的。家庭对小学生心理发展的影响，其实质是家长的价值取向对小学生的社会化影响的延伸，也即家长把内化的社会文化传递给孩子。良好的教育方式，有利于小学生的社会性发展，不良的教育方式，则在一定程度上对小学生社会性发展起着阻碍作用。家庭教育对小学生社会化发展影响主要体现在以下几个方面。

1. 自我意识。

自我意识，也称自我概念，即一个人对自身存在的体验。它包括一个人通过经验、反省和他人的反馈，逐步加深对自身的了解。自我意识是一个有机的认知结构，由态度、情感、信仰和价值观等组成，贯穿整个经验和行动，并把个体表现出来的各种特定习惯、能力、思想、观点等组织起来。家庭教育方式与自我概念密切相关。父母的支持、鼓励和积极参与可以促进小学生自我概念的积极发展，而粗暴的不支持行为则会阻碍小学生自我概念的健康发展。研究发现，父母的教养方式对少年儿童自尊发展具有显著的影响。父母对少年儿童采取"温暖与理解"的教养方式会促进儿童自尊的发展，提高儿童的自尊水平。相反，父母对少年儿童采取惩罚与严厉、过分干涉、拒绝与否认、过度保护等教养方式都会不同程度地阻碍儿童自尊的发展，降低儿童的自尊水平。

2. 问题行为。

问题行为是指个体表现出的妨碍其社会适应的异常行为，是妨碍儿童心理正常发展和身心健康的行为，可分为外化问题行为与内化问题行为。外化问题行为指攻击、违纪等行为问题；内化问题行为指焦虑、抑郁等情绪情感问题。父母积极的教育方式能够抑制小学生问题行为的发展，如减少迟到行为、旷课行为、辍学行为，提高课堂参与度，优化作业完成行为，改善不良学习习惯和班级合作行为。父母消极的教育方式则会增加孩子的内化和外化的行为问题。父母过多地采用批评、否认、指责和挖苦等消极的教育方式会增加小学生焦虑、抑郁等内化问题的风险。而父母采用倾听、理解、尊重和接纳等积极的教育方式，则能够降低小学生焦虑、抑郁等内化问题的风险。

3. 亲社会行为。

亲社会行为又叫利社会行为，是指符合社会希望并对行为者本身无明显好处，而行为者却自觉自愿为行为受体带来利益的社会行为。一般亲社会行为可以分为利他行为和助人行为。家庭是儿童青少年社会化的重要场所，家庭环境中的亲子互动经验对个体亲社会行为的发生发展具有持续的直接影响。社会化理论认为，儿童青少年的亲社会行为来源于其在家庭亲密关系中的积极经历。父母的积极教养能够通过多种方式促进儿童青少年亲社会行为的发展。一方面，父母的温情、引导等积极教养行为能够为孩子的情感关怀、安慰等积极行为提供观察学习的模板，从而有利于其亲社会行为的习得。另一方面，父母的温情、引导能够给孩子提供安全感、信任感和保护感，增强孩子与他人的联系及其归属感，同时降低孩子指向自我的关心程度，促进亲社会行为。此外，亲密温暖的亲子关系更有利于促进小学生内化父母关心和尊重他人的价值观，从而增加亲社会行为。此外，家庭中父母之间的相互关心、安慰、鼓励和合作可以使小学生自由地观察和编码有关行为信息，即父母的亲社会行为给小学生提供了学习模板，小学生在意识和无意识条件下习得了亲社会行为。

4. 依恋模式。

依恋是指幼儿和他的照顾者（一般为父母亲）之间存在的特殊感情关系。它产生于幼儿与他的照顾者相互作用过程中，是一种感情上的联结和纽带。父母过多地采用批评、否认、指责和挖苦等消极的教育方式，容易导致孩子形成消极的自我模型，形成不安全的依恋。而父母采用倾听、理解、尊重和接纳等积极的教育方式更容易让孩子信赖父母，有利于小学生形成积极的自我模型，认为自己值得被关爱，形成安全的依恋。

5. 共情能力。

共情是指通过理解他人内在的情绪状态，从而体验他人情绪的过程，包括情绪和认知这两个互为基础的心理过程。认知成分即观点采择，是指个体能理解与采纳他人观点；情感成分则为共情关心，表现为站在他人立场，对他人所产生的同情感或对不幸者的关注。拒绝型父母会忽视孩子的感受与想法，完全以自己的需求与目标对孩子进行教育。在这种教育方式下成长的孩子就可能学会不站在他人的角度思考问题或解读情境，同时也不需要理解他人的感受或情绪状态。情感温暖型和权威型父母则会关注孩子的情感需要，根据孩子自己的需求来进行教导，这种教育方式会提高孩子的观点采择和共情能力。而过度保护型父母会减少或限制孩子的自主活动，同时会替孩子做决定，使他们没有机会去自主思考与决策，这种教养方式会降低孩子的观点采择和共情能力。

6. 人格。

人格又称个性，是指人在其生活实践中经常表现出来的稳定的个体心理特点之总和。长期不当的家庭教育方式易使孩子形成难以适应社会的不良人格特征，从而为人格障碍、神经症的发生提供病前人格基础。严厉惩罚、拒绝否认、过度干涉的教养方式越多，孩子就越可能多地表现出孤独、不关心他人、难以适应外部环境、喜欢冒险等特征。这种情况的出现可能是父母采用高压策略多、表达负性情感多、积极情感少，从而使小学生对人产生消极认知，不能关心理解他人、行为倔强并因此不能适应外部环境。理解、情感温暖能促进孩子性格的平衡发展，减少对自身健康的关注，情绪乐观而稳定，易与人打成一片，待人热诚和成熟，适应力良好。过度保护会阻碍孩子成长的独立性和社交能力的发展，以致孩子形成缺乏自信、过分自我约束和依赖等不良的人格特点。总之，家庭教育在小学生人格形成中有不可忽视的影响，父母应该共同调适对孩子的教养方式，对孩子多施加积极的情感影响，避免负性情感的暴露，使小学生在和谐、温馨的家庭环境中成长，让人格健康发育。

(三) 家庭教育影响小学生的情绪发展

家庭教育对小学生的情绪理解、体验和表达以及调节发展也有重要的影响。对小学生的尊重、欣赏、接纳等积极教养方式有助于孩子准确区分以及理解恐惧、厌恶、愤怒、悲伤以及喜悦等各种基本情绪和内疚、羞耻以及后悔等社会情绪，从而促进孩子的情绪调节，减少孩子不良情绪的产生。

家庭教育对小学生的情绪敏感性、理解、调节三个方面产生影响。在儿童情绪理解发展的过程中，亲子之间情感交流的频数、内容、方式和侧重点都是影响儿童情绪理解发展的重要因素。亲子之间情感交流频数是影响儿童情绪理解发展的重要因素。即使父母对非常小的幼儿谈论情绪或情绪的原因，也会促进其日后情绪理解的发展。此外，亲子交流中父母所采用的精细的、情绪词汇丰富的叙述方式可以促进小学生情绪理解的发展。此外，在家庭中，父母双方之间情绪的社会化水平会影响儿童情绪理解的发展。父母对孩子情绪的惩罚性、负性的反应会引起孩子高度的情绪唤醒，会使孩子更多地采取回避行为，不能理解并合理地表达负性情绪。此外，父母对孩子情绪调节策略的帮助、支持孩子与家庭成员间所表达的积极或消极情绪也是影响孩子情绪调节发展的重要方面。从正向方面来说，来自情绪积极表达家庭的小学生在面对陌生情景时表现出更多的镇定和自我抚慰行为，往往具有更高的情绪调节能力。

第二节　家庭教育的促进

上一小节，我们讨论了家庭教育对孩子发展的影响，认识到了家庭教育的重要性，那么我们该如何进行家庭教育呢？本小节将围绕上一节内容，以促进小学生认知能力和社会性发展为目的，为开展家庭教育指导服务行为提供指导和建议。

一、如何通过家庭教育促进小学生认知能力发展

小学生的认知能力，即小学生的感知、注意、思维和记忆等能力。小学生认知能力发展受阻会产生多种问题，如记忆力下降、注意力不集中和思维不灵活等，而这些问题很大一部分是可以通过早期良好的家庭教育来预防的。接下来将提供一些家庭教育指导方案供读者参考，读者可依据相应方案，结合自身情况进行具体调整和实施，对自己的孩子进行家庭教育，正确引导促进孩子成长。

（一）与孩子建立良好的亲子关系

缺乏良好的亲子关系，往往是孩子心理和行为问题产生的根源。良好的亲子关系，有利于孩子建立对父母的信任感，也影响着孩子与他人的关系。以下是一些家长可以尝试的，能与孩子建立良好亲子关系的方法和建议。

1. 要给孩子高质量的陪伴。

高质量的陪伴并不等于长时间的陪伴，而是专注的陪伴。父母要放下负面情绪，放下工作压力，放下家务，放下手机，专心与孩子一起游戏或交谈。每天只要有10~15分钟这样的专注时光，就可以让孩子获得心理满足。

家长的陪伴能给予孩子安全感，而安全感是与孩子建立良好亲子关系的基础，是培养孩子心理承受能力的关键因素。研究表明，父母的高质量陪伴可以提高孩子的抗挫折能力。那么，家长该如何进行高质量的亲子陪伴呢？研究人员用五个字母总结出了高质量陪伴的法器，叫作PEERE方法，这些字母代表的意思是：P（Pause 暂停）——停下手头的事情，让孩子感受到来自父母的关注；E（Engage 参与）——参与其中，而不是"身在曹营心在汉"；E（Encourage 鼓励）——与孩子交流时充分给予鼓励和支持；R（Reflect 反馈）——把真实感受告诉孩子，给孩子最真诚的反馈；E（Extend 衍生）——给予更多视角，扩展孩子的视野。实践证明，PEERE法则确实让家长在陪伴孩子上发生了翻天覆地的改变，不仅自己更轻松、更平和，孩子也更快乐，得到更好的成长。

2. 给予孩子足够的尊重，让孩子自主发展。

很多家长都存在一个不尊重孩子的行为：总是拿自己的孩子和别人家的孩子做比较，同时贬低自己的孩子。这种行为会引起孩子的反感，还会使孩子对别人家孩子产生敌意。长期这么做，还有一个深远的影响：让孩子成为一个喜欢和别人对比的人。

这样的孩子，可能会"上进"一些，可能会"努力"一些，但经常会拿自己的所得去和别人作比较，很难得到内心的平静，也很难专注、享受属于自己的成功喜悦。现在比成绩、才艺、人缘、长相、从老师处获得的肯定，未来比考取的学校、拿到的奖学金、当的学生干部、参加的社会实践，再后来比找到的工作、

交的男女朋友、买的房子、生的孩子……

扪心自问，我们希望子女如此度过一生吗？毫无疑问，我们都希望孩子一辈子内心自足、充满幸福感。那为何现在要不停给孩子灌输要与别人对比的执念？

3. 重视孩子的感受，不要总是忽略孩子说的话。

父母如果经常为了自己方便，习惯性地轻视孩子的感受，长此以往，就会产生不良结果：有的孩子会觉得父母离自己的心很远，不是和自己站在同一战线上，不能保护自己的利益；有的则会产生"我的感觉不重要""我不应该有着这种感觉""爸爸妈妈说的话才对"的想法。

如果孩子觉得父母和自己不是一边的，不能一起沟通，孩子会和父母越来越疏离，遇到困难也不找父母。或者，孩子会不断压抑自己的内心感受，长此以往会导致内心分裂，让孩子无法忠于自己的内心感受。长大了，孩子内心会充满莫名的压抑、失落和悲伤。如果父母因为忙于工作而不能及时给孩子回应，可以明确告诉孩子：爸爸妈妈在工作，暂时不能回应，找个时间和爸爸妈妈再说一次。

4. 少用拒绝的字句，让孩子多一种选择。

如果父母惯用"不、别"等直接拒绝，或是用"磨蹭、慢腾腾、浪费、挑食"等消极的词语评价孩子，慢慢地，孩子的脑海中会充满这些负面词语，给自己"贴上标签"，即觉得自己就是"磨蹭、慢腾腾、浪费、挑食"的人，也理所当然地更加"磨蹭、慢腾腾、浪费、挑食"。另外，这些"不要、别"句式通常是带强烈情绪的批评语句，很容易让孩子觉得不舒服。当父母经常对孩子说这样的话时，孩子一开始只是厌烦、抵触这些话，后来就会开始厌烦、抵触父母，不想听父母说的任何一句话。

父母还可以想一想，自己日常的劝阻都是合理、必须的吗？比如，小明能娴熟地从上铺跳下来，妈妈是否可以允许小明只在必要时从上铺跳下来，并提醒小明注意安全？小明不喜欢吃西兰花，父母是否能找其他食物来代替（如牛奶＋其他蔬菜），让小明从中作出选择？

有时，让孩子多一种选择，就会让孩子多一些自主感，这更有益于孩子的身心健康发展。

(二) 建立良好的家庭环境

1. 给予孩子固定的学习空间。

家长可以在家里为孩子划定一个区域，专门作为孩子学习的位置，四周不要有电脑、手机、美食、玩具等容易引起孩子分心的事物，创造一个独立安静的学习环境，为孩子营造一种良好的学习氛围，在这个区域里确保孩子不会受到外界声音的干扰。

2. 让孩子自主发展。

家长要给予孩子适当的空间，让孩子有机会自主学习。同时，家长要注意避免全程陪伴孩子，而要根据孩子的需要给予适当的帮助。提供帮助的程度可以参考"最少而足够"原则，这样既能够帮助到孩子，也有助于培养孩子自主学习的习惯。另外，家长还可以在帮助孩子学习时多鼓励孩子设定学习目标、制订学习计划，让孩子自己监督计划的实施并即时做出调整。

3. 不要成为自己不喜欢的人。

上一代对我们的教养方式，会影响我们对下一代的教养方式。父母需要想想是否喜欢上一代的教养方式，对自己带来的影响是消极的还是积极的？如果父母不喜欢上一代的教养方式，在教养自己孩子的过程中，有没有采取同样的教养方式？所以，家长要特别注意对自己的家庭教育经验进行反思，扬优抑劣，不让自己成为自己都不喜欢的人。

（三）建立可行的积分制

有兴趣的家长可以与孩子共同商量一套奖励机制，通过日常表现来获得积分或扣除积分，累计的分数可以兑换相应的奖品。

比如，父母可以先和孩子讨论，平时可以通过哪些小步骤来增加积累。如：A. 按时完成作业；B. 课上认真听讲，积极发言（以教师反馈为衡量标准）；C. 主动承担家务；D. 处理好自己的卫生工作；E. 积极运动，保持身体健康；F. 完成适量的课外阅读；G. 考试中认真审题，无粗心错误等。

然后，父母可以和子女商定，怎样为上述的每个小步骤赋分。如：A. 按时完成作业＋5分；B. 课上认真听讲，积极发言，获教师认可（可跟任课教师沟通好，定期询问任课教师）＋10分；C. 主动承担家务＋5分；D. 积极运动，保持身体健康＋10分；E. 读完一本书，并向父母生动讲述书中的故事＋5分；F. 考试中认真审题，无粗心错误＋15分；G. 未完成作业看电视－50分；H. 偷吃零食－20分……对于家长特别看重的部分，如阅读，可以适当赋予比较高的分数。

接着，父母和孩子再来讨论对孩子有吸引力的、能起激励作用的奖励有哪些？并一一赋分，制作成表格贴在墙上。父母可以自行把分数与现金做出规定兑换比例，设定奖励物品。如10分＝1元，20分＝2元；累计积分300分，可换肯德基一顿；累计积分400分，可换喜欢的新衣服一件；累计积分500分，可换一件孩子喜欢的玩具。

最后，父母和孩子可以一起为后续的学习做一张积分记录表，登记每天的积分储蓄和使用情况，让孩子看得到自己付出了哪些点滴努力，也看得到自己所得到过的奖励。

上述过程虽比较麻烦，也需要家长每天费心去跟踪孩子的学习情况，却比简单的奖励更能驱动孩子内心成长。家长也需要特别注意，在确定赋分和奖励时，要充分征求孩子的意见，让这份方案在后续实施中对孩子有足够的诱惑力。方案可进行调整，需要调整时与孩子一同商议即可。

(四) 正确对待孩子的考试成绩

考试成绩是贯穿孩子读书时期的一个重要发展表现，但不是孩子发展的全部。除了成绩外，孩子的品德、动手能力、自主能力也是重要的发展内容。所以，父母要正确看待孩子的成绩，不要把孩子的成绩当作孩子拥有的唯一资本。那么父母应如何对待孩子的考试成绩，帮助孩子有一个良好的考试心态？

1. 理性看待孩子的成绩。

考试成绩只是整个学习过程的一个部分。孩子不可能每次都考好，有退步也会有进步。学习的本质并不是为了考高分，而是为了让孩子学习知识，学习思考的方式，认识这个世界，学习如何为自己的人生努力。家长应该做到高分不"捧"、低分不"骂"，把成绩看成是孩子学习的实时反馈，而不是一生的终点。

家长在评价孩子的学习成绩时，不能一味指责孩子的学习成绩不好，也不应过多地把孩子与其他孩子做比较，更不应对孩子进行人身攻击，而是应从孩子自身的情况出发，客观地看待孩子的进步与问题，找出孩子学习问题的关键所在，帮助孩子解决问题。

2. 帮助孩子正确认识考试结果。

作为父母，要帮助孩子正确面对每一次考试结果，要让孩子意识到，分数不是一切，不代表能力高低。

假如孩子某次考试成绩不好，家长往往都很焦虑，沉浸在自己的情绪里。但是孩子经历了复习、考试、交卷、拿到成绩等一系列环节，也可能存在非常复杂的情绪，包括焦虑、难过、愤怒等。与其对孩子进行批评和指责，不如先站在孩子的立场上思考，理解孩子。比如，试着和孩子说"你考不好，感觉很难过是正常的，每个人都有发挥不好的时候"，让孩子明白，他们可以因为考砸了而拥有消极情绪，他们的消极情绪是可以在家里释放的。这样孩子才会对父母诉说自己对这次考试的想法，正确对待失利。

3. 一起探讨，查明原因。

成绩出现变动自然会有背后的原因，是外在因素，比如题目太难、身体不舒服之类的原因，还是内在因素，如没有复习好、出现计算错误、填错答题卡或是没有认真审题。家长可以与孩子一起讨论，寻找原因，制定对应的改进方法。

二、如何通过家庭教育促进小学生社会化发展

家长对小学阶段的孩子具有重要影响，家长可通过家庭教育促进孩子社会化发展。接下来将提供一些家庭教育指导方案供读者参考，读者可依据相应方案，

结合自身情况进行具体调整和实施，对孩子进行家庭教育，正确引导促进孩子成长。

（一）接纳孩子的情绪，做坚实的港湾

1. 接纳孩子的负面情绪，允许孩子按自己的节奏整装出发。

当孩子遭遇失败时，有些家长会产生"恨铁不成钢"的情绪，打击孩子，说出一些像"你怎么连这点小事都做不好""你真令我失望"之类的话。有些家长虽然不指责孩子，但当孩子表现出失落、自责时，他们会反其道而行之，想方设法夸赞孩子，转移孩子的注意力，令其不再沉浸于消极情绪之中。这两种做法都是欠妥的。孩子因为失败而产生负面情绪，是正常的表现。当孩子的负面情绪在正常范围内，家长不应过度干预，给孩子一些自我消化的时间与空间，等孩子情绪稳定下来，可以说些安慰孩子的话，如"我们会一直支持你，是你坚强的后盾"，从而安抚孩子的情绪。

2. 关注孩子的情绪变化。

进入青春期后，孩子经常表现出冲动、叛逆，不听家长的教导，这是由于孩子大脑发育的特点导致的。脑科学研究发现，12岁左右的孩子，大脑的大部分区域已经发育得很好，对外界事物的感知会更加敏感，灵活度更高。但是，由于位额头的额叶部分"大器晚成"，导致孩子自我调节能力稍差，使其难以控制自己的行为。此外，位于大脑深处的杏仁核发育成熟也较晚，使孩子容易因为一些小刺激而产生过度反应，这是孩子难以控制的。

进入青春后，孩子的心智尚未成熟，难免会出现恐慌、不知所措等强烈的情绪变化。当孩子心情悲伤难过时，父母要避免大声批评，要让孩子自己倾诉出心中全部的憋屈，孩子倾诉完了心情会逐渐恢复。父母要让孩子知道有负面情绪是正常的，但是要明确地表达出来，让父母能够了解，然后再一起想想是否有解决的方法。当父母认真倾听孩子的倾诉，与孩子交流自己的想法时，孩子对负性事件的消极情绪可得到有效缓解。

（二）给孩子树立良好榜样

家长的一言一行在孩子眼中都会被放大，被孩子视为学习的榜样。父母常常"望子成龙、望女成凤"，希望自己的孩子有出息，各方面都有良好的表现，如对人有礼貌、遇事冷静、喜欢看书和不沉迷玩手机或游戏。但大多数时候都事与愿违，孩子总会有些难以改正的不良习惯。家长们可停下来想一想：自己要求孩子做到的事情，自己有没有做到呢？下面是一些家长可以尝试的、为孩子树立良好榜样的做法。

1. 待人友善，尊重他人。

家长首先不能做出欺压他人利益的事情，发生矛盾和冲突时避免采用暴力行为，给孩子树立一个好的榜样。在平时生活中遭遇不公正、不平等事件时，应注意方式方法的选用，把握恰当的尺度，重要的是要有还击的意识和策略，而不能单纯粗暴地武力解决。在日常的生活中也要尊重自己的孩子，进而培养孩子尊重他人的习惯。比如，妈妈如果想要让孩子帮助自己做事，可以对孩子说："请你来帮我好吗？"孩子做完了这件事，妈妈可以对孩子说声"谢谢"。生活中与孩子有关的一些小事，家长可以和孩子商量一下，征求孩子的意见或建议，比如：爸爸和孩子一起看电视，如果爸爸想换一个节目看，可以先对孩子说："咱们换个频道看看好不好？"而不是强制孩子服从父母的意愿。家长的这种教育方法，可以使孩子慢慢养成彬彬有礼的习惯。同时，家长之间的相互尊重，也会在潜移默化中影响孩子。

2. 不沉迷电子产品。

孩子小时候并不知道手机和 iPad 是何物，因为家长总在一旁玩，所以好奇的孩子也想看看吸引父母的东西是什么。然后，他们便学着父母的样子这里滑一滑，那里按一按，渐渐被里面的新奇事物所吸引。孩子的观察很敏锐，并且具有很强的模仿能力，不但会模仿家长的行为，而且逐渐被手机内容吸引。家长必须注意手机的使用度，降低使用频率，以身作则，起到表率作用。家长不管是工作还是休闲，在孩子面前使用手机的频率要慢慢变少，尤其是在孩子努力学习的时候，不要大声外放，以免干扰孩子，影响孩子的心态。家长不妨每天设定一段亲子时光，放下手机，专心地和孩子一起阅读、一起玩游戏等，营造和谐亲子氛围。

3. 诚实守信。

家长首先要做到答应孩子的事就不能毁约。身教重于言传，孩子总是有样学样。比如答应孩子周末去郊游，就不能临时变卦，除非是紧急要事。因紧急要事不能兑现承诺，需要和孩子讨论补偿方案。父母要树立一个说到做到的榜样，这样孩子才会说话算话。

4. 采用正确的教养方式。

现代心理学研究发现 5~7 岁孩子的父母如果采用过度干涉、过度保护、拒绝、否认、惩罚、严厉的教养方式，孩子就会出现更多的反社会行为和一般负性社会行为，如打架斗殴等。因为，父母采用的"拒绝、否认、惩罚、严厉"等不良的教养行为，会让孩子习得不良的人际相处方式，也会采用"拒绝、否认、惩罚、严厉"的方式对待别人。这种不良的人际相处方式会对儿童社会性发展造成极大的负性影响。家庭教育是在日常生活中伴随着生活过程发生的，生活过程就是教育过程。所以，家长在日常生活中要注意自己的一言一行，做好行为举止的榜样示范。

(三) 与孩子进行有效沟通

沟通是家长与孩子在日常生活必不可少的环节，良好有效的沟通能帮助孩子健康顺利地成长。家长与孩子的沟通场景、时间多种多样，家长对此需要重视并采取不同的沟通方式。

1. 不要在主观判断的基础上与孩子沟通。

亲子间沟通应该是双向的，而不是家长单方面的说教和命令，要避免使用"你要……，你不要……，你不可以……"等命令式语句。比如，孩子不愿意出门玩耍，家长可以根据以下步骤与孩子进行沟通，促使孩子走出家门。

第一，与孩子谈论事实。良好亲子沟通的第一步是家长要把自己看到的现状如实告诉孩子，不能添油加醋。比如，家长可以说："孩子，你最近一直待在家里，没有出去玩？"这就是一种客观事实描述的方式。如果家长说："小黄，你最近怎么这么懒，一直窝在家里！"这就是添油加醋的主观判断。家长附加的主观判断会激起孩子的抵抗心理，阻碍沟通的进行与深入。

第二，与孩子分享感受。在告诉孩子自己近期看到的现状后，家长可以进一步表达自己感受，让孩子了解家长此时因他的行为而产生的真实感受。例如，"最近你一直待在家里，不愿意出门，我有点担心。你现在正是需要多运动的时候，我希望你能够健健康康的。"而不是说："你再不出去，我就不给你零花钱"等类似带有威胁语气的话，这只会进一步引起孩子的反感。

第三，聚焦问题解决。家长可以和孩子一起探讨解决问题的办法，但在这过程中，家长要先询问孩子的想法，如"你有什么想法""你有什么计划"等。如果孩子没有想法，家长可以提供建议供孩子选择。例如，"明天你是想和我们一起去游乐场玩，还是想和阿伟一起去打篮球"。

2. 孩子不同发展时期要采用不同的沟通方法。

当孩子还是上幼儿园和小学低年级时，父母与孩子沟通多数时候可能是命令式，如"你要……""不能……"，当孩子进入小学高年级时，开始进入青春期（一般为12岁左右开始），开始注重自己的想法，不喜欢父母命令式的沟通。此时父母应该转换沟通方式。

第一，调整自我，明确教养目的。家长与高年级小学生的沟通要认真思考：首先，我在家庭中扮演什么角色？孩子逐渐长大，不再是小孩了，我是否调整了与之相适应的教养和沟通方式，实现与孩子共同成长？其次，培养孩子的目的是什么？这是教育孩子最根本的一个问题，也是对孩子价值观起决定性作用的问题。是为了考个好成绩？是为了进入好学校？还是为了找个好工作？这些都是教育过程中阶段性或短期性的目标，最终目的是让孩子一生幸福。在孩子成长过程中，最重要的是和孩子过去相比，有无进步，是否有所发展。不要把目光集聚在孩子是否获得成就上，孩子的成长过程是否开心也是很重要的。假如您是一个拥有各种奖状和成就的孩子的父母，但孩子在成长的过程中并不开心，整天闷闷不乐，因为一点失败就情绪失控，您是否会感到安心呢？

第二，尊重孩子。孩子青春期来临时有很多迹象，如果有一天女儿对妈妈说："我们班有个女生的胸部开始发育了。""我们班今天有人来月经了，我什么时候来月经？"家长要用心捕捉孩子青春的信息，同时在孩子面前积极扮演"好朋友"的角色。与孩子沟通的前提是尊重而不是监视，家长千万不要当偷听电话、偷看日记、偷跟行踪的"三偷人员"。如果家长实在不喜欢孩子目前喜欢的事物，可与孩子谈话说明自己不会支持，但也不会阻碍孩子（前提是孩子喜欢的事物不违反道德和法律）。不能为了让孩子放弃他的爱好，以家长的身份指责、挖苦、威胁、冷战或故意忽视孩子，这可能会破坏孩子与家长的亲子关系，从而引发孩子的一系列不良行为，如抽烟、逃学和情绪低落等。

3. 以平和的方式对待孩子的错误。

第一，孩子犯错时，家长和老师先别急着发火，不妨心平气和地倾听孩子的解释，了解事情的经过，了解整个过程，进而判断孩子是否做错了。有的时候，孩子犯错并不是有意的，若是采取强硬的态度逼其承认错误，会影响孩子的情绪及心理发展。

第二，家长想要孩子承认错误并改正错误，必须得让孩子知道自己错在哪里，而不是简简单单地为了他的一句"我错了"，这样的认错意义不大。家长可以和孩子一起坐下来，分析犯错的原因，这样才能让孩子心服口服地认错，不会造成叛逆赌气或是怯懦妥协的现象。

第三，鼓励孩子为错误负责。孩子认错之后，家长骂一顿、打一顿是解决不了实际问题的。不如换个方式，如让孩子劳动、做志愿者等，要求他为此次错误负责。只有为错误负责，承担后果，孩子才能真正牢记犯错后的教训。

第四，表扬主动认错的行为。当孩子主动坦白自己的错误行为时，家长可以对孩子进行表扬，如"你能主动告诉我这个错误，说明你已经开始为自己的错误负责，是改正自己错误的一个良好开始"，这样既减轻了孩子的愧疚感，又可以正面引导他。

第五，不要用大道理教育孩子。许多家长喜欢在孩子犯错时给孩子讲大道理，如"你这样违背了公平的原则，你这样不是正直的人，我跟你爸爸平时都很注意跟别人友好相处，怎么你就一点都不像我们"，这些大道理带着责备及嫌恶，只是成人自己的主观言语，孩子得不到一点慰藉，也不会理解，同时又没有指出孩子可以怎么做，起不到教育孩子的作用。尤其是对处于小学低年级的孩子，他们的大脑发育水平比较低，很难理解成人世界的道德理念。作为父母，应该以简单的例子让孩子明白自己想要表达的内容，而不是把道理平铺直叙。

第二部分 操作篇

主题一　生命与生活

问题1：如何回答孩子"我从哪里来"？

案例

林林是一个调皮可爱的小男生，已经上小学二年级了，正是对什么都感兴趣的年龄，嘴里总是"十万个为什么"，爸爸妈妈打趣地叫他"小问号"。

一次，怀孕的舅妈来家里做客，林林盯着舅妈的肚子看了又看，好奇地问："舅妈，你的肚子里为什么会有宝宝呢？"舅妈一脸尴尬，不知道该怎么回答，只能敷衍着说："小屁孩不好好读书，问这么多干吗，等你长大就知道了。"一旁的舅舅耐心地回答："舅舅在舅妈的肚子里种了一颗宝宝种子，种子每天吸收营养，就变成宝宝了。"林林震惊了，世界上竟然还有宝宝种子，马上接着问："舅舅，你的宝宝种子是哪来的，又是怎么放进舅妈肚子里的呢？"看着尴尬的舅舅，爸爸试图岔开话题，问林林作业做了没有，林林却锲而不舍，问爸爸："爸爸，那以后舅妈的宝宝要怎么从舅妈的肚子里出来呢，是像拉大便一样拉出来吗？"这下，不仅舅舅舅妈，一屋子的亲戚都尴尬了。

接下来的几天，林林着迷地探索"宝宝怎么来"这个话题，爸爸妈妈最大的苦恼变成了如何向孩子解释：爸爸妈妈是怎么制造宝宝的？

【原理分析】

"我从哪里来"是性教育的一部分，也是对生命的叩问。生与死是生命的两端，每个人只有认真地了解"我从哪里来""我是怎么来"，才能更热爱生命，更好地探索"我是谁""生命是什么"这样意义深远的命题。

遗憾的是，许多中国父母受传统文化的影响，在"性"这一话题上比较保守。当被孩子问及"我从哪里来"时，往往含糊其辞，蒙混过关，给出诸如"你是充话费送的""你是超市里买的""你是路边捡来的""你是送子观音送来的"等答案。这样的回答虽然在当下避免了尴尬，但是不利于孩子正确认识自己，认识"性"，还有可能导致孩子在好奇心的驱使下，通过一些不良读物、不良网站了解相关知识，影响他们正常、健康的性心理的发展。

几乎所有的孩子都会对"我从哪里来"这一话题感兴趣，这是孩子心理发展的需要，但不同年龄段的孩子需求程度和理解程度都不同。当2~3岁的孩子得知自己是从妈妈肚子里来的时候，他就会得到满足，因为他的认知能力只到这。5岁左右的孩子开始好奇自己是怎么从妈妈肚子里出来的。9岁左右时，又会好奇宝宝是怎么进入妈妈的肚子。对不同年龄段的孩子，家长应该根据他们的认知发展程度，用孩子能够理解的语言简单直接地告诉他们。

【操作指导】

1. 使用合适的教具。一些合适的教具，例如动画、绘本、科普视频、科普读物，可以帮助腼腆的父母坦诚地回答"我从哪里来"这个话题。

绘本和科普读物要根据孩子的年龄来进行选择，幼儿园阶段的孩子可以选择《小威向前冲》《我从哪里来》《我是爱的种子》等类似的绘本；进入小学阶段尤其是三年级以上的孩子，可以选择一些合适的科普读物，如《生命的奇迹》。父母可以自己先看看这些书籍，事先做好回答孩子问题时语言和心理上的准备。

2. 使用科学名词，如实相告。《国际性教育技术指导纲要》建议给孩子科学准确的信息。当孩子问起时，家长应当如实相告。回答问题时，使用正式的名词，尽量简洁。比如说宝宝是怎么形成的，可以回答：爸爸的精子和妈妈的卵子结合在一起，形成受精卵，受精卵在妈妈的子宫里面慢慢长大，就形成了一个小宝宝。一些名词，例如子宫、阴道、精子、卵子、阴茎等等，并非一次性全告诉孩子，而是随着孩子认知能力的发展，有选择地引入新名词。这是一个循序渐进、持续性的过程。

3. 问多少答多少。根据孩子的需要，选择回答的程度，孩子问多少，大人就答多少。同时观察你的回答是否满足了孩子的好奇心。

比如：

问：妈妈，我是从哪儿来的？

回答：从妈妈肚子里来的。

如果接下来孩子不问，大人就不用说了。如果孩子进一步问：我是怎么出来的？

回答：你是医生剖开我的肚子拿出来的。（剖宫产的，可以给孩子展示伤口。）或者"妈妈身体里有一条宝宝通道，叫作阴道，你就是从阴道里生出来的。"（此刻如果孩子想知道阴道长什么样，可以展示图片，无论男孩女孩都可以展示，因为这是性别教育的一个重要方面）。

如果孩子追问：我是怎么进到妈妈肚子里的？

回答：爸爸的精子进入到妈妈身体里，和妈妈的卵子相结合，变成受精卵，受精卵在子宫里生长发育，变成了宝宝。

如果孩子问：我住在妈妈肚里哪个地方？

回答：妈妈肚子下腹处有一个叫子宫的地方，小宝宝就住在这里。

如果孩子继续问：精子怎么进入妈妈身体里的？

回答：爸爸的阴茎插入到妈妈阴道里，精子会通过阴道进来。但是这个行为是只有相爱的人才可以做的。这是他们表达相爱或者想生一个孩子的方式。

在这个过程中，最主要的是让孩子意识到：性是再正常不过的一件事了。

【教育提升】

当我们回答孩子"我从哪里来"这个话题时，还应当让他们意识到生命的神奇和伟大，意识到孕育、抚养生命的艰辛和不易，意识到生命的有趣和珍贵，从而用感恩、珍视的心态面对自己以及其他生命的诞生和成长。

1. 体验式教育。当有亲戚朋友生育宝宝时，家长可以带孩子去医院看望产妇和新生儿，还可以看一些与生育生产有关的影片、纪录片，甚至可以通过"保护鸡蛋"、饲养小动物、独立照顾比自己小的弟弟妹妹这样的活动，感受生命诞生和成长的不易。

2. 培育博爱情怀。家长要让孩子意识到，生命的诞生和延续绝不仅仅是生物学上的一个概念，生命的起源是爱，每个孩子都是父母爱的结晶，是世间神圣而不可替代的爱创造了生命。除了人类外，其他物种的诞生和成长也同样令人感动，学会欣赏和保护其他的生命。

3. 回顾成长故事。和孩子一起回顾自己的、孩子的成长，找出成长中那些令人印象深刻的故事，感受故事发生时的情感投入，尤其要注重和孩子一起探讨成长中的挫折，让孩子意识到生命在美好的同时也有不如意之处，坚强通常都是在打击与挫折中建立的。

问题 2：如何与孩子谈论生命的逝去？

案例

一年级时，丽丽养了一只小猫咪，小猫咪毛色黑白相间，调皮可爱。丽丽对小猫咪爱不释手，给小猫咪取名字、布置猫窝、洗澡，每天放学回来第一件事就是逗小猫咪玩耍，甚至晚上睡觉都要搂着它。对于丽丽来说，小猫咪不仅仅是一只宠物，更像是亲密的朋友、家庭的一员。

一个夏天的傍晚，小猫咪跑到外面玩耍，误食了邻居投放的老鼠药。丽丽放学回到家时，小猫咪已经奄奄一息，见到丽丽也只能呜咽两声。丽丽担心得不得了，用脸紧紧地贴着小猫咪，默默祈祷它能挺过来。不幸的是，一早起来，妈妈告诉丽丽，小猫咪死了，再也醒不了了。

丽丽号啕大哭，伤心了好几天，对小猫咪的死亡自责不已，觉得是自己没有照顾好。妈妈不知道如何开导，只是说，没关系，妈妈再给你买一只。但是丽丽一直耿耿于怀，多年后在一次学校心理辅导中回忆起这件事，还忍不住流泪。

【原理分析】

生与死是生命的两端，是生命教育不可分割的两部分，也是所有人的重要命题。很多家庭对死亡讳莫如深，这不奇怪，因为人天生有对生的渴望，对死的恐惧。但在生命过程中，不可避免地会遇到和死亡有关的事件，小到失去一只心爱的宠物，大到痛失亲人。接纳"死亡"、理解"死亡"，是一个人精神成长非常重要的一部分。

只有帮助孩子了解生老病死，理解"死亡"的概念和意义，孩子才能更爱惜生命，更热爱生活，并站在哲学高度上去追寻生命的价值。相反，死亡教育的缺失则可能导致孩子无法面对人生真实的一面，对死亡要么过度恐惧，要么过于儿戏，有的甚至动不动就用自杀来威胁大人以达成自己的目的。可是，当不幸来临时，又缺乏有效的应对方式，以至于发生一系列心理危机。

面对家人或者宠物遭遇不幸，孩子可能会有哪些心理状态（危机）呢？

1. 不相信逝者已经离开，觉得他们还会回来。
2. 内疚、自责，觉得是因为自己不好、不乖而导致亲人或宠物的离开。
3. 觉得自己被抛弃、很孤独，担心以后没有人照顾自己、爱自己。

4. 哭泣，做噩梦，害怕看到一些与死亡相关的物品、场景等。

【操作指导】

孩子对死亡这一概念的理解并非与生俱来。6岁前的孩子认为死亡是可逆的、暂时的，对死亡缺乏理性的认知。对这个阶段的孩子，家长通常不直接谈及死亡，以免引发其恐惧的心理，可以使用一些隐喻的方式让孩子明白什么是死亡。比如，奶奶去世了，家长可以告诉孩子，我们就像同一棵树上的叶子，奶奶比我们先长出来，现在她要回到土地妈妈的怀里，而我们还要继续生长。把死亡说成是一种自然现象，孩子就比较容易理解和接受了。

小学阶段的孩子开始逐步形成成熟的死亡观念，到10岁左右时，已经能够理解"死亡是永恒的"（即人死了就不能复活）这样深奥、抽象的道理。这一阶段的孩子，家长应当让他们知道生老病死是顺其自然的事情，让他们以平常心坦然面对。这一阶段，家长不应该回避谈论"死亡"，但应该有策略地进行回答孩子关于死亡的提问。尤其值得注意的是，当可怕的事情发生时，家长要让孩子感到自己是安全的，哪怕不幸的事件是发生在孩子自己身上，也要让孩子感受到来自家人的爱、温暖和陪伴。在小学阶段，"死亡"教育的有效策略有以下三种。

1. 亲子共读绘本故事。《一片叶子落下来》《爷爷变成了幽灵》《小伤疤》《安德烈的愿望》《獾的礼物》《当鸭子遇到死神》等优秀的绘本，可以让孩子在温情的故事中更好地接纳和理解"死亡"这一概念，让孩子知道生命的真相，却依然热爱生命。

2. 在自然中感悟生命。与孩子一起种植植物，或者观察自然界中的花木荣枯，从中感受生死的自然和普遍。

3. 当遭遇"死亡"事件，比如亲人去世、宠物死去，家长需要做到以下几项。

（1）认同和接纳孩子的感受。案例中，丽丽的宠物死亡，在这种情况下，不能说"没关系，再买一只给你"，这样的话会让孩子觉得大人不理解她，甚至觉得"无情、冷血"。在这一刻，需要共情孩子，接纳她的情绪，和她一起伤心，并由孩子拿主意如何处理宠物的"后事"。

（2）鼓励孩子说出内心复杂的感受，认真倾听，让孩子通过倾诉获得内心的宁静。

（3）如果孩子愿意，可以让他们以绘画、讲故事等形式来纪念和逝者一起度过的时光，也可以举办一些道别、纪念仪式。

（4）用孩子能理解的语言、词语向他们解释发生了什么，提供真实准确的信息。避免欺骗，以免他们不必要的猜测和恐慌。

（5）避免强迫孩子坚强。

（6）告诉孩子逝者的离去与他无关，他已经很乖了，不需要为别人的死亡负责，帮助孩子摆脱内疚和自责。

（7）如果孩子出现严重的应激反应，应寻求专业人士的帮助。

【教育提升】

1. 让死亡教育成为家庭教育的一部分。死亡教育的起点，就是让孩子明白死亡的必然性。家长首先自己要接受死亡是必然的这一观点，并且把死亡教育看成与科普教育、道德教育一样的正常和必要，并且随时随地进行。家长可以根据孩子的年龄层次，由一般到特殊地给孩子举例说明死亡，比如草枯了是一种死亡，花谢了也是一种死亡，蚊子被打死也是一种死亡，再到宠物离世，最后到人的死亡。当孩子积累足够多的例子，就能理解死亡的必然性。

同时，家长要与孩子探讨"死亡"到底意味着什么。孩子在童话、影视作品中会接触到各种关于死亡的说法，比如死后可以投胎、死后上天堂等等；父母应当和孩子探讨这些说法，让孩子明白死亡的不可逆性，逐渐打破孩子对死亡的魔幻性思考，促进孩子对死亡的理智思考和接纳。

2. 预防危机事件。家长要帮助孩子理解死亡的真实含义，这有助于预防冲动型自杀这类危机事件的发生。除此之外，家长还要帮助孩子学习应对挫折和困难的乐观心态，以及合理的情绪表达、调节方式，关注孩子的身心状态，教孩子一些自我保护的方法。

问题3：如何引导孩子热爱生命、敬畏生命？

案例

小佳，女，六年级学生。她平时看起来活泼开朗，喜欢和同学聊天，闲暇时爱写小说，常常拿着自己写的小说跟好朋友分享，与老师交流。但她经常会因为成绩下滑或同学有意无意的玩笑话而突然崩溃大哭，觉得同学不喜欢自己、排挤自己，甚至情绪激动时还会拿尺子用力划手腕，导致手腕处常常伤痕累累。家长很疑惑，问孩子手腕处为什么有疤痕，孩子会撒谎说是不小心划伤的。心理老师与孩子深入交谈后才知道，当孩子在情绪激动且无处发泄时，常常想要结束自己的生命。

【原理分析】

青春期的孩子，生理和心理上都在经历着巨大的变化。这个阶段的孩子非常在意同伴对自己的评价，内心较为敏感脆弱，常常会因为同伴、老师或家人的一句不合自己心意的话而情绪激动或产生冲动行为。这时候如果周围人没有及时给予孩子关怀，消极情绪就很可能被他们无限放大，甚至成为压垮他们的最后一根稻草。

当今社会充斥着焦虑情绪，学生、家长、老师都被焦虑情绪包围着，而老师和家长的焦虑情绪也容易传递给孩子。家长过于看重孩子的学业成绩，过分苛求孩子在学业上的表现，导致孩子将成绩作为自我评价的唯一标准，无法从更多维度来体验和感受世界的美好，缺乏对生命本真的热爱和思索，不理解"珍爱生命"意味着什么，以至于缺乏对生命的敬畏感。

【操作指导】

"生命教育"这个名词是由美国学者杰唐纳·华特士最早提出的，"生命教育是为学生快乐而成功地生活做准备的教育活动，是一种以提升孩子的精神生命为目的的教育活动"。也就是说，生命教育既关乎孩子的生存与生活，也关乎孩子的成长与发展，更关乎孩子的本性与价值。生命教育的目的在于让孩子学会尊重生命，理解生命的意义，提升孩子的生命愉悦感。通过生命教育，让每一个人都成为"我自己"，都能最终实现"我之为我"的生命价值，即把生命中的爱和亮点全部展现出来，焕发出自己独特的美丽光彩。作为父母，引导孩子正确认识生命，由衷地热爱生命、敬畏生命，可以从以下几个方面进行尝试。

1. 在一些特定的节日里，坦然地与孩子谈论死亡。在一些特定的时机与孩子谈论死亡，是父母对孩子进行生命教育的契机。比如在清明节时，父母可以和孩子一起翻翻老照片，回忆去世的亲人在世时的点点滴滴。死亡是一个可以谈论的话题，孩子对死亡的思考不应该成为禁忌，这些都是生命教育的范畴。

2. 直面生命和人的生死问题。在身边的亲人离世时，父母常常为了安抚孩子当下的悲伤情绪，而过度美化死亡，殊不知，这样的谎言容易误导孩子，让孩子对生命、死亡等人生的重要命题产生误解。不少孩子懵懵懂懂，不明白生命的可贵，甚至有些孩子会以赌气的方式结束自己的生命，或是选择以伤害自己的方式引起同伴、父母、老师和学校的关注，甚至是把死亡当成逃离现实痛苦的方法。所以，父母可以在适当的时候用合适的语言与孩子谈论生死，引导孩子正视死亡、敬畏生命。

3. 增加孩子的"心流"体验。当我们专注于一件自己感兴趣的事情时，"心流"体验就会产生。心流，指的是当人们全情投入某件事并享受其中而体验到的一种精神状态，心理学家认为它就是人们获得幸福的一种可能途径。心流产生的同时，我们会有内心的愉悦和满足，以及对生命本身更充盈的体悟，它让我们爱上生命中的很多寻常小事，拓宽了我们对生命本身的认识，也杜绝我们过于物质化地看待生命。因此，在孩子日常的闲暇时间里，父母可以鼓励孩子做些自己喜欢的事，比如做手工、画画、拼乐高、观察蚂蚁、捡树叶等，而不是一看到孩子做些与学习无关的事情时就大声斥责和制止。

4. 允许孩子种点花草或养小动物。花草、动物皆有生命，孩子在照顾这些小生命的过程中，能体验到辛苦，也会收获快乐。最重要的是，他们学会了更好地对待生命方式，学会关爱和呵护，学会珍惜和尊重，真正体验到了生命的可贵和活着的价值。

【教育提升】

1. 让孩子拥有发现幸福的能力。马克思认为，教育的最终目标就是"人的全面发展"。教育的目的不仅包括孩子智力的发展，也包括非智力的发展，归根结底，教育的目的就是要让孩子们在今后的人生中感到幸福，让孩子拥有发现幸福的能力。

好的教育能让孩子具备抗击挫折的能力和感知幸福的能力。拥有感知幸福的能力，能够让孩子在平凡的生活中发现每个闪光点，让孩子对生活充满好奇，进而做到热爱生命、敬畏生命。作为父母，我们可以这么做。

（1）营造温馨和谐的家庭环境。生活在温馨和谐的家庭环境中的孩子会成长为内心充盈、乐观向上的人。父母应尽量为孩子创设条件，让孩子成为内心充盈、乐观向上的人。

（2）认同和鼓励孩子。父母的认同和鼓励能够推动孩子对自我的认同，慢慢地，孩子对其他事物的接纳度也会随之提高，进而越容易获得幸福。

2. 多元评价：不把成绩作为唯一评价标准，不把孩子当成"学习工具人"。父母要摒弃以学习成绩高低论孩子好坏的观念。现在社会早已不是"自古华山一条道"的时代，父母应当以多元的视角观察孩子，善于发现孩子的闪光点。就像《小欢喜》里方一凡对父母说的，"我只是个学习不好的孩子，不是一个坏孩子"。每个孩子都一定会同时存在优点和缺点，即使孩子不擅长学习，也会在其他方面拥有自身的特长。父母可以加以引导，从孩子的擅长之处入手，引导孩子发现学习的乐趣，主动学习。

问题 4：如何培养孩子的性别意识？

案例

小杨是个 3 岁的小男孩。最近一段时间，他早上起床后，总喜欢让妈妈给自己扎小辫子，还指定用粉色的发绳。如果妈妈不同意，小杨就会哭闹发脾气。小杨有个姐姐，每天早上起床都要妈妈为自己梳头发，为自己选择漂亮的裙子。妈妈很苦恼，害怕小杨与姐姐朝夕相处，会模仿姐姐的行为，导致性别认同出现问题。妈妈问小杨为什么想要扎辫子，小杨说，看到姐姐扎辫子很漂亮，他也想变得这么好看。

【原理分析】

随着孩子逐渐成长，他的性别意识也会慢慢发展。1 岁 6 个月至 2 岁之间的孩子能意识到性别的不同；3 岁左右的孩子能说出自己的性别，但他们还不知道性别是固定不变的；3 岁以后，孩子对性别的概念越来越明确，意识到自己的性别和他人的性别都是不变的。进入幼儿园阶段后，孩子会通过自己的方法对性别进行探索。孩子会发现，厕所分男女，男孩子是站着小便，女孩子是蹲着的；男孩子有"小鸡鸡"，女孩子没有；女孩子扎辫子、穿裙子，男孩子留短发、穿裤装……有些孩子会遵循约定俗成的性别规则，而有些个性较强的孩子会想要尝试和突破规则，比如有些男孩子想要梳小辫子、穿小裙子等。其实，这都是孩子进行性别探索的独特方式。

【操作指导】

1. 通过自然的方式，帮助孩子形成性别认同。性别认同是指一个人内心深切感受到的基于个人体验的性别。性别认同通常在童年时期形成，学界认为生物因素和社会因素都对性别认同有影响。通常，父亲强有力的臂膀和大嗓门、母亲柔软的怀抱和温柔的声音，都会让孩子接收到典型的男性信息和女性信息。男孩自然地接受和认同父亲，女孩则会喜爱和认同母亲。这个过程需要时间，家长不必过于焦虑。

2. 重视养育方式对孩子性别意识的影响。前面提到学界认为社会因素对孩子的性别认同有影响，这其中就包括了父母的影响。父母的养育方式对孩子的性别认同有很大的影响。有些父母因为自己的喜好而模糊了孩子的性别意识，如有些父母期待自己的孩子是男孩却生下了女孩，有些父母想要女孩却生了男孩，产生心理落差，就将自己的孩子打扮成相反的性别讨自己欢心。其实，孩子虽小，却能感受到其中的差异，父母对孩子性别装扮上模糊的态度非常容易使孩子发生性别认同上的混乱，阻碍孩子性别意识的正常发展，导致孩子渐渐地在行为、性格上表现出异性的特征。

3. 破除固化的性别思维，灵活处理性别差异。男孩和女孩自小在玩具、玩伴、爱好和性格方面存在差异，比如男孩喜欢玩具车、喜欢大运动，女孩喜欢过家家、喜欢芭比娃娃，这是普遍存在的现象，但并不是每个男孩女孩都需要遵守的固定模式。有些男孩喜欢洋娃娃，有些女孩喜欢打仗游戏，这都是正常的，父母应该打破性别刻板印象，多角度看待与灵活处理性别差异，不能因固化的性别思维局限了孩子的发展。

4. 鼓励孩子在发挥自己优势特征的同时，向异性伙伴学习。不论男孩还是女孩，都会存在性别带来的各种差异，都拥有不同的优势特征。比如一般情况下，男孩力气比较大，胆子比较大，女孩比较灵活，有耐心等。他们彼此之间可能都会对对方的优势感到羡慕，甚至可能产生如"为什么我不能像他/她一样"的想法，对此，父母应该学会强化孩子的性别优势，鼓励孩子发挥优势特征，让孩子为此自信自豪，同时也可以鼓励孩子学习异性伙伴的优势，取长补短。

【教育提升】

1. 允许孩子用自己的方式去认识和探索自身的性别。每个孩子从小都会发出"我是从哪来的？""我为什么不是男（女）孩子？"的疑问。同时，他们也会对性产生好奇，会触摸自己的生殖器，观察自己的身体和别人的不同等。作为父母，我们不能随意敷衍孩子，更不能用粗暴的方式对孩子的探索进行制止。父母应在确认孩子的身体没有不适后顺其自然，进行适时引导，告诉他们哪些是隐私部位，是男女生身体上的区别，是不允许别人触碰的。

孩子对身体、性别的探索是与生俱来的本能，父母不应当遏制孩子的探索行为。在孩子性别意识的发展过程中，允许孩子用自己独特的方式去认识和探索自身的性别，允许孩子运用自身的观察和适当的探索获取有关性别的知识。

2. 父母的示范对孩子性别意识培养的关键性影响。父母自身的性别行为模式会在潜移默化中对孩子产生影响。儿童在性别学习的过程中不仅接受被动指导，更多的是主动模仿和学习父母的行为。妈妈因为操持家务而常常抱怨"做女人真累"，可能会引起女孩对自身性别的悲观情绪；有的父母为了顺应自己的喜好，将孩子打扮成相反性别，容易使孩子发生性别认同上的紊乱……

在日常生活中，孩子通过自然情境从妈妈身上认识女性角色，从爸爸身上认识男性角色。例如孩子和妈妈一起照顾生病的爸爸，感受女性的温柔和理解；和爸爸一起完成繁重的体力劳动，认识到男性应有的担当和力量等。这些都是很好的示范，有助于孩子形成正确的性别意识。

问题 5：在多子女家庭中，如何引导孩子手足相亲？

案例

晓虹一年级时，妈妈给晓虹生了一个小妹妹。一开始，晓虹对新生儿充满了好奇。但没过多久，这种新鲜感就被一种莫名其妙的情绪取代。

妈妈整天抱着妹妹哄睡、喂奶，对妹妹轻声细语；爸爸一回到家，就抱过妹妹闻奶香味；家里亲戚来做客时，更多的是围着妹妹转，夸妹妹可爱……晓虹看在眼里，气在心里。不知从什么时候起，她养成了啃指甲的习惯，不管爸爸妈妈怎么批评，她都改不掉，大拇指的指甲被啃得秃秃的。

妹妹一天天地长大，晓虹也越发讨厌妹妹，总是趁大人不注意时打妹妹、抢妹妹的玩具。当她们发生矛盾时，父母总是让晓虹让着妹妹，可晓红发现，有时候，明明是妹妹抢自己的玩具，结果她还是被爸爸训斥，指责她不懂得爱护妹妹。

渐渐地，原本乖巧的晓虹变得喜怒无常，动不动就发脾气，成绩也一落千丈。姐妹之间充满了争吵，毫无温情可言。爸爸妈妈头疼不已，面对家里的鸡飞狗跳，常常说后悔生了二胎。

【原理分析】

在多孩家庭中，兄弟姐妹之间常常会有一种非常复杂的关系。父母总是一厢情愿地认为，孩子们血浓于水，应当相亲相爱，但事实并非如此。竞争、嫉妒、不满是兄弟姐妹之间不可避免，也是非常正常的状态，这在心理学上叫"手足嫉妒"。

手足嫉妒源于对父母关爱的强烈渴求，对安全感的强烈渴求。首先，每个孩子想要的是父母"唯一的爱"。有的父母试图通过公平地对待每个孩子来维持秩序，但是越是强调公平，孩子对"不公平"就越发敏感。因为，孩子想要的并不是"公平的爱"，而是"唯一的爱"。只有当孩子们心底的需求被父母看到、理解甚至接纳时，他们才会感到安慰，缓解妒忌心理。其次，父母的一些错误认知或者行为疏忽，容易加剧孩子的妒忌心理。比如，父母认为大孩子更懂事了，理应让着小的；又比如父母总是将两个孩子互相比较，在一个孩子面前说："你看，哥哥就比你乖多了。"或者在言行上明显更偏爱某个孩子……这些行为非常容易导致孩子心理失衡。

当孩子产生了过于强烈的心理失衡而不能发泄时，就容易出现一系列心理生理疾病。很多家庭，因为二胎的到来，老大会出现退行（原本已经不尿床了，又开始尿床；学小婴儿发音等）、强迫行为（啃指甲、拔头发等）、情绪问题（沮丧、无理取闹等），这都是孩子焦虑的表现，传达孩子缺乏安全感、渴望被关注的心理诉求。

不过，同胞之间竞争和嫉妒也有积极的一面。多子女家庭中的孩子会不断地衡量自己和他人，并找到自己独特的优势来吸引关注。经历了嫉妒，并超越它，能帮助孩子们更好地评估自己，正面地对抗他人，在以后的社会生活中更好地生存，特别是在竞争环境中。

【操作指导】

1. 给每个孩子专属的陪伴时间。当孩子被唯一珍视时，他们才能充分感受到被爱，缓解嫉妒心理。一个非常有效的方式是：制订每个孩子的专属陪伴时间。也就是父母一个时间段，只陪伴一个孩子。有的父母可能会说，他们确实这样做了，但并没有效果，孩子反而像一个没底的杯子一样，变本加厉地要求父母的付出，直到父母情感付出匮竭。在这种情况下，父母应该反思一下自己的陪伴方式。

孩子希望被父母看到自己是独一无二的存在，通过亲密的联结，确认父母对自己的爱。因此，和孩子在一起，就是不做其他事情，全身心和他在一起，并享受这一段时光，不要孩子玩孩子的，自己却刷着自己的手机。这样的"陪伴"不叫"陪伴"，仅仅是"陪着"而已，非但不能让孩子感受到足够的情感关怀，反而让他们觉察到父母对自己的敷衍了事和漫不经心。

2. 优先关注老大的感受，建立老大的价值感和权威感。新生命的诞生，对老大的生活和心理会产生一定影响，曾独占父母所有爱的老大会感到不安和恐惧。一旦老大觉得自己的地位被威胁，他们就会用自己的方式"夺爱"，家中"鸡犬不宁"的日子就到来了。因此，首先要安抚好老大，并通过帮助老大建立价值感和权威感，来替代失去"中心感"。具体怎么做呢？一方面，弟弟妹妹的事让老大帮忙做，并对老大表达真诚的感谢，树立老大的责任意识和价值感；另一方面，帮助老大树立在弟弟妹妹前的权威，让他喜欢老大这个身份。

3. 允许争吵和抢夺，给出自主解决的空间。有时候，孩子看似是打闹争吵，实则是在摸索适合他们的相处模式。最终他们会找到相处之道，平衡他们之间的关系。因此，对于一些小事情，父母不要着急出面调解、做裁判，而是放手让他们自己协调解决。

【教育提升】

1. 不要教孩子去爱，而是让孩子被爱。如果将孩子看作一个杯子，一个积极向上的孩子是因为杯子里装满了爱的能量。倘若父母一味地要求孩子爱自己的兄弟姐妹，却忽略了孩子对爱的渴望，没有给予孩子更多的爱，那么，孩子的杯子里就没有足够的存量分给他人。因此，父母应当给予每一个孩子足够的爱，孩子才有能力去爱别人。

2. 接纳孩子的情绪。多子女家庭中的孩子，除了嫉妒，还有惶恐、担忧、愤怒等情绪。父母应该意识到这是极其正常的，并引导孩子说出来，孩子倾诉时，不去否认，不做思想教育，只要抱紧他就好。父母认真倾听和认同就是对孩子最大的支持。

适当的时候，父母可以和孩子一起探索情绪产生的原因，比如："你是害怕妈妈没那么爱你了是吗？"父母还可以向孩子保证：现在妈妈确实陪妹妹的时间比较多，因为她需要妈妈更多的照顾，但这并不意味着妈妈更爱她，也不意味着妈妈没那么爱你了，你始终都是妈妈的心肝宝贝。

问题6：如何提升孩子的自我效能感？

案例

小铭，男，四年级学生。他成绩中等偏下，经常拖欠作业，父母很头疼，想要通过设定奖励的方式提高小铭的学习积极性。小铭平时喜欢玩具汽车，爸爸妈妈就与他一起购买了玩具，并对他说，如果能达成设立的几个目标，就把玩具车奖励给他。爸爸妈妈根据小铭目前的表现情况设立的任务，难度中等，适合他。可小铭却觉得自己一定达不到爸爸妈妈的要求，产生了放弃争取奖励的念头。

【原理分析】

孩子面对挑战选择退缩，连尝试都不愿意，就直接否定了自己，这是自我效能感低的表现。自我效能感由班杜拉提出，它是指个体对自己是否有能力完成某一行为所进行的推测与判断，即自我效能感是人们对自己是否能够成功地进行某一成就行为的主观判断，它是个体对自己能力的主观感受，而不是能力本身。

自我效能感低的孩子常常会否定自己，认为自己什么都做不好，哪怕他人对孩子很有信心，孩子也会怀疑自己的能力。自我效能感低的孩子喜欢把事情往不好的方向去想，态度较为消极，在学业表现上，往往成绩都不尽如人意。

【操作指导】

1. 引导孩子正确认识自己。有些父母常把"别人家的孩子"当成口头禅，初心是想激励自己的孩子奋进。殊不知，这些伤人的语言是消极的心理暗示，让孩子觉得自己不如别人，孩子内心的自我效能感就会变得越来越低。父母要引导孩子正确认识自己，让孩子看到自己的优点，识别自己不同于别人的特点，悦纳虽不完美但独一无二的自己。

2. 与孩子保持良好的沟通。自我效能感低的孩子常常会选择逃避，在还没有去做某事之前已经在想象这件事情可能导致的消极后果。父母要及时与孩子进行沟通，重视孩子的内心感受，为孩子进行心理疏导，让孩子摆脱这种消极的想法。

3. 与孩子共同设立设定短期、中期、长期目标。父母可与孩子共同拟定学习计划，将大的学习目标分解成简单容易达成的小目标。我们可以把孩子的终极目标切割成一个一个的小目标，孩子在不断达成小目标的过程中，也在不断地提高自己的自我效能感，提升了自信。父母还可与孩子定期对目标的完成情况做总结，孩子达到目标后，父母给予一定的奖励，放大每一个微小成功带给孩子的激励作用。

4. 与孩子共同探讨成败原因。美国心理学家伯纳德·韦纳认为，人们的行为成败可归纳为以下六个因素：能力，评估自己对该项工作是否胜任；努力，检讨自己在工作过程中是否尽力而为；任务难度，凭个人经验判定该项任务的困难程度；运气，评估此次成败是否与运气有关；身心状态，工作过程中个人身体及心情状况是否影响工作成效；其他因素，除上述五项外，是否还有其他影响因素。

伯纳德·韦纳等人认为，对成败的归因会对以后的行为产生重大的影响。如果把考试失败归因为缺乏能力，那么以后考试还会害怕失败。因此，父母在与孩子进行成败归因的过程中要注意：由于努力是唯一可控的因素，父母可以在分析成功因素时更多地归因于孩子的努力，在分析失败时归因于孩子努力程度不够，这样不会让孩子太过于挫败，也不会太自满。

5. 为孩子"物色"合适的竞争对象。对于孩子来说，自己似乎有个永恒的对手——"别人家的小孩"，许多父母都喜欢将自己的孩子跟别的孩子进行对比，试图以此激励孩子变得更好。但是比较与竞争也是讲究"门当户对"的，差距过大的孩子，显然不适合一起竞争，就像是你不可能让一个一年级的孩子和一个初一的孩子比赛算数，这只会让一年级的孩子自信心受挫。父母要学会为孩子"物色"合适的竞争对象，互相追赶才适合，单方面仰望的只适合做榜样。

【教育提升】

1. 接纳孩子的负面情绪，允许孩子按自己的节奏整装出发。当孩子遭遇失败时，有些父母会产生"恨铁不成钢"的情绪，打击孩子，说出一些像"你怎么连这点小事都做不好""你真令我失望"之类的话，甚至不能接受孩子因为失败而产生沮丧、失望等负面情绪。有些父母虽然不指责孩子，但当孩子表现出失落、自责时，他们会反其道而行之，想方设法夸赞孩子，转移孩子的注意力，令其不再沉浸于消极情绪之中。这两种做法都是欠妥的。孩子因为失败而产生负面情绪，是正常的表现。当孩子的负面情绪在正常范围内，父母不应过度干预，应选择接纳这些负面情绪，给孩子一些自我消化的时间与空间，并和孩子一起分析失败原因使其从失败中有所收获，找回自己的节奏，整装再出发。

2. 注重亲子沟通，帮助孩子打破"我不行"的顽固壁垒。沟通是双向的，不只要表达，还要会倾听。有些父母无法耐心倾听孩子的想法，也未能准确表达自己的想法，让敏感脆弱、不够自信的孩子更加难以向家长倾诉。当孩子经历多次失败却无法与父母有效沟通的，他们可能会筑起沟通的壁垒，给自己设下"我不行"的禁锢。因此，父母应多注重亲子沟通，帮助孩子正确归因，将"我不行"转化为"我可以，我再试试"。

问题7：如何提高孩子抗击挫折的能力？

案例

小雨，女，二年级学生，平时常常拖欠作业，考试成绩班级倒数。课间老师想帮她讲解错题，帮助她进步，她总是找机会溜走。放学一回家她就开始看各种各样的课外书，拼乐高积木，完全把作业抛之脑后。晚上，当妈妈给她检查作业时，她经常发脾气地说，她不想学习了，觉得学习很辛苦。心理老师深入了解后得知，孩子自小就由妈妈和保姆悉心照顾，生活上的所有事情都被安排得井井有条。孩子读小学之后，她面临着学习上的任务，而别人无法帮忙分担。刚开始进入学习时，孩子常常遭遇挫折，比如握笔、写字、计算等，孩子无法承受挫折，产生了厌学情绪。

【原理分析】

抗击挫折能力，就是承受挫折和失败的能力，也称为"心理韧性"。现今社会家庭模式通常都是"6+1"模式，爷爷奶奶、外公外婆、爸爸妈妈都以孩子为中心，悉心照顾着，生怕孩子磕着碰着，尽可能地避免孩子遭受一切挫折。但这无形中也在剥夺孩子经历挫折而不断成长的权利。一株小树苗如果不经历风吹雨打又怎么能长成参天大树呢？孩子从小不经历挫折，长大了遇到小小的挫折就容易产生沮丧、害怕、挫败等消极情绪。没有经历挫折的磨炼，孩子就没有战胜它的信心和方法。久而久之，孩子面对挫折时，就只能不断地逃避，等到无处可逃时，孩子甚至会做出一些过激的行为。

除此之外，家长过高的要求和长久以来形成的打击教育也会铸就孩子的"玻璃心"。有些家长总爱把"别人家的孩子……"当成口头禅，初心是想要给孩子树立学习榜样，但久而久之容易给孩子灌输消极的心理暗示，即"我不如别人"。形成这样的自我概念后，孩子一遇上一点困难的事情时，大脑会立刻告诉自己"我不行，我不好，我做不到"。长此以往，孩子的抗挫能力就会越来越脆弱。其实，对于孩子来说，失败绝非坏事；反之，害怕失败而不敢行动，才是最坏的事。

【操作指导】

如何提高孩子抗击挫折的能力，简而言之就是：该放手时放手，该表扬时表扬，该安慰时安慰，该陪伴时陪伴。具体做法如下。

1. 该放手时需放手。孩子的世界很单纯，开心的时候笑，难过的时候哭，遇到困难的时候，甩甩手、抹抹泪、嘟起小嘴等，都是再正常不过的事情。小小的失败并不会挫伤孩子积极向上的心态，父母大可不必出于好意为孩子将成长路上的"拦路虎"一一消灭。挫折和失败是人生路上不可避免的，对于孩子来说，最关键的不是消除挫折和失败，而是孩子在经历了挫折和失败后如何习得成长的经验，依然保持健康的心态，勇往直前。所以，父母该放手时需放手，把成长的权利还给孩子。

2. 该表扬时及时表扬。有些父母害怕孩子会骄傲自满，在孩子面临成功欢呼雀跃时，喜欢泼冷水。这样做的后果可能是，孩子觉得自己不行，甚至会时常否定自己。其实，父母可以大方地表扬孩子，但是表扬也要讲究技巧，不当的夸奖反而会阻碍孩子的发展。表扬孩子要避免泛泛而谈、无的放矢，有些父母喜欢把"你真棒""你最厉害了"挂在嘴边，这种模糊而夸大事实的表扬，会给孩子造成一种自己真的很了不起的错觉，而这种错觉容易让孩子变得目中无人，遇到挫折时"输不起"、受不得打击。正确的表扬应该具体化、就事论事，明确指出孩子做得好的具体细节，这样孩子才能对自己有更客观清楚的认识，也更愿意朝着父母期待的方向去努力。

3. 该安慰时第一时间给予孩子暖心的安慰。父母，是孩子最亲密的"自家人",要成为陪孩子一同面对挫折、和孩子一起舔舐伤口、和孩子一起体面地从挫折的泥淖中重新站起来的人。父母应该关注孩子正在经历的事情,认同孩子出现的难过、无奈等情绪,感同身受地表达对孩子的理解。

4. 该陪伴时给予孩子高质量的陪伴。父母的陪伴能给予孩子安全感,而安全感正是孩子形成健康依恋关系的基础,也是培养孩子心理承受能力的关键。有一项研究表明,父母的高质量陪伴可以提高孩子的抗挫能力。那么,父母该如何进行高质量的亲子陪伴呢?研究人员用五个字母总结出了高质量陪伴的法器,分别是PEERE:P(Pause 暂停)——停下手头的事情,让孩子感受到来自父母的关注;E(Engage 参与)——参与其中,而不是"身在曹营心在汉";E(Encourage 鼓励)——与孩子交流时充分给予鼓励和支持;R(Reflect 反馈)——把真实感受告诉孩子,给孩子最真诚的反馈;E(Extend 衍生)——给予更多视角,扩展孩子的视野。实践证明,PEERE法则确实让父母在陪伴孩子上发生了翻天覆地的改变,不仅自己更轻松、更平和了,孩子也更快乐,得到了更好的成长。

【教育提升】

1. 不刻意制造挫折,也不刻意避免挫折。一些父母持有这样一种观念:挫折教育就是要刻意给孩子制造挫折,让孩子经常吃苦,严格要求、严肃批评、吝于赞美,从而提高孩子的抗挫折能力。然而,真的是这样吗?事实上,这种挫折教育观念存在严重偏差。人为地、刻意地制造麻烦,只会让孩子一次又一次地承受身心的磨难和痛苦,与其说是教育,不如说是毫无意义的惩罚。《教育的选择》中提到:"真正的挫折教育,不是让孩子对挫折麻木,而是让孩子不惧怕挫折;真正的挫折教育,不是要父母制造挫折,而是能够和孩子一同面对挫折。"因此,父母不必刻意去给孩子制造挫折。但也不能走向对立面——为了"保护"孩子,不让孩子受到一丝一毫的伤害,而刻意避免挫折。正确的做法应该是及时、适时地发现孩子所遇到的挫折,给予孩子充分的陪伴和关怀,鼓励孩子积极、勇敢地面对挫折。

2. 提升孩子的心理韧性。如果把孩子比作一棵树,那么心理韧性就是在土壤和水分的保护和滋养下不断生长的树根,来自外界尤其是父母的爱和善意,便是这土壤和水分。有了强大的心理韧性,孩子在面对生活中的风吹雨打时才能坚韧不拔。父母应该关注以下三点。

(1) 保护孩子的自尊心。让孩子知道遇到挫折是正常的,并不是自己的过错。

(2) 积极反馈。当孩子战胜挫折时,给予肯定和赞美,提高孩子的自我效能感。

(3) 合理归因。当孩子遇到挫折时引导孩子分析原因,尽可能把失败归因于内部可控的因素，如自己不够努力，而不是缺乏能力或是任务太难。这样孩子便可以获得对生活的掌控感，提升心理韧性，以后遇到挫折时更能从容地应对。

问题8：孩子害怕一个人睡，为什么？怎么办？

案例

小华，男，六年级学生，晚上一个人在家时会胡思乱想，没有办法安心做作业，害怕一个人睡，需要妈妈陪着。心理老师与孩子交谈后得知，孩子平时喜欢看恐怖电影，看的时候很兴奋，但看完之后，孩子会想起电影里的恐怖场景，觉得害怕。尤其是孩子晚上一个人在家或晚上一个人睡觉时，总觉得电影里的恐怖场景会发生在自己身上，害怕得无法入眠，越想越怕、越怕越想，导致隔天早上上学时常常无精打采，学习效率极低。

【原理分析】

刚进入青春期的孩子，有强烈的好奇心，喜欢追求刺激的感觉。而恐怖电影恰恰能满足他们这一部分的心理需求，还能作为他们向同伴群体吹牛的谈资。但是，每个人对于恐怖电影的接受度是不一致的。有些孩子看完恐怖电影后，能很快恢复平静，而有些孩子在看完之后，依然会长时间地停留在对恐怖场景的记忆之中。当恐怖指数超过孩子可接受的范围时，孩子就会时常想起，尤其是在夜深人静的夜晚，越想越害怕，最后导致彻夜难眠。

粗暴的家庭教养方式也容易导致孩子因为害怕而不敢一个人睡。当孩子的表现没有满足父母的期待时，一些家长会以恐吓的方式来吓孩子，比如"野兽会把你叼走""把你扔掉""让你在乌漆麻黑的夜晚无家可归"，甚至拿鬼怪之类的话来吓唬孩子。这些带有画面的恐怖语言容易让想象力丰富的孩子浮想联翩，以至于夜晚害怕得无法入眠。

【操作指导】

1. 耐心地鼓励孩子。孩子不愿意一个人睡觉，多半是因为恐惧黑夜，父母可以耐心地鼓励自己的孩子，给予孩子正向的反馈，让孩子了解到他的害怕是正常反应，而不是劈头盖脸地把孩子骂一顿。父母的耐心鼓励也能在一定程度上增强孩子的安全感，从而帮助孩子摆脱恐怖影像的阴影。父母可以在睡前给孩子讲一些他喜爱的故事，用故事中的英雄人物或事例鼓励孩子。年龄较小的孩子可以先从开灯睡觉过渡到熄灯睡觉，或者等孩子彻底睡熟后再把灯熄灭。当孩子晚上能独立睡觉或晚上惊醒的次数较少时，父母应给予孩子适当的鼓励，给予孩子正向强化。

2. 有选择性地给孩子看一些阳光正能量的影片，中和恐怖影像对孩子产生的刺激。利用阳光正能量的影片给予孩子正面阳光的影响，转移孩子对恐怖影像的注意力，中和恐怖影像对孩子产生的刺激，同时也可以通过阳光正能量的影片给予孩子一定的精神力量，帮助孩子战胜恐怖影像带来的负面影响，从而缓解孩子的恐惧情绪。

3. 与孩子探讨导致他害怕的恐怖场景。当孩子总是对某一类恐怖场景特别害怕时，安慰和斥责孩子都是收效甚微的。父母不妨坐下来与孩子促膝长谈，聊聊他所害怕的场景，越具体越好。还可与孩子对其害怕的场景和片段进行适当的讨论，并加以引导，通过沟通的方法给予孩子支持和鼓励，缓解孩子的恐惧情绪。俗话说，恐惧源于未知。当父母帮助孩子把恐惧这件事捋清楚、表达出来后，恐惧的情绪至少能减轻一半。

4. 多参加运动，转移注意力，分散多余的精力。当孩子对恐怖电影和恐怖片段反应强烈时，可利用适当的运动转移孩子的注意力，将其对恐怖片段的注意转移到运动中。适量的运动可以促进大脑分泌多巴胺，多巴胺的分泌可以给予孩子快乐的感觉，能在一定程度上缓解孩子的恐惧情绪。适度的运动还能使孩子感到疲惫，分散其多余的精力，有助于孩子更好地入眠。

5. 高质量的陪伴。当孩子体验到紧张、恐惧等消极情绪时，父母如果能及时地在身边安抚，孩子也更容易产生安全感，并尽快恢复。当孩子因恐惧而难以入睡时，父母可以给予孩子相应的陪伴，等孩子有睡意的时候，坐在孩子旁边，静静地陪孩子入睡。如果孩子一开始害怕、焦虑，可以轻轻地拍孩子的背、抚摸孩子的头，或用语言安慰孩子，从而缓解孩子害怕、紧张的情绪。在陪伴中家长营造宽松和睦的家庭氛围同样也能有效提升孩子的安全感，帮助孩子缓解恐怖影像带来的负面影响。

【教育提升】

家长切记：不以威胁、恐吓等消极的方式教育孩子，避免营造压抑、紧张的家庭氛围。当我们以威胁、恐吓的方式来教育孩子，特别是使用鬼怪等恐怖言语故意吓孩子时，孩子会产生丰富的联想，从而在入睡前更加恐惧，进一步导致孩子无法入睡。当孩子害怕一个人睡时，家长可采用鼓励的方式以增加孩子的安全感，让孩子不再对独自睡觉产生畏难和害怕的情绪。

除此之外，压抑、紧张的家庭氛围会让孩子缺乏安全感，可能导致孩子害怕独自入睡。家长应注意自身的教育方式，避免过于专制和严苛。当孩子表述自己的害怕时，我们应先了解原因，理解孩子的情绪，再与孩子共同讨论解决的方法，而不是命令、强制甚至嘲笑。我们可以定时举办家庭成员会议，多听听孩子的想法，注重亲子沟通，营造和谐的家庭氛围。

问题9：孩子总是"宅"在家里，为什么？怎么办？

案例

小黄，11岁，小学五年级学生。他的父母均在外地打拼，小黄由外婆照顾。父母除了逢年过节和小黄有一阵相处的时间外，大多数时间都不在小黄身边。小黄是一个很乖的孩子，很听长辈的话，平时也没有什么特别的爱好，每天放学回到家，都会先完成作业，然后看些课外读物。之前小黄偶尔会跟朋友相约出去玩，父母知道后，害怕儿子在人生地不熟的地方走丢了，也担心儿子在外面结交坏朋友，总是在电话里叮嘱，要多待在家里，不要随便出去，并且让外婆多加看管。在父母不断地告诫和叮嘱下，听话的小黄假期总是待在家里，做作业、看小说、看电视、玩电脑游戏，就是不愿意出门。有时候，外婆想带他去亲戚家玩，他也总是推辞不去。小黄变得越来越内向害羞，害怕社交，不擅长与人交流，即使家里来人，也总是躲在自己的房间里不出来。

【原理分析】

交往是人的基本需要，会交往是生存的基本条件，无论是对成年人还是对孩子，交往都是非常重要的。交往对孩子身心健康成长也是至关重要的。

家庭是儿童健康成长的重要场所之一。父母是孩子成长的重要指导者和情感支持者，父母与孩子的交往互动对儿童初期的健康成长有着深远的影响。心理学家发现，父母的教养方式影响着亲子互动与亲子沟通。专制型的父母强调对孩子的控制，以命令的方式要求孩子遵循一系列的行为准则，不允许孩子违背。这种教养方式下的亲子互动和亲子沟通必然是不平等的。父母往往以命令的口气与孩子交流，传达自己的期待，例如"你要……，你不要……，你不可以……"，较少倾听孩子内心真实的想法。案例中，小黄的父母担心他出门在外会遇到危险、交到坏朋友，要求小黄待在家里，不要随便出门，并限制小黄与同伴交往。小黄的父母以说教和命令的形式传达自己的期待，没有平等地与小黄交流，没有倾听小黄的意见与要求。这种不平等的互动和沟通会恶化亲子关系，使小黄日渐沉浸在自己的世界，不愿吐露内心真实的渴望，只能被动地接受父母的期待，限制了小黄自主性的发展。另外，这种互动沟通方式让小黄感受不到情感的温暖与支持，容易导致他在虚拟的世界中寻找情感的寄托，如书籍、网络等。此外，小黄乖巧的性格，使他不敢违背父母的要求，进而表达自己的真实想法。

【操作指导】

父母要让孩子不"宅"在家里，走出狭隘的空间，需要做出更多的努力。

1. 鼓励孩子多交往、会交往。父母在鼓励孩子多交往、会交往的过程中，特别要做到以下三点：第一，教育孩子尊重他人是交往的前提，只有尊重他人，才能受到他人的尊重，交往才有基础。第二，教育孩子在与别人交往时，大胆表达自己的想法，让人了解自己的想法。同时，虚心听取他人的意见，这样才能在交往中提高自己。第三，教育孩子要诚信，怎么想就怎么说，怎么说就怎么做，让别人感到诚实守信。

2. 鼓励孩子培养兴趣爱好。儿童的生理心理尚未成熟，能力也处于发展之中，所以父母可以根据儿童的个性特点，对孩子进行合理的引导和鼓励，培养其兴趣爱好。父母可以仔细观察孩子喜欢的电视节目或游戏，借此引导孩子从室内走向户外。例如让孩子参加一个社团或者夏令营活动，这既培养了孩子的兴趣爱好，也扩展了孩子的人际范围。

3. 掌握有效的沟通技巧。亲子间的沟通应该是双向的，而不是父母单方面的说教和命令，要避免使用"你要……，你不要……，你不可以……"等命令式语句。父母要学会一些沟通技巧，多与孩子进行沟通。在孩子"宅"家的问题上，父母可以根据以下步骤与孩子进行沟通，促使孩子走出家门。

第一，与孩子谈论事实。良好亲子沟通的第一步，父母要客观地描述所看到的事实，而不是对孩子的行为进行主观的简单判断。案例中，家长询问："小黄，你最近一直待在家里，没有出去玩？"这就是一种客观事实描述的方式。如果父母说："小黄，你最近怎么这么懒，一直窝在家里！"这就是主观的判断。父母附加的主观判断会激起孩子的抵抗心理，阻碍沟通深入进行。

第二，与孩子分享感受。在陈述了孩子最近"宅"在家的客观事实后，父母可以进一步表达自己感受，让孩子了解父母此时因他的行为而产生的真实感受。例如，"最近你一直待在家里，不愿意出门，我有点担心。你现在正是需要多运动的时候，我希望你能够健健康康的。"

第三，聚焦问题的解决。父母可以和孩子一起探讨解决问题的办法，但在这过程中，父母要先询问孩子的想法，如"你有什么想法？""你有什么计划？"等。如果孩子没有想法，父母可以提供建议供孩子选择。例如，"明天你是想和我们一起去游乐场玩，还是想和伟伟一起去打篮球呢？"

【教育提升】

1. 树立正确的人际观念。许多父母出于对孩子的爱和保护，会过度地担心孩子会遇上不好的事情，从而采取一些较极端的方式来约束孩子。比如，因为害怕孩子会遇上坏人，就完全不让孩子去和别人交往。这样一种教育方式虽然短暂地保护了孩子，但是长远来讲会影响孩子，让孩子认为世界是危险的，从而使孩子不再愿意接触社会。但是世界并不是完全就是危险的，也会有很多的好人和好事。如果一个人有很多朋友，那么他遇到困难的时候也可以寻求朋友的帮助，渡过难关。因此，家长在教育孩子的过程中需要自己先有一个正确的人际观念，客观地去认识这个世界，只有这样才可以将正确的观念传达给孩子。

2. 多关心孩子。父母有时候对孩子的过度保护很可能是因为没有认真地去关心孩子。因为人际交往很多时候是很复杂的，不是从一件事情就可以看到一个人是好是坏。当孩子和朋友有冲突的时候，父母就认为孩子会受伤，所以让孩子远离那个人。父母应该要多去关心孩子，了解孩子现在和哪些人有交往，他们之间的关系怎么样，他们交流方式对不对。只有了解孩子目前的人际状况，才可以更好地教育孩子，并对症下药。

问题 10：孩子被欺负了，怎么办？

【案例】

小东，男，二年级学生，身体较瘦弱。自一年级入学以来，小东就常被班里的小胖欺负。在课间活动或体育课时，小胖有时会推小东一把，有时会打小东几拳。刚开始时小东很害怕，自由活动时都躲着小胖。后来，家长告诉小东，被欺负时要及时告诉老师。小东听了家长的话，被欺负时就哭着去告诉老师，老师也立刻批评教育了小胖。但有时老师因为忙着教学或批改作业，也没有办法及时处理。小胖也改不了自己爱欺负人的行为。

【原理分析】

一些孩子在与同学相处时，缺乏自己的界限，当别人发脾气或者态度强硬时，常常会感到不安，选择退让以避免冲突。有一些孩子较为胆小怕事，当与别人发生冲突时，不敢发声反抗。

此外，性格因素的影响也很大。一项心理学研究表明，那些从小就得到父母积极回应、爱和关注的孩子，会更有安全感，性格也会更加自信洒脱，敢于表达自己的想法、对校园霸凌进行反抗。除此之外，父母的处事方式和性格特点也会影响孩子。父母是孩子模仿的对象，如果父母平时胆小怕事，不善于灵活地处理人际方面的冲突，那么孩子很有可能也会这样。

【操作指导】

1. 问清原因，了解真相。当孩子被人欺负了，作为父母，我们首先要了解事情的来龙去脉，安抚孩子激动的情绪，父母要平心静气地听孩子说，和孩子一起探讨事情发生的原因，确认一下这是有意欺负还是单纯的嬉戏打闹。在倾听孩子的过程中，父母要情绪平稳，不要过度紧张激动，也不要因为孩子的委屈和哭闹训斥孩子，适当地排解与安慰，可以有效减轻孩子被欺负后内心的伤害和不安。待一切都弄明白之后，再与孩子共同讨论下一步该怎么做，讨论过程中，以孩子为主，让孩子掌握话语权，鼓励孩子用自己的方法合理解决问题，在孩子想不出办法的情况下加以适当指导。

2. 提升孩子的人际交往技能。如果孩子经常被欺负，除了"问清原因、了解真相"之外，父母还应该思考一下，是不是孩子人际交往方面的能力存在问题。

父母可与孩子一起找原因，想想孩子在平时待人接物时有什么容易被人误解的地方，再引导孩子换位思考，意识到自己身上存在的不足，理解并学会一些与同伴友好相处的小方法，鼓励孩子将自己总结出的和父母传授的人际交往小技巧付诸实践，提升人际交往技能。

3. 大声地对"欺负"说不。如果孩子遇到的是同伴群体中不讲道理的"小恶霸"，父母要教孩子学会冷静对待，有底气地大声呵斥："你快走开！""我不喜欢你对我这样！"……大声呵斥有强烈的震慑能力，使欺凌者对眼前的欺凌对象产生害怕，也能引起旁边人的注意，获得帮助。若是遇上不好处理的问题，父母也可以及时向老师反映，等老师组织双方家长共同协商解决。

4. 创造机会，鼓励孩子多与人交往。一些父母担心自家孩子老实软弱会被其他小朋友欺负，因而限制孩子外出玩耍的权利。其实这恰恰是限制了孩子人际交往能力的提升。那些性格开朗、朋友多、在小朋友间活跃的孩子，相对来说他们的人际交往能力都比较强，处理起同伴间的关系时游刃有余，这样的孩子恰恰很少被欺负。所以父母要鼓励孩子多交些好朋友，在与朋友交往的过程中提升人际交往能力，锻炼孩子处理事情的能力，这样别人一般不会随意欺负他了，也利于孩子的交往和身心的健康发展。

5. 树立良好的榜样示范。父母家长的一言一行在孩子眼中都会被放大，被孩子作为榜样学习，因此家长有必要在平时的生活中遇到不公平、不公正的待遇时敢于奋起反抗，以合理的方式还击；同时，不做欺压他人的事情，发生矛盾和冲突时避免采用暴力行为，给孩子树立一个好的榜样。在此过程中家长应注意方式方法的选用，把握恰当的尺度，重要的是有还击的意识和策略，而不能将还击等同于单纯粗暴的武力解决。

【教育提升】

1. 注重自信心的培养。自信心的培养是关键。一个充满自信的孩子，在学习和生活中会活力满满、开朗乐观。这样的孩子如若被欺负，也必定不会忍气吞声，而是勇敢地站出来反抗或寻求老师和父母的帮助。父母给予孩子鼓励，对孩子表现出来的闪光点进行真诚且具体化的表扬，孩子的自信就会在无形中得到增强。

作为父母，我们还要保护孩子的自尊心，避免在众人面前指责孩子，如要指出孩子的缺点和不足，注意措辞，也要肯定孩子的优点。孩子的心理发展还不成熟，若自尊心受到打击，易产生沮丧、自暴自弃等消极情绪，自信心也会随之受到影响。除此之外，父母要适当放手，鼓励孩子勇于尝试，让孩子发挥其主观能动性，独立做自己力所能及的事情，孩子在提升能力的同时也能增强自信。

2. 良好性格的养成。在孩子良好性格的养成中，家庭氛围和家庭成员起到了至关重要的作用。在温暖和睦的家庭氛围中，孩子的感受往往是积极正向的，他们在待人接物上也充满包容性。反之，在自私冷漠、缺乏关爱的家庭中成长起来的孩子容易形成孤僻胆小的性格，成为受欺负的对象。和善友爱的家庭成员能够给予孩子足够的安全感，再加上高质量的陪伴，孩子的成长过程就会充满快乐，性格也会更加健全。缺乏安全感的孩子更容易患得患失、敏感自卑，甚至产生性格缺陷。

问题 11：要不要与孩子谈"性"，怎么谈？

【案例】

从三年级开始，慧慧的乳房开始隐隐发痛，慢慢鼓起了小包，她担忧地问过妈妈，妈妈却诧异地说："不会吧，你这么小就发育了？"慧慧不知道"发育"是什么意思，但妈妈诧异的语气却让她感到羞愧。她坚定地认为，"发育"肯定不是什么好词。随着年龄增长，慧慧胸前的小包越长越大，她常常佝偻着身体，生怕别人议论。

到了五年级，慧慧的个头开始猛长，并长出了阴毛和腋毛，这更让慧慧感到难堪，觉得自己丑，为此烦恼不已。一次，慧慧上厕所，发现自己小便的部位流血了，以为自己得了绝症，吓得大哭。妈妈告诉慧慧，她这是来月经了，并让她不能到处乱讲，会被别人笑。妈妈的话让慧慧对"月经"也产生了羞耻感，每次来例假时，慧慧都怕被同学发现。慧慧不明白，女性为什么要来月经呢？

【原理分析】

性是生命之源，性教育是教育体系中的重要组成部分。良好的性教育不仅可以保护孩子远离危险，它更关乎孩子的身心健康，有利于塑造健全的人格。研究显示，在青春期前接受过性教育的孩子，更能平稳度过这一阶段，在成年后，也更容易拥有健康的亲密关系。但是，受到传统思想的束缚，很多家长谈"性"色变，导致孩子性教育的缺失，不利于孩子的健康成长。比如，有的孩子在青春期时，面对身体发育不知所措；有的孩子因为好奇，浏览不良网站；有的孩子面对猥亵或者性侵不懂得自我保护；还有的孩子甚至早早与人发生性关系，导致怀孕、流产这些令家长心惊胆战的后果……

那么，什么是性教育？

性教育不仅仅是生理教育，还是全面的教育，融入生活中的点点滴滴，贯穿孩子的一生。具体来说，性教育包括以下几方面。

1. 认识自己和异性的身体构造（包括生殖器官的结构和功能），了解人类起源、身体发育的知识，从而更从容地应对自己身体的变化，采取正确的措施保护好身体。

2. 帮助孩子理解相关的社会道德规范，懂得尊重、责任、权利和平等。

3. 教会孩子自我保护，识别和预防性侵害。

4. 教育孩子对自己行为的负责，拒绝过早、非自愿或被迫的性行为。

5. 帮助孩子建立健康的人际关系和交往界限，促进儿童青少年与同性、异性形成更好的关系。

不同年龄段的性教育，有不同的侧重点。

1. 5岁之前：出生教育、性别教育、隐私部位的认识和保护。

2. 5～8岁：身体教育（认识身体的各个部位包括生殖器官，知道它们的名字和功能、如何爱护自己的身体）、性别与社会性别、家庭教育（理解家庭、婚姻的概念）。

3. 9～12岁：青春期教育（青春期的身心变化特征）、人际交往界限（尤其是两性交往的界限）。

4. 12岁以上：性心理和性道德教育、婚恋和家庭关系教育等。

需要注意的是，自我保护教育（保护隐私、识别和预防性侵害等）应该从小开始并贯穿始终。

【操作指导】

1. 使用性的科学名词。很多家长在讲生殖器官时，往往会用"小妹妹""小鸡鸡"等词代替，实际上，这是家长羞于谈性的心理使然。生殖器官和鼻子眼睛一样，都是人身体的一部分，孩子可以坦然地了解"阴茎""阴道""乳房"这些名词。当我们使用这些科学名词时，传递的是我们科学坦然的性态度。

2. 巧用绘本和动画。如果家长认可性教育，但不知道怎么教的话，可以使用一些儿童性教育的绘本。比如《成长与性》《东方儿童性教育绘本》《我的秘密我知道》等。在孩子阅读绘本的过程中，家长应该注意亲子陪伴和互动，随时准备解答孩子的问题。此外，家长还可以给孩子看一些儿童性教育动画片，比如：《我的青春期》儿童性教育视频、《丁丁豆豆成长故事》等。

3. 融于生活，随时随地进行。儿童性教育应当随时随地进行，比如洗澡的时候，家长告诉孩子身体的哪些部位是隐私部位；又比如看到孕妇，可以和孩子聊一聊"你是哪里来的"等等。

【教育提升】

1. 引导孩子确认自身性别。当孩子还小时，没有性别之分，这时候，家长的引导便必不可少。日常生活中，家长可以带孩子参加一些角色扮演之类的游戏，让孩子在游戏中认识自己的性别。孩子到了青春期，家长也可以和孩子讨论生理性别、心理性别、社会性别期待这些话题，让孩子对性别有更广阔的认知。

2. 引导孩子自我保护。性教育最重要的目的在于让孩子学会自我保护，同时尊重、保护别人的隐私。家长要告诉孩子如何保护自己的隐私部位，了解什么是性骚扰、性侵害，掌握预防性侵害的方法。高年级的小学生需了解安全性行为相关的知识。同时，家长也要提醒孩子，未经别人的同意，不随便触碰别人身体，做出越界的事。孩子学会保护自己的同时，也要学会尊重他人，建立身体界限意识。

3. 家长做好充足的准备。家长自己需要做好心理和知识上的双重准备。对于保守的家长而言，首先要改变自己的心态，告诉自己儿童性教育是一个非常健康、科学、必要的知识。当孩子问了（做了）一些令自己尴尬的问题（动作）时，比如："妈妈，什么是阴茎？"家长要意识到，孩子只是好奇，只是想了解这方面的知识，就好像了解"为什么会下雨"一样正常，并不带有任何色情意味，孩子也不会因此性早熟或者变坏。家长应当用平静稳定的语气进行科学的解释。孩子问什么就答什么，千万不要回避孩子的问题。

有些家长已经有性教育的意识，但是却没有相关的知识储备，我们建议家长多阅读这方面的书籍，比如《重要的性，影响孩子一生》《善解童贞》等。这些书从科学的角度阐释了儿童性教育方面的问题，可以帮助家长从容、理性、科学地对孩子进行性教育。

问题 12：如何培养孩子的自我保护意识？

案例

有这样一个真实的案例。妈妈送 12 岁的双胞胎女儿参加夏令营，回来后发现两个孩子情绪不对，总是背后悄悄地嘀咕。妈妈于是把姐妹分开单独谈话，一问才了解到可怕的真相：两个女儿都被夏令营的教练猥亵了！妈妈极度痛心、愤怒。可更让人心痛的是，当妈妈问孩子"为什么听教练的"时，孩子的回答让人心头一颤："不是你让我要听老师的话吗？"

孩子在遭遇猥亵时选择了沉默，回家后却选择了不告诉父母。我们的教育到底哪里出了问题？

【原理分析】

儿童性侵犯，是指某些成人或者年纪较长的青少年对儿童实施的性刺激的行为，无论是经过对方同意还是强行要求，其形式包括但不限于：直接性交、边缘性行为（恶意触摸儿童隐私部位）、猥亵（将性器官暴露于儿童面前、面对儿童手淫）、强迫儿童观看色情场面、利用儿童制作色情影片等。总而言之，所有将未成年人卷入性接触（包括直接身体接触和间接接触性行为）以达到侵犯者性满足的行为都属于性侵犯。

在大量真实发生的儿童性侵案中，具有以下一些共同特点。

1. 很多儿童在遭受到性侵犯时，因对这一概念理解有限，无法分辨是否遭受了性侵犯。

2. 很多孩子在遭遇性侵害时，因为被施害者威胁而不敢说出实情（如：你要是敢告诉爸爸妈妈，我就杀了你/杀了他们）。

3. 熟人作案的比例高达七成。孩子思想单纯，容易相信熟人（如老师、邻居、亲戚等），这是犯罪分子得逞的重要原因。这也与多数家长"陌生人才是坏人"的观念相悖。很多家长认为把孩子交付给熟人或老师，就没什么好担心的，更不会留意孩子受害后表现出来的异常反应，导致孩子不能及时脱离魔掌，也让施害者更加猖狂。

4. 防性侵安全教育不到位。《人民日报》的一份调查显示，仅有 37.35% 的家长在日常生活中对孩子进行过此类教育，大多家长对"防性侵教育"的态度是：

不知道怎么做、孩子还小、这是学校的教育责任、难以启齿、害怕教坏孩子。

5. 性侵行为不只会发生在人少偏僻的地方，在众目睽睽的公共场所，比如有家长陪同的公交车上、儿童游乐场内、大型影剧院内、公共卫生间内都有可能发生，对于性侵者来说，越是人多的公共场所，越能满足他寻求刺激的心理动因。

6. 对儿童进行性侵的也不一定是成人，可能是某个稍年长的堂兄弟姐妹或者玩伴、高年级的同学等等。

7. 男童也会受到性侵害，而且更隐蔽，更难发现。

总而言之，孩子遭受性侵，除了疏于防范外，主要原因在于防性侵意识和教育不到位，因此，这项工作迫在眉睫，并且要从小抓起。

【操作指导】

1. 认识身体的隐私部位，提高安全警惕。家长要让孩子知道每个人都有自己的隐私部位，男生的隐私部位是生殖器和屁股，女生的隐私部位是胸部、生殖器和屁股。别人不能看、摸我们的隐私部位，我们也不能看、摸别人的隐私部位。当然，除了隐私部位，别人触摸我们的非隐私部位，让我们感到不舒服或未经我们同意时，也绝对可以大声说"不"。家长在与孩子交流这部分的知识时，应态度自然，不故作神秘，更不能用恐吓威胁的态度。同时，记得告诉孩子，如果有人试图对自己做出这样的行为，一定要勇敢地拒绝，并告诉家长，让孩子知道"我们永远站在你这边，没有人能威胁你"。

2. 建立亲密人名单，认识他人触摸的界限。家长与孩子共同讨论，制作一份亲密人名单，明确"谁可以给我洗澡，谁能带我去上厕所，谁可以帮我脱换衣服，谁能亲我抱我，谁能来学校接我"等，亲密人名单之外的人，不能对自己做以上亲密的行为。

其实，教会孩子尊重自己的隐私部位绝不是孩子上小学之后的任务。自孩子出生起，我们就要尊重孩子的隐私，孩子如厕时给他独立的空间，孩子洗澡时尽量由同性别家长帮助。随着孩子逐渐长大，能独自洗澡、如厕时，亲密人名单里的人也不能再触碰孩子的隐私部位，还要做到及时回避，尊重孩子。

3. 留心孩子发出的异常信号，绝对不保守坏人的秘密。孩子的辨别能力较弱，因此家长要提高警惕。平时多关注孩子，多留心孩子的异常反应。如果孩子突然害怕某人、抗拒某个地方，或出现明显的不耐烦、悲伤委屈或暴躁情绪时，我们都要与孩子聊聊，了解他的想法。

除了陌生人，熟悉的人也可能对孩子实施侵害，所以，家长不要随便把孩子交给别人。有些亲朋好友用不恰当的方式"逗"孩子时，家长也必须立刻制止。最重要的是告诉孩子，如果有人伤害了他并威胁他保密时，一定不要害怕，要第一时间告诉自己信任的人。当孩子大胆说出秘密后，我们要接纳他的情绪，肯定他的勇气，感谢他的信任，并尽我们最大的努力帮助他。

性教育不是一蹴而就的，而是从孩子小的时候开始的多次漫长而耐心的沟通与交流。一次恳谈，一本性教育书籍，并不能让我们的孩子了解性教育知识，也并不能解答孩子自幼年到青春期将经历的多次困惑。在孩子成长过程中的每一个岔路口，家长的科学引导和坚定支持，才是孩子健康和安全的最大保障。

【教育提升】

1. 进行安全演练。孩子年幼，缺乏生活阅历和经验，他们很难意识到危险是怎样的。有的家长口头告诉孩子要怎样做或者不能怎样做，孩子很难发自内心地认同，甚至可能出于一种好奇或逆反心理，进行一些危险行为的尝试。因此，家长可以在家里定期或不定期和孩子一起进行安全演练。家长设置不同的危险情境让孩子体验，比如，"邻居大叔摸你的隐私部位，并且让你不要告诉别人，否则就会杀了你""有个阿姨跟你说，脱了衣服让她看一下，就给你一包糖"等等，在这样的情境模拟中，让孩子了解什么样的行为是危险的，掌握自我保护的知识和技巧，从而在真正的危险来临时，孩子可以准确识别或者巧妙应对。

2. 掌握自我保护和帮助他人的方法。家长应该和孩子探讨这样一些问题，比如："在无人的小巷子里，如果你发现一个歹徒在非礼一个女孩子，你应该怎么做才能救那个女孩子，同时保护自己呢？""好朋友告诉你，她要和网友见面，又担心自己一个人会有危险，想让你陪着去，你会怎么做呢？"通过讨论，让孩子学会自我保护与保护他人的方法。

3. 让孩子具备敢于反抗的勇气。家长应给予孩子足够的关怀和支持，教会孩子识别危险、敢于反抗。首先，家长应告诉孩子在日常生活中提高警觉，主动远离危险环境，避免家庭成员以外的男女之间的单独相处，尤其是外出活动时要事先告知大人去向并最好结伴而行，不要随意泄露自己的隐私。其次，家长还要告诉孩子出现以下情况时需特别小心：有人对你做出让你不舒服的身体接触；有人给你礼物或钱后，对你过分亲热，要求抱你或触摸你；有人请你吃糖，让你上他的车，或是让你跟他走；有人想用手机或相机拍下你的隐私部位的照片；有人想触摸你的隐私部位；有人要你触摸他的隐私部位。最后，告诉孩子遇到诸如上述情形的危险时要敢于说"不"，及时向家长和老师寻求帮助，牢记生命安全高于一切。同时提醒孩子，即使坏人要求保密并且说出威胁言辞，也不要惧怕，勇敢说出来，要相信父母总有办法处理问题。

问题 13：孩子被性侵了，怎么办？

案例

2017年4月27日，26岁才女作家林奕含因重度抑郁症在住处上吊自杀身亡。林奕含父母发表一份沉痛声明，林奕含所写小说《房思琪的初恋乐园》一书中，女主角悲惨遭遇全是亲身经历，包含儿时遭补习班名师诱奸，引发痛苦抑郁。

【原理分析】

儿童被性侵，会出现一系列心理创伤，比如：

1. 厌恶身体接触。

2. 亲密恐惧：伴随厌恶身体接触而来的，就是心理层面的亲密恐惧。缺乏安全感，难以和他人建立稳定持久的亲密关系。

3. 抑郁、焦虑：儿童被性侵，则可以预测他们在青少年以及成年之后会有抑郁和焦虑倾向。

4. 创伤后应激障碍（PTSD）。

5. 自杀。

6. 伴随心理问题，很多孩子还会出现一些生理应激，比如失眠、食欲减退、消瘦等。

这些心理创伤没及时治愈的话，会伴随孩子一生，并直接影响孩子未来的恋爱、婚姻和家庭幸福。

面对孩子被性侵，家长的态度直接影响了孩子心理创伤的修复，甚至决定了性侵行为是否会被及时制止。温和、科学的处理方式会让孩子重建安全感，而错误的方式则会让孩子的处境雪上加霜。常见的错误的处理方式主要有以下几种。

1. 怀疑。超过七成的儿童性侵案，都是熟人作案，侵害者的另一面可能是慈眉善目的良好形象。因此，面对孩子的指控，亲人们会不相信，觉得孩子胡说八道。

2. 责难。很多人谈"性"色变，因此，人们十分容易去谴责受害者，比如"谁让你穿得那么露""你怎么不喊救命""你怎么不反抗""你怎么不保护好自己"……甚至侮辱、诋毁受害者，给受害者贴上"不纯洁"的标签。

3. 羞耻。有些家长会因为孩子被性侵了，感到羞耻，觉得丢人，想悄无声息地隐瞒这件事；有的家长甚至打骂受害的孩子来发泄自己内心的愤怒。

这些心态、行为对受害者来说，是严重的二次伤害，它所带来的负面影响甚至超过被侵犯本身。

【操作指导】

大部分儿童遭受性侵很长时间后家长才知道。生活中，一旦孩子出现以下情况，家长应及时采取有效措施来帮助孩子。

1. 明显外伤：孩子身上有明显的外伤，尤其是生殖器官出现受伤、出血或者感染现象；内衣裤上有异常的痕迹；两腿内侧甚至有红肿、瘀伤。

2. 睡眠突然变差，频繁地出现半夜惊醒或者是尿床、做噩梦的现象。

3. 性格、情绪突变，比如突然变得很安静；烦躁易怒；有攻击性；社交回避等。

4. 对某些人、某些地方变得特别抵触。

5. 对家长帮忙换衣服、洗澡的行为变得抵触，恐惧暴露出隐私部位。

6. 突然知道了很多带有生殖器的名词，往往是带有方言或俗语的名称。

7. 孩子做出模仿性行为的动作。

8. 孩子讲述自己被欺负（侵犯）了。

孩子不幸遭遇性侵害后，家长要从最大限度保护受害孩子的角度出发，把握以下原则。

1. 保留证据、第一时间报警。保留事发时的证据，尤其是内衣裤以及孩子身上的痕迹，避免洗澡，以免导致证据遗失。司法的介入可以尽快将侵害人绳之以法，很多时候，只有侵害人受到应有的制裁，受害儿童的心理创伤才能得到修复。

2. 带孩子及时到医院检查、治疗，保留医疗记录。

3. 消除恐惧，建立信任，鼓励孩子说出事实。家长要避免在孩子面前流露出愤怒、恐惧、惊慌失措等激烈的情绪，给孩子足够的安全感；询问孩子发生了什么事，语气要平静；用孩子能够理解的语言解释孩子身体受到的伤害，并保证身体很快就会恢复；还可以对孩子说：孩子，你能够将这件事告诉爸爸妈妈，说明你很信任我们，我们感到很欣慰。

4. 消除孩子的自责。告诉孩子：你是一个好孩子，这件事你没有错，你很勇敢，我们非常爱你。

5. 安慰孩子。年龄较大的孩子受到侵害后，会觉得自己已经不再完美，会担心家长不再爱自己。家长应该向孩子解释，遭受性侵害并不影响他的纯洁和完美，家长也会永远爱他。

6. 让孩子远离侵害人，并及时采取措施，防止孩子再次被伤害。

7. 避免让孩子对他人或者媒体多次叙述性侵过程，否则会导致孩子一次又次重回心理创伤的情景，对孩子造成更大的伤害。在处理整件事的过程中，要注意保护孩子的隐私。

8. 尽量不要当着孩子的面发泄情绪和议论此事的处理方式和进展，也不要因此事而显得紧张不安，以免孩子产生自责和不安。

9. 带孩子接受心理辅导。儿童在经历性侵害后，如果不能得到很好的心理干预和治疗，很容易造成不可挽回的身心创伤。这种创伤干预是一件极其专业的事，家长要求助于专业的心理工作者。

10. 接纳孩子的心理创伤表现（比如注意力不集中、成绩下降等），给孩子时间，让孩子修复创伤，必要的情况下，家长应与老师私下沟通，请老师给予更多的呵护和爱。

【教育提升】

家长要从小对孩子进行充分的预防性侵害教育，才能帮助孩子运用所学知识和掌握的技能自我保护，谨慎对待可能的侵害者，及时主动向信任的成年人求助，从而减少儿童性侵害现象造成的危害。

1. 家长要让孩子了解隐私部位以及如何保护隐私部位。比如，告诉孩子不能随便向别人暴露自己的身体。如果有人违背我们的意愿，不合理地要看或触摸我们的隐私部位，或要求我们看或触摸对方的隐私部位，他们的行为就构成性侵犯。

2. 制订安全行为规则。家长要告诉孩子，性侵犯者并不只限于陌生人，有些可能是我们非常熟悉的人。与孩子一起讨论平时应该遵守的预防性侵犯安全行为规则。比如：不能单独待在僻静的地方；夜晚不能独自出行；外出活动必须征得家长的同意并告诉家长出行路线和随行人员的名字；制订安全人员名单；遇到性侵害应该怎么办等等。

3. 建立信任关系。家长要在平时的互动中，让孩子建立"遭受性侵害不是你的错，也不是耻辱""一定要告诉爸爸妈妈""爸爸妈妈会保护你不再受到伤害"这样的观点，让孩子相信家长是他坚定不移的保护者。

问题14：孩子的求助信号，你收到了吗？

【案例】

心理咨询室里，小宇的妈妈泪流满面，小宇的爸爸垂头丧气，他们都不明白，为什么曾经那么优秀的小宇变成现在这样。在读一、二年级时,小宇是班上最优秀的孩子之一,在爸爸妈妈的严格要求下,他乖巧听话、成绩好、人缘也不错,在读二年级时他还拿了"三好学生"的奖状。可是在步入三年级之后,小宇仿佛受到了什么刺激,一下子变了。上课他不认真听讲,在教室里随意游荡,老师批评他,他顶嘴;同学指责他,他拿起扫把就追着人家打;平时的作业他不愿意完成,考试也不愿意考;更严重的是,一次老师说了小宇两句,他就站到桌子上,爬上窗台,扬言要跳下去,吓得老师不敢管教了。爸爸妈妈觉得小宇欠揍,小宇却说:我在金字塔上待得太累了,金字塔下才舒服。心理老师告诉小宇爸爸妈妈,小宇这是遭遇心理危机了,正用他的行为发出求救信号。

【原理分析】

同伴关系、欺凌、学习压力、家庭关系、父母过高的期待、消极的自我评价、环境适应不良等等,这些在童年和青春期遇到的各种挑战,会让儿童或青少年感到难以应对,有时会让他们觉得扛不住。

孩子的年龄越小,情绪觉察、表达、调节的能力越差。他们往往难以用语言准确描述自己面临的困扰,而是通过一些破坏性的行为或者躯体化的症状表现出来。比如,面对新出生的二胎,有的大宝出现尿床的退行行为;又比如,因为父母过高的期待让孩子产生了焦虑,孩子可能出现啃指甲这样的强迫行为。

哪怕大一些的孩子,在遇到难以消化的心理压力时,也不一定能够直接表达。尤其是在专制型和忽视型的家庭里,孩子的心声是很难被听见的,作为家庭系统里最薄弱的一环,孩子真实的感受和意愿往往要服从大人的意志。

因此,很多孩子会不自觉地通过一些隐蔽的信号传达内心的脆弱,进行心理求助,诸如:经常发脾气;抱怨头痛、胃痛或肚子痛却找不到身体问题;强迫性的行为(啃指甲、扯头发等);经常谈论恐惧和忧虑;在智力正常的情况下学习出现困难;经常做噩梦、失眠;同伴关系恶劣等。

尤其要注意的是,很多学习问题,比如做作业拖拉磨蹭、不想上课,往往被当成学习态度不好。但是,孩子天生就有学习的欲望和能力,学习问题通常与情绪危机有关。有的孩子甚至会用学习做筹码与家长进行心理对抗。

对于以上的求助信号,如果家长一直不正视,那么孩子就会出现"迁延不愈"问题,甚至出现心理危机。当出现以下情况时,孩子的心理状态就非常严峻了,甚至有抑郁、自杀的风险,家长需要高度重视。

- 回避朋友、家人以及各种活动。
- 睡眠或饮食情况有明显的变化。
- 常常提到消失或死亡。

- 暗示其他人，如父母或家人没有他们会更好，或者如果他们不在会更好。
- 表达无望的感觉。
- 出现不考虑后果或攻击性的行为。
- 情绪出现巨大变化。
- 滥用药物。
- 成绩大幅度下降。
- 网络或者手机成瘾。

【操作指导】

当孩子发出求助信号时，家长应该做到以下几点。

1. 认真对待孩子的问题。不要认为孩子只是"不听话""欠揍""不懂事"，要认真地反思家长的教育是否出了问题。比如家长是否对孩子有过高的期待，是否因为家长的专制剥夺了孩子自由成长的空间，等等。不同孩子产生心理问题的原因是不同的，但是往往与家庭关系、家庭教育有很大的关系。如果家长及时发现和调节，孩子通常能比较迅速地从问题状态中恢复正常。

2. 不批评、指责孩子的问题行为。家长要接纳孩子暂时的行为表现，理解他们的内心诉求，支持他们的情感表达。比如孩子啃手指甲，这背后的情绪是焦虑，家长的批评、制止往往适得其反，此时可以当作没看见，同时探寻孩子焦虑的来源，是因为家里出现了新生儿，还是孩子的自我期待和现实水平产生了冲突，抑或是孩子面对着分离以及新环境适应？家长一方面要鼓励孩子表达内心的焦虑，用具体的词语描述焦虑，从而降低自己的情绪强度，另一方面要帮助孩子学习如何处理焦虑的正确方式。

3. 寻求专业的帮助。当面对孩子求助信号，家长觉察到却不知所措时，建议寻求专业的帮助，比如学校或者社会上的心理咨询机构，必要时要进行家庭治疗。因为孩子的问题，很多时候是家庭系统的问题，只有系统发生改变，孩子的问题才能得到改善。

【教育提升】

1. 注重情绪教育。认识到任何一种情绪都是正常的，各种情绪相互作用才能推动人格的健全发展。不要拒绝和压抑孩子的情绪，允许孩子宣泄和表达。在日常生活中，家长要注重情绪养育，教孩子如何觉察情绪、表达情绪、管理情绪。当孩子出现负面情绪时，要以一种平静的、同理心的角度和孩子交流，鼓励他们畅所欲言，说出内心的真实感受。在这个过程中，家长要倾听而不提供过多的意见或解决方案，这有助于让孩子感到被认可、被关注和被倾听。

2. 对孩子抱有好奇。在生活中，不要盲目猜测孩子的行为动机、喜好，而要带着探索的心态观察孩子，与孩子深入交流。一个行之有效的方法是，多问几个"为什么"。这种方式不仅能帮助父母更加了解和理解孩子，也能帮助孩子更好地探究自我。

3. 尊重孩子成长的轨迹。正如每一种花都有自己的花期一样，每个孩子都有自身的成长特点，不要把孩子与其他孩子对比，尤其是不要拿孩子的短处和其他孩子的长处比，得出自己孩子怎么处处不如人的结论。家长应当尊重孩子独特的成长轨迹，避免因为自己的焦虑，给孩子过高的期待和压力。

4. 给予孩子充足的空间。不把自己的意愿、情绪强加给孩子。要给孩子充足的自我成长空间，包括允许孩子试错，为自己做主。

问题 15：少年儿童自残，家长如何应对？

案例

一个春寒料峭的午后，任教五年级的杨老师来到学校心理咨询室寻求帮助。她在班级里发现一个叫安安的女生有自残行为。若不是杨老师的细心，从孩子不经意间露出的手臂中看到几条划痕，并且疑惑地多问了几句，谁也不知道这个文静内向的女生竟然有这么危险的自残行为。

安安表示，从四年级开始，她就有自残行为，一开始只是听网友说手臂被划破的感觉很爽，她想试试，后来，仿佛上瘾了一样，一旦心里不舒服就想着自残，伤口也越来越深，甚至有时候会渗出细细的小血珠。安安从没想过结束自己的生命，她一边害怕这样下去，自己会发展成自杀，一边又忍不住继续。她说，除此之外，也不知道怎样才能让自己心里舒服一点。

安安的爸爸妈妈非常忙碌，平时很少和安安谈心，被心理老师约谈后，才知道女儿面临着心理危机。妈妈非常崩溃地说："她为什么会这样呢？我们供她吃供她喝，在家里她连一个碗都不用洗，还有什么好愁的呢？我们做父母的，还能怎样呢？"爸爸也很不解："她是不是快到青春期，觉得这样子很酷啊？"

【原理分析】

少年儿童出现自残行为的原因主要有以下方面。

1. "身体疼痛，心里痛快"。绝大多数自残的少年儿童并不想自杀，只是他们通常缺乏有效的情绪调控方式，自残成了他们应付压力和驱赶负面情绪的行为策略。当剧烈的情绪来袭，他们透过自伤得到舒缓感，释放脑内激素，从而转移心理上的痛苦。

2. 释放求助信号。很大一部分自残的孩子很少向他人透露自己的心声，他们的痛苦隐秘，又很难自行摆脱。因此，在某种程度上，可以说自残是孩子的无声的呐喊，是一种求救信号，当家长发现孩子的自残行为时，应该透过孩子表面的行为，看到背后的"呼救"，去理解孩子痛苦的来源，去"看见"他们。

3. 渴望被关注和理解。有些孩子的父母过于忙碌，只关注成绩，对孩子内心发生了什么知之甚少，这种"情感饥饿"的孩子只是想通过这个途径让父母心疼和关注自己，寻求父母对自己的爱。

4. 极端的自救行为。因为自残常发生在想要通过这种方式改变当前某种困境，或者发泄负面情绪的情况之下，所以也可以被理解为一种极端的自救行为。有的时候，通过轻微的自我伤害，自残者甚至有可能感觉自己避免了更大的伤害，也就是自杀的发生。不过，习惯于自我伤害的青少年长期将自残作为应对压力的方式，有可能导致未来做出自杀的行为。

5. 一部分自残的孩子最开始是受网络网友的影响，或者是为了效仿同学，获得同学的认可。实际上，他们这样的选择也说明了他们的孤单和对温暖关系的渴求。

总之，自残并不是自暴自弃，反而是孩子求关注、求理解、求帮助、求活下去的强烈信号，是孩子遇到人生困难时的挣扎。

【操作指导】

若发现孩子有自残行为时，可以采取下述几种措施来回应孩子行为背后潜藏的求救讯号。

1. 理解并同理孩子：家长应保持情绪稳定，不批评、不责备、不做思想教育，把自残行为看作是孩子的表达，认同孩子的感受，认真倾听，引导孩子倾诉。

2. 询问孩子细节：了解自残行为的原因、自残的方式等。

3. 分辨孩子行为：是自残还是自杀？自残的目的是什么，为了得到痛感还是因为情绪无法处理？

4. 提供抒发情绪的其他方式：比如，用敷冰块来代替割手腕。当冰块放在手腕上，也会产生痛苦和不适的感觉，但这比用刀划伤自己的自残行为伤害性要小一些。

5. 在接纳下促进思考：克服自残行为只能靠孩子自己，家长制止并没有用，反而可能适得其反，可以让孩子思考一些问题：你可能并不会完全放弃自残行为，但是你是否可以做到选择恰当的时间和方式来努力控制这种行为?

6. 构建支持系统:让孩子罗列出自己难受时,有哪些人是他愿意联系的,以此来提高人际情感支持。给孩子足够的信息,告诉孩子当心情极度低落时,可以到哪里寻求帮助(比如倾听热线等)。

7. 可靠的陪伴:家长需要表现出对孩子的不放弃、不嫌弃,让孩子感受到,有人十分在意他,即便自己再糟糕,父母也会陪着自己度过至暗时刻。

8. 寻求专业帮助:当父母发现孩子有自残行为时,可以向心理学工作者、精神病医生等专业人士寻求帮助,甚至需要进行家庭治疗,帮助自残的青少年渡过难关。

9. 避免以下行为:一是让孩子因此感到内疚,觉得对不起父母和老师;二是表现出来震惊不悦,责骂质问;三是公开孩子的问题;四是试图教孩子怎么做;五是评价这种行为;六是惩罚孩子;七是给不应该的承诺,如给钱买东西等的承诺以换取孩子不这样做;八是强迫孩子改变自残行为。

【教育提升】

1. 建立良好的亲子关系。关系是教育的前提,在家庭教育中没有建立好良性互动的亲子关系,是很多孩子心理和行为问题产生的根源。良好的亲子关系,有利于建立孩子对父母的信任感,也影响着孩子与他人的关系。

首先,要给孩子高质量的陪伴。高质量的陪伴并不等于长时间的陪伴,而是专注的陪伴,父母要放下负面情绪,放下工作压力,放下家务,放下手机,专心地与孩子一起游戏或交谈。每天只要有10～15分钟这样的专注时光,就可以让孩子获得心理满足。

其次,注重孩子的精神需求,父母要读懂孩子的内在需求,了解孩子的真实愿望和兴趣,给予孩子足够的尊重,让孩子发展出自我和个性。

2. 让孩子玩个够。儿童在游戏中成长,游戏可以让孩子增长知识和技能,孩子在游戏时,需要不断地想象、判断、推理和创造,这既开动脑筋,又发展思维能力。同时,游戏还能让孩子在人际互动和体力消耗中,宣泄掉积累的负面情绪,得到放松。游戏也可以让孩子增进友情,孩子在玩耍的过程中,可以学会处理与其他孩子的人际关系,学习遵守、适应乃至创造规则,提高自身的社会适应能力。

3. 教会孩子情绪表达和调节的方式。有效的情绪调节可以保护个体的感受,比如,适当表达愤怒可以帮助我们抵抗欺侮。若孩子不敢表达、宣泄自己的负面情绪,长期压抑情绪,就可能出现躯体疾病和心理障碍。因此,帮助孩子有效表达和调节情绪,才能让孩子在轻松、健康的环境中成长。

主题二　亲子关系与沟通

问题1：如何有效疏导孩子的不良情绪？

案例

小强，小学三年级学生，是一个脾气大、点子多的小顽童。他很难控制自己的情绪，只要稍有不顺心，就会发脾气。作业没办法完成，他就怪老师没良心，布置那么多作业。有时，他一气之下会把作业纸撕得粉碎。考试成绩不理想，他就怪老师出题太难，把考卷揉成一团。他学习骑自行车时不小心摔了一跤，就拿自行车出气，使劲地用脚踢自行车。他上学迟到了，就怪妈妈没有按时叫他起床，回家后愤怒地责怪妈妈。邻桌不小心在教室门口和他相撞，他就把人打得鼻青脸肿。老师反映，班上很多同学都被他"修理"过。虽然他脾气暴躁，可是身边有很多"粉丝"，是个天生的"领导者"，整天带着一帮孩子，不是爬树、抓小动物，就是下河去摸螺蛳。

【原理分析】

很多父母抱怨孩子越大脾气越大。其实，只要找到孩子发脾气的原因，针对具体情况采取相应的措施，就能轻松应对坏脾气的孩子。通常，孩子发脾气有以下几方面的原因。

1. 家庭环境。孩子脾气大与他成长的家庭环境密切相关。这些家庭大体可分为四种：过于溺爱的家庭、过度控制的家庭、混乱状态的家庭、过度理智化的家庭。在过于溺爱的家庭中，父母过于娇惯孩子，只要孩子一发脾气，便会满足孩子的任何愿望。行为主义研究发现，如果一种行为发生后受到了表扬和奖励，这种行为将来很容易再次出现。所以，当孩子发脾气时，若父母表现出同情、娇惯、怜悯的态度，这实际上是在强化孩子的这种坏脾气。久而久之，孩子知道只要发脾气，就可以达到目的。过度控制的家庭往往缺少情感交流，指责、批评充斥在孩子生活中，久而久之，孩子心中会积累愤怒的情绪。在混乱状态的家庭中，通常父母的关系不好，经常吵架，孩子也无法习得情绪管理的方法。过度理智化家庭中的孩子，不会表达情绪，遇到事情只会发脾气。这样的孩子要借助专业人员的帮助才能唤醒和体验情绪、情感状态。

2. 外界压力。孩子主动尝试独立解决一些事情的时候，由于能力有限、社会经验不足、解决问题的方法不合适等原因，常常弄巧成拙。但他们的挫折承受力比较低，害怕受到伤害。同时，他们自我调控情绪的能力还相对较差，冲动性较为明显，常常会乱发脾气，甚至做出攻击性行为。

3. 缺乏理解。父母没有保护孩子心中积极的东西并给予善意的引导，却戴着"有色眼镜"看那些"顽童"，把他们归为另类，还给他们贴上"调皮捣蛋"的标签。父母不恰当的态度与评价，会让孩子产生愤怒、悲伤、压抑等不良情绪。

【操作指导】

1. 冷静对待。孩子发脾气时，父母切忌因此而大发脾气，使孩子更加急躁。若父母发脾气，不仅矛盾得不到解决，而且孩子还会受到不良影响，脾气越来越大。面对孩子发脾气的情况，父母要冷静对待，并做好以下几件事。（1）记录事件。从记录简单的事实开始，如孩子什么时间、什么场合、为什么事发脾气。（2）记录自己的反应。当看到孩子发脾气的时候，自己的身体反应是什么样的？注意自己的体态、手势、声调以及呼吸。记录自己的情绪，除了愤怒是否还产生了其他情绪？记录自己生气时的想法，是否说了助长怒火的话？（3）记录自己的回应。孩子发脾气时，观察自己的回应，但不要评判自己的行为。（4）根据孩子发脾气和自己的回应情况，反思是否自己的教养方式。（5）记录自己对事情的评估，反思是否还有更好的处理方法。（6）自我同情。理解并原谅自己，接纳真实的自己，而不是自责。

2. 做好自己。（1）自问。孩子发脾气，自己的感觉如何？自己的想法是什么？自己能否接受自己的感受？（2）呼吸。觉察自己的呼吸。有意识地做3～5次缓慢的、轻松的呼吸，同时感知自己的身体。（3）平静自我。用积极的想法代替消极的想法，等自己平静下来后再跟孩子沟通。（4）确定孩子的需求。想一想孩子的个性和年龄，自己对他的期待是否合理？他需要你为他指明方向还是需要鼓励？他的行为向你传递什么信息？（5）同理心。将自己置身于孩子的处境，尝试感受他的情绪和想法，倾听他想诉说的内容，同时，告诉孩子你理解他的感受。

3. 注重沟通。（1）就事论事，要简短、具体而简单。（2）示范和解释。（3）采用鼓励性的言辞。（4）要注重"我"和"你"的力量。用一个简单公式："我的感受是X，因为你做了Y，所以请你做Z。"如"我觉得头疼，因为声音太大了。

我很高兴你玩得开心,但你到外面玩这个游戏吧。"(5)提供选择。一个事情有三种以上解决方式,就要和孩子一起讨论,让孩子选择相应的处理方法。(6)召开家庭会议,商量以后该怎么办。

【教育提升】

生活中,我们每个人都不可避免地会产生不良情绪,例如悲伤、愤怒、压抑等。孩子作为未成年人,对不良情绪的疏通能力相比成年人而言较弱。因此,父母可以通过以下几个方面来培养孩子疏通情绪的能力。

1. 借用日常生活中的小事,培养孩子分析问题的能力。在不良情绪面前,我们通常都会丧失理智,或者相较于平常没有那么理性地去看待问题,因此,在日常生活中,就应该培养孩子正确看待问题的思维。父母可以借助具体事件、生活案例让孩子看到事情背后的原因以及正确的解决途径——生气或愤怒不能帮助解决问题。

2. 发挥榜样的作用,提供行为的借鉴对象。对于孩子来说,榜样起到良好的带头作用。对于未成年的孩子来说,讲道理相对抽象、不好理解,让他们观察实际生活当中他人的良好行为则更加直观,能够让他们得到更多的感悟和更深刻的体会。好榜样的作用在于,自己生气的时候能够想到:"这种情况下,榜样应该会这么做,我应该……"

3. 教孩子找到合理的情绪宣泄方法。孩子产生不良情绪以后,一定要通过恰当、正确的方式将其宣泄出来,否则可能会导致情绪的压抑,甚至造成严重的情绪困扰。父母应当引导孩子找到适合自己的有效途径,合理的情绪宣泄途径包括倾诉、体育运动、放声歌唱等等。

问题 2:什么样的表扬方式更切实有效?

【案例】

陈晨,小学五年级学生,是个性格比较内敛、敏感的女孩,虽然学习成绩一般,但她在学习上一直很用功,总是能够自觉地完成学校作业,不太让家长费心。父母都很重视她的学习,但两人的态度截然不同。陈晨偶尔考试取得好成绩,总是一到家就把成绩告诉家人。爸爸工作很忙,经常很晚回来,好几次孩子兴奋地告诉爸爸自己考到好成绩,爸爸的回答都是"嗯,还行"或"哦,知道了"。爸爸冷漠的语气总是会让陈晨的好心情一下子消失，没了劲。妈妈则不同，对于孩子的进步总会毫不吝啬地进行语言上的表扬，还经常带她出去吃大餐作为奖励。四年级的寒假，陈晨数学期末考得了满分，妈妈给她买了一部手机作为奖励，没想到整个假期她天天抱着手机玩小游戏，差点网络上瘾，到了临近开学才在家人的严格控制下改掉了玩手机的习惯。

【原理分析】

"强化"一词在心理学中，是指通过一定的方法来增强行为发生的频率。简单来说，在特定的情况下，人为了满足自身的某种需要，会做出相应的行为，当这种行为发生后的结果对自身有利时，这种行为就会重复出现。表扬就是行为强化的一种常用方式，我们可以通过表扬和鼓励来激励孩子，让孩子把好的行为继续下去，从而达到塑造孩子行为的目的。

父母是孩子生活中最重要的老师，孩子的成长离不开父母的教导。孩子在小学阶段对父母的依赖性很高，尤其是中低年级的孩子。高年级的孩子虽然逐渐开始对事物有自己独立的见解，但父母的鼓励性语言仍然对孩子的情绪和内部动机有着直接的影响。如果家长能在生活中多给孩子以适当的表扬或鼓励，不但能使亲子关系保持融洽，还能更好地调动孩子的主观能动性。

对孩子行为的表扬是否能真正达到预期的目的，与家长使用什么样的表扬方式，以及这种表扬方式是否是孩子易于接受的，有着密切的关系。孩子存在个体差异，只有恰当的表扬才能激起孩子的进取心和自信心，才会对孩子今后在这方面行为的巩固和能力的提高起到促进作用。

【操作指导】

1. 鼓励需及时。家长对孩子的表扬，多是对孩子良好品德、良好行为或良好学习成绩等的肯定与赞许，其目的是巩固和强化孩子好的品德、行为或学习成绩。家长在日常生活中要多关注孩子的行为表现，在发现孩子优点时要及时给予表扬、及时强化，才能及时巩固孩子的优点，以便孩子更好地发展这些优点。相反，滞后的表扬不但会弱化巩固优点的作用，还会让孩子产生"爸爸妈妈不在乎我"的心理感受，结果适得

其反。

2. 表扬的方式要多样化。新颖的刺激、变化的刺激容易唤起孩子的注意，容易激发孩子的动机。家长如果总是用一成不变的表扬方式，使用单一的、重复的语言，孩子听多了，不以为意，激发不了孩子的内在动力，有时甚至会引起孩子的反感。表扬时用的语言、方式不能太单调，要根据实际情况有所变化。比如，家长可以根据孩子具体进步的方面予以鼓励，低年级的孩子跳绳次数比以前多了，可以奖励给孩子一个计数跳绳，鼓励孩子继续加油，跳得更快更多；高年级的孩子英语成绩提高了，可以给孩子下载一些英文歌曲，让孩子在听音乐的同时学习英语，既培养了孩子学习英语的兴趣，同时也提高了他的听力水平。在表扬的方式上，精神奖励比物质奖励更好，小学生的自控能力较弱，不恰当的物质奖励可能会适得其反。

3. 表扬要具体，要实事求是。家长对孩子的进步要实事求是，哪怕孩子取得的进步很微小，也要给予肯定，目的在于鼓励孩子再接再厉。孩子取得小的进步用肯定的语气表扬即可，若孩子的进步比较大，家长可以用赞许的语气进行表扬，甚至可以给予一定的物质奖励。表扬时应当尽可能多地使用客观的表述，告诉孩子是因为什么受到表扬，让孩子明确自己的进步。类似"你真棒""做得不错"这些鼓励的语言显得过于敷衍，无法真正起到强化孩子行为的作用。

4. 表扬要发自内心，要真诚。如果家长的表扬是发自内心的，孩子自然会感受到家长对自己的关心与肯定，从而产生情感共鸣，欣然接受表扬。如果事情不论大小，家长都言过其实地夸奖，或是蜻蜓点水、轻描淡写地表扬，就容易让孩子产生"其实你并不是真是欣赏我，只是为了表扬我而表扬我"的感觉，认为家长言不由衷，孩子在面对表扬时就会表现出冷漠的态度，有的孩子甚至会产生逆反心理，导致教育效果大打折扣。

【教育提升】

1. 提出合理的期待。家长对孩子提出希望和要求，本身也是对孩子的一种鼓励，如果运用得当会收到满意的效果。家长对孩子的期待要从孩子的实际出发，从孩子的潜在能力出发，期待不能过高，最好采取小步走的方式，提出孩子跳一跳、努力一下能够得着的要求。家长如果期待过高，提出的期望超过了孩子的能力所及，则不仅起不到鼓励的作用，还会增加孩子的心理压力，挫伤孩子的学习积极性。

2. 在众人面前的夸奖有独特的效果。在全家人面前或在关心孩子的熟人中间，当着孩子的面表扬孩子，夸奖他好的品质或好的行为，能获得意想不到的效果。孩子的行为得到了众人的好评会心情愉悦，从而了解受赞美的行为是正确的行为，是要继续发扬和保持的。所以，当众赞美孩子，效果往往能事半功倍。当然，这种赞美或表扬应是自然而然的感情流露，才容易为孩子所接受，若有刻意的成分，效果会适得其反。

问题3：孩子沉迷于手机游戏，为什么？怎么办？

案例

宽宽是一个五年级的孩子。由于父母工作繁忙，宽宽由奶奶和外婆共同抚养长大，从小就很受宠爱，家里人对她有求必应。近期，她迷上了手机游戏，每天回家第一件事情就是玩游戏，一玩就是一个小时，刚开始的时候家长说一说她还能改正，现在无论家长怎么说她都不听。家长几次没收她的手机，都以失败告终，她逐渐开始不想上学，对作业不感兴趣，上课注意力分散，偶尔不到学校上课，在家里玩手机游戏。家长对宽宽这样的情况非常发愁，想找到办法帮助她脱离这样的状态。

【原理分析】

随着网络的迅速普及和电子设备的广泛应用，中国游戏成瘾的少年儿童比例逐年升高。2019年中国互联网络信息中心发布《第43次中国互联网络发展状况统计报告》，截至2018年12月，中国游戏成瘾人群占比已达27.5%，儿童沉迷于网络游戏主要有以下几点原因。

1. 儿童心理发展的特点是好奇心重，具有强烈的探索欲。网络游戏具备丰富多彩、不断变化的特点，对孩子具有强烈的吸引力。但孩子缺乏一定的自我控制能力，自我管理意识比较薄弱，面对网络游戏的吸引力，无法自觉控制自己。

2. 儿童阶段的孩子需要大人的情感陪伴和时间陪伴。家长大多工作繁忙，没有时间陪伴孩子。孩子在现实生活中找不到情感上的支持，但是网络空间的游戏和网友可以给孩子更多的情感支持，导致孩子更依赖网络游戏。

3. 现实生活的转移。孩子在学业上、生活上难免会遇到压力和挫折，但是一些孩子面对这些问题找不到合适的解决方法。在虚拟空间里，孩子可以逃避这些问题，在网络中找到现实生活中缺乏的自尊心和自信心，所以当生活中遇到问题的时候，孩子会在游戏中找存在感，最终越来越沉迷于游戏。

【操作指导】

1. 足够的陪伴与情感支持。家长即便再繁忙，也要抽出时间陪伴孩子，每天倾听孩子分享这一天发生了什么，关注孩子情绪的变化，给予孩子高质量的陪伴。家长每天回家后可以问问孩子：宝贝，今天你在学校发生了什么？我感到你今天不太高兴，发生了什么事情吗？

2. 用替代性的活动来减少孩子玩手机的时间。家长可以经常带孩子进行户外活动，用有意义的户外活动替代手机等电子产品，这样不仅能使亲子之间的关系更亲密，也可以让孩子放下手机走进大自然，去感受大自然的魅力。除了亲子活动，家长还可以约上孩子的同学一起外出活动，或者一起学习、写作业，通过增加这些替代性的活动来减少孩子使用手机的时间。

3. 家长务必以身作则。很多家长其实和孩子一样，经常拿起手机就放不下来。孩子的观察很敏锐，并且具有很强的模仿能力，会模仿家长的行为。家长必须注意手机的使用度，降低使用频率，以身作则，起到表率作用。不管是工作还是休闲，在孩子面前使用手机的频率要慢慢减少，尤其是在孩子努力学习的时候，千万别让手机影响孩子的心态。必须使用时尽量是基于正常社交或者工作需求，这样才能作好榜样。家长不妨每天设定一段亲子时光，放下手机，专心地和孩子一起阅读、一起玩游戏等，起到榜样的作用。

4. 制订规则，提升孩子的自控能力。手机游戏是一个双刃剑，有很多的弊端，但是也有好的地方，如孩子能在网络中学到更多的知识等。如何让孩子可以有节制地使用手机呢？一开始，可以从外部规则入手，和孩子共同商讨制订手机使用的规则，商讨的过程本身就是一个提升孩子自控能力的过程。制订规则后孩子和家长要严格执行，遇到问题共同解决，这样可以让孩子觉得自己是一个有自控力、有能力的人。当孩子遵守规则时，家长可以给予适当的奖励，之后再由奖励这种外部激励方式慢慢转换成孩子内在的动机和动力。

【教育提升】

在这个网络时代，想让孩子与电子产品丝毫不接触是不切实际的。更加明智的做法是让孩子尽可能地接受到电子产品的正面影响，所以对于沉迷游戏与网络的孩子，家长不能只是筑堤防护，还需要正确引导孩子合理地使用电子产品。

建议家长与孩子进行沟通与讨论，明确手机与电脑可以用来进行哪些有意的、有创造性的活动，将孩子对于电子产品的兴趣转化为学习动力，例如家长可以请家教来教孩子学习编程，家长还可以教孩子使用手机软件来规划、管理家里的琐事或者使用图片制作软件来制作家庭相片集等等。

爱玩游戏是孩子的天性，网络游戏带给孩子的也可以是正面的影响。因此，家长不应把杜绝孩子的游戏行为当成是解决孩子网络成瘾问题的手段。近年来，虚拟亲子游戏的发展，也为家长提供了解决孩子网络成瘾问题的新思路。虚拟亲子游戏，主要是让孩子与家长在虚拟的网络社区互动，并引导孩子以游戏的方式进行学习。这样的游戏方式，既可以让孩子与家长都乐在其中，增进家长与孩子之间的情感，改善亲子关系，也可以培养孩子良好的学习习惯与学习兴趣。

问题4：父母想借别人家孩子作榜样，孩子却很反感，怎么办？

案例

羽然四年级了。有一天，妈妈带羽然去周阿姨家做客。周阿姨忙着切水果，她女儿茜茜正独自练钢琴。妈妈忍不住对羽然说："你看茜茜姐姐多自觉，练琴这么认真，根本不用人监督，难怪早早就把八级考过了！你要向她学习。"周阿姨客气地说："羽然也是很认真的孩子。"妈妈却说："羽然跟茜茜比还差很多。她每天回家还要先看会儿动画片，要家长催才去练琴，练琴过程中还要人监督……"

一晚上，羽然都闷闷不乐、沉默不语。回家时，妈妈边开门边说："茜茜就比你大两岁，你看她各个方面都表现得比你好，你要向她学习呀！"没想到，羽然眼泪忽然夺眶而出，大喊："那么喜欢她，你认她做女儿啊！天天夸这个夸那个！"然后砰地一声推门冲进了自己的房间，留下了一脸茫然的妈妈。

【原理分析】

在生活中，有很多父母和羽然的妈妈一样，经常拿自己的孩子和别人家的孩子作比较，希望自己的孩子能向对方学习，不断努力，取得进步。但结果常常是孩子毫不领情，甚至很厌烦，导致亲子关系紧张。

为什么表扬别人家的孩子会给自己的孩子带来这么大的伤害呢？因为，父母通常是简单直接地拿自己家孩子的缺点和别人家孩子的优点作比较。比如，案例中"茜茜姐姐每次练琴都这么认真，不用人监督"，而羽然"回家要先看会儿动画片，要家长催才去练琴"，羽然的妈妈不考虑羽然比茜茜小两岁，自控力稍微逊色是情有可原，也不考虑茜茜也有表现不好的时候，就直接地把茜茜划分为"更好"。这样简单粗暴抬高一方的表扬，通常又会让孩子把"别人家的孩子"当成抢走父母爱与关注的对手，从而对其产生敌意。在这种情况下，孩子不会想向对方学习任何东西。

而很多父母并不明白孩子的这个心理。有的父母还会拿各种各样的"别人家的孩子"去和自己家孩子对比。如"邻居家的哥哥考上了重点高中""楼下的妹妹每天自己定闹钟起床"，甚至"你看表哥吃饭都比你快"。孩子如有反抗之心，说"我也有做得好的地方啊"，父母还可能会说"你怎么这么不争气，拿自己的优点去跟别人的缺点作比较"。殊不知，经常这么做，不但激不起孩子的斗志，反而会降低孩子的自我价值感。有的孩子会变得麻木，听不进父母的话，有的孩子在父母那里找不到归属感，觉得自己很差劲、很糟糕，变得退缩、自卑。

【操作指导】

父母如果真的希望拿别人家的孩子来给自己的孩子作榜样时，该怎么做呢？

首先，父母在平时的生活中，要足够尊重孩子，不轻视孩子遇到的问题、挑战，看得到孩子付出的努力，能肯定孩子取得的点滴进步。比如，在前面的案例中，如果妈妈足够尊重羽然，能和她平等地聊一聊，可能就会了解到：羽然在学校上了一天学，其实也挺累的。放学回家，需要看点动画片休息一下。而且对于一个四年级的孩子来说，每天坚持练琴一个小时，是很不容易的事情。最近，羽然还遇到了练琴的瓶颈期，内心充满挫败感……当妈妈了解到这些，内心会疼惜孩子，就不会在夸别人家孩子时贬低自己的孩子。

其次，父母要用心找到"别人家的孩子"行为中真正可被借鉴之处，用不挫伤孩子自尊心的语气、方式提出来。比如，可以私下向周阿姨请教，茜茜在学琴时遇到过什么困难？当时她是怎样陪伴茜茜度过的？妈妈可以跟羽然说："你真的很不容易。妈妈明白你现在的难处。周阿姨告诉我，茜茜练琴到这一阶段的时候，也遇到了瓶颈期。那时候她和你一样，心里很苦，不想练又觉得放弃了很可惜。有时候还边练边哭，边哭边练，好不容易才坚持下来。"还可以当着羽然的面问茜茜："都说练琴时有瓶颈期，你是怎么克服、突破的？"

总之，父母借别人家的孩子给自己的孩子作榜样时，切忌夸一方踩一方。只有孩子的心中能感受到父母的爱护、善意，自尊心得到维护，才能自然而然地放下心中的防卫，看到别人家孩子身上值得自己学习的部分，才能心甘情愿去学习。

【教育提升】

拿自己的孩子与别人家的孩子对比，是许多父母都做过的事。但仔细想想，父母的这种行为除了引起孩子的反感，引发孩子对别人家孩子的敌意外，并无其他教育意义。父母长期这么做，还会让孩子成为一个喜欢和别人对比的人。

经常被拿来与别人家孩子对比的孩子，可能会"上进"一些，可能会"努力"一些，但他们经常会拿自己的所得去和别人作比较，很难得到内心的平静，做事也很难专注。大千世界，可比的太多了。现在比成绩、才艺、人缘、长相、从老师处获得的肯定，未来比考取的学校、拿到的奖学金、当的学生干部的职位、参加的社会实践，再后来比找到的工作、交的男女朋友、买的房子、生的孩子……

扪心自问，我们希望子女如此度过一生吗？我们都希望孩子一辈子内心自足、充满幸福感。那为何现在还不停给他种下要与别人对比的执念？

问题 5：父母想亲近的亲戚，孩子却非常不喜欢，怎么办？

案例

晓舟的爸爸和晓舟的大伯感情很好。平时，爸爸喜欢带晓舟到大伯家做客。但随着年龄的增长，晓舟开始有点抵触去大伯家。爸爸多次问晓舟原因，她回答"和哥哥玩不来""大伯家人很多，很吵""没有私人空间，都没地方午睡""不喜欢听大伯说话""大伯母不尊重人"等。爸爸觉得晓舟的理由都不成立，告诉她"小孩子要合群""大伯是爸爸最重要的亲人""亲人间要常来常往才亲近""大伯一家其实很关心你"，还是经常带晓舟去大伯家。

又一个周末，爸爸说："我们周末不做饭了，去大伯家吃吧，还能在大伯家玩一天！"没料到晓舟非常反感地说："我不喜欢去大伯家！要去你自己去，为什么要带我一起去！"然后冲回了自己的房间。

【原理分析】

亲子之间因为某个亲戚发生争执，这在不少家庭都出现过。父母常常觉得，这是自己最亲近的亲人，当然也是孩子该亲近的人。但这样的想法并不合理。每个孩子都是独立的个体，在与人交往的过程中，他们会用自己的内心去感受，并决定自己想靠近谁、远离谁。当孩子提出不愿意和某个人或某类人相处时，父母应该带着尊重去了解原因。

案例中的晓舟已经告诉爸爸自己不想去大伯家的原因是"和哥哥玩不来""大伯家人很多，很吵"等，但爸爸却没有放在心上，以"小孩子要合群""大伯是爸爸最重要的亲人"等理由否定晓舟的感受，驳回晓舟的诉求。父母给出的理由并不能说服那些内心有自己见解的孩子，反而让孩子觉得委屈，更不愿意和这位亲戚来往。

如果爸爸带着尊重去仔细倾听，晓舟也许还会告诉爸爸，她不愿去大伯家还有其他的原因。比如，大伯总是问成绩，给自己很大压力；哥哥常常说"都这么大了还哭，羞不羞啊"；大伯母总是拿她和别人对比等。当爸爸了解到这些，才能正确引导晓舟怎样面对，学会如何与他人对话。

【操作指导】

父母可以先反思一下，自己想要孩子亲近的这位亲戚，是否真的关心、爱护自己的孩子。如果答案是肯定的，可以试试以下做法。

首先，父母可以和孩子聊一聊自己和这位亲戚的往事，说一说两个人亲近的原因。类似"小时候我个子小，经常被人欺负，大伯总是护着我""有次我病了，大伯冒着大雨走了很远的路，给我买烧饼"等让大人感动的往事，常常也能打动孩子的心。

其次，父母可以帮忙改善孩子在和亲戚相处时的处境。如，去亲戚家时给孩子带一些图书、玩具，让孩子感到有乐趣；郑重地请亲戚家的孩子帮忙照顾孩子；缩短在亲戚家待的时间，让孩子能够及时回家休息等。

再次，父母可以帮助孩子和亲戚沟通。可以告诉亲戚自己的孩子比较介意哪一类的言语、行为，提醒亲戚在和孩子相处时多加留意。比如，孩子自小脾胃不好，不爱吃饭，请亲戚不要在吃饭时说"哎呀，你就是娇气、挑食！""你吃这么少，怎么长高！"之类的话语。孩子和亲戚间如有误会，家长可以帮助解开。如告诉孩子"大伯母只是很希望你能长高。今天早上，她跑遍了整个菜市场才买到新鲜的螃蟹"。

另外，父母可以鼓励孩子在面对亲戚不合理的对待时勇敢发声，有理有据有节地维护自己。而父母带孩子去亲戚家时，也应随时留意孩子的感受、情绪。发现孩子与人发生矛盾时，要多观察，必要时出面协调。发现孩子遭遇委屈时，父母要重视，视情况及时开解，或出面帮孩子解围。当然，如果是自己孩子不对，也应及时教育纠正。

最后，也是最重要的：孩子是独立的个体，父母要尊重孩子的感受和决定。如果解释、协调工作都做了，孩子还是不肯亲近这位亲戚，不愿意去这位亲戚家，那父母要尊重孩子的想法。可以降低前往亲戚家的频率，或缩短在亲戚家的时间，或征得孩子同意，为孩子做其他安排。

【教育提升】

本案例还有一个思考角度：父母明知孩子不愿意亲近某个亲戚，却不肯尊重孩子的内心，屡次勉强。这种明知孩子的感受，却否认它、轻视它，用大道理"碾压"孩子，在您的亲子相处过程中常见吗？长期如此，会有什么后果？比如，孩子因为被某个亲戚奚落而生气，父母说"这有什么好生气的，你怎么这么经不起逗"或"叔叔这也是为了你好，说你几句怎么了"。孩子明明很喜欢一个玩具，父母却要求孩子把它送给别人，说"你还有那么多玩具，送她一个怎么了"。

父母养育孩子是一个长期的过程，父母如果经常习惯性地轻视孩子的感受，长此以往，就会积聚出后果：有的孩子会觉得父母离自己的心很远，不是和自己站在同一战线上的，不能保护自己的利益；有的则会产生"我的感觉不重要""我不应该有着这种感觉""爸爸妈妈说的话才对"的想法。前者，孩子会和父母越来越疏离，缺乏沟通，有困难不找父母。后者，孩子会不断压抑自己的内心感受，习惯性地去勉强自己——压抑不等于不存在，长期压抑会导致孩子内心分裂，无法遵从自己的内心感受。长大后，孩子会一次一次去勉强自己，但内心充满莫名的压抑、失落、悲伤……

为人父母者，还是多倾听孩子的心声，尊重孩子内心的感受吧！

问题6：为孩子付出那么多，孩子却说父母不爱他，为什么？怎么办？

【案例】

有一天，苏勒的妈妈收到语文老师发给她的一篇作文。

我最羡慕的人是李东。当他和我一起在外面玩时，他妈妈会抱住他问："宝贝你累了吗？要不要喝水？"然后把水瓶拧开递给他。当他的头碰青了，她会心疼地搂住他帮他吹。而我的妈妈，当我靠近她想让她抱抱我时，她会说"这么大了，不要撒娇"。当我想和她聊聊班级里发生的趣事时，她会说"真不明白你在笑什么"。当我很难过时，她也只会说"你是男子汉，这点小事哭什么"。她每天都很忙，只会对我说"作业写完了吗""快来吃饭""快收拾东西""快去看书""快去洗澡刷牙"。我觉得她一点都不爱我，只关心我的学习，只希望我不要给她添麻烦。

　　读完作文，苏勒妈妈陷入了沉思：每一天，她都在为孩子、家庭忙碌。她觉得自己不太会表达感情。她以为自己的付出孩子都看在眼里。没想到自己付出了那么多，孩子却什么都没感受到……

【原理分析】

　　每一个孩子在成长的过程中都需要来自家庭的悉心关爱、照顾。来自家庭饱满的爱、关怀，会滋润孩子的心灵，沉淀成为他面对世界的底气，让他有能量去面对困难，迎接挑战。因为孩子知道，无论世界怎样变化，只要回到家中，就像回到最温暖的港湾，就能得到最坚实的支持。

　　但在学校里，当老师在课上邀请学生谈谈父母给他们的爱时，经常会有同学表示，虽然自己知道父母是爱自己的，但是在日常的生活细节中感受不到父母的爱。有的孩子觉得父母只关心自己的学习，只希望自己能考好成绩。有的孩子觉得父母只希望自己乖乖的，不要给家里添麻烦。还有的孩子从父母的言谈回应中常常感觉到被轻视、厌烦、拒绝。

　　究其原因，主要是因为：首先，许多父母工作繁忙，琐事繁多，每天都在为生活忙碌奔波，在疲惫中难有好心态、状态照顾到孩子的各方面需求。其次，孩子渐渐长大，开始有更多自己的见解、想法，父母不知该如何走进孩子的内心，和孩子交谈，满足孩子的精神需要。再次，部分父母神经大条，或不善表达，经常有让孩子误解的言行举止，让亲子之间的误会、隔阂越来越深。

【操作指导】

　　那么，有什么特别的方法能让孩子感受到父母的爱呢？可以试试亲子间的"亲子时光"。

　　生活中，我们虽然经常和孩子在同一个空间里，但因为同时在做其他事（如做家务、刷手机），或经常被打扰（如电话打进来、有人打招呼），不能做到全心全意和孩子在一起，让孩子感觉爱被打了折扣。

亲子间应有"特别时光",即在一段时间内,父母不做别的事情,专心致志地陪孩子一起做两个人都喜欢的活动,如阅读、拼乐高、做手工、赏析电影、品味美食等。父母可以提前把手机调为静音,或者在有人来电时回答:"对不起,这是我跟孩子的亲子时光,请不要打扰我。"

通常来说,2～6岁的孩子每天需要有10分钟的特别时光;7～12岁的孩子每周最少需要30分钟;13岁以上的孩子,每月至少一次亲子时光。如果在亲子时光里,孩子感受到了父母满满的爱、充分的联结,就不会在其他时间里去打扰父母。当然,如果孩子在父母忙的时候向父母提出互动的请求,父母可以和善而温柔地对他说:"这会儿我正在忙,等一下再陪你好吗?"

另外,父母可以在每天孩子睡前创设"倾听时光",即,每天晚上睡前,父母中的一位和孩子一起躺在床上,或坐在孩子床边,听孩子讲一讲一天当中发生的事,让孩子说一说自己的感受。父母以倾听为主,可以鼓励孩子发表自己的看法,或提出解决问题的方法。

【教育提升】

孩子因父母来这个世界,被父母养育长大,他们和父母在情感上紧密联结,渴望得到父母的肯定、关爱。部分家庭的孩子看起来没有这个需求,可能是孩子不善表达、性格使然,也可能是孩子过往无数次有过表达却被父母无意中拒绝,不愿再表达。

如果父母发现自己和孩子之间已经有了隔阂,想重新打开沟通之门,可以试试在夜深人静、自己内心最柔软的时候给孩子写信。认为自己不善表达、说不出"矫情话"的父母,可以数言数语,写出自己内心的真诚、担忧、支持与爱;担心交流会出现不欢而散,认为自己可能词不达意的家长,可以仔细斟酌、修改、审视,向孩子澄清误会,告诉孩子自己内心的无措、后悔、初心、希望。当孩子从字里行间读到父母的爱,大多数都愿意敞开心扉与父母沟通。

此外,亲子之间的沟通,可以牢记"有用就多做,没用就少做"的原则:父母可以问问自己的内心,或者真诚地问问孩子,在什么情境下,用什么方式沟通,亲子间氛围最好,孩子最容易接受?哪些事情让孩子感觉温暖,想靠近父母,又是哪些事情让孩子感觉不舒服,想远离父母?然后,父母可以提醒自己,什么样的事情应该多做,什么样的事情又该尽量避免。

比如,在和一些比较小的孩子沟通时,父母拉住他的手或扶着他的肩膀,更能帮助他集中注意力听父母说话。而和大孩子沟通时,对他的错处点到即止效果最佳……

问题 7：孩子因失败陷入负面情绪，怎么安慰都不管用，为什么？怎么办？

案例

诺诺从一年级开始学象棋，学得不错，取得过不少成绩。最近这次比赛，诺诺信心满满，决心要取得好成绩，冲进市赛。但实际比赛中，他在不慎输掉第一轮后，开始变得急躁，平了第二轮又输了第三轮。中午休息时，他哭着说自己不想参加下午的比赛。诺诺的父母一直安慰他"输一次棋没什么大不了的""不管结果如何，你都是爸爸妈妈心中最棒的""有始有终才是最好的"，鼓励他"可以从每一盘棋中找到让自己反思、成长的地方"，甚至说"不要再想这件事了，爸爸带你去吃大餐"。但诺诺根本听不进去，一直说自己根本就不是学棋的料，再也不想参加任何比赛，然后就把自己关进了房间。诺诺的父母该怎么办？他们该怎样陪伴诺诺，怎样安慰他并帮他重拾信心？

【原理分析】

在孩子成长的过程中，难免会遇到失败。当孩子付出了努力又满怀期待，却遭遇挫折、失败时，他们会格外难过。这时，很多父母都会急切地希望孩子摆脱悲伤，迅速恢复心情，重新出发。但这几乎是不可能的。于是，很多父母都会试着安抚孩子，说出诸如案例中"没什么大不了的""不管结果如何，你都是最棒的""不要再想这件事了，爸爸带你去吃大餐"等一类宽慰孩子、转移孩子注意力的话。

这对大部分孩子来说是没用的，不但起不到安慰效果，甚至会让孩子觉得父母根本不懂自己，下次遇到问题也不会想找父母帮忙。而对于另一部分孩子来说，它虽然有用，却带来了隐患——他们随着父母的宽慰，也告诉自己"这没什么了不起的",转移注意力去做其他事,可失败所带来的挫败感、无力感并没有真正散去,它们可能会潜伏起来,在孩子心中留下隐痛,让孩子觉得自己没有能力应对困难,在下次遇到困难或挫折时产生逃避的情绪。

【操作指导】

在遇到类似的事情时,父母可以利用"情绪三明治"的方法来帮助孩子,即先谈情,再说爱,最后讲理。

"先谈情",指的是要充分理解、认同、接纳孩子当前的情绪。比如案例中的诺诺,父母需要看到他付出了努力,满怀期待却遭遇失败,内心充满了挫败感。父母要明白,此时,崩溃、难过就像一个大口袋,把孩子整个人罩住。他听不进任何道理,迫切需要感受到有人在理解、支持他。

父母可以跟孩子说:"今天确实发挥失常了,我理解你为什么那么难过。我也觉得很难过。你想哭就哭吧,我陪着你。如果想自己待着,那也可以,我就在外面,你随时可以叫我。"当孩子听到父母理解自己,并且和自己站在同一阵线上,就更愿意表达出自己的更多情绪。孩子可能会说:"输掉第一轮时,我还安慰自己还有机会。可是第二轮的对手并不强,我却因为粗心没防住,跟他打成了平手。那时候我就已经没有机会了!"……

这样的交谈不但能让孩子感受到支持,帮孩子充分地宣泄情绪,也能帮孩子平复心情:当他开始陈述过程时,他的理性就在渐渐回归,开始分析问题,也能听得进父母其他的话。

"再说爱"是指父母要肯定孩子的努力、进步,说出对孩子的欣赏,让孩子看到自己的力量,激起孩子重新出发的动力。比如在上述案例中,父母可以这样对诺诺说:"现在的你让我想起了小时候你刚学象棋时的样子。那时的你记不住规则,老是忘记该怎么走。后来,你不断练习,和别人对弈,在一次一次输棋和琢磨中,终于记住了规则,还越下越好,渐渐在小区的同龄人中小有名气。我一直觉得这种'不怕输'的精神是你学棋过程中最大的闪光点。我相信稍加调整,你会平复你的心情,然后重拾这'不怕输'的精神,找到这次比赛失利对你的启发,并走得更远。"

"最后讲理"是指,当孩子内心的动力、希望被重新激发起来时,父母再来和孩子一起分析现状,寻找对策、方法,并立即采取行动。比如,父母可以和诺诺一起回顾早上的比赛,审视每一轮的得失,再分析心态对诺诺的影响,总结这次比赛对以后的启发。如果孩子愿意,父母还可以陪着他马上行动起来。

总之,当孩子因失败陷入负面情绪,父母一定要理解孩子,允许孩子充分表达负面情绪,让孩子感觉到充分的支持和爱,才能帮助孩子共同解决问题。

【教育提升】

许多父母听到"先谈情"来帮孩子宣泄情绪，都希望让孩子尽快说出自己的情绪。比如"我现在很难过，因为我努力了那么久，却失败了"，或"我太失望了，我的水平明明比他高，却输给了他"，或"我很懊恼，这个地方不该输，我却输了"，但这不太现实。一方面，孩子的情绪有时候是很复杂的，多种感觉交织在一起，一时间很难描述清楚（低年龄的孩子尤其说不清楚）。另一方面，逼迫孩子说，可能会给孩子带来新的压力，让孩子更觉得难受。

所以，"先谈情"的关键是父母要站在孩子的角度上去想，和孩子感同身受，在这个基础上适当表达，允许孩子暂时无法走出这个情绪。比如，孩子一直不停地哭，那父母就静静地坐在他身边，搂着他，可以慢慢拍着他的肩膀，什么都不说，也可以喃喃地告诉他"我知道你很失望，没关系，你这样想很正常"。父母要在感情上支持孩子，给孩子这个空间，允许孩子表达或不表达（每个孩子是不一样的，遇到的情况也不一样，不能一概而论），直到孩子愿意倾诉，再认真地听孩子讲述。

问题 8：父母提醒孩子不要做某事，却没用，为什么？怎么办？

案例

明非、明泽是一对兄弟，他们的妈妈一直对他们的教育问题感到苦恼。一大早，妈妈去叫兄弟俩起床，说："别磨蹭，快点起床。"看到弟弟往头上套短袖衣服，妈妈说："不要穿这件衣服，今天天气很凉。"看到哥哥从上铺要跳下来，妈妈着急道："都说了让你不要跳，怎么还是记不住？"妈妈路过卫生间听到流水的哗哗声，大声叫哥哥："刷牙时别浪费水，把水龙头关上。"看到弟弟扒拉饭慢腾腾地吃，说："吃饭就好好吃饭，别慢腾腾，还弄得到处脏兮兮的。"看到哥哥把西兰花夹出来给弟弟，说："说了让你别挑食，怎么还把西兰花夹出来！"吃过早饭看到兄弟俩躺在沙发上，说："不要老瘫在沙发上。难怪一直长胖。"看到弟弟往茶几走去，说："去看看书，别老想着吃糖。"看到哥哥拿起一本漫画书，说："不要总看漫画书，对学习没帮助。"……

一个偶然的机会，妈妈发现一直不声不响、不怎么回妈妈的话的哥哥在作文里写道:"每一天,妈妈都要对我们说很多'不要''别',在我们家,似乎一天到晚都能听到'别''不要'的回声。我真的很不喜欢待在这样的家里……"

【原理分析】

在许多感觉无力管教孩子的家庭里,都经常能听见父母不停地对孩子说"不要做某事""别如何如何"。对很多父母来说,这样劝阻孩子,几乎是一种本能的说话方式。但这种带有"别"或"不"字眼的话语,通常都不起作用,甚至让亲子关系更为紧张。为什么呢?

首先,人类的大脑"听"不懂"不"的语言。比如,父母尝试在接下来的20秒钟里,大脑里想什么都可以,就是不能想一只毛茸茸的兔子。不要想这只兔子是白色的还是灰色的,或者是棕色的;不要想它正在啃的是胡萝卜还是小白菜;不要想兔子竖起来的耳朵,红红圆圆的眼睛……请问你做到了吗?是不是大脑里都是这只毛茸茸的兔子?如果此时再听到一句责备:"叫你不要想毛茸茸的兔子,你怎么就是做不到!"你会是什么感觉?

出现上述情况是因为我们的大脑神经是通过兴奋、抑制两种功能来实现思维过程。当看到、听到"兔子"时,大脑中和兔子有关的神经元就兴奋了起来(尤其是上文描述得如此详细)。这时候要让我们的大脑不要想兔子,就需要使用抑制功能,把兴奋起来的神经压抑下去。这很难,尤其是对大脑额叶还没发育成熟的孩子来说。所以,当我们对孩子说"不要""别"的时候,孩子通常只能"听见""别、不要"后面的字,并在不知不觉中用它来指导自己的行为。比如,说"不要老想着吃糖",反而让孩子想起了糖很好吃,要去吃糖。

【操作指导】

父母应抑制住心中想批评、劝阻的本能反应,多练习,用清晰简明的正面语言,明确地告诉孩子要做什么,表达自己的期许。

比如,案例中的妈妈可以把早上起来的一系列语言换成:"两位'闪电侠',快点起床噢。""明泽,今天天气很凉了,换一件厚的衣服穿噢。""明非,注意安全,从爬梯上走下来。""环保小卫士,刷牙时水龙头关上噢。""明泽,像昨天那样,先吃你喜欢的,十分钟内吃完噢。""明非,西兰花很有营养,钙含量很高,多少要吃一点点噢。""你们再躺五分钟,'充电'完毕就去专心看书噢。"……

当然,父母还可以在孩子平静、亲子间氛围轻松的时候问问孩子,当孩子出现某个行为,父母特别想劝阻时,怎么说、怎么做孩子才更愿意听。比如,走过去,给孩子一个拥抱示意?举个黄牌示意?或者拍三下手示意?只有某个建议是出自孩子自己时,他才更愿意去做。

【教育提升】

"不、别"这样的语言还有哪些危害呢？

以案例中的明非、明泽为例，因为妈妈惯用带"不、别"的语言，孩子就不停地听见"磨蹭""慢腾腾""浪费""挑食"等词语。慢慢地，他们就会把这些负面词语内化，给自己贴上这样的标签，觉得自己就是"磨蹭""慢腾腾""浪费""挑食"的人，也理所当然地更加磨蹭、慢腾腾、浪费、挑食。

另外，这些"不、别"句式通常是带强烈情绪的批评语句，很容易让听的人觉得不舒服。当父母经常对孩子说这样的话时，孩子开始时是厌烦、抵触这些话，后来就会开始厌烦、抵触父母，不想听父母说的任何一句话。案例中的哥哥，正是进入了这样的阶段。

此外，父母还可以想一想，自己日常的"不、别"式劝阻都是合理、必要的吗？比如案例中明非能娴熟地从上铺跳下来，妈妈是否可以允许明非跳，只在必要时提醒明非确保安全？明非不喜欢吃西兰花，但愿意从食物金字塔上找其他食物来代替，妈妈是否能允许？

有时，父母多给孩子一个选择，就会让孩子多一份自主感，这更有益于孩子的身心健康发展。

问题9：想用奖励来激励孩子，却总没有效果，为什么？怎么办？

案例

晶晶三年级了，她是个聪明的孩子，但学习不够努力，成绩时好时差。父母认为问题在于她的学习态度，只要她认真，就一定能取得好成绩。

为了激励她努力学习，他们曾和晶晶做各种约定：平时考能上95分，就带晶晶去吃她最喜欢的肯德基；期中考能进班级前15名，就带晶晶出市区玩……每一次，晶晶都非常积极地参与讨论，还充满期待地问："那如果期末考前10名，是不是可以买我最喜欢的自行车？"

但是这样的激励效果并不好。刚开始，晶晶会很积极地付出行动：一回家就先把作业写完，然后拿书出来看。但没过多久，她就开始松懈：回家先玩、看电视，拖到最后才去写作业，父母叫她去看书，她也磨磨蹭蹭的。不管父母怎么提醒她都没用。于是，她的考试成绩依旧时好时差……

【原理分析】

许多父母都曾和孩子约好，考到一个好成绩就给予孩子奖励，但通常这种激励都没有取得良好的效果。有以下几个原因。

首先，对孩子而言奖励虽然诱人，但需要花费较长时间的努力才能得到。眼前的快乐、满足虽然小，却可以马上得到。所以，从理智上来说，孩子知道应该放弃眼前的快乐、满足（玩、看电视），先去努力（写作业、看书），但行动上做不到。

这样的情况在大人身上也经常看到。比如很多人立志要戒烟、减肥，但坚持一小段时间后，就缴械投降，继续吞云吐雾或大快朵颐，等下次再下定决心。父母需要明白，这和人的本能有关，不能因此指责孩子"没有恒心"或"没有意志力，不能坚持"。

其次，绝大多数的父母在实施奖励的时候，针对的都是结果，如考出好成绩、考进班级前几名。这让孩子迫切地想取得好成绩，却不一定能用对方法。2010年，哈佛大学教授弗赖尔在美国多个城市36000名学生中做实验。其中，A组（在达拉斯、华盛顿等城市）的实验内容是：学生读完一本书并答对相应问题，或学生在校学习态度、行为状况良好，就能获得小额奖金。而B组（在纽约、芝加哥等城市）的实验内容是：如果学生取得了好的或更好的成绩，就奖励学生较大数额奖金（相对于A组的奖金来说）。结果，B组，即针对成绩给大额奖金的做法，几乎没有提高孩子的成绩，反而是A组针对过程给奖金的做法，普遍提高了孩子的成绩。弗赖尔教授在实验后的问卷调查揭示了部分答案：询问实验中获得奖励的孩子为了得到更多奖励，今后你该怎么做呢？B组回答的大多是要好好审题、要重新考虑问题的答案等考试技巧，而不是多请教老师、集中注意力听课等扎扎实实从平时开始积累的方法。

【操作指导】

案例中的晶晶，对奖励有期待，会积极参与奖励内容的讨论，这是很好的现象。父母在明白奖励起作用后，可以和孩子重新讨论如何利用"眼前利益"驱动让孩子一步一步达成目标。比如，父母可以先和晶晶讨论，平时可以通过哪些小步骤来增加知识储备。如：A. 课前有效预习；B. 课上认真听讲，积极发言（以教师反馈为衡量标准）；C. 课后认真复习、高质量完成练习（以听写或练习等的正确率为衡量标准）；D. 订正课内外练习、小测中的错处；E. 保持书写认真、漂亮，书面整洁；F. 完成适量的课外阅读（以复述故事，或概括主旨、列提纲，或画思维导图为衡量标准）；G. 考试中认真审题，避免因粗心导致的失误……

然后，父母可以和晶晶商定，如何为上述的每个小步骤赋分。如：A. 有效预习＋1分；B. 课上认真听讲，积极发言，获教师认可（可跟任课教师沟通好，定期询问任课教师）＋15分；C. 课后认真复习，高质量完成练习＋2分；D. 保持当日书写认真、整洁＋1分；E. 读完一本书，并向父母生动讲述书中的故事＋5分；F. 读完一本书并画思维导图概况＋10分……

接着，父母和晶晶再来讨论对晶晶有吸引力的、能起激励作用的奖励有哪些，给它们一一赋分，并放进"奖励筐"。如，当日积分10分，可换零用钱2元；累计积分20分，可换肯德基一顿；累计积分60分，可换喜欢的新衣服一件；累计积分100分，可换出市旅游一次……

最后，父母和晶晶可以一起为后续的学习做一张积分记录表（如下表），登记每天的积分储蓄和使用情况，让晶晶看得到自己付出了哪些点滴努力，也看得到自己所得到过的奖励。

晶晶日常进步积分表			
日期	储蓄积分	使用积分	剩余积分
3月4日	A1＋C2＋E1＋F5＝9	0	9
3月5日	A1＋B15＋C2＋E1＋F5＝24	－20（肯德基）	13
……			

上述过程虽比较麻烦，也需要父母每天费心去跟踪孩子的学习情况，却比简单的奖励更能驱动孩子在每天的生活中做点滴积累。对于父母特别看重的部分，如阅读，可以适当赋予比较高的分数。而父母也需要特别注意：在确定赋分和奖励时，要充分征求孩子的意见，让这份方案在后续实施中对孩子有足够的吸引力。

【教育提升】

看了上述建议，部分父母可能会提出：以前也用过积分制来督促、激励孩子，并没有发挥作用。如果是这样，父母需要思考，以前积分制没有发挥作用的原因是什么？是项目没有有效的衡量标准（如看一本书就奖励1元，而不管孩子看的是什么书，是否重复)？是奖励不够吸引孩子？是同时引入了惩罚、扣分？还是三五天新鲜感过去，孩子和父母都嫌每天登记麻烦，没有继续实施？

学习是孩子小时候最主要的生活内容，也是老师、父母评价孩子的重要依据。每个孩子内心深处都对好成绩有向往，也都需要父母的信任、肯定、鼓励。在制订方案前，我们可以跟孩子详细解释引入积分奖励的原因，告诉孩子我们相信他们的决心、能力，我们愿意陪伴他们，和他们一起付出努力来完成点滴积累、养成良好习惯。然后，我们抱着尊重、合作的态度，充分听取孩子的意见，和孩子一起来制订方案。

只要是孩子充分参与的方案，他们也会愿意在后续积极行动。如果担心初次制订的方案有不成熟之处，我们还可以和孩子约定，先试行2周，2周后再来商量对方案做后续调整。

问题10：孩子早上爱赖床，为什么？怎么办？

案例

东宇是小学三年级的学生。这个学期，他显得非常慵懒，特别是早上爱赖床，他的妈妈焦虑万分。一天清晨，东宇的妈妈早早起床做早饭，给东宇准备衣服、书包，反复提醒东宇上学的时间要到了，同时，一遍又一遍地重复这一天东宇在学校要做的事情。她一边做家务，一边唠叨："儿子，你这是怎么了？一、二年级时，你每天都能按时起床。但自从开始上网课，一天比一天起得晚，以后到了高年级、初高中，该怎么办？"突然，她抬头看挂在墙上的时钟："啊呀！7点10分了！"可是东宇还没有起床。东宇的妈妈一下子火冒三丈，冲进卧室，一把掀开东宇的被子，高喊起来："你再不起床就要迟到了！""看老师怎么收拾你！""你怎么这样呀！""怎么这么不懂事？"……孩子在吼声中，慢悠悠地起床，哭丧着脸说："我讨厌学校，我不想去学校了！"

【原理分析】

孩子赖床不是一件小事，父母对孩子按时起床这件事要有正确的认识。

第一，能不能按时起床，是一个人有无责任心的表现。孩子不按时起床，很大程度上是因为他们知道，父母会想尽一切办法让他不迟到。也就是说，父母承担了孩子起床晚所造成的一切后果，不利于培养孩子的责任意识。

第二，能不能按时起床，是一个人有无意志力的表现。孩子无法按时起床，需要父母再三催促，这些是缺乏意志力的表现。孩子觉得任何事情都可以放弃，有困难可以逃避。

第三，能不能按时起床，是一个人有无时间观念的体现。有关研究表明，能够按时独立起床的孩子，一般有较强的时间观念。如果长期赖床，导致孩子缺乏时间观念，且在生活上比较随意，变得做事拖拉。

【操作指导】

要解决孩子赖床的问题，父母首先要找到孩子赖床的原因，并学会和孩子沟通，并注意以下几点。

1. 沟通的态度。孩子愿不愿意沟通取决于父母的态度。沟通前，父母要反思自己的言行，适时向孩子道个歉、认个错，会让孩子习得为人处世的经验和方法。孩子赖床，与其毫不留情地把孩子从被窝里强行揪起来，还不如对孩子说："孩子，怪我不理解你！"这就是我们通常所说的"贤人争罪，愚人争理"的道理。作为父母，要针对孩子生理、心理特点认真思考：我们怎么说孩子才爱听？我们怎样讲孩子才会去做？

2. 沟通的方法。一是父母要多观察孩子的表现，给予孩子更多关怀，如："孩子，你不想起床是不是因为外面太冷？是不是妈妈的话太多了？是不是不爱去学校？"二是要认真倾听。倾听时露出淡淡的微笑，让孩子知道你在认真地听。倾听时要有专注的神情。当孩子认真地和你交流时，父母要放下手中的事情，平视孩子，专注地倾听，让孩子感受到自己被重视和尊重，以此获得安全感，愿意继续说下去。倾听时要适当保持沉默。孩子说一些父母认为不正确的话，父母要忍住，不要立马反驳，要保持沉默并继续倾听，适当时可以点头，用"是吗""后来呢""当时你是怎么想的""原来是这样"等话语做出回应。在倾听过程中，父母要管好自己的手，不要一会儿拉孩子的衣服，一会儿拍孩子的头，一会儿给孩子一张纸巾等。父母不要做任何打断孩子的动作，只需要做到认真地倾听。三是和孩子讨论解决问题的办法。一个问题至少有三种解决方法。如果父母习惯包办一切，就要考虑如何把责任还给孩子，让孩子学会自己的事情自己做，培养孩子的独立性。如果父母常用恐吓等方法让孩子起床，就要改变管教方式。

叫孩子起床可以采用以下步骤。

（1）拉开窗帘，让光线进来，唤醒孩子的眼睛。

（2）打开窗户，让新鲜空气进来，降低室内温度，唤醒孩子的身体。

（3）坐在床边，注视孩子一分钟，让孩子享受人生幸福时刻。

（4）抚摸孩子头、背、四肢，用身体上的接触唤醒孩子。

（5）语言表达："早上好，7点了，该起床了！"父母应告知孩子确切的时间，不要欺骗孩子。

（6）孩子若违反约定，父母不再提醒，让孩子自己承担后果。

（7）坚持训练，让孩子养成按时起床的好习惯。

总之，要让孩子养成按时独立起床的好习惯，就需要注意亲子沟通的方式和方法，形成良性循环。

【教育提升】

孩子每天能不能按时起床这个问题，看似是孩子自己行为上有缺陷，实际上背后和父母、和整个家庭有关系。

1. 建立良好的亲子关系。父母在教育孩子的过程中，总是会很着急。虽然这种着急是正常的，但是很多时候父母一着急，语气就会变得严厉，说话就会变得难听。这样一种和孩子的交流方式十分容易适得其反，造成对孩子的伤害，影响了亲子之间的关系。长此以往，父母和孩子的关系就会越来越差，孩子很容易产生"爸爸妈妈又要骂我"的想法，接着就会想办法逃避或者和父母对抗，再一次伤害亲子关系，形成恶性循环。

因此，父母要采用更加良性的互动方式，多说些温暖的话，关心孩子，理解孩子。建立了良好的亲子关系之后，父母再和孩子讲道理，想办法改变他的一些不好的习惯。

2. 培养孩子的自主性。现在很多父母都习惯去帮孩子包办一切，这其实就是过度保护和过度控制。在这样的环境下，慢慢地，孩子的责任心和自主性下降，以后遇到困难就会产生退缩的行为，知难而退，甚至可能会影响自身的人际交往。

所以，父母要放手让孩子成长，不要对孩子过度保护或者过度控制。在保证安全的前提下，父母尽可能地给孩子成长的空间。当孩子有想要去做或者感兴趣的事情时，父母要给予一定的支持，提高孩子自主解决问题的积极性，以后再有什么事，孩子可以依靠自己的力量去解决问题。

问题11：孩子爱顶撞父母，为什么？怎么办？

案例

小新是小学六年级男生。小新的父亲工作较忙，对他的管教较少，而母亲对小新的学习和生活倾注了大量精力和时间，大到学习和社交，小到理什么发型、穿什么衣服、吃多少饭等生活琐事都处处过问。前几天，小新换衣服时把门关上了，母亲在门外询问了半天，小新不胜其烦，最终情绪爆发，和母亲争吵后摔门而出。父母原本以为小新会像以前一样天黑前回家，但是这次小新不打招呼就去了离家很远的同学家，不声不响在同学家待了一个晚上之后，第二天若无其事地回到学校继续上课。这件事情之后，小新一反常态，经常顶撞母亲，对母亲很不耐烦，一言不合便摔门而去。

【原理分析】

处于青春期的孩子，生理和心理会发生一系列的变化。他们思维敏锐，但片面性较大，容易偏激；他们热情，但容易冲动，有极大的波动性；他们意志品质中的毅力还不够，往往把坚定与执拗、勇敢与蛮干混淆；他们的行为举止，有明显的冲动性，对父母、老师表现出较普遍的逆反心理。处于这个阶段的孩子常常会顶撞父母，原因有以下几个方面。

1. 孩子自身层面。步入青春期的孩子独立性增强，总是希望能得到他人的承认和尊重，希望摆脱成人的约束，渴望独立。为此，他们与成人世界的关系开始发生变化，不愿意再像小孩子一样服从父母和老师。他们希望获得拥有像大人一样的权利，因此常常会顶撞父母以捍卫他们的权利。青春期的孩子自我意识明显增强，独立思考和自主支配的愿望明显发展，在心理和行为上表现出强烈的自主性，迫切希望从父母的管教中解放出来，积极尝试脱离父母的保护和管理。他们具有很强的自信心和自尊心，渴望显示自己的力量和才能。不论是在个人生活的安排上，还是在对人生与社会的看法上，他们开始形成自己的见解。他们已不满足于老师讲的书本上的观点，对成年人的意见不盲目服从，对许多事物都敢于发表个人意见，并为坚持自己的观点而与人争论不休。

2. 家庭层面。教养方式分为权威型、专制型、溺爱型和忽视型四种。权威型教养方式即民主型教养方式。溺爱型和忽视型的教养方式下，给予孩子过多或过少的关注都会对孩子的成长和发展带来不良的影响。在溺爱型家庭中成长的孩子，被父母惯着，不舍得打也不舍得骂，孩子要什么父母就给什么，孩子也就养成了自私、任性、不听话的性格，稍有不顺心意，就会发脾气，并通过顶撞父母来表达自己的不满。溺爱型的教养方式容易导致孩子任性、依赖性强，自理能力差，形成以自我为中心的性格，不能站在别人的角度去思考问题，更容易与同学、父母产生矛盾。忽视型的教养方式，不能给予孩子正确的引导，任由孩子发展，容易造成孩子极端的性格，这类孩子在集体生活中的攻击性强，逆反性、反抗性大。专制型的教养方式下，父母对孩子有非常明确的要求和期望，但是这些要求和期望建立在父母的个人需要之上，忽略了孩子作为一个具有独立意识个体的存在。在此教养方式下形成的亲子关系，会使儿童易表现出性格混乱或性格内向，情绪消极、低沉，容易冲动，承受挫折能力差等特点。专制型家庭的父母有时候做错事，不承认自己的错误，也很容易导致孩子产生不满情绪，孩子往往会通过顶撞父母的方式来表达自己的不满。

3. 社会环境层面。人的行为习得既受遗传因素和生理因素的制约，又受后天环境的影响，而人的一些复杂的行为主要是后天习得的。孩子不是独立的个体，他身处偌大的社交圈中，而这个社交圈会影响孩子的言行举止，影响孩子的认知、改变孩子的行为反应模式。孩子在社交过程中极易受到同伴的影响，从同伴身上习得一些不恰当的行为。一些攻击性强、冲动、情绪不稳定的孩子在亲子交往过程中往往更多表现出顶撞父母的行为，而孩子在选择这样的同伴进行交往时，也容易从他们身上观察并习得这些行为，渐渐地内化为自己的行为反应模式。

【操作指导】

针对以上孩子容易顶撞父母的成因，父母应做出如下改变来顺应孩子的行为，提高亲子沟通的质量，正确处理亲子矛盾，促进孩子健康成长。

1. 尊重孩子的独立性。步入青春期的孩子，自我意识不断增强，不再像小时候那样，事事都需要父母的关注和帮助。父母要顺应孩子的成长和变化，在教育孩子的方式上也应做出相应的改变。父母要尊重孩子，孩子是独立的个体，不是父母的附属品，他们有自己的想法和感受，也应当有自己的空间和权利。父母要深入了解青春期孩子的心理特征，尊重孩子的独立人格，给予孩子适当的自由和空间，让孩子感受到父母的尊重与支持。父母对于孩子伙伴的选择、自由时间的支配等要给予尊重，给孩子留有自主选择的余地，不能事事插手。

2. 采用正确的教养方式。父母要树立正确的教育观，在教育孩子时，要严慈相济，既不能过度纵容，也不能过度管教。民主型的父母认为孩子是独立自主的个体，不是父母的附属品或是家庭完整的标志，他们会给孩子必要的爱和关怀，同时也能够以积极平等的态度与孩子进行充分的双向交流，听取和接受孩子的意见，向孩子表达自己的想法，积极了解孩子的想法。父母应当对孩子提出合理的要求，让孩子参与规则的制订，并让孩子心甘情愿地遵守规则。父母和孩子是平等的，父母要求孩子要做到的事，自己首先必须做到。案例中，小新的妈妈在管教孩子的过程中，应该关注小新的情绪和感受，同时教会小新正确处理自己的情绪，学会以合理的方式宣泄自己的情绪，而不是过分关注、过分控制小新。

3. 引导孩子正确选择社交对象。好的社交对象会影响孩子的一生，坏的社交对象也会影响孩子的一生。古人云："亲贤臣，远小人，仁人圣王之道也。"说的就是这个道理。社交对象有很多类型，了解社交对象的类型和特点，教会孩子正确开展社交，选择合适的社交对象，建立一个受益终身的人际关系网络，无疑是有巨大意义的。

【教育提升】

1. 积极与孩子进行沟通。有效的沟通能够避免问题的产生。很多父母在教育孩子的过程中，往往将自己的意愿强加到孩子身上，导致孩子更加厌恶父母的教导。孩子在成长过程中逐渐有了自我独立意识，有了自己的主见、情绪，一旦父母过分干预孩子从事某项活动则收效未必明显。因此，需要父母与孩子进行良好沟通，尊重孩子意愿，孩子才会主动积极地学习相应的内容，并不断成长。

2. 教会孩子正确的情绪表达方式。无论是在学校还是在家庭中，孩子难免会受到消极情绪的影响。掌握良好的情绪表达方式有助于孩子控制情绪，将消极情绪带来的负面影响降到最低。

3. 父亲应参与教养孩子的过程。父亲作为家庭中重要的一员，对孩子的成长、发展起到至关重要的作用。而父亲的参与能帮助孩子建立与同性交往的技巧与能力。因此，父亲应积极参与到养育孩子的过程中。

问题 12：孩子开始对异性感兴趣，父母该如何引导？

案例

小野今年读六年级。有一天，妈妈帮小野把衣服放进洗衣机时，在他口袋里掏出了一张小纸条，打开一看，是小野和班上一名男生的对话。

男生："你是不是喜欢张欣然？"

小野："没有！"

男生："那你为什么总是盯着张欣然看？"

小野："你什么眼神！我看的是王浩然！"

男生："瞎扯吧！你就是因为喜欢她，才老去看她，老去捉弄她！"

小野："你说的是你对苏茜吧！"

……

看到这里，小野妈妈若有所思。小野最近确实有些不一样，开始更注意自己的形象；吃饭闲聊时，好几次提及班上的某某某喜欢谁谁谁；暑假和张欣然等同学一起去小组研学时，表现得异常兴奋、高调……

面对开始对异性感兴趣的孩子，小野妈妈该怎样引导呢？

【原理分析】

五、六年级的男孩和女孩，身体开始发育，性意识也渐渐形成。过去玩在一起、天真无邪的同班伙伴，渐渐有了性别之分。班级里男女同学开始有界限，彼此看不顺眼，互不相让，互相嘲弄。但表面的疏远之下，是部分同学不断生长的对异性的好奇和关注：有的男生特别喜欢去捉弄女生，有的同学在异性在场时格外爱表现，有的同学表面看起来波澜不惊，却在悄悄留意异性的一言一行，有的最讨厌别人说自己喜欢某某，却忍不住去开别人的玩笑，还有的暗暗地去试探伙伴，宣泄自己暗藏于心的情感……

就像案例中的小野这类青春期的小心思，父母稍加留意，便能在生活中找到许多蛛丝马迹：不同寻常的行为表现，看似不经意地在谈话中提及，特别钟爱某类书籍……甚至有时不是自己的孩子主动，而是忽然收到来自他人的表白、示好。许多父母在留意到这些时，都忍不住开始发愁：自己究竟该怎样和孩子说，才能让孩子把心思都用在学习上，不要因为早恋影响学习，甚至影响人生？

事实上，父母应该认识到，上述现象是青春期少男少女们常见的、正常的心理现象。这类心理现象会诱发故事，也会引起烦恼、苦闷，更会催促男孩女孩们学会调整自己，学会用理性管理自己感性的冲动、悸动。甚至也可以说，唯有走过这样漫漫的青春期，孩子的感情观才会从抽象走向具体，从幼稚走向成熟。

【操作指导】

在这个特殊的时期，父母该怎样陪伴孩子、引导孩子，让孩子把主要的时间、精力放在学习上，并为以后培养积极的婚恋观呢？

首先，父母要理解孩子产生这种"心动"不是孩子学坏了，无论孩子说什么、做什么，父母都别急着去批评、否定、指责、干涉，要保持开放、包容的态度，多倾听孩子的心声。因为，如果孩子知道父母对这件事如临大敌，自己若开口谈及就会被教育、指责，那孩子在以后内心悸动的时候，就不会再向父母透露半句，想"谈恋爱"时也会严密防范，费尽脑汁不让父母发现。这样，浪费了孩子宝贵的精力，也阻隔了孩子和父母的内心。相反，如果父母抱着开放、包容的态度，多倾听，孩子就会愿意和父母多交流，父母也就得到了积极引导孩子的机会。比如孩子说班上两个同学在谈恋爱，父母先拦下嘴边的那句"谁这么小就谈恋爱，学坏"，而是带着好奇问问孩子："是谁和谁在谈恋爱啊？他们平时在班级中表现如何呢？谈恋爱后他们的学习和生活有什么变化吗？"孩子回答这些问题的过程，就是他们思考和判断的过程。

其次，父母要引导孩子试着用理性去观察、思考、管理自己的冲动和情绪，培养孩子积极的婚恋观。比如，在上述对话之后，父母可以引导孩子继续思考："你以后想和什么样的人恋爱呢？你希望你们之间是什么样的关系/相处模式呢？你希望你们之间的感情从何处开始，又去往何处呢？你觉得两个人的感情最重要的是什么呢？"

或者，当孩子说他可能喜欢某个人的时候，父母可以问问孩子："为什么你会觉得自己喜欢她呀？你根据哪些线索判断的？"然后，再问问孩子："你希望给这个喜欢的人带来什么感觉呢？""你觉得怎么做才是对她最好的支持和保护呢？""你觉得什么样的结果，对你们两个来说是最好的呢？"

【教育提升】

如果父母在青春期有过类似的经历，也可以平等地跟孩子聊一聊。比如：初中时，我也喜欢过一个男孩子，每天都忍不住想他。在班级里忍不住去看他，找他说话，跟朋友提起他。我以为这就是喜欢了，就跟自己的好朋友吐露了这个心事。没想到，过了三个月，好友忽然提起，我才发现自己已经好久没有想到他了。但是高中时，我又碰到一个喜欢的人，喜欢了他两年多，还成了他最好的朋友。整个高三，他给了我极大的支持，我也尽自己所能去帮助他。到现在，我们还是最好的朋友。

总之，这个年龄段的孩子出现各种各样的小心思都是正常的。父母唯有放下成见，抱着开放、包容、尊重的态度，倾听孩子、陪伴孩子，才能在这个时期给予孩子最大的支持和帮助。

问题13：如何与留守儿童沟通？

案例

小爱是一名小学五年级的学生。自小爱一周岁起，父母就长年在外打工，小爱跟着爷爷、奶奶在老家生活。小爱在学校没什么朋友，平时说话做事喜欢和别人唱反调。比如，同学说某部电影很好看，他一般会说："好看什么！"合唱比赛时，因他个子高，文艺委员让他站后排，他非要站第一排。有时，他还会因一些小事和同学大打出手，有一次甚至把同学的肋骨都踢断了。小爱上课几乎不听讲，要么睡觉，要么捉弄同学，闹得四周不宁。老师苦口婆心地劝他，他半天蹦出一句："我就这样，怎么着？"气得老师直瞪眼。小爱和父母一年见不上几次面，但他在学校的种种劣迹还是会不时传到父母耳中，父母就会打电话回来责骂他一通，每回通话都是不欢而散。现在小爱几乎不接父母的电话了。

【原理分析】

随着我国经济的快速发展，大量欠发达地区的劳动力涌入发达城市。他们的下一代被迫留在老家，形成了一个特殊群体——留守儿童。由于留守儿童长期缺少父母的关怀与照顾，加上隔代教育的局限，导致他们出现了多方面的问题行为。这主要有以下三方面的原因。

1. 家庭教养问题。

（1）从儿童个体生命成长过程来看，幼儿期是语言发展的敏感期，孩子在这一阶段尤其需要父母的陪伴。父母应多与孩子交流互动，多与孩子进行亲子阅读，促进孩子语言能力的发展，为孩子将来学会与人沟通和表达自己奠定基础。如果这一时期父母缺位，而由祖辈陪伴孩子，则会造成一些问题：由于隔代抚养之间的交流限制以及心理上的代沟，使得抚养人无法和留守儿童进行有效沟通。

（2）留守儿童在成长过程中缺乏父母情感的支持，容易产生行为偏差和逆反心理。随着年龄的增长，留守儿童在与人交往的过程中，往往以自我为中心，并对他人产生敌意。

（3）父母从来没有接受过做家长的岗前、岗中培训，亲子之间缺乏沟通或沟通方法不当，也使很多留守儿童与父母之间出现严重的情感分离。

2. 学校教育问题。学校对留守儿童这一特殊群体关爱不够，没有建立完整的心理档案，如留守儿童的爱好特长、家庭的经济状况、家庭氛围、父母的教养方式与态度、与父母和监护人的关系、个性心理中有哪些不良的品质等。当老师发现留守儿童有这样或那样的问题时，无法对他们进行有效的辅导与沟通。

3. 社会环境问题。互联网的飞速发展和电子设备的广泛应用，使留守儿童沉迷于手机、网络，出现了"上网朋友千千万，下网朋友没一人"的现象，从而导致亲子沟通出现障碍。

【操作指导】

怎样与留守儿童进行有效沟通，我们简单介绍几种方法。

1. 通过他人了解孩子。了解才会理解，理解才会包容。留守儿童的父母要主动通过监护人或亲戚、朋友了解孩子，为亲子有效沟通奠定基础。

2. 主动与学校老师联系。留守儿童的父母要借助学校为留守儿童建立的"温馨小家"和"代理家长"了解和训练孩子，使孩子能心怀正念，掌握沟通技巧，从而善于并乐于沟通与表达。

3. 积极寻求社会支持。留守儿童的父母要通过信件或电话的形式，请求社区或行政村，在节假日对孩子进行协管，以实现对孩子的全过程管理。现在很多社区开展了托管、四点钟学校等服务，留守儿童的父母可以通过借助外力，让孩子感受到集体温暖的同时，学会沟通与表达。

4. 让孩子了解父母的处境。留守儿童的父母可以利用发达的互联网传达自己在外地工作和想念孩子时的感受，让孩子知道父母目前的处境。比如，通过图片、微拍等方式，让孩子看到父母生活、工作的场景，从而使孩子了解父母的生活、工作状态，增进亲子之间的理解。留守儿童的父母在和孩子沟通中千万不要只是重复讲了几万遍的话："你吃饭了吗""你要好好学习，做作业要认真"等，孩子听了会觉得厌烦、反感。父母要在百忙中积极参与父母课堂的学习，借助外脑提升自己的沟通水平，如建立亲子沟通台账，用"接受的语言"进行交流，确保沟通的针对性和有效性。

【教育提升】

1. 父母应关注孩子的情感需求。留守儿童出现此类的偏差行为，如唱反调、惧怕父母等，往往与父母参与教养的缺失有一定关系。在一定程度上，虽然祖辈能够满足孩子的温饱问题，但是孩子情感需求却无法得到满足。当他们最需要父母关心、安慰的时候，父母却为了生活远离家乡，一年到头只能见上一两次面。

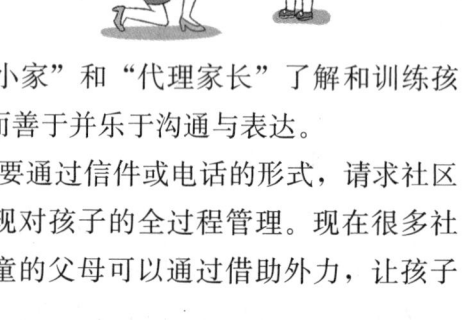

这使得孩子无法感受到来自父母的关心、安慰等情感支持。因此，父母不应只关注孩子的成绩表现，孩子的情感需求同样重要。父母可以定时与孩子通电话关心孩子、询问孩子的情况，这样有助于父母随了解孩子的近况，并给予孩子充分的情感支持。

2. 培养孩子独立生活的能力。留守儿童从小便与爷爷、奶奶等祖辈生活，更需要掌握独立生活的能力。学习问题是孩子比较难以处理的，祖辈无法提供相应的学习指导父母可以让孩子做一些力所能及的事，逐渐培养孩子的独立习惯，从而慢慢地形成独立思考、独立解决问题的能力。

问题 14：如何与青春期的孩子沟通？

案例

小昕是小学六年级的男生。一天傍晚，他抱着足球，汗流浃背地跨进家门，看见妈妈，他得意地说："妈，今天比赛我们又赢了！"

妈妈一边忙着摆碗筷，一边没好气地说："踢踢踢，就知道踢足球！看看都几点了，今天的作业你完成了吗？"

"比什么赛！你现在都六年级了，还天天踢球、玩耍！你知不知道，一个不学无术的人，打苦工都赚不到钱！"爸爸盯着手机，用手扶了扶眼镜说。

小昕还有些兴奋："老爸，今天比赛真的很精彩，我还踢……"

"我像你这么大的时候，不仅要上学，还要帮家里做家务，成绩照样名列前茅。你看你，天天什么都不干，成绩一般般，你对得起我们吗？"爸爸收起手机，看着小昕说。

"就是。你什么时候能不踢球啊？你该学学你们班的小丽，人家成绩那么好还那么用功。"妈妈附和道。

"你们天天都唠叨这些烦不烦呀？"小昕不耐烦地走进房间，砰的一声带上房门，不再与父母说话。

"哎，你这孩子，怎么越来越不听话了！"妈妈摇了摇头，爸爸一脸无奈。

【原理分析】

青春期的孩子经历了生理、心理的急剧变化，呈现出几大特点：一是矛盾性，即反抗性与依赖性、封闭性与开放性、勇敢与怯懦、高傲与自卑、否定童年又眷恋童年等交织并存。二是情绪多变。他们的情绪时而强烈、粗暴，甚至是"疾风暴雨"，时而温和、细腻，甚至带有表演的色彩。有的孩子不能很好地接纳自己，不知道如何在公众面前展示自己，也不知道如何与父母保持良好的关系。三是自我意识高涨。青少年时期是自我意识发生突变的时期，他们的注意力从外界转向自己，开始关心"我"的一系列问题：对身体外貌的关注、追求同学的认同、社交活动、升学与学科的选择、时间与金钱管理和运用等，这些问题往往也是父母关注的焦点。此时，亲子之间相互了解与彼此沟通，维持亲密的亲子关系，能协助孩子顺利度过这个发展阶段。但由于父母与孩子的立场观点不同，生活经验与想法感受相异，常常会出现父母低估孩子的发展水平，而孩子高估自己的发展水平的状况，亲子沟通容易出现障碍。

【操作指导】

和青春期的孩子沟通的常用方法如下。

1. 准确定位。父母在和孩子沟通前要认真思考几个问题：首先，自己在家庭中扮演什么角色？孩子逐渐长大，不再是小孩了，自己是否采用了与之相适应的教养和沟通方式，实现与孩子共同成长？其次，培养孩子的目的是什么？这是教育孩子最根本的问题，也是对孩子价值观起决定性作用的问题。是为了让孩子考个好成绩？是为了让孩子进入好学校？还是为了让孩子找个好工作？这些都是教育过程中阶段性或短期性的小目标。其实，最终目的是让孩子一生幸福。在孩子成长过程中，最重要的是看孩子和过去相比，有无进步，是否有所发展。如果站位高、立意远，对孩子偶尔出现的考试失误、喜欢足球等问题就不会如临大敌、采取过激言行，而是静待花开。

2. 扮好角色。孩子青春期来临有很多迹象，如有一天女儿对妈妈说："我们班有个女生的胸部开始发育了。""我们班有同学来月经了，我什么时候来月经？"

父母要用心捕捉孩子青春期来临的信号，同时，在孩子面前积极扮演"好朋友"的角色。与孩子沟通的前提是尊重而不是监视，父母千万不要当偷听电话、偷看日记、偷跟行踪的"三偷人员"，而要了解孩子现在喜欢的事情和人物。如孩子喜欢刷抖音和玩游戏，父母也可以下载来玩一玩，看看是什么吸引了孩子。父母要跟上潮流，不能落伍，要让孩子与你有共同话题，让孩子渴望和你沟通。

3. 用心倾听。沟通的焦点就是倾听，学会了倾听，就抓住了教育的关键。父母必须试着了解对方的感受和想法，然后用自己的话表达出来，并向对方求证。必须注意，父母绝不可盲目加入自己的观点、分析、劝告及任何价值判断。父母应该像一面镜子，将孩子的感受和情绪反映出来，帮助孩子看清自己、了解自己。让孩子在被理解的过程中感受到父母的爱，父母在同样的过程中更加了解和爱孩子。同时，引导孩子更深入地思考自己的问题，并找到解决方案。

4. 选择方法。沟通中，父母应该分清"问题拥有权"。不同的问题要采用不同的解决方法。一是用倾听的方法解决孩子的问题。孩子自己的权利受到影响，生活和学习过程中遇到挫折，这些问题应该由孩子自己解决，父母只能充当倾听者、引导者、旁观者。二是用陈述技巧来解决父母的问题。若因为父母的原因导致孩子的需求无法得到满足，父母必须向孩子说明事情的缘由，获得孩子的理解与支持。三是用"无输"的技巧解决冲突问题，避免"道理争对了，人却得罪了"。双方沟通时应尽可能采用"你一句、想一想，我一句、想一想"的发电报方式，控制情绪，确保沟通顺畅，达到预期效果。

【教育提升】

1. 尊重孩子的自主权。青春期的孩子虽然在生理上没有完全成熟，在生活能力上不能完全脱离对父母的依赖，但是他们在心理上已将自己当成社会中独立的一员，追求做事的独立自主性，不希望被其他人控制或干涉。父母应该认识到这一阶段孩子的发展特点，不能再以过去的教育方式对待已经长大了的青少年。所以，在沟通交流的时候，父母应该要给予孩子足够的自主权和信任感，否则孩子可能就会对父母关闭自己世界的大门。

2. 进入孩子的世界，谈论他们感兴趣的话题。普遍存在于青春期孩子与父母之间的沟通问题是"没话聊"，主要是因为双方在沟通话题上无法达成共识。父母总是以教育、指责的口吻与孩子谈论学习成绩、生活习惯等，孩子却不喜欢被指责，久而久之，双方沟通就变得越来越少。父母如果换位思考，一定能够体会，我们每个人在聊天时都希望交流的话题是自己感兴趣的。因此，父母不妨试试，和孩子谈论他们喜欢做的事情。

3. 营造活跃的家庭氛围。孩子在和谐愉快的环境中更倾向于放松自己，更容易吐露心声。在一个严肃压抑的家庭氛围中，孩子与父母的沟通多半是不和谐的。因此，父母想要改善亲子关系，与孩子有良好的沟通，营造和谐的家庭氛围是必不可少的。父母可以多带孩子参加户外活动，或在节日来临时用家庭成员都喜欢的方式加以庆祝，在日常生活中注重"仪式感"，这都有助于家庭和睦，为良好的沟通做铺垫。

主题三　学习与成长

问题1：如何帮助孩子养成良好的学习习惯？

案例

培培是小学四年级的男孩，成绩属于中等偏下水平。他在家不按时完成作业，不爱学习还拖拉马虎，要爸爸再三催促才开始写作业。写作业的时候经常东张西望，一会儿要喝水一会儿要吃零食，时不时和宠物狗玩，到了很晚才开始应付作业。有时，他趁家长忙碌无暇看管，边看动画片边写作业。每次爸爸检查他的作业，总会发现许多因为着急而犯的小错误，或字迹潦草、笔画错误。如遇到难题，培培会产生畏难情绪，立即来找爸爸寻求答案。为此，唯分数论的爸爸也经常对他进行严厉的批评。随着培培的成长，爸爸也意识到，为了让培培在初中的学习生活更加顺利，必须要纠正培培学习上的坏习惯。那么，培培的爸爸该如何做呢？

【原理分析】

良好的学习习惯是孩子取得好成绩的基石。习惯的培养需要孩子端正自身的学习态度，以及父母采取良好的家庭教养方式。

1. 家长错误的教育态度影响孩子的学习态度，进而影响孩子学习习惯的养成。许多家长盲目强调学习成绩，而忽视了学习习惯对孩子的长远发展意义。一些家长在孩子成绩不理想或不达标的情况下，容易对孩子进行指责和批评。这种不尊重孩子的行为，导致会为了避免责骂而产生作弊、撒谎的行为，久而久之，便养成了不良的学习习惯，如学习态度散漫、作业拖延、阅读不认真等。

2. 家长教育方式不得当影响孩子的学习习惯。部分家长对孩子的教育方式过于放纵，比如对孩子一边看电视一边写作业的情况，家长毫无觉察，没有有效引导，任其自由发展；再者，部分家长对孩子的学习要求严格，有时教育方式不恰当，采用打骂、威胁的形式迫使孩子养成好的学习习惯。这些行为导致孩子感受不到家庭温暖，更难以养成良好的学习习惯，甚至对心理发展带来负面影响。

3. 家长没有营造良好的家庭学习氛围，影响孩子的学习习惯。小学阶段的孩子自制力较差，主要以模仿、观察学习的方式为主，易受环境影响。若家长没有为孩子提供良好的学习环境，甚至在孩子学习时进行间接干扰，如在一旁玩电子产品、闲聊等，容易分散孩子学习的注意力，一定程度上破坏了学习氛围，阻碍孩子形成良好的专心学习习惯。

4. 不良的亲子关系影响孩子的学习心理。当孩子因为家长过于严格和过多地管教学习产生逆反心理时，家长越是要求孩子，孩子就越是应付或偷懒，以至于养成更多的不良学习习惯。

【操作指导】

1. 家长端正教育态度，重视孩子良好的学习习惯的培养。一般情况下，家长不要在孩子旁边监督孩子写作业，而应培养孩子自主解决学习问题能力，避免孩子养成因为没有家长陪同就不认真完成作业的不良习惯。

2. 支持孩子的自主行为，激发孩子探索对学习活动的兴趣和热爱，保持持久的学习动力。孩子拥有成就感之后才能增加主动学习的积极性，从而使自身的学习活动进入良性循环。

3. 以身作则，为孩子树立榜样。在要求孩子之前，家长首先应该成为一个言行一致的人，才能让孩子信服。家长要求孩子看书，首先家长要在平时多看书，因为身教重于言传。只有家长充分发挥榜样的引领作用，才能让孩子在一个和谐的氛围中潜移默化地养成良好的学习习惯。

4. 营造良好的家庭学习环境。良好的家庭学习环境包括孩子在家学习所需要的物质环境和学习氛围，减少可以干扰孩子的物品，如移除卧室的电子产品、玩具等。家长尽可能在孩子学习时保持安静，避免对孩子造成干扰。

5. 根据孩子的实际情况，考虑到每个孩子不同的心理特征、个性特点和学习习惯现状等，共同制订合理、可行的学习规则和规律的学习作息，并坚持长期执行。在孩子学习结束后，家长可以额外安排部分高质量的亲子活动时间，让孩子放松娱乐的同时促进亲子关系发展。

6. 使用行为积分表延迟满足。有的孩子自制力较差，抵制诱惑的能力不足，为了保证学习质量，可以采用积分表来提高孩子的期待感和满足感，以实现良好学习习惯的培养。孩子在达到目标后可以兑换奖励，家长让孩子看见自己的进步，等目标行为稳定后就可以逐渐取消奖励。但家长需要继续给予正面的积极评价和关注孩子的行为，让孩子体会成就感和满足感，以激励孩子继续努力。

【教育提升】

1. 家长的发展水平影响孩子的发展能力，若家长拥有较高的文化素养，也会更加重视对孩子的教育，开阔眼界，较好的教育态度与教育能力也能指导好孩子的学业，及培养良好的学习习惯。

2. 家长相信自己能力的同时充分信任孩子，放手让孩子自主学习、自主管理、自主发展，让孩子拥有更多自主成长空间。此外，家长还应营造轻松、和谐的家庭氛围，与孩子共同进步。

3. 家长利用空闲时间，积极寻找或创造有益于孩子学习的场所，或让孩子接触更多学习能力强的伙伴，让孩子在潜移默化中取得进步。

问题 2：如何培养孩子的学习自主性？

案例

左田是老师眼里的好学生，成绩一度稳定在班级前六。在他读四年级时，父母开了一家店，忙得无法像以前那样盯着他学习。怎料才半个学期下来，左田就沉迷于电子产品：周末他连续玩平板电脑或手机数小时不抬头一下，平日晚上有时也在玩，老师经常反馈他的作业没完成。父母好言相劝，效果不佳，罚站、责骂甚至是体罚，都轮番试过。这些方法用过后，短期内颇见成效，孩子回家后立马就写作业，但完成作业后一下也不愿再学习，节假日里还会变本加厉地玩。同时，妈妈发现左田变得沉默寡言，不爱和大人沟通了，被逼急了就哭喊着嚷嚷几句，然后把自己锁在房间里个把小时不出来。随之而来的，还有成绩的时好时坏，这次期末考试，左田的成绩下降到十名之外。妈妈很犯愁："难道孩子学习都要家长一直盯着？我们现在是盯着他他反感，不盯着他他落后。他这才上小学，和我们就像死对头一样，等他到了初高中，很难想象我们的关系会糟糕到什么地步！"

【原理分析】

先从一个小故事说起。有一群孩子经常恶作剧地往老人的院子里扔石头，惹老人发怒，然后一窝蜂地跑掉，第二天再来扔，乐此不疲。老人想了个办法，对孩子们说："我一个人很孤单，欢迎你们来玩。从今天起，我会给每个扔石头的孩子1元钱。"孩子们都高兴极了，第二天又来扔石头，每人得到了1元。这样到了第四天，孩子们扔完石头后，老人只给每人5角钱。过了两天更少了，每人只得到2角钱，孩子们对待遇的降低都不满意，扔石头的热情也下降了。再后来老人一分钱也不给孩子。孩子们生气地说："我们这么辛辛苦苦地扔石头，他还不给钱，不给他扔了！"困扰老人已久的问题就这样解决了。

老人深谙内部动机与外部动机相互转化的原理，巧妙地把孩子原先追求快乐的内部动机转化为依赖奖励的外部动机后，再将外部奖励取消，孩子们行为的动力便消失了。

同样，在本文的案例里，左田的学习自主性减弱时，父母亲比左田还要急，但没能换位思考，了解孩子学习动力下降以及沉迷于电子产品的内部原因，便开始用惩罚、打骂等一系列外部方法迫使孩子重新产生学习动力，这样迫于外部压力而产生的学习动力，质量不高且无法持久，一旦外部条件撤销或减弱，动力就不足，相应的学习行为就消失了。另一方面，惩罚、打骂等一些不良的教育方式，显著损害孩子的心理健康和亲子关系，后续的副作用过大，家长是否承受得起？

心理学家认为，参加活动所带来的快乐感觉，就是对个人最好的奖励，这种由活动本身产生的快乐和满足的体验，就是内部动机。因为活动本身带来快乐和满足即是奖励，所以就不需要外部的奖励或监督、逼迫。家长如能设法引发孩子对学习活动的产生真正兴趣，孩子的自主学习就自然养成了。

但也有很多学习活动是既定的，无法以生动有趣的形式呈现或让孩子在参与中感受到乐趣，那如何让孩子自主学习呢？最佳方式是把做这件事的价值传达到孩子心里，让孩子发自内心地认可学习的意义和价值，愿意自律，也能培养孩子的自主学习能力。但这有先决条件，效果才能显现，具体请看操作指导。

【操作指导】

培养孩子学习自主性，家长应该怎么做呢？我们给出以下几点建议。

1. 与孩子建立良好的亲子关系，才能正面影响孩子。我们往往喜欢某个人或与他关系较好，才愿意接受他的言论、采纳他的建议、模仿他的行为。如果孩子与父母关系不好，父母很难对孩子发挥正面影响，孩子有可能会忤逆或阳奉阴违。

2. 与孩子说话时，注意沟通方式和讲究沟通方法。为人父母，为孩子前途着急可以理解，但如果方式方法不得当，就会"欲速则不达"，越着急越难达成所愿。沟通时，要注意语气缓和，态度温和，切忌指责、挖苦、威胁、冷战或故意忽视孩子。父母积极倾听，适时地换位思考孩子的立场和难处，理解和体会孩子的感受和需求，才能深入孩子的心，换来孩子的诚心相待。

3. 及时发现孩子能力发展过程中遇到的困难，帮助孩子摆脱困境。孩子的学习过程也是能力发展的过程，其间难免会遇到瓶颈，突破之后往往会有质的飞跃。家长如能及时发现孩子遇到的难题，从旁帮助孩子摆脱困境，孩子就可以百尺竿头，更进一步。

4. 跟随孩子的脚步，做孩子的"脚手架"。父母帮助孩子时切莫抢风头。当孩子学习时，有时因某些基础知识或经验短缺而难以顺利进行，这时父母切忌直接把自己变成主事者，指挥孩子甚至直接插手，而应做孩子的"脚手架"，"润物细无声"地帮助孩子，让孩子借力后再通过自身力量继续向上攀登。

5. 保持对孩子的影响力：以身作则、言出必行。总是从旁辅佐、突显孩子的能耐，会不会让孩子觉得自己很了不起，而忽视父母权威，藐视父母，然后违抗父母、独断专行呢？答案是否定的。孩子越大，越会对父母把自己比下去的行为心生怨恨而非敬畏。

如果父母要保持权威形象对孩子施加影响，应以身作则，让孩子自然习得良好的行为习惯，如：在家里营造学习氛围；言出必行，让孩子对事件的发展走势可预测、可把控，从而内心踏实安定。

6. 向孩子阐述所做事情的意义与价值。面对一时无法引发孩子兴趣的内容，父母可尝试和孩子讲明做此事的意义。需要注意的是，此处的"意义"是孩子认知中的意义，而非大人感知的意义。比如为何要学好数学，在孩子的认知中，学好数学的意义体现在与他们生活息息相关的小事——压岁钱算得清了；能通过合理的规划，恰当地使用零花钱……而大人感知的意义则是"学好数理化，走遍天下都不怕""学好数学好升学，以后找个好工作"，这些口号式的目标对孩子来说比较陌生，孩子难以感同身受，自然很难被说服。

【教育提升】

根据当代心理学理论和实践，人类有三大基本心理需要：亲近的需要、能力发展的需要和自主的需要。作为父母，可从以下三方面着眼来满足孩子的三类基本需要，从而让孩子的身心获得更好的发展。

1. 提升父母参与的品质。父母应提高陪伴质量，关心孩子的感受和感情，给予温暖和关心，从而满足孩子对亲近的需要。

2. 支持孩子能力发展。组织适当的环境，创造匹配孩子能力发展的条件辅佐孩子成长；关注孩子是否掌握知识；适时给予丰富的信息反馈而非评判；解释行为与后果间的必然和偶然，让孩子明确努力的意义；在必须设置限制时，以非控制的方式设置。

3. 支持孩子的自主需求。从孩子的视角出发，以适合孩子的身心特点为依据，同时考虑孩子的客观情况；提供有意义的选择给孩子；鼓励和支持孩子的主动性，鼓励和支持孩子发表自己的见解；尽可能少用控制的语言，要求孩子完成某些特定行为时提供孩子认为有意义的理由。

问题 3：输入＋输出学习模式
——如何提升孩子的学习效率与动力？

案例

辰辰的妈妈最近遇到了一个烦恼：孩子上了四年级，经常抱怨学习很枯燥、无聊。在这之前，辰辰虽然每次都是态度勉强，也常常拖拉，但至少还能维持坐在书桌前把作业写完。如今一提到学习，辰辰总是十分抗拒，上课时容易犯困，回家后作业也不爱写，敷衍了事。爸爸妈妈在一旁看着心里着急，但批评和唠叨都无济于事。老师认为，辰辰的思维比较活跃，具有很大的学习的潜力，但可惜的是，他总是提不起学习的干劲。今年寒假，爸爸一个外地的朋友带着孩子小东来家里玩，小东的语文基础好，但数学总是学不会。相反，辰辰的数学思维比较灵活，语文相对比较薄弱。两个人相处了几天，渐渐形成了良性竞争。有时候，小东给辰辰讲语文，小东讲得十分投入，辰辰也听得津津有味；有时候，小东不会的题目问辰辰，辰辰也不亦乐乎地教他，两个人比学赶超，学习兴趣越来越浓。原本对学习已失去热情的辰辰，突然又重新燃起了学习激情，为了保持自己在小东心中良好的形象，辰辰有时甚至在小东出门的时候

还偷偷学，生怕小东提问的时候自己答不上来。辰辰妈妈看到这样的场景，感慨道："原来，孩子学习没动力，是因为没观众，没'粉丝'，早知道就应该让小东早点过来一起学了！"

【原理分析】

传统的教育模式更注重输入的学习，老师和家长在教孩子学习时，更多的只是强调孩子是否听懂了，是否记住了，是否吸收了知识，而没有考虑孩子学习过程中的情绪、感受，忽视了知识的难易程度和趣味性，也无法了解孩子的需求是什么。这种简单的单向性传授，忽略了孩子的学习能动性。

与输入型学习模式相对应的是输出型学习模式。很多人会有一个误区，认为输出就只是把自己的知识分享给别人，而不会让自己有新的收获。其实这样的想法是错误的。在输出的过程中，我们的大脑对知识的结构与联系会有更深层次的认识和把握，在讲解过程中，也加深了我们对知识的记忆。当我们在输出知识时，会站在更主动的角度来认识知识，会思考不同知识之间彼此的联系与异同，会思考用什么例子更容易让对方理解，会反思自己讲授过程中的逻辑是否严谨。这个过程不仅培养了孩子的语言表达能力，更培养了孩子流畅的思维能力。输出过程，是孩子对知识的整合过程、记忆过程，同时也帮助孩子提升自我认同感和对学习的自信心。

1946年，美国缅因州的国家科学实验室里，一位教授对不同的学习方式效率进行了测算。他测算的内容是：24小时之后，你学习的内容平均保持率有多少？结果令人出乎意料，保持率最高的学习方式是"教授他人"，这种学习方式让受试者对知识的记忆和内化程度达到90%左右。而在所有学习方式中，保持率最低的就是听讲。如果只是单纯地听讲，24小时后，受试者平均能够记住和保持的知识只有5%。所以，在输入知识之后一定要学会主动地输出，把输入的信息和输出过程中重新梳理的逻辑、实践结合起来，才是高效的学习方式。

【操作指导】

纸上得来终觉浅，绝知此事要躬行。输出型学习模式，是孩子在学习了一定知识内容后的一种运用和展示。如果没有充足的知识储备，孩子很难进行输出。但如果只一味地听讲、学习、输入，孩子的大脑是很难对复杂信息进行识记的。因此，父母在帮助孩子学习的时候，要注意以下两个方面。

1. 不要吝啬帮助同学。帮助同学，并不是让孩子把作业借给别人抄、考试帮忙传递答案等，而是当同学在学习中遇到困难的时候，舍得将自己的知识储备分享给对方，帮助对方理清楚题目背后的原理，获得解题思路。孩子在此过程中逐渐提升自己的思维水平和自尊自信，同时也提升孩子学习的兴趣与动力。

2. 在孩子学习的过程中，多与孩子进行角色互动，必要时扮演学习中的弱者，让孩子充分体验学习的主导者角色。学习不仅仅是一个吸收知识的过程，更重要的是运用和展示的过程。父母可以多为孩子创造展示自己的舞台，低年龄孩子的父母可以跟孩子玩"假扮老师"的游戏，让孩子扮演老师，父母扮演学生，必要时还要让孩子帮忙讲解；高年级孩子，父母可以多与孩子探讨学习上的疑难点，鼓励孩子带着怀疑的精神去看待课本上的知识，多向孩子提问题，引导孩子去思考和表达。

【教育提升】

父母可以通过以下方法帮助并引导孩子，让孩子学会把输入转化为输出。

1. 高频率的提问。有提问才会有思考，思考的过程就是学习和记忆的过程。父母不仅要多提问孩子，还要帮助孩子养成自我提问的习惯，"如果换成另一种情况，是否可以用相同的方式来回答呢？"多角度、多层次地进行自我提问，实际上就是一个化被动为主动的学习过程，这也是输出型学习模式的一种体现。

2. 及时的关联思考。很多孩子一学到公式或概念等知识点就会非常头疼，这个时候父母可以引导孩子转变思维，想一想：这个知识点与你已有的哪些知识相关呢？此外，父母还应鼓励孩子在学习新的知识时，有意识地加强与旧知识进行关联，帮助孩子建立新旧知识之间的联系。

总之，我们要先让孩子建立更加庞大牢固的知识系统，引发孩子积极思考，才能进行更加深入有效的学习。"输入＋输出"学习模式，双管齐下，孩子的学习动力才能源源不断，学习效率才能得到保障。

问题 4：我不是学习的料？
——如何让成长型思维帮助孩子学习成长？

【案例】

玲玲到了五年级后，学习数学越发吃力，应用题是让她最头疼的题目。平常学不会，她就只能死记硬背算式，而每次考试都无可奈何答不上来。即将期末考了，玲玲非常紧张，她把一整个学期记录下来的应用题算式一道一道地背下来。在一旁的爸爸看到她的做法后，问她为什么要背算式。她说："这么多题目，我相信总有一道题是可以押中的。"

爸爸被她的回答吓了一跳，急忙制止她的行为。不出所料，孩子的期末考成绩果然不理想，数学不及格。玲玲非常伤心，她觉得自己已经非常努力了，但还是学不好数学。如今一提到数学她就感到害怕，也经常在睡梦中，梦见自己在参加数学考试的时候答不上来，浑身冒汗。

玲玲的爸爸带玲玲去咨询心理老师后才发现，原来玲玲一直以来都有一个根深蒂固的观念：我的脑子不灵活，我不是学数学的料。这样的观念一直陪伴着孩子一路以来的成长。玲玲爸爸说，过去他们不懂，父母的评价对孩子的影响竟然这么大。在家里，每次玲玲算数算错了，爷爷奶奶就会说"女孩子，脑子就是不如男孩子好""你看，我就说你不如哥哥厉害"之类的话语，在玲玲想要解决问题的时候，他们又经常说"哎呀，女孩子家肯定算不过男孩子，还是让你哥哥来吧"。长期接受长辈这样的评价，玲玲也产生了固化思维：我是个女孩子，想学好数学是不可能的，因为我天生脑子就是不灵活。因此，玲玲在学习过程中，逐渐发现学习数学非常吃力，而大她两岁的哥哥，数学却一直学得非常好。

【原理分析】

很多孩子在学习中容易对自己作出自己"我不是学习的料""我比较不聪明"或者"我的记忆力比较差"等评价，当孩子说出这类自我评价的时候，就意味着他已经形成了固定型思维模式。

什么是固定型思维模式呢？简单地说，就是一个人认为自己的能力、智力等是天生的，后天几乎不能改变。然而事实上，人在成长的过程中，无论是智力、记忆力、思维力等，都是在不断变化发展的，大脑结构是会随着不断学习而产生改变的，它也会相应地改变我们某些方面的能力和水平。因此，在教育孩子的过程中，父母不仅需要改变固定型思维模式，还要培养孩子的成长型思维模式。

成长型思维模式与固定型思维模式刚好相反，它是指一个人认为自己的能力是可以通过后天的努力而发展提升的。这不仅需要父母要有成长型心态，不给孩子贴上负面的标签，同时还要赏识自己的孩子，及时发现孩子成长和进步的地方。

1968年，哈佛大学心理学教授罗森塔尔曾做过一个心理实验。他来到一所普通中学，在一个班里做了一份"未来潜能测试"，然后在学生名单上圈出了几个名字，告诉他们的老师说："这几个学生智商很高，极具天赋，你们要特别关注。"过了一段时间，当罗森塔尔再次回到这所学校时，奇迹发生了，那几个被圈出来的学生真的成为班上的佼佼者。原来，老师们听了罗森塔尔的测试结果后，无形之中对这几个孩子另眼相看，而这些无意识的语言和行为，恰恰是对孩子的赏识和鼓励，从而激发了孩子的成长和突破。

如果父母也能用赏识和发展的眼光看待孩子，让孩子明白，自己是具备无限潜能的，这样的成长型思维对孩子的影响可以是终身受益的。

【操作指导】

成长型思维对孩子的学习能力、智力的发展有重要作用，在教育过程中，我们应当如何培养和锻炼孩子的成长型思维呢？

1. 永远不要从负面评价孩子，给孩子贴消极标签。孩子的自我评价首先是来自于他身边重要的人的评价，如果父母常评价孩子"你一点都不认真""你不爱学习""你不聪明"等，相当于给孩子贴上了消极负面的标签。这种标签会给孩子造成极大的负面影响。孩子的身心都处于成长过程，一旦接受并认可这种负面评价，就容易形成固定型思维，即使身体或大脑还能发展和突破，但心理上来自负面的评价已经形成一道藩篱，使学习很难有提升进步的可能。

2. 父母赞美或批评孩子时，要尽可能使用成长型思维的词语，例如：用功、努力、善于观察、善于思考等；而另一类评价的词语，例如：聪明、漂亮等，则属于固定型思维的词语。父母与孩子的对话中常出现的词语，对孩子形成自我评价过程会产生潜移默化的作用。常常夸孩子做事情特别认真仔细的父母，孩子也会建立"我只要认真仔细就能把一切事情做好"的积极信念；反之，常常说孩子"不聪明""不漂亮"的父母，孩子往往会认为"万般皆是命，半点不由人"做事感到束手无策，而最终放弃自我努力。

【教育提升】

成长型思维可以帮助孩子在遇到困难和挫折的时候，有勇气接受所有的失败与挑战。每个人的人生都是跌宕起伏的，当孩子陷入困境时，往往会产生一种叫"人生困境"的思维，在这样的思维模式指引下，孩子很容易抱怨困境，并将困境归因于不可控的外因——运气，"我怎么这么倒霉，什么坏事都发生在我身上！"而拥有成长型思维的孩子，往往会用更加积极的心态去面对这些困难，并将每一次的挫折视为学习和成长的机会。

因此，当孩子遇到困难或失败时，父母可以帮助孩子做好归因，尽量归因于主观、可控的因素，例如自身的努力程度，避免归因于不可控的因素，例如能力问题、智力问题或运气等。积极的归因也是培养成长型思维的重要方法之一。

问题 5：父母如何给孩子的学习提供帮助？

案例

自从上四年级以来，天天的学习成绩就在逐渐下滑，这让天天的妈妈很是焦急。在小学一至三年级，天天的学习成绩还不错，也养成了自觉学习、按时完成作业的好习惯。但到了四年级，天天在学习上似乎有所松懈，写作业时常常三心二意，经常犯一些小错误，考试时也会因为粗心大意丢掉很多分。天天的妈妈为了尽快提升天天的学习成绩，决定每天监督天天的学习。因此，每天一放学，还未等天天休息，妈妈就要求天天立即开始写作业。天天写作业时，妈妈就坐在旁边，严密监督着天天。一旦天天犯了错误，妈妈就批评他，这常常让天天变得很生气，母子俩常常因此斗起嘴来。天天写完作业后，妈妈会认真检查他的作业，找出错误的地方，然后给他讲解错误的原因以及正确的解答方法。作业做完后，天天妈妈还常常给天天布置额外的练习题，要求天天在当天完成，这也让天天十分排斥。天天的妈妈有时候也会思考，自己帮助天天学习的方法是正确的吗？

【原理分析】

孩子的学习不可能一帆风顺。在学习过程中，孩子往往会出现学习状态变化、学习行为改变、学习成绩起伏等情况。父母需要参与到孩子的学习过程中，为孩子的学习提供适当的帮助。已有的研究证明，父母的参与和孩子学习成绩的关系：父母参与的水平越高，孩子的学习成绩越好。然而，更多的研究发现，父母的参与方式比参与的程度更为重要。父母为孩子的学习提供帮助，表达了对孩子的关心，传递了对孩子学习的期望，这会让孩子更加努力学习。父母的参与还能帮助孩子直接解决学习中遇到的难题，培养孩子良好的学习习惯，提高孩子学习的信心。

父母可以通过多种方式参与孩子的学习。一方面，可以通过参加家长会、参加孩子在学校的活动、参加家委会、与老师沟通孩子的在校情况等方式参与到孩子的学校学习生活中；另一方面，还可以通过检查孩子的作业、回答孩子的问题、为孩子的学习提供辅导等方式参与孩子的学习。

天天的妈妈为天天的学习提供帮助的方式是正确的吗？尽管天天的妈妈的出发点是好的，但她的方式可能对天天的学习没有多大帮助。在天天学习的过程中，妈妈对天天的监督和批评较多，这容易让天天产生挫败、委屈甚至是愤怒的消极情绪。这些情绪使得天天将学习和糟糕的体验联系起来，容易使他产生厌学的心理。天天的妈妈还全程参与到天天写作业的过程中，没有给予天天自主选择、自主计划和独立克服困难的机会，不利于培养天天自主学习的能力。在给天天讲解作业的方式上，天天的妈妈采用了填鸭式的教导方式，这不利于天天学会自主思考和独立解决问题。长此以往，很可能增加天天对妈妈的依赖心理。

【操作指导】

虽然可以用多种方式为孩子的学习提供帮助，但是大多数父母主要通过在家里为孩子检查作业和辅导功课的方式参与到孩子的学习生活中。那么，父母在家里为孩子的学习提供帮助时要注意什么呢？

1. 保持情绪的稳定，尽可能让孩子感受到积极的情绪。父母要注意觉察和调节自身的负面情绪，避免自己的负面情绪给孩子带来负面影响。父母还要避免过度监督和批评孩子，要在帮助孩子的过程中保持耐心，多鼓励和表扬孩子，让孩子在学习过程中体验到积极的情绪。这有助于孩子喜欢学习，也能够让孩子更愿意为了家长而努力学习。

2. 给予孩子适当的空间，让孩子有机会自主学习。父母要注意避免全程陪伴孩子，而要根据孩子的需要给予适当的帮助。提供帮助的程度可以参考"最少而足够"原则，这样既能够帮助到孩子，也有助于培养孩子自主学习的习惯。另外，父母还可以在帮助孩子学习时鼓励孩子设定学习目标、制订学习计划，自己监督计划的实施并即时做出调整。

3. 因势利导。所谓因势利导，是指父母根据孩子的知识基础、学习状态、学习能力以及当下对知识的理解程度随时做出调整，给予孩子适当程度和适当方式的辅导。案例中，天天的妈妈没有必要为天天详细解释全部的知识内容，而可以采用"问—答—释"的辅导步骤，即问一问天天打算怎么回答问题，倾听天天的回答并评估是否正确，就天天回答不正确之处给予适当的解释。这样既能够帮助天天高效地完成作业，也能够鼓励天天自主思考和独立解决问题。

【教育提升】

1. 父母不要期望太高，要能正确地评估孩子的实际能力，不能拔苗助长，让孩子承受过多的压力。

2. 及时有效地为孩子排解消极情绪，扫清孩子在心理上形成的学习障碍。

3. 和孩子一起探讨、设定合理的学习目标，让孩子通过努力能够实现，增加孩子的学习信心。

4. 了解孩子的身心发展规律及特点，科学地引导孩子。如在小学低年级时，重点放在培养孩子的学习兴趣和良好的学习习惯上；到了六年级，就要将重点放在提升综合能力、关注心理变化上，从而避免孩子因学习困难导致焦虑或厌学。有了成功的体验，孩子更可能会爱上学习，形成良性循环。

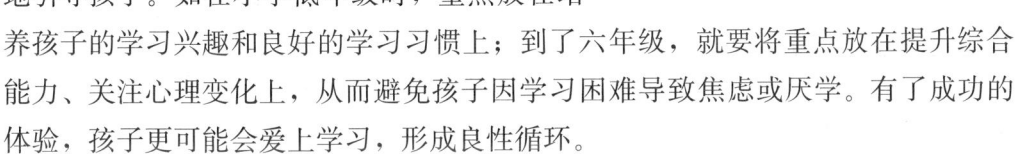

5. 当孩子在学习中取得优异的成绩时，要及时鼓励孩子的学习行为和态度，将成绩归因为孩子努力付出的过程、态度、方法等，以此作为精神上的奖励强化孩子良好的行为。

问题6：孩子不爱学习怎么办？

案例

明明在一所市属小学上三年级。读小学一年级时，明明的学习成绩尚好，但很快就下降到班级后面几名。老师向明明的妈妈反映：在课堂上，明明不认真听讲，常常与旁边的同学聊天、玩游戏，有时候还发出声音扰乱课堂；对于老师布置的作业，明明要么不上交，要么上交的作业中存在非常多错误。老师多次找明明谈心，希望明明能够认真对待学习，但毫无效果。明明的爸爸由于工作原因，经常在外面

应酬,晚上很晚才回家。明明的妈妈也一直忙于工作,晚上经常加班到很晚才回家。明明平时的学习和生活基本上就交由住在一起的爷爷奶奶负责。但爷爷奶奶读书甚少,平时主要负责照顾明明的生活,在学习上基本上不做任何管教。明明在家中多数时间都在看电视、玩玩具,直到妈妈回来,他才匆忙把作业写完。妈妈想要让明明认真对待学习,提高学习成绩,但不知道如何入手。

【原理分析】

案例中,明明在学校不认真听讲,在家里不好好写作业,经常看电视、玩游戏。这些行为说明明对学习不喜欢、不热爱。父母应该如何让孩子喜欢学习呢?孩子不喜欢学习,在心理学上即是缺乏学习动机。孩子的学习动机受多种因素的影响。学校的学习氛围、老师的教学方式、家长的教养方式、孩子的学习能力以及对学习的信心等都会对孩子的学习动机产生影响。以下主要从孩子自身和家庭教育的角度进行阐述。

1. 孩子的学习能力和学习信心影响其学习动机。孩子的学习能力弱,在课堂上就可能听不懂老师的授课内容,写作业时也容易遭遇困难,从而容易在学习活动中产生挫折感和无助感。这些负面的情绪体验会让孩子对学习逐渐产生畏惧和厌烦的心理,让孩子变得不爱学习。久而久之,由于并没有在学习上取得良好的成绩,孩子对学习也就丧失了信心,这进一步让孩子厌恶学习、远离学习。

2. 父母的教养方式影响孩子的学习动机。心理学研究者经常把父母的教养方式分为四种类型:权威型、专制型、纵容型和忽视型。权威型的父母既能够关心孩子、满足孩子的需求,又能够对孩子实施适当的管教,是最佳的教养方式。大量的研究发现,接受权威型教养的孩子更喜欢学习,学习成绩更好。案例中,明明的爸爸妈妈平时对明明不管不顾,采用了忽视型的教养方式。明明的爷爷奶奶会努力满足明明饮食起居和娱乐玩耍的需要,但没有对明明进行恰当的管教,接近于纵容型的教养方式。这两种方式对明明的学习都没有帮助。

【操作指导】

当父母发现孩子不爱学习时,首先要分析其中的原因,根据具体的原因采取适宜的策略。总体而言,父母可以从以下几个方面采取措施提高孩子的学习兴趣。

1. 通过多种途径了解孩子的学习能力。父母可以和孩子进行对话,询问孩子是否能听懂老师上课的内容,在时间充裕的情况下能否完成老

师布置的作业。父母还可以与老师进行沟通，了解老师对孩子学习能力的评价。如果孩子认真对待某个学习活动就能完成得很好，这说明孩子并不缺乏学习能力，而更可能是其他原因导致孩子不爱学习。父母也可以为孩子完成作业提供奖励，看一看在有奖励的情况孩子是否能够完成得很好。如果孩子为了拿到奖励能够很快很好地完成作业。此外，在必要的情况下，父母还可以考虑寻找专业机构为孩子完成智力测试或者学习能力测试。如果孩子的学习能力存在缺陷或者基础知识掌握得不够，父母需要为孩子的学习提供直接的辅导。当然，这种辅导可以由父母自己提供，也可以请家教为孩子进行学业辅导。

2. 调整自己的教养方式。一方面，父母有必要考虑孩子的需求，并努力满足孩子的需求。孩子不仅有饮食、睡眠等方面的生理需求，也有被爱、被关注、被肯定的心理需求。因此，父母需要多花时间陪伴孩子，敏锐地捕捉孩子的感受和需要，理解、接纳孩子的感受并满足孩子的需要。在必要的情况下，父母可以陪伴孩子写作业，给孩子的学习提供心理支持。这样，孩子能体会到父母对自己学习的重视，也能感受到父母的关爱，孩子的学习就有了更多的动力。

另一方面，在孩子遇到学习问题时，父母要给予适当的帮助，如回答孩子提出的问题或者给予适当的辅导。此外，父母还要帮助孩子培养良好的学习习惯。良好的学习习惯有助于孩子学习成绩的提高，学习成绩的提高能够进一步增强孩子对学习的信心，从而产生更加浓厚的学习兴趣。

【教育提升】

1. 创造一个良好的学习环境。父母可以在家里为孩子划定一个书房区域来创造一个独立安静的学习环境，为孩子营造一种良好的学习氛围。确保孩子在这个区域里不会受到外界声音的干扰，物品要摆放整齐，没有电脑、手机、美食、玩具等容易引起孩子分心的物品。

2. 对孩子的学习结果进行及时反馈。研究发现，父母和老师对儿童的学习结果进行及时的反馈有助于提高孩子的学习自信与学习兴趣。建议父母在孩子每天学习结束后，用十分钟的时间引导孩子进行回顾，总结一天所学的内容，一方面可以对孩子的学习行为做出及时的反馈，另一方面也可以帮助孩子巩固新学到的知识。

3. 激发孩子的学习动机。一方面，父母可以给予孩子一些适当的外部刺激，

让孩子的学习行为及时获得强化。常用的手段如物质奖励、口头赞扬、评分与竞赛。但要注意外部刺激强度不能过大，否则反而会抵消孩子内在的学习兴趣。另一方面，父母对孩子要言传身教，树立终身学习、热爱学习的榜样。当孩子在学习时，父母最好也在旁边看书。父母可以选定某一天作为"家庭读书日"，在读书日里与孩子一起安静地看书与学习。

此外，研究发现，人在追求成就的时候会存在两种动机倾向。一是追求成功，二是避免失败。父母可以对孩子这两种动机的倾向性进行评估。对于追求成功倾向性更高的孩子，父母要为孩子创造更具竞争的环境，制订更有挑战性的目标，并制订严格的奖惩评分制度。对于避免失败倾向性高的孩子，父母要减少设置竞争性过强的情境，更多地对孩子的成功进行表扬，避免在公众场合指责孩子的错误，在奖惩评分上也要适当地放宽标准。

问题7：孩子做作业拖拉怎么办？

【案例】

乐乐是一名小学二年级的学生，平时的饮食起居主要由妈妈照顾，上学以外的大多数时间也与妈妈待在一起。每天放学后，乐乐回到家最喜欢做的事情就是看电视和玩手机游戏。乐乐经常在客厅里拿着手机玩游戏，或者自己拿着电视遥控器看自己想看的电视节目。乐乐的爸爸平时管教乐乐比较少，空闲时间也大多是自己看电视或玩手机。每天晚饭后，妈妈需要反复催促乐乐写家庭作业。乐乐往往是一边玩着手机，一边和妈妈讨价还价，能拖一会儿是一会儿。等到开始写作业了，乐乐一定会要求妈妈陪着一起写作业。在写作业的过程中，乐乐有问题就会向妈妈提问，甚至请妈妈代替自己写作业。乐乐还频繁地和妈妈开玩笑、玩游戏。妈妈在写作业的过程中和乐乐相处得很开心，但是发现乐乐每次都需要很长时间才能完成作业。妈妈开始思考如何纠正乐乐写作业拖延的习惯。

【原理分析】

学习拖延行为是中小学生常见的学习行为问题。学习拖延不仅给家庭教育带来了困扰、增加了负担，更直接影响孩子的学习效率，最终对孩子的学习成绩产生负面影响。探究孩子学习拖延的原因，可以从孩子的自主学习能力、学习环境以及父母的管教方式等多个角度入手。

1. 学习环境的影响。在乐乐的学习环境中，充斥着手机和电视的诱惑，他的家庭环境中也缺乏有助于乐乐培养有益于学习和身心健康的要素（如益智玩具、书籍以及父母良好的榜样作用等）。在这样的环境中，乐乐更容易受手机和电视的诱惑，养成不良的看电视和玩手机的习惯。这些不良习惯阻碍了乐乐学会主动学习和高效学习。

2. 父母的管教方式强化了孩子的拖延行为。乐乐的妈妈在催促乐乐写作业时，面对乐乐讨价还价的行为，没有立即采取有力的措施，而是纵容乐乐的行为，导致乐乐的拖延行为继续发生甚至变本加厉。在乐乐学习的过程中，妈妈的全程陪伴实际上在一定程度上剥夺了乐乐学会自主学习的机会。妈妈在学习过程中对孩子有问必答以及对孩子嬉戏娱乐的回应，实际上也助长了乐乐在学习过程中的注意力分散行为，强化了乐乐学习拖延的问题。

3. 缺乏自主学习能力。孩子过于依赖父母的陪伴和辅导来完成家庭作业，在学习过程中就不需要主动思考、积极参与，久而久之，孩子也就无法提高自主学习的能力。

【操作指导】

面对孩子的学习拖延行为，首先要仔细分析孩子学习拖延的原因，然后基于对孩子学习拖延行为的深入理解来进行干预。

1. 调整孩子的学习环境。父母可以对家庭环境进行调整，移除或减少可能诱惑和干扰孩子学习的物品，比如手机、电视等，同时增加一些有助于孩子培养学习兴趣和学习习惯的物品，比如书籍、益智玩具等。对于无法调整的设施或物品，父母可以与孩子制订使用规则，通过规则来约束孩子，避免孩子受这些因素的影响。例如，乐乐的妈妈可以与乐乐制订看电视的规则：每天只能在写完作业后才可以看电视。

2. 改善管教方式。首先，父母提醒孩子写作业的次数最多不能超过两次。在两次提醒孩子写作业后，孩子如果没有特殊原因但是仍然没有行动，父母就可以直接采取有力的措施来制止孩子的不当行为。例如，乐乐的妈妈可以直接拿走乐乐的手机或者关闭电视。开始这样做时，乐乐的反应可能会很大，父母要努力克服自己的情绪，坚持将措施实施到底。反复多次以后，乐乐就会认识到妈妈在这件事上是不会容许自己讨价还价的。此外，在辅导孩子写作业的过程中，父母要避免做出分散孩子注意力的行为。比如，乐乐的妈妈不能在乐乐学习过程中回应乐乐的玩笑和玩游戏的请求，避免进一步强化乐乐这些导致学习拖延的行为。

3. 培养孩子自主学习的能力。培养自主学习能力的基本前提是父母愿意放手让孩子自己去尝试和努力，而不是牢牢控制住孩子。只有孩子自己在学习中做出努力，才有可能真正体验学习所带来的成就感。成就感有助于提升孩子的学习兴趣，让孩子在学习中变得更自主。在放手的过程中，父母可以根据孩子的学习能力和作业的难度，有策略地逐步放手。例如，乐乐的妈妈可以根据情况先让乐乐完成作业，再来辅导乐乐遇到的难题。另外，针对孩子不知道如何自主学习的情况，父母可以在自主学习的方法上对孩子进行适当的辅导，并且鼓励和表扬孩子的自主学习行为。

【教育提升】

以上的操作指导能够帮助父母解决孩子做作业拖拉的问题，解决孩子学习拖延的根本在于培养孩子养成良好的学习习惯，提高自主学习能力。

1. 为孩子符合期望的行为设置一定的奖励。在以上的例子中，乐乐的妈妈可以将玩手机与看电视作为乐乐能够主动并且及时完成作业的奖励。在此基础上，进行合适的家庭教育，让孩子能够初步认识到社会的奖惩机制，一个人需要履行自己的义务之后才能够获得相应的权利。在孩子逐渐能够接受这样的安排之后，进一步鼓励孩子在学习之中所获得的成就。在孩子获得好成绩时，要及时肯定并强调这是努力的结果，让他们体验到成就感，进一步使孩子学习的动力由外在的物质奖励转换为内在的成就感以及想要实现的目标。

2. 成为孩子良好的榜样。一个良好的学习环境不仅仅是没有手机与电视等诱惑物的环境，而且还需要具有良好的刺激物。在以上我们提到了书籍以及益智玩具等，但是更关键的还在于父母的榜样作用。如果乐乐的父亲能够在空闲的时候放下手中的手机与电视遥控器并且与乐乐一同学习，那么也会使乐乐通过耳濡目染进一步提高学习的主动性。

问题 8：孩子考试焦虑怎么办？

案例

小高是一名市重点小学六年级的学生。小高的父母文化水平不高，夫妻两人经营着一家小吃店，从早到晚努力工作。鉴于自身接受教育程度不高，父母经常对小高说："不努力学习将来就只能像我们这样干体力活，你要努力学习，考上好初中、好高中，才能进入好的大学，将来才会有好出路。"小高暗下决心："一定要考上重点中学，这样才能考上好大学，以后找个好工作让父母过上好生活。"小高平时很少出去玩，在家里也不玩游戏，把时间都用在学习上。小高对待每一次测验都很认真，低年级时他的学习成绩也一直很好。平时小测验如果考得不理想，小高就会很自责，觉得自己不够努力，辜负了父母的期望。期末考时，小高由于过度紧张，发挥失常，最后虽然进了班级前十，但和自己平时第一名的成绩还是有所差距。小升初考试决定了初一开学的分班，小高有机会进入重点班，考进重点班就很有可能考上重点高中。现在马上面临期末考试，小高却越来越担心考试失利，上课精力难集中，看书易走神，记不住东西，晚上也睡不着。小高担心再这样下去，他将无法参加考试，即使参加考试也一定不会取得好成绩，到时候该怎么面对辛勤工作的父母呢？

【原理分析】

考试焦虑是中小学生乃至大学生经常出现的心理问题。严重的考试焦虑会影响孩子的注意力、记忆力和思维能力，降低孩子的学习成绩，还会对孩子的身心健康产生负面影响。

我们可以从内因和外因两个方面来理解孩子的考试焦虑。从外因来看，考试压力和父母的期望是导致孩子考试焦虑的重要因素。考试是中小学主要的竞争方式。在考试中取得好成绩是学生考入好学校、获得父母和老师的认可、得到同学的喜欢，甚至找到好工作的一个主要途径。随着年级的增长，孩子的考试压力也越来越大。与此同时，一些父母对孩子学习的期望也越来越高，他们通过各种方式向孩子表达着高期望。部分父母甚至通过严格的奖惩措施来激励孩子好好学习，这无疑让孩子承受了更大的心理压力。

案例中，小高的父母对他学习期望很高，再加上家庭条件较差，增添了小高发奋学习的动力的同时也给小江带来了更大的压力。从内因来看，孩子的认知和情绪模式是导致考试焦虑的核心因素。考试焦虑的孩子往往对学习过分看重，而对自己的学习能力又缺乏自信心。对考试失败造成的结果往往有灾难化的思维，觉得考试失败前程尽毁，对不起老师也对不起父母。在情绪模式上，考试焦虑的孩子往往缺乏情绪调节能力。面对考试压力，他们焦虑、烦躁和失眠，而又不能进行有效的调节和应对。

案例中，小高把生活全部的重心都放在了学习上，会因为一次考试失利对自己的学习能力产生怀疑。对考试失败的过分担忧，再加上不能有效地调节情绪，小高的考试焦虑就无法得到即时缓解。

【操作指导】

处理孩子的考试焦虑问题，要根据孩子的具体情况采取有针对性的措施。作为孩子的家长，首先要努力接纳和理解孩子的心理状况，和孩子好好沟通，了解孩子在想什么、怕什么、担忧什么，根据孩子的具体情况采取应对措施。

1. 父母要注意言行，避免给孩子带来更大的压力。孩子的考试焦虑往往是由于期待过高，而这种期待主要来自于家长对孩子的期待。在考试期间，如果父母仍然反复强调学习成绩的重要性，鼓励甚至要求孩子必须取得好成绩，无疑会让本来就焦虑的孩子变得更为紧张。因此，父母首先要能够真正接纳孩子在考试中取得较差的成绩，抱着宽容的心态让孩子感受到家长虽然重视孩子的学习，但更重视孩子的健康和快乐。

2. 从孩子的认知和情绪入手，帮助孩子应对考试焦虑。父母要注意在与孩子沟通的过程中捕捉孩子的不合理想法。如案例中，小高的不合理想法可能是"考试失败就不能进入重点班，进不了重点班就考不上好大学，就对不起父母。"，然后，父母运用巧妙的沟通技巧帮助孩子调整和改变自己的不合理想法，减轻孩子的焦虑。在情绪方面，父母可以鼓励和推动孩子通过运动、散步、踏青、向朋友倾诉等方式缓解考试压力。父母还可以和孩子分享调节情绪的技巧，帮助孩子掌握应对压力的方法。

【教育提升】

1. 帮助孩子正确认识考试结果。孩子对考试越有信心，焦虑水平就越低。过往多次考试的成功经验会极大地提升孩子面对考试的信心，使焦虑水平处于较低状态。然而多次考试失败的经验会导致孩子的挫败感以及面对考试的恐惧感，使焦虑水平处于较高水平。因此，父母要帮助孩子正确面对每一次考试结果，要让孩子意识到，分数不是一切，不代表能力高低。考试得利时，父母要告诉孩子

"看来这张卷子的知识掌握得不错哦";考试失败时,告诉孩子"我们一起来打败难倒你的问题吧",从而帮助孩子正确对待考试结果,对考试能够保持正常自信水平。

2. 抱有合理的学习期望。父母、老师以及孩子的期望会让孩子处于紧张、焦虑的状态。他们希望用成绩获得家长和老师的夸赞、奖励以及在家庭、学校中的地位。因此,父母要把握好期望的度,让孩子感受到父母的关心爱护,而不仅仅是要求学业上取得傲人的成绩。当孩子基本的生理、安全、归属需要得到满足时,孩子追求进步、自我实现的需要就会自然地迸发出来。

3. 避免消极评价。孩子自身的考试失败经验会让其产生较低的自我效能感,对学习失去兴趣对自己失去信心;同时父母的消极评价更会加剧孩子这种负面认知。因此,父母要注重使用恰当、合理、有针对性的评价,不要一味只看结果,要更加关注孩子上课过程、完成家庭作业的过程以及考试过后的行为,肯定孩子的努力而不是一味消极否定。

问题 9:孩子学习成绩退步了怎么办?

案例

小刘是一名小学五年级的学生,平时他的考试成绩总是排班级前三名,他一直是老师眼中的优等生,父母眼中的好孩子。可是五年级下学期以来,他家新添了一个小弟弟,父母的重心总是围绕着小弟弟。而且因为二胎的出生,父母总是在工作和生活上发生争吵。这些生活上的变化让小刘很郁闷,上课和写作业的时候总是想到这些事情。慢慢地,小刘的成绩开始下滑,刚开始退步几名,父母和老师都以为是普通的发挥失常,直到小刘考试居然有一科没有及格,父母才开始重视起来。父母询问小刘成绩退步的原因,希望他能在下次考试重新考好。可是这种关心非但没有起到作用,还让小刘的成绩下滑得越厉害。

【原理分析】

孩子成绩退步是家长最容易发现的问题之一,成绩退步的原因主要有以下三个方面。

1. 学习不适应。随着孩子年级的提高,学业压力加重,考试难度增加,一些孩子会逐渐产生学习不适应的问题。学习不适应主要是指孩子不适应新的学习内容、学习方式和教学方式,从而出现学习困难、成绩退步等消极结果。案例中,小刘进入五年级下学期之后,高年级的学习方式、内容以及老师的教学方式与低年级均有所不同,小刘的成绩退步可能是因为一时间无法适应新学期的学习而导致的。

2. 学习动机变化。学习动机主要是指引发与维持学生的学习行为,并使之指向特定学习目标的一种动力倾向。孩子的学习动机发生变化,表现为孩子变得不爱学习,缺乏学习动力。这可能是家庭、学校和孩子个人三个方面原因分别导致的,也可能是三个因素共同导致的。案例中,小刘的父母生了二胎,父母原先对他的注意力大部分转移到弟弟的身上,让小刘产生父母不爱自己的错觉。加上父母经常发生争吵,这些变化给小刘带来很大的心理压力,从而导致小刘的情绪的变化。这样一来,他的注意力变得无法集中,学习效率下降,导致学习成绩下滑。此时父母询问小刘成绩退步的原因,小刘觉得父母只关心他的成绩,而不是真正关心自己,在学习上仍然提不起劲来。

3. 其他原因。除以上两个原因以外,孩子的成绩退步还有可能是其他方面的原因所致,比如孩子的身心健康问题。在排除以上两个原因的情况下,家长需要与孩子进一步沟通以了解具体的原因。

【操作指导】

面对孩子的成绩退步,首先孩子的家长要努力接纳和理解孩子的心理状况,和孩子认真沟通,了解孩子在想什么、最近发生了什么,成绩退步是由于学习能力不足、学习动力低下还是其他方面的原因。根据孩子的具体情况可采取如下应对措施。

1. 理性看待孩子的成绩。考试成绩只是整个学习过程的结果。孩子不可能每次都考好,就算是天才也难每次考第一,有退步也会有进步。学习的本质并不是为了考高分,而是为了让孩子学习思考的方式、认识这个世界、学习如何为自己的人生努力。家长应该正确、客观地看待孩子的考试成绩,做到高分不"捧"、低分不"骂",把成绩看成是孩子学习的阶段性结果,积极理性地看待孩子的考试成绩。

2. 理解孩子的感受。孩子的成绩公布后,家长往往很焦虑,沉浸在自己的消

极情绪里。但是孩子经历了复习、考试、交卷、拿到成绩等一系列环节,可能会存在非常复杂的情绪,如焦虑、难过、愤怒等。与其对孩子进行批评和指责,父母不如站在孩子的立场上思考,与孩子的情绪共情,试着对孩子说"你考不好,感觉难过是正常的,每个人都有发挥不好的时候",要让孩子明白,他们可以因为考砸了而拥有消极情绪,并且这个情绪在这个家里是被允许的,这样孩子才能进一步理解父母的期待和感受。案例中,小刘的父母没有理解小刘的感受,反而因为自己的焦虑不断地询问小刘考砸的原因,这让小刘更加觉得父母的关心点不在自己身上,并让他感觉到心理压力,所以小刘的成绩才更加下滑。

3. 家长和孩子一起探讨成绩退步的原因。首先,如果是因为从低年级转到高年级,孩子的学习方式跟不上而发生成绩退步,就需要注意改善孩子的学习方式,因为高年级从形象思维向着抽象思维过渡,孩子需要多加思考。其次,孩子需要提升平时的知识面和阅读量。这不仅需要课外阅读,还需要大量的课外学习和生活实践家长要为孩子创造这种环境和条件。最后,家长要多关注孩子的学习方式、思维方式,而不是只看重孩子的成绩分数。

如果孩子是因为生活中的事情而导致学习退步,比如家庭冲突、校园欺凌等,家长应该透过表面的成绩下滑看到深层的原因。首先是与孩子沟通,明确孩子最近的负面情绪和学习压力来源,其次是从压力源出发,解决问题。比如,案例中的小刘因为家庭情况变化导致学习成绩下滑,父母应该在理解孩子的基础上与孩子进行沟通,在排除了小刘自身的能力因素之后,探究最近发生了什么事让他难以集中注意力听课。当明白原因出在父母自己身上后,父母应该摆正自己的态度,重新正视自己在这件事情中所扮演的角色,思考解决方案。

【教育提升】

1. 促进孩子形成积极的目标定向。成绩退步的孩子家长面对一张张低分的成绩单很容易产生焦虑、恐惧的情绪。这时候家长和孩子都需要形成有利于孩子能力提升和长期发展的目标定向。家长需要让孩子在学习中关注学习本身,将学习知识作为自己的目标,以提高自己理解力和判断力。每次学习之后反复问自己"我学得好不好""我的能力有没有提升",而不是单纯地只把目光放在学习成绩或学习结果上。家长也需要更多地鼓励孩子,让孩子明白只要孩子比之前做得更好就是进步,完成任务、提高能力就是成功。

2. 提高孩子的个人成长主动性。个人成长主动性主要是指在孩子成长的过程中,孩子有意识地、积极主动地去提升和完善自己的主观倾向。在家长教育孩子的过程中,不能一味地采用知识灌输的方式,需要更多地鼓励孩子去自主学习和探究学习,让孩子体验到自己在学习能力提升过程中所获得的成就感。家长要对孩子的思维能力、判断能力、逻辑推理能力提升作出及时反馈，让孩子了解自己的努力是有回报的。长此以往，孩子才能产生积极的学习兴趣，养成良好的学习习惯。

问题 10：孩子对学习没有信心怎么办？

【案例】

小明今年 7 岁，是一名一年级的学生，他开学第一天上课时便走神，没有认真地听上课的内容。此后，小明经常对老师讲授的内容感到很困惑，对新知识一知半解。当小明在课堂上无法回答老师的问题时，他还受到了老师的批评。小明的父母了解情况之后，很担心孩子的学习状况，于是每天回家后加班加点地把当天上课的内容对小明再讲一遍，就连作业也是手把手地教他写。时间久了，小明就习惯了这种状态，每天就等着爸妈回家给他上课，教他写作业。可是就算是这样，课堂上只要老师稍微变换一下提问方式，他还是答不出来。这次期中考试，小明的学习成绩比较靠后，他拿着成绩单忐忑地回家，面对爸妈失望的眼神和严厉的指责——"这么简单的题为什么你都做错了""你怎么这么笨"，小明感到很沮丧。自此以后，小明在课堂上更加心不在焉，作业也做得越来越慢，害怕作业和考试。

【原理分析】

学习信心主要是指个体对自身是否具有能力掌握知识与技能的推测和判断。如果一个孩子的学习信心低下，那么他在面对新知识时就很容易自动地判断"我不会"，进而对学习产生退缩与逃避的心理。

导致孩子的学习信心下降的原因是什么呢？从孩子自身的情况来看，其实绝大多数的孩子对新知识一开始都充满兴趣，但如果一开始就由于错误的学习方法以及知识缺失没有及时补救，导致学习上的问题越积越多，孩子就会发现学习任务很难顺利完成，学习上的挫败感与焦虑感也会随之增强，甚至会对学习产生恐惧心理。在经历一系列的挫折与失败之后，孩子就会慢慢地认为自己无法在学习上获得成功。

从外部因素而言，家长对孩子学习问题的态度也会对孩子的学习信心产生重要影响。家长是孩子的启蒙老师，可是一些家长在孩子进入小学后就放手不问了，将孩子全部交给学校。长此以往，孩子就得不到足够的支持来面对学习上的困难，对学习的信心也逐渐丧失，因而更加容易放弃学习。大多数家长对孩子的学习成绩是格外关注的，但也正因为如此，许多家长在面对孩子学习上的问题时带有过多的消极情绪，甚至在不了解孩子的具体情况下就横加指责。这样的"关注"反而会使孩子心中对自我的消极信念深化。另外，一些家长对孩子的成长缺乏耐心，对孩子抱有不合理的期望，例如要求孩子每一道题都要会做，每次考试都要考第一。这些不合理的期望会让那些成绩欠佳的孩子压力增加，加重孩子的焦虑感与挫败感，进而打击孩子的学习信心，甚至让孩子自暴自弃、放弃学习。

【操作指导】

1. 充分发掘孩子身上的潜力。每个孩子都是独一无二的，有其特有的闪光点，有的孩子逻辑思维很强，有的孩子记忆力超群。家长不应该只把目光放在孩子的学习问题上，更加应该帮助孩子意识到他在学习上有什么优势，帮助孩子开发自己的潜能。

2. 正确看得孩子的学习问题家长在评价孩子的学习成绩时，不能一味指责孩子的学习成绩不好，也不应过多地把自己的孩子与其孩子作比较，更不应该对自己孩子进行人身攻击，而是应从孩子自身的情况出发，找出孩子学习问题的关键所在，帮助孩子认识、解决问题，并对进步进行及时、积极的反馈。

3. 提升孩子的学习成就感。成功的学习体验会给孩子带来成就感，让孩子意识到，自己是有能力完成学习任务的，从而提升孩子的学习动机与学习信心。家长要让孩子更多地经历成功的学习体验，对孩子的学习能力进行客观的评估，进而为孩子制订具体的、可实现的总体目标与小目标。当孩子完成小目标时，家长要记得及时给予奖励与鼓励，让孩子形成"越学习越有成就感，越成就感信心越大，信心越大越愿意学习"的良性循环。

【教育提升】

1. 培养孩子养成良好的行为习惯。良好的学习习惯会使孩子的学习形成良性循环。从某种意义上讲，一个人的行为习惯与他将来的性格、命运有很大关系，因此，家长要帮助孩子养成良好的学习习惯。良好的学习习惯包括课前预习、课堂听课、课后复习、及时完成作业、自主学习以及向老师和同学请教等。在培养孩子良好的学习习惯时，家长还要基于每一种学科知识的特点，引导孩子掌握高效的学习方法，提升孩子的学习能力。久之，孩子的学习习惯好了，学习成绩就容易提高，进一步增强孩子对学习的信心。

2. 及时反馈孩子的学习成果。研究发现，家长和老师对孩子的学习成果进行及时反馈有助于提高孩子的学习自信与学习兴趣。家长在孩子每天学习结束后要花十分钟的时间引导孩子回顾，总结一天所学的内容。这样一方面可以对孩子的学习行为作出及时的反馈，另一方面也可以帮助孩子巩固新学的知识。

问题11：我担心，我害怕
——孩子的学习心态不好怎么办？

案例

小兰刚上小学三年级，就疑似患上了焦虑症。老师在课堂上说，如果表现不好就要把她的小组长撤掉，导致她时刻提心吊胆，焦虑更严重了。每天早上小兰6点准时起床，快速吃饭，早早就把一切事情都做好，6点半就到学校门口等，经常要在校门口等一个小时左右。妈妈好几次说不用这么早起，希望小兰多睡会儿，但小兰执意不听劝。来到学校，小兰总是一上课就感到浑身紧张，手心冒汗，考试的时候更是心跳加速、手脚冰冷。她常常因为太过紧张而导致上课走神，在考试过程中也总是想"如果这次考不好，就要被老师撤掉小组长了"，这导致她无法集中精力考试，最终影响考试成绩。一段时间下来，小兰的情绪总是非常低落，妈妈实在没办法，不得不带她去做心理咨询。经过交谈，心理老师了解到，小兰的爸爸对孩子的学习要求非常严格，要求她每天做完作业之外还要做数学计算题。如果小兰做得不好就会被父亲严厉批评。虽然妈妈常常鼓励小兰，但也经常给小兰压力，告诉小兰：学习是非常重要的，如果她小时候学习不好，以后她的生活就会过得不好。小兰每天都觉得压力特别大，不敢违背父母的要求，担心让父母失望，平常被老师批评、考试没考好，都不敢告诉父母，养成了一个人默默忍受的习惯。如今，焦虑症不仅影响小兰的学习成绩，还影响她的食欲和睡眠，以致影响她的身体。

【原理分析】

一些孩子一听到学习就排斥，一遇到考试就感到紧张、恐惧，考差了也不敢告诉父母，这是因为这些孩子的父母在面对孩子学习的时候带着焦虑的情绪，这让孩子产生了很大的恐惧和压力。这些父母对待孩子的学习，就跟案例中小兰的父母一样，一方面不断地要求孩子完成各种学习任务，另一方面又对孩子施压，让孩子恐惧。当孩子从事与学习无关的事时，父母会催促孩子；当孩子不认真写作业时，父母会批评孩子；当孩子成绩不好的时候，父母会指责孩子学习不认真，从而打击孩子的自信心……长此以往，孩子容易将学习与挫折、痛苦、烦躁建立联系，形成消极的条件反射，只要一提到学习，孩子内心的不愉快体验就立刻被激发，产生排斥、厌烦或恐惧的情绪。

不好的学习心态主要包括消极的情绪、脆弱的抗挫能力、学习效能不足等。父母在教育孩子过程中，如果经常使用批评、指责或恐吓等方式，就会给孩子造成过多的恐惧和焦虑，孩子面对学习时就容易出现紧张、痛苦等消极情绪。过分注重学习成绩的父母，在孩子出现考试失误时，容易表现出急躁、焦虑，传递给孩子"如果考不好，天就会塌下来"的错误信念，这会导致孩子在考试过程中过度紧张，在考砸后忧心忡忡、惴惴不安，这是典型的"输不起"心态，也是孩子缺乏抗挫能力的特征。

【操作指导】

如果父母希望培养孩子良好的学习心态，首先要对学习持积极正确的态度与认识。父母传递给孩子的，不应该是学习的恐惧和压力，而应该是学习的乐趣与积极意义。

1. 良好的学习心态，首先是稳定的情绪。孩子的情绪首先取决于父母在教育孩子过程中的情绪。在孩子成长过程中，如果父母经常能保持心平气和的态度与孩子沟通交流，遇事不急不躁，不经常批评和打骂孩子，孩子的内心才会有足够的安全感，面对学习的时候孩子才不容易出现过多的焦虑、恐惧或急躁的情绪。

2. 良好的学习心态，还包括抗挫能力。良好的情绪是学习的基础，当孩子在面对学习挫折时，良好的情绪有助于提升孩子的抗挫能力。当孩子学不会、做不好的时候，父母首先要了解孩子的年龄特点和性格特征，再进行相应的教育引导。例如：对于低年龄段的孩子，注意力涣散不集中或者做事磨蹭拖拉，父母应用鼓励、帮助的语言来代替批评指责；性格较为外向的孩子，也许容易表现为"好动"或"多话"，做事不够细心，父母应多给孩子一些包容和引导。通过这样的方式去保护孩子的尝试热情和挑战精神，不要让孩子遇到挫折就感到害怕、退缩，逐渐失去了抗挫力，而不敢去尝试。

当孩子犯错时，如果父母能多理解孩子，多用积极正面的语言来鼓励孩子，如"我知道下次你会做得更好"或"你看，你已经完成一半了，我相信你可以继续坚持的"之类的语言加以鼓励，久而久之，孩子在面对犯错或失败的时候，仍然可以以强大的信念支撑自己：相信犯错只是暂时的，相信自己可以重拾信心去努力实现，相信父母会给自己足够的包容，相信自己下一次会做得更好！

稳定的情绪和抗挫能力是孩子良好的学习心态的核心。父母希望孩子有良好的学习心态，首先要确保孩子有稳定的情绪和较强的抗挫能力。

【教育提升】

良好的学习心态可以从阅读中逐渐获得。父母在培养孩子阅读习惯时，可以着重挑选一些与良好心态有关的故事，例如三顾茅庐、程门立雪等，或一些名人故事，例如海伦·凯勒、爱迪生等，通过故事的形式，潜移默化地塑造孩子良好的情绪与抗挫能力，提升孩子对学习的自信心。

良好的学习心态，还包括积极的学习兴趣和自我效能感。

孩子对学习的兴趣最初是源于孩子天然的好奇心。年纪小的儿童很喜欢问"为什么"，父母可以保护好这份好奇心，并将这份好奇心逐渐引导到阅读、学习中，要让孩子认为"学习就是生活"，而非"学习与生活格格不入，水火不容"。如果一味强调学习，而禁止孩子生活上一切有趣的玩乐，这不利于培养孩子学习兴趣。

自我效能感是个人对自己完成某方面工作能力的主观评估。评估的结果如何，将直接影响到孩子的行为动机。孩子对自己主观评估是建立在他人对自己评价的基础上，因此，父母在引导孩子学习时，要多用积极正面的语言去评价孩子，从而提升孩子学习的自我效能感。

问题 12：为什么我总是记不住？
——如何帮助孩子提升记忆力？

案例

小豪的父母都拥有高学历，可刚上四年级的小豪，成绩却总是上不去，学习也日益吃力。妈妈常常给他买各种各样的练习册，希望他能够在完成作业之余多做一些练习，也常常在课余时间对他进行抽查或小测。然而，妈妈发现，小豪背诵课文总是特别艰难，一段课文化好长的时间背诵，还会出现很多的缺漏。无计可施的妈妈总会心烦气躁地批评小豪不认真、不专心，然而越是批评却越是适得其反，最后妈妈直接生气地打击小豪："你记性怎么这么差，到底是不是我生的！"

妈妈实在想不通，自己对孩子的学习跟得这么紧，孩子学习时间这么长，看上去也这么认真努力，为什么成绩还是上不去？究竟是什么影响孩子的记忆力呢？自己小时候学习成绩好，记性也好，为什么孩子的记忆力这么差，难道是遗传基因出了问题吗？

【原理分析】

一些家长认为孩子的记忆力是天生的，是遗传的，是在刚出生的时候就决定了，后天无法改变。实际上，这种观念是很不利于培养孩子良好记忆力的。心理研究证明，孩子的记忆力与父母的教育方式很大的关系，通过后天的教养与学习，孩子的记忆力会有很大的发展。因此，家长首先应该改变认知和心态，用更加积极的态度去帮助孩子提升记忆力。

一项研究显示：充足的睡眠不但有益于健康，还能提高记忆能力。比较两组试验者，分别于学习后保持清醒 12 个小时与学习后充分睡眠下，测验他们打出单字的正确率。研究发现：试验者在上午 9 点学习单字后，保持清醒 12 小时，并于晚上 9 点进行识字测验，此组的平均打字正确率仅仅比学习前进步 10.1%。而另一组试验者于晚上9点学习后，经过12小时的充分睡眠休息，于隔天早上9点进行打字测验，结果显示：该组的平均打字正确率比学习前显著提升了18.7%。换句话说，在学习后经过充分睡眠休息，即使经过了12个小时，其平均进步的准确率比起学习后保持清醒12小时后测验组的成绩高了许多。这充分说明了充足的睡眠是良好记忆力的基础。

除此之外，紧张的情绪只会对孩子识记知识带来非常不利的影响。大脑分为"理性脑"和"感性脑"，这两部分是无法同时工作的。当孩子处于高度紧张的状态下，其"感性脑"工作机制被启动，这就会阻止"理性脑"的运作。因此，在孩子识记过程中，父母需要营造良好的氛围，确保孩子能够在平稳的情绪下进行学习和记忆，不要让孩子的"感性脑"时常被开启而影响理性思考与记忆。

打骂孩子会损伤孩子的记忆功能区。人脑中主要用来负责记忆的区域是海马体。当孩子犯错时，大人的批评、指责，甚至打骂，会让孩子处于紧张恐惧中。人在紧张应激之下，大脑会分泌一种叫皮质醇的激素，从而达到维持机体平衡。然而，过多的皮质醇会超出体内的自行分解，而皮质醇积累过多，则会直接损害或杀死海马体的记忆细胞。因此，常常被父母批评、辱骂、责罚的孩子，其大脑中负责记忆的海马体区域是在不断受到伤害的，因此我们常看到，像案例中的小豪一样，孩子越被打骂越无法高效地学习。

【操作指导】

理解了记忆的工作原理，我们不难发现：充足的睡眠、良好的情绪、积极的自我评价对孩子的记忆是有很大帮助的。当孩子出现记忆吃力的时候，父母不需要过分着急，更不要把自己的恐惧与担忧传递给孩子，或者轻易批评、打骂、责罚孩子，而是应该基于对孩子成长的了解，更科学地指引和帮助孩子。具体做法如下。

1. 帮助孩子养成良好的作息习惯。父母首先要认识到，并非一味地增加学习时间就可以提升孩子的学习成绩和记忆容量，劳逸结合，给孩子的学习时间适当留白。当大脑处于疲劳和倦怠的状态时，孩子即使坐在书桌前拼命地学习也无法达到良好的学习效果，反而只会事倍功半。因此，父母需要建立新的观念：睡眠是学习的基础，没有充足的睡眠，大脑无法得到休养和重整，记忆细胞处于疲劳状态，记忆网络就难以形成。只有孩子劳逸结合，才能提升自身的学习和记忆效率。

2. 多用积极的语言暗示和鼓励孩子。父母对孩子的言语是有较大影响的，无论是正面积极的评价还是负面消极的否定评价，都会对孩子的学习带来影响。当父母常对孩子说"你怎么这么笨""你的脑袋瓜怎么这么不好使""你的记性怎总是这么差"等言语时，久而久之，孩子会内化形成自己的自我评价，并建立根深蒂固的认知信念：我的大脑不好用，我记性不好，我不是学习的料。当孩子建立这些消极观念时，大脑就无法激发其学习和识记的潜能，孩子就很难提升学习的记忆力。

【教育提升】

提升记忆力还可以使用丰富且有趣的记忆方法，例如思维导图记忆法、位置记忆法、关键词记忆法等。思维导图记忆法是利用记忆内容的具象化来帮助提升记忆的，当孩子需要记忆一项枯燥且困难的内容时，我们可以帮助孩子，和孩子一起通过画思维导图的方式来记忆。

另外，丰富的知识经验和对事物的理解程度，也是良好记忆的基础。一个拥有丰富知识经验的孩子，在遇到新知识时，大脑能够主动调动与之相对应的旧知识，寻找相似处和不同点，以此更好地进行记忆。因此，父母要让孩子拥有更丰富的生活经验、阅读更丰富的书籍，帮助孩子建立更庞大的知识体系。当孩子在大脑中形成记忆框架，建立更多的新旧知识之间的联系，就能更好地提高学习和识记效果。

问题 13：我不想背诵了
——孩子学习中不能坚持怎么办？

案例

小芸刚上二年级，家里一直都是爷爷奶奶、外公外婆做好各种家务，她的生活起居被照顾得很好。然而妈妈发现，小芸遇到一些问题开始习惯用回避的方式来应对。例如：背乘法口诀的时候，背到 5 以上比较复杂的数字，她就开始犯难了，拿着书本在沙发上滚来滚去，怨天尤人，就是不继续背。妈妈一直鼓励她再背下去，她就回答："哎呀，太难了！我不想背了！"写字的时候，爸爸指出她写得不好的地方要她订正，她就不高兴说："写不好就写不好，不需要改了！"有时候一个字多写几遍，她就叫苦不迭，还没写完就放下笔要去玩了。不管做什么作业，小芸总是表现出一副应付了事的态度，只要遇到稍微困难的任务，她要么就气馁不做，要么就草草了事，要么就装聋作哑。妈妈觉得可能是长辈帮她做太多了，应该尝试让她独立做点家务试试。谁知，妈妈刚要教她把湿漉漉的衣服拧干，她就因为嫌累而放下衣服溜了。爸爸妈妈因此而犯愁。

【原理分析】

　　坚持，是一种宝贵的意志品质。意志就是自觉确定目的，并根据目的来支配和调节自己的行为、克服各种困难，从而实现目的的心理活动。它是人的认识的能动表现。坚强的意志可以帮助学生克服智力活动中的各种困难，取得学习成功，达到既定目的。

　　良好的意志品质，包括自觉性、果断性、自制性和坚韧性。当孩子拥有良好的意志品质，便能够明确目标和计划，明辨是非，果断决定和执行，克服困难，抵制诱惑，规范自己的言行举止等。因此，培养良好的意志品质，是家长们在教育孩子过程中需要完成的重要任务。然而，有很多家长反映，自己的孩子在学习中遇到困难的时候总是容易气馁、懈怠、放弃，或无法按照计划或要求去完成相应的学习任务，总是容易受到外界因素的诱惑和干扰，这究竟是什么原因呢？

　　从案例中，我们不难看出，小芸出现逃避困难、无法坚持的行为，和家里人事无巨细的照顾是有很大关系的。每个孩子天生拥有学习的能力，然而由于家长们不理解孩子的成长过程，往往容易做出"指手画脚"的行为：当年幼的孩子正在尝试将玻璃杯端到另一个地方时，家长因为害怕孩子受伤而立刻喝止；当孩子试图用自己的力量去搬大箱子时，家长因为嫌麻烦而让他去一旁休息；当孩子正在专心地玩水玩沙时，家长又时常因为一些杂事而打断他……这些教育中的细节，一件一件地累积，在孩子需要坚持的时候，家长传递了放弃的信号，当孩子需要被鼓励的时候，家长传递了不信任的态度。久而久之，孩子尝试和挑战的精神逐渐萎缩，取而代之的可能是逃避或享乐。当他们面对学习上的困难时，就会作出和案例中小芸相同的反应。

【操作指导】

　　学习上的坚持，来自于生活上的坚持。家长在培养孩子学习上坚持、坚毅的品质时，切记不要将学习与生活隔绝，而是要注重在日常生活的细节中加以引导、鼓励，全面培养孩子的意志品质。

　　1. 尽可能鼓励孩子自己解决问题，让孩子多体验"成功挑战自己"的经历。当孩子沉浸在自己感兴趣的事情（做手工、画画、搭积木）中时，如遇到困难，家长不要着急帮忙解决，而是可以先问问孩子"你觉得可以怎么办呢？"或"妈妈很期待看到你的解决方式"以此鼓励孩子，让孩子更有勇气、更有动力去面对困难，勇敢前行。

　　2. 引导孩子学会做目标分解，让遥远的目标变成一个一个看得见、够得着的小目标。很多时候，孩子无法坚持，是因为目标太遥远，任务太庞大。例如：让二年级孩子背完乘法口诀。孩子一开始看到这么多数字，可能会产生畏难心理。家长可以跟孩子一起做计划：今天背到4，明天背到6，后天完成全部内容。如此将目标层层分解，告诉孩子，你只要往前走一步，就能离目标更进一步了。困难对孩子而言变小了，孩子就能比较勇敢地去尝试，去坚持。

3. 无论做什么，家长都不要轻易打断孩子的工作。很多父母习惯在孩子从事某项任务时给孩子端茶送水，嘘寒问暖，或者当有客人来时总是要请孩子立刻打招呼。家长的出发点是为了孩子的身体好，希望孩子有礼貌。然而经常如此，家长容易打断孩子的专注力，当孩子沉浸在某项工作中时，也是其正在发展意志品质的过程，如果一次次被打断，意志品质就容易被破坏。因此我们建议家长，尽可能为孩子创设良好的环境，给孩子一个专注做事的空间。

【教育提升】

需要强调的是，孩子在学习中缺乏坚持，还可能是由于"习得性无助"造成的。习得性无助是指个体经历某种学习后，在面临不可控情境时形成无论怎样努力也无法改变事情结果的不可控认知，继而导致放弃努力的一种心理状态。简单地说，习得性无助就是孩子在某些方面受到挫折和打击的次数太多，导致孩子对自己完全丧失了信心，不愿意再面对、再尝试、再挑战的一种心理状态。因此，如果发现孩子面对困难总是逃避，总是放弃，或者气急败坏，我们不能排除孩子出现了习得性无助。

习得性无助首先来自于孩子失败、受挫的经历，而家长对孩子的批评指责甚至羞辱、打击，也是非常重要的因素之一。如果家长希望孩子避免习得性无助造成的伤害，就应该用积极正面的语言多鼓励孩子，尤其是在孩子失败、无助的时候多给予肯定和关怀，让孩子明白失败并不可怕，只要愿意努力、愿意改变，还能重新开始、从头再来。

问题14：做完作业就玩游戏
——孩子不爱课外阅读怎么办？

案例

小刚在市区某小学读六年级，平常放学之前他总是在学校里把作业先做完，一回到家里，就把书包往地上一扔，跑进卧室，门窗紧闭，拿起手机开始和同学玩游戏。每当爸妈问起作业的事，小刚总是用一句"做完了"来敷衍应付。父母为此很发愁，每次试探性地跟他提"有空多看看书"，他都充耳不闻，或者随意应一声"知道了"。爸爸妈妈给小刚买了很多课外书，但大多数的书都未拆封，现在爸爸妈妈也不敢再买了。

小刚的父母认为，六年级的孩子，应该每天至少有半个小时以上的课外阅读时间，邻居家的孩子每天做完作业，一有空余时间就手不释卷，求知若渴地看起课外书，还经常会跟父母交流阅读心得，看邻居的孩子出口成章，满腹经纶，再看看自己的孩子，对课外阅读完全不感兴趣，只想着手机和游戏，他们的心里真不是滋味。

【原理分析】

课外阅读涵盖多方面的知识，包括历史人文、数理科学、情商心理等。课外阅读是终身教育的有效途径，阅读不仅可以扩展孩子的知识视野，还能提升孩子的综合素养，使孩子受益终身。孩子如果能养成课外阅读的习惯，这对他一生的影响是不可估量的。然而，一所学校曾做过调查，发现大多数小学生都没有阅读课外书的习惯。为什么本应该是很有趣的阅读，在大多数孩子的心里，却都变得枯燥乏味呢？缺乏阅读兴趣，无法从课外阅读中找到乐趣，这是最重要的原因。那么，为什么孩子缺乏阅读兴趣呢？这是由于多方因素所导致的。

首先，孩子对阅读的认识片面。很多孩子认识"课外阅读"的时候，已经是小学在校生了，这个时候的课外阅读更多的是老师布置的任务、作业，而非一种

主动地享受阅读的过程。很多孩子在上小学前并没有阅读的习惯，这时候还要额外完成课外阅读作业，孩子并没有真正了解阅读的意义，难免产生排斥心理。

其次，孩子在阅读过程中不愉快的心理感受。我们培养孩子的阅读习惯，最重要的是让孩子享受阅读的过程。如果父母也是用任务的形式给孩子施压，要求孩子每天要完成一定的阅读量，孩子必然无法愉快地享受整个阅读过程。

最后，孩子缺乏良好的阅读环境。很多父母抱怨自己的孩子不喜欢阅读，然而被问到自己是否有阅读习惯时，这些父母都无言以对。身教胜于言传，如果父母总是一味要求孩子看书，而自己每天都是看手机、玩游戏，在这样的家庭氛围中，孩子如何能培养良好的阅读习惯呢？另外，阅读环境还包括家庭书香氛围的布置。如果父母希望孩子喜欢看书，可以把书放在家里最显眼的地方，让孩子一伸手就可以碰到书，一睁眼就能看到书，无论是无聊还是无助的时候，身边都随时能有书的陪伴，那么孩子对书自然而然会产生一种亲近感，进而才能愿意看书，愿意阅读。

【操作指导】

1. 父母应尊重孩子的喜好和需求，合理地为孩子选择图书，增加孩子阅读过程中的愉快体验。愿意看书是孩子阅读习惯培养的第一步。因此，在培养孩子阅读习惯的时候，我们可以先不考虑有用的书或无用的书，而是先给孩子一本书，一本他喜欢的书，可以是绘本、漫画等。在培养孩子阅读兴趣的阶段，看什么类型的书不是最重要的，重要的是要让孩子喜欢书、爱上书。

2. 父母要为孩子营造阅读的良好环境，包括榜样环境和物理环境。想要让孩子喜欢阅读，家长首先需要以身作则，在家时尽可能放下手机，拿起书本。父母在家里也可以适当进行阅读分享，引导孩子参与其中，让孩子从小就建立"书是人类的好朋友""阅读能够丰富视野，拓展谈资"等认识。有条件的家庭，父母还可以布置一个专门的阅读区，孩子每天可以在规定的时间到阅读区挑选书籍，形成一种有特色的家庭阅读文化，让孩子从小与书香相伴成长。

3. 在培养阅读习惯初期，父母可以适当增加孩子阅读的趣味性。对于低年级儿童而言，保持长时间的注意力并非易事。因此，在引导孩子阅读的时候，父母可以适当增加一些趣味性内容，例如：角色扮演、故事串编或故事接龙等游戏。

4. 引导孩子将阅读的内容进行交流展示。将所学知识进行展示和交流，就是我们前面所提到的输出型学习模式。不论是看书、听书还是看电视，都属于输入型学习，如果孩子能够在接受知识之后，寻找到展示自己的平台，或与志同道合的伙伴彼此进行交流，孩子不仅能够感受到阅读的乐趣，同时也能加深对内容的记忆。

5. 要让孩子在阅读中获得成就感。真正激发孩子主动阅读的，是内在的成就感和价值感。当孩子阅读完一篇故事，父母可以以好奇的心态问孩子：故事讲述了什么内容？你学会了什么新的本领呢？假如生活中遇到了类似的问题，我们可以如何解决呢？一开始，孩子的回答不一定是符合父母预期的，但无论回答得如何，父母都要鼓励和肯定孩子。父母在生活中要多发现孩子的进步和闪光点，常用崇拜的语气对孩子说："哇，你太厉害了，是不是又偷偷看书学的呀？"用这种半开玩笑的方式，可以让孩子看到自己通过阅读而变得更优秀，这样的内在价值感和成就感，会不断指引孩子持续阅读、持续学习。

【教育提升】

阅读的本质是为了让生活更充实、更美好，而不是让孩子脱离生活。父母要善于将书中的内容与现实进行联系，让孩子明白阅读里有生活，阅读又高于生活。例如，孩子在学习李白的、杜甫的诗时，父母可以引导孩子思考，如果他们生活在现代社会，他们的性格分别有什么优势或劣势，他们的命运和当时的时代背景有关，也和自身性格有关。父母如果能够循循善诱，将书里的知识与生活联系，启发孩子的思考，让孩子在生活中也能感受到书中内容的精彩与豁达，这才是我们引导孩子阅读的最终目的。

问题 15：一边做一边玩

——孩子学习时注意力不集中怎么办？

案例

小豆子的妈妈最近这几天总是唉声叹气，因为小豆子上了一年级后，几乎天天被老师批评。一会儿上课不认真，玩橡皮、玩尺子、撕纸张，一会儿在课桌上画画，一会儿对同桌动手动脚，一会儿又钻到桌子底下……总之，小豆子的种种行为已经严重影响了课堂纪律和听课效果，老师为此感到非常头疼，只能经常向小豆子的妈妈投诉。小豆子的妈妈很无奈，每天回家只能生气地骂孩子，爸爸更是气不打一处来，抬起手就要打孩子。可是无论家长怎么打怎么骂，小豆子就跟穿了盔甲似的雷打不动，该玩还是玩，该讲话还是讲话，无论哪个老师上课，无论上的内容是否生动有趣，小豆子的注意力永远没办法集中。

回家做作业时，小豆子更是让妈妈焦头烂额，一点点作业总是从晚饭过后一直做到十一二点还是做不完。小豆子写一个字就跑开一下，做完一道题就玩玩橡皮擦，拖拖拉拉，磨磨蹭蹭，作业还常常完成不了，被老师批评。小豆子妈妈很苦恼，因为孩子的注意力难以集中，导致孩子一再受到批评，现在不仅影响了上课效率，而且还严重影响了孩子的自信心和人际关系。

【原理分析】

孩子注意力不集中一直是很多父母烦恼忧心的问题，尤其是低年级的孩子。在这里，我们需要明确两个问题，一是不同年龄段孩子注意力的持续时长，二是注意力不集中是否就是多动症。

小学生注意力持续时间是随年龄的增长而逐渐提升的，7～10岁的孩子有意注意的持续时间大概是20分钟左右，10～12岁的孩子注意力维持时间大概是25分钟，12岁以上的孩子注意力持续时间可以达30分钟以上。当发现孩子注意力不集中时，父母首先需要考虑学习时间是否过长，学习内容是否超负荷等。

儿童多动症又称注意力缺陷多动症（ADHD），或脑功能轻微失调综合征，是一种常见的儿童行为异常疾病。这类儿童的智力正常或基本正常，但学习、行为及情绪方面会存在一定的缺陷，主要表现为注意力不集中，注意短暂，活动过多，情绪易冲动，学习成绩普遍较差，在家庭及学校均难与人相处，日常生活中常常使父母和老师感到没有办法。多动症的患病率国外报道在5%～10%之间，国内调查在10%以上。因此，当父母发现孩子存在注意力不集中时，应该请专业人员进行专业判断，不要轻易打骂、指责孩子，给孩子施加压力，更不要轻易给孩子贴上"多动症"的标签。

【操作指导】

在很多父母看来，自己的孩子或多或少都存在注意力不集中的问题。但我们需要意识到，很多时候是父母用成人的标准来要求孩子。对于不同年龄段的孩子，父母需要先了解其年龄特点，再进行适当的引导和教育。

1. 对孩子多些包容和鼓励，少些指责和焦虑。父母要知道，孩子的注意力不集中，不是孩子自己的主观意愿，它是受孩子的年龄特点和身体因素所影响。当孩子注意力不集中时，父母需要调整好自己的心态，多些不厌其烦的鼓励和提醒，少些烦躁的批评。父母的焦虑、责罚，可能无形中强化了孩子注意力不集中，并导致孩子在恐惧中学习，加剧了孩子注意力无法集中的问题。

2. 选择孩子感兴趣的事，让孩子多体验"专注做事"的过程。很多父母发现，即使在学习中难以集中注意力的孩子，一旦做自己感兴趣的事，例如玩乐高、拼积木、画画等，都可以保持较长时间的注意力。因此，父母可以尽量鼓励孩子做自己感兴趣的事，不要轻易打断孩子看似"玩物丧志"的行为，让孩子多体验这种专注做事的过程，也是培养和锻炼孩子专注力的一种有效的做法。

3. 选择一些适合孩子的注意力训练的方法。注意力训练的游戏或方法有很多，例如舒尔特方格、视觉注视、拼图、走迷宫、找不同等，父母还可以跟孩子玩一些有趣的专注力游戏，如挑豆子、按要求寻宝、我做你学等，不仅能够增加亲子之间的互动，还能在游戏中训练孩子的注意力。

4. 让家里的环境简洁有序，尽量不要让杂乱无章的家庭物品和布置干扰了孩子的注意力。改善孩子的注意力，除了在教养方式上做出调整外，还可以从家庭布置上做出改变。有的父母会给孩子买很多书籍和玩具，希望让孩子的大脑得到丰富的刺激，却没想到可能事与愿违。太过丰富的刺激，如果没有遵循一定的规律，可能会让孩子顾此失彼，没办法专心做好一件事。因此，家庭物品的购买和摆放对于孩子的专注力培养也是十分重要的，父母要尽可能引导孩子有条不紊地把每件事做好，并培养孩子将东西放回原位的好习惯，尽量让家里井然有序。

【教育提升】

在心理学中，心流是指一种人们在专注进行某种行为时所表现的心理状态。如艺术家在创作时所表现出来的心理状态。通常在此状态时，人们不愿被打扰，也称抗拒中断。这是一种将个人精力完全投注在某种活动上的感觉。心流产生的同时会有高度的兴奋及充实感。当孩子在进行自己感兴趣的活动时，成人如果能给孩子足够的空间和尊重，孩子会进入"心流"的状态，对外界所发生的事情浑然不知，一心只专注在所做的事情上。因此，父母可以多为孩子创造一些"心流"的美好体验，让孩子感受专心致志、聚精会神做一件事的愉快和美好。

主题四　品德与个性

问题1：孩子做事不认真，常常应付了事，为什么？怎么办？

案例

小明是个11岁的男孩，上小学五年级。小明成绩不错，人也很机灵，在老师眼中，他除了做事有些毛糙，其他方面表现得都很不错。妈妈却总觉得他应该可以做得更好，因为他做事常常只花三分力，一点儿也不认真，常常应付了事：上学丢三落四，常常忘带课本、铅笔盒，有时候又忘记把作业练习册带回家；做试卷，简单的题常出错，倒是越难的题越能做对。说他不聪明，他好像啥都会，说他很聪明，他又常常会出错。生活中，小明也是丢三落四，应付了事：早上喜欢赖床，爸爸妈妈叫了半天终于把他叫起来了，他又懒得刷牙。好不容易他刷完牙了，又把牙膏随意乱放。爸爸妈妈让他帮着做点家务活，他找各种借口不做，好不容易答应了也是应付了事。

【原理分析】

每个人的做事风格与自身的性格、生活环境和后天的培养都是有关系的。

1. 自身的性格及个体发展的差异：有的人天生严谨，喜欢把物品摆放得井然有序。有的人天性好奇心强，创造力强，让他按部就班地摆放物品对他而言特别困难。有的人活跃，有的人安静，这些都可能影响做事的风格。

2. 生活环境：孩子的成长离不开环境，家长自身的做事风格也会影响孩子。潜移默化的力量是不容小觑的，有些家长自己做事不认真，敷衍了事，但是他们却很少从自己身上找原因。一些家长自己确实是个很认真的人，但是在教养孩子的时候，用的是控制、要求、指令的方式与孩子交流，久而久之，孩子产生逆反心理，越要求他认真，他越不认真。

3. 后天的培养："少成若天性，习惯成自然""认真做事"等是需要专注力参与的，孩子并不是生下来就会，这是需要从小培养的。不管孩子自身是什么性格，需要找到合适的方式、家长耐心的引导和教育、经常性的鼓励、必要的要求、长期的坚持，久而久之，孩子做事才会认真起来。反之，有些家长太能干，生活中包办代替过多，孩子产生依赖心理。另外，家长因为自己能干，所以对孩子也会有过高要求，致使孩子做事的信心没有树立起来。孩子心声："既然我每次做事你都不满意，那我还那么认真干吗呢?"孩子不认真做事也有可能是因为不会或者是对这件事情不感兴趣，所以做得不好。

【操作指导】

培养孩子良好的做事习惯不是一蹴而就的事，一定要采用正确的方法。

1. 了解孩子的性格特点，教育才能更加有的放矢。明确性格特点只是一个人的特点，特点本身没有好坏之分，任何一个人身上特点的存在都有其两面性，特点不是缺点。接纳孩子的性格特点，并有针对性地实施教育引导。

2. 信任孩子，给孩子适度的空间与时间。很多家长常常会觉得孩子做事不专心，可是老是打断孩子专注的人或许就是自己。他们特别不放心孩子，一会儿过去看看他在干什么，一会儿让他喝水或者是吃水果。这时孩子专注力就会被打扰，没有一个安定的环境，孩子怎么可以专心地做事？正确的做法应该是要信任孩子，给孩子适度的空间和时间，不干扰孩子，让他做他喜欢的事情，当他专注地做手工或者是观察小动物忘记做其他事情的时候，家长千万不要打扰他，而是要耐心地等他把事情完成。他们独立完成任务后，家长要及时表扬肯定，让孩子有成就感。

3. 让孩子在规定的时间之内完成学习的计划。将定时改为定量，如果孩子能够专心地完成，那么家长一定要及时进行表扬，要求孩子在做作业的过程当中把题目的要求和条件用笔勾出来，以防止出错。这些都可以加强孩子的自信，让他能感觉自己完全可以集中精力做好一件事。家长应教孩子学习分配时间，让他感觉到自己是时间的主人，而不是强制地给孩子安排好时间，让他在特别短的时间之内做好功课，然后会有更多的时间去做其他事情。

特别强调：良好的亲子关系是所有策略实施的前提。

【教育提升】

专注力指一个人专心于某一事物或活动时的心理状态。注意力受多方面因素的影响，是孩子全面发展的基础，也是提高孩子记忆能力、逻辑能力的关键，培养孩子专注力，对孩子未来的学习和生活都有非常大的帮助。

有很多家庭游戏可以提高孩子的专注力。如分豆子游戏。先准备几种不同品种的豆子，比如豌豆、绿豆、红豆、黑豆、黄豆等，以及6个小碗。接下来把豆子混合起来放入一个大碗中。规定游戏时间为5～10分钟。给孩子一双筷子，让孩子把这些豆子按照品种分别放入6个小碗里面。孩子如果在规定时间内完成，家长就给孩子一个小小的奖励。年龄小一点的孩子可以用手指直接分拣。引入竞争机制，家长可以与孩子一起游戏，比比谁用的时间最短。

孩子需要调动自己的注意力，高度专注才能完成这个事情，不然豆子容易掉。玩了游戏，孩子得到了放松，也训练了他们的专注力。

培养孩子的专注力，还可以采用舒尔特表训练法、视觉追踪法、拼图法等，家长给孩子制订任务要把握一个度，任务完成适当休息，劳逸结合，这样能更好地提升孩子的学习和办事效率。同时，家长给孩子许诺的，一定要说到做到，否则会严重影响孩子参与游戏的兴趣，对于亲子关系的构建也很不利。

问题2：孩子喜欢恶作剧，为什么？怎么办？

案例

小东今年10岁了，从小活泼好动，特别喜欢捣蛋，喜欢跟别人开玩笑，搞恶作剧：把电动车的车钥匙藏起来，让爸爸妈妈着急；洗完澡后故意把整个卫生间弄湿；弟弟急着要上厕所，但小东却故意躲在卫生间里把门锁上，任妈妈怎么叫都不理……前几天，在学校心理课上，老师让学生两两分组，一个扮演哑巴（不能说话），一个扮演盲人（用眼罩罩住眼睛）。小东扮演的是哑巴，搀扶着同学扮演的盲人。其他同学都是很负责任地把自己的同伴小心翼翼地护送到终点，小东却故意把他的伙伴带到门边上，害得人家差点把牙磕了。这次虽然没有造成特别严重的后果，妈妈意识到孩子身上这个问题的严重性，万一以后他还不知道轻重，可能会造成不可挽回的后果。报纸上常有这样的报道，

让妈妈特别担心。

【原理分析】

所谓恶作剧，就是故意与他人开玩笑、戏耍、捉弄他人的行为。恶作剧最基本的形式是故意使他人陷入窘境，并在旁观赏他人尴尬、吃惊、惶恐等寻常难以得见的情绪表现，借此满足行为人个人心理。可能原因如下。

1. 因为好奇，觉得好玩。儿童1岁以后，开始有了自我的觉察，同时对外界社会充满了好奇心和求知欲，喜欢去探索和尝试。人的本我是追求快乐的，越小的孩子表现得越明显。孩子小的时候搞点小的恶作剧，他觉得恶作剧就像一种游戏，觉得很好玩，在游戏的过程中获得快乐感和满足感。家长没有及时制止孩子的这种行为，使其将这种感觉保留下来，成长中时不时就要搞一点恶作剧来满足一下自己的快乐心理。

2. 为了获得关注。儿童都有希望获得父母和他人关注和赞美的需要，通过一些恶作剧行为，能够让其他人关注到自己，认可自己的"能力"。

另外，还有些孩子在家中很少获得家长的表扬、肯定、欣赏等正向关注，内心渴望得到认可，却在偶尔一次恶作剧时发现这种行为可以哗众取宠，心底的渴望被一次变形的认同激发了，以后就会一发不可收地想搞恶作剧，而不会去考虑行为的后果会是怎样的。

3. 发泄不满情绪。在一些家庭中，家长只关心孩子吃得好不好，对于身体成长所需要营养很重视，却不知道孩子心灵成长过程中也需要心理营养，不关心孩子的内心需求，一味地指令、要求、控制、强制，导致孩子内心积累了许多负性的情绪，找到机会就搞恶作剧，发泄不满情绪，让家长觉得难堪。孩子的内心独白："你为难我，我就以其人之道，还治其人之身。"

4. 模仿。孩子成长的过程也是一个不断学习和模仿的过程。当看到一些"好玩"的行为时，孩子就会有想要模仿的冲动，因此，家长在生活中为孩子树立良好的榜样特别重要。

【操作指导】

1. 立即制止，及时引导。孩子经常搞恶作剧，绝对不可以放任，要坚决制止，并及时弄清行为背后的原因。家长不但要从孩子身上找原因，还应该从自己身上找原因，然后对孩子再予以纠偏及引导。在弄清楚孩子恶作剧的原因之后，家长要对症下药。如果孩子只是因为好奇，家长可以多加引导，拓展孩子的眼界。如果孩子仅仅是因为好玩，可能孩子平时受到的关注不够，想引起父母的重视。如果孩子是为了报复，家长要帮助孩子分析原因，正确引导。

2. 后果预警。引导预想后果，让孩子知道，恶作剧是让人讨厌的行为，如果这样做，会失去身边的好朋友，容易被大家孤立起来，后果非常严重。如果孩子喜欢搞恶作剧，家长也可以预设一些场景，引导孩子感知后果。

3. 抓住教育契机。家长要让孩子意识到恶作剧是有可能带来严重后果的行为，可能因为这样的把戏，让自己或者其他人受伤，这是非常严重的事情。本案例中的小东在自己保护的"盲人"同学碰到门框时，就又害怕又自责。心理老师抓住了教育契机对其进行教育，并指导家长配合教育，让家长在意识到问题严重性之后，在日常生活中就开始关注孩子的心灵成长。在家校配合教育后，孩子得到了很好的教育这事从"坏事"变成了"好事"。

大多数孩子的顽劣行为养成，都是孩子缺乏安全教育和家长过度溺爱孩子的结果。在对孩子进行教育的过程中，一方面家长要屏蔽充斥在孩子身边的不良信息，排除孩子模仿不良行为的隐患；另一方面家长要以身作则，对孩子进行切实有效的安全教育。

【教育提升】

弗洛伊德的精神分析理论认为，每个人的人格由本我、自我、超我三部分构成。本我遵循的是快乐原则，自我遵循的是现实原则，超我遵循的是道德原则。喜欢恶作剧的孩子的人格特征是自我很突出、超我很缺乏，因此导致其行为完全由自己的喜好和快乐所决定，忽视别人的感受，不考虑是否符合社会的道德准则和法律法规，不考虑其行为的社会后果。可见，喜欢恶作剧的孩子主要的问题是其社会化过程滞后，这与家庭教育有直接的关系。

在教育孩子的过程中，家长扮演着第一引导者的角色，要从多方面去引导、教育孩子，让孩子在家庭的教育中得到全面的发展。

1. 不要给孩子贴标签。家长既不要认为自己的孩子很聪明、很能干，这样会纵容孩子，也不要认为自己的孩子心理和品行上有问题、是坏孩子，这样会打击孩子。

2. 要多给孩子关爱。儿童期也是一个人的人格形成的关键期，家长一定要抽出时间多陪伴孩子，多和孩子沟通，让孩子获得足够的爱和安全感。

3. 要对孩子有意识地进行品德教育和行为规范。家长可以通过言传身教让孩子懂得什么是正确的行为、什么是不正确的行为，让孩子明白做任何事情都要考虑到其他人的感受，要考虑到后果，既不能伤害自己，也不能伤害别人。

问题3：孩子喜欢攀比和炫耀，为什么？怎么办？

【案例】

不知道从什么时候开始，小芳总喜欢和别人比。看到同桌的文具盒很漂亮，她就缠着妈妈给她换一个更好看的文具盒；参加同学生日聚会的时候，她发现同学邀请了很多小伙伴，回去后就告诉妈妈自己生日的时候要在外面的餐厅庆祝，还要邀请更多的同学为自己庆生；和同学聊天的时候，她发现同学去过很多地方旅游，回来就和妈妈抱怨为什么不多带自己出去旅游；在学校文艺汇演的时候，她看到台上跳舞的同学引起大家的惊叹，便嚷嚷着自己也要报一个舞蹈班；过年的时候长辈给的红包她自己悄悄地收好，还瞒着父母拿到学校，在同学面前"晒晒"……

【原理分析】

案例中的小芳很明显存在一种攀比、炫耀的心理。孩子爱攀比和炫耀的原因是多方面的。

1. 孩子自身因素。

（1）自我评价偏差。社会比较理论认为，每个个体在缺乏客观评价的情况下，会利用他人作为比较的尺度来进行自我评价。孩子社会经验和阅历尚浅，对自我缺乏客观的认识，需要通过比较来评价自己，比较不当就会产生攀比问题。

（2）归属与尊重的需要。在马斯洛的需要层次理论中，每个人都会有归属、爱和自尊的需要，孩子也不例外。孩子想要寻求归属感、获得同伴的认同，担心自己被孤立，在他们的认知里，只有自己拥有和同学一样的物品才能融入群体。此外，孩子都希望得到别人的关注，把自己的东西带到同学面前炫耀，能够在同学的羡慕中获得满足感，这也强化了孩子的攀比行为。

2. 家庭教育因素。

（1）家庭教养方式。每个家庭都有自己个性化的教养方式。在溺爱型的家庭中，父母对孩子千依百顺，无条件满足孩子提出的要求，而且千方百计地在物质上超越其他孩子，甚至刻意用某些高档商品来"武装"孩子。父母这种溺爱的行为，无意中流露出了互相攀比的思想与行为，助长了孩子的攀比心理。

（2）父母的负面影响。父母强调或坚持的行为方式会影响孩子观念的形成。

孩子和父母在一起的时间最多，会学习父母的各种行为。如果父母本身就爱攀比，比如爱买名牌衣服、名牌包，或者父母经常把攀比的话挂在嘴边，经常比较自己家和别人家的条件，比较自己孩子和别人孩子的学习等等，孩子也会在潜移默化之中学会父母的攀比方式，养成攀比的习惯。

3. 社会环境因素。随着社会经济的发展，人们生活水平逐渐提高，对物质方面的要求也越来越高，甚至对物质的追求出现了一些偏差，腐败奢侈之风也在社会中盛行，电视、网络媒体对这些现象也有大幅度的报道，这些负面的信息也会成为孩子爱攀比的诱因。

【操作指导】

面对孩子的攀比心理，父母应该理性分析孩子攀比的根源，通过正确的方式满足孩子的心理需求或者改变自己的态度行为和教养方式，让孩子形成积极的价值观念。

1. 了解孩子攀比背后的需求。如果孩子表露出很羡慕其他小伙伴拥有的东西，自己也想要，父母不要简单粗暴地拒绝，否则会让孩子感到比不上别人，或者片面地认为父母不爱他。父母可以先试着理解、接纳孩子的情绪，再耐心地询问孩子想要这个东西的原因。如果孩子理由充分，父母可以满足其要求；如果理由不充分，父母也不要当面指责孩子，要认真地告诉孩子为什么不能满足他，并始终坚守自己的立场。

2. 引导孩子进行反向比较和自我比较。"反向比较"就是用孩子拥有的物品或者特长和他人比，让孩子知道自己拥有的东西别人不一定没有，自己有的专长别人不一定具备，这样可以让孩子的心理感到平衡一些。此时，父母再给孩子讲些道理，告诉孩子，每个人都是独特的个体，每个人都有自己的优点。

孩子在与他人的相处中，常常会与别人比较，不免在比较中产生自卑感。父母可以引导孩子进行自我比较，学会纵向比较而非横向比较。父母引导孩子与以前的自己进行比较，与昨天的自己进行比较，让孩子看到自己的进步，同时，给予孩子适当的鼓励和称赞，帮助孩子提高自我比较能力，建立自信心和独立性，而不是与别人家的孩子进行比较。

3. 父母以身作则。父母要避免孩子产生攀比心理，就要以身作则，改正自己攀比的行为。父母最常见的攀比行为就是拿别人家的孩子与自己的孩子进行比较，这样不仅会伤害到孩子的自信心、自尊心，也会让孩子产生攀比心理。

【教育提升】

从儿童发展阶段来分析，在儿童阶段到青年早期，由于自我观念还没有形成，都是以他人的肯定来肯定自我，认为被别人喜欢、被别人肯定的就是好的。所以，父母要理解这个阶段的孩子，帮助他们确认自己的需要、做出自己的决定，并逐步形成健康的自我意识。

1. 给孩子无条件的爱。攀比的孩子通常都是为了获得关注和认可。父母的不应无条件地满足孩子的各种要求，而是无条件地爱孩子，并且将这种爱表达出来。孩子感受到父母对他们的爱，就会有幸福感、安全感和满足感，不会轻易被外部关注左右，不执着于外物，自然就不会攀比。

2. 让孩子学会区分"需要"和"想要"。在日常生活中引导孩子去思考：对于某个东西，是一时兴起想要，还是真正有价值需要。要让孩子知道，生活中的大部分物品，应该是按需购买，而不是随欲望购买。

3. 适当延迟满足孩子的要求。当孩子提出特别想要某个东西时，父母可以告知孩子，他可以通过努力来实现自己的愿望。比如，若孩子想买新玩具，可以用平时积累起来的、因表现好获得的奖励进行交换。一般在孩子积累到5次或10次后，父母就可以满足他的需要。孩子每次获得奖励的过程就是一种等待。父母每次给予奖励的标准要明确，不能失去原则。

此外，培养孩子的自我控制能力，要遵循"登门槛效应"。最初的延迟时间不要过长，也不要要求过高，否则会让孩子灰心丧气，放弃追求的目标。父母可以适当提醒，但不要过于关注，要充分相信孩子的契约精神。只要孩子能等待一小段时间，并且努力去达到约定的目标，就是做到自我控制了。

问题4：孩子做错事情不敢承认，喜欢撒谎，为什么？怎么办？

案例

小洪是小学五年级学生，他运动能力强，擅长踢足球，是学校足球队的主力。但是，他平日里吊儿郎当的，学习不认真，作业潦草应付，学习成绩很一般。

有一次，班主任陈老师要给班里的孩子兑换点赞卡，却发现原本鼓鼓的一包点赞卡一下子少了十几张。陈老师四处查探之后，发现小洪昨天下午到过自己的办公室，于是，便叫来小洪谈话了解。

陈老师笑眯眯地说："小洪，老师看到你昨天下午回家比较晚，有没有看见哪位同学放学后到过老师的办公室？"小洪脸上闪过一丝慌乱，随即摇摇头，说：

"足球队训练完之后我就直接回家了，没回班级，所以没看见。"陈老师不说话，只是看着小洪的眼睛。小洪有些手足无措，说："哦，我好像看到小毅回班级了，不知道是不是他进过办公室。"……

【原理分析】

孩子做错事情不敢承认，反而习惯于撒谎来掩盖自己的错误，这样的现象十分普遍，可能与以下因素有关。

1. 道德认知因素。心理学家科尔伯格经过一系列研究之后，将孩子的道德判断水平划分为三个水平六个阶段：前习俗道德水平（惩罚和服从定向阶段、工具性的相对主义定向阶段）、习俗道德水平（"好孩子"定向阶段、"法律与秩序"定向阶段）、后习俗道德水平（社会契约定向阶段、普遍伦理原则定向阶段）。当孩子的道德判断水平处于惩罚和服从定向阶段时，往往为了逃避惩罚而不敢承认自己的错误，甚至用撒谎来逃避责任。

2. 自尊水平因素。高自尊水平的孩子认为，承认错误会让大家笑话自己，损害自己在他人心目中的良好形象，降低自尊和存在感，为此，他们会拒绝承认错误，甚至不惜将责任推卸到他人身上。

3. 家庭教育因素。首先，父母性格中不好的一面容易导致孩子的不良行为，如父母强势严厉容易导致孩子性格怯懦、不敢说真话，父母完美主义容易导致孩子性格敏感、害怕惩罚等；其次，父母对待孩子犯错误时的态度与处理方式非常关键，孩子一犯错就被父母惩罚、打骂，孩子怎敢承认错误？相反，父母以宽容的态度去面对孩子的错误，孩子认错就不是难事了；最后，父母的行为对孩子影响深远，做了错事却不承认的父母何以教育出诚实的孩子？

【操作指导】

孩子犯错不认错，甚至用撒谎来掩盖，父母可以从以下五个方面教育并引导孩子。

1. 耐心倾听孩子的解释。当孩子犯错时，父母和老师先别急着发火，不妨心平气和地听孩子解释，了解事情的经过，了解孩子的想法，进而判断孩子是否做错了。有时候，孩子犯错并不是有意的，若是采取强硬的态度逼其孩子认错误，反而会影响他的情绪及心理发展。

2. 与孩子一同分析错误。我们想要孩子承认错误并改正错误，必须得让孩子知道自己错在哪里，而不是简简单单地为了他的一句"我错了"，这样的认错意义不大。父母、老师可以和孩子一起坐下来，分析犯错的原因，这样才能让孩子心服口服地认错，避免孩子因叛逆、赌气做出不理智的行为。

3. 鼓励孩子为错误负责。孩子认错之后，父母骂一顿、打一顿是解决不了实际问题的，不如换个方式，如让孩子劳动、做志愿者等，要求他为此次错误负责。父母打骂只会让孩子承担痛苦，孩子只有为错误负责，承担后果，才能真正牢记犯错后的教训。

4. 表扬主动认错的行为。当孩子主动坦白自己的错误行为时，父母和老师可以用温和、宽容的态度来回应孩子，如："谢谢你主动告诉我这件事，你下次一定可以做好，对吗？"既减轻了孩子的愧疚感，又可以正面引导他。此外，父母可以采取一些措施表扬孩子主动认错的行为，如帮助孩子分担责任或是当众表扬他。

5. 优秀榜样的示范作用。父母和老师犯错时要主动认错并改正，通过自身的言行为孩子树立好的榜样。还可以借助一些名人故事，与孩子讨论人物的行为，引导孩子认识什么是正确做法、什么是错误行为，引导孩子树立正确的价值观。

【教育提升】

孩子做错事情不敢承认，还喜欢撒谎掩盖事实，这并非孩子道德缺陷或是道德败坏，而是其道德认知水平较低。皮亚杰认为，3~12岁是孩子道德养成的黄金时期。父母要善于抓住孩子道德养成的关键期。

如何帮助孩子提升道德认知，形成稳定的道德观念呢？

1. 让孩子体验道德冲突。为孩子安排一定的自由游戏时间，让他们自然地体验道德冲突，并尝试着去解决问题。

2. 讨论道德两难问题。选择一些道德两难的故事，让孩子从不同的角度去思考、讨论，让他们明白，每个人都是会犯错误的，对与错不是绝对的。此外，父母还可以寻找教育契机，尽可能提出孩子学习生活中真实存在的两难问题，与孩子一同讨论。

3. 鼓励孩子改变规则。当孩子在玩一个有趣的游戏时，父母鼓励他们改变规则，用不同的方式去玩。父母一定要强调，如果征得所有游戏者的同意，游戏规则是可以改变的。

4. 开展表演游戏和角色游戏。表演游戏和角色游戏能使孩子站在他人的角度想问题，促进他们观点采择能力的发展。

问题 5：孩子不喜欢和别人分享，为什么？怎么办？

案例

小伟读小学二年级，是一个可爱的小男孩。小伟是家里的独生子，家里的长辈十分疼爱他，对他几乎是有求必应。一家人吃饭的时候，小伟会将自己喜欢吃的东西挪到自己面前，甚至独占为己有；小伙伴到家里做客时，他也一直霸占着玩具，不愿意让他们触碰；在学校，小伟总是捉弄其他同学，丝毫不顾及他人的感受，同学们都说他很自私。

有一次上美术课，同桌的小琳忘了带画笔，她向小伟借，却遭到了他的拒绝，虽然小琳再三恳求，依旧未能如愿。可是，下课之后就要上交美术作品了，小琳趁小伟离开座位的时候私自拿他的画笔，快速地涂抹了起来。小伟发现了小琳的行为，很是生气，当场与小琳大吵了起来，惊动了美术老师。尽管美术老师极力从中调解，小琳也一个劲地道歉，小伟依旧不依不饶……

【原理分析】

父母应当要懂得，孩子分享行为的发生与发展是个体因素和环境因素共同作用的结果。

1. 生理特征。随着年龄的增长，孩子不再仅仅考虑个人利益，也开始理解他人的愿望和意图，从权威分享慢慢向公平分享、利他分享过渡，其主动分享的意愿及行为逐渐增加。除了年龄，性别也影响着孩子的分享行为。人们普遍认为女生更具观察力和同情心，心思相对男生更加细腻，因此，女生更容易觉察出他人的需求与愿望，从而表现出更多的分享行为。

2. 气质类型。古希腊著名医生希波克拉底认为人体内有四种液体，即血液、黏液、黄胆汁、黑胆汁。这四种液体在人体内的比例不同，就形成了四种不同的气质，即多血质、胆汁质、黏液质、抑郁质。不同的气质特点与孩子的分享行为有显著关系，胆汁质和多血质越明显的孩子更容易进行分享行为。相反，抑郁质越明显，孩子的分享行为就会相对减少。

3. 自尊水平。自尊是孩子的重要人格特征，其水平高低在一定程度上可以预测孩子的分享行为。高自尊水平的孩子对自己持有积极评价，认为自己是有能力的，因此倾向于做出能够受到赞同和认可的亲社会行为，如分享、助人等；低自尊水平的孩子极度不自信，认为自己没有能力去帮助人，更多的时候是扮演被分享的角色。

4. 移情能力。移情能力是设身处地理解他人感受的一种能力。国内外大量研究表明，移情能力与分享行为呈显著正相关，即移情能力越高的孩子越容易做出分享行为。

5. 父母教养方式。孩子如果生活在一个父母能够尊重、关爱、理解、包容自己的家庭，更有利于其良好的分享意识和分享行为的养成；另外，父母是孩子的第一任老师，父母的榜样作用将大大促进孩子的分享行为，其作用远胜于说教式教育。

【操作指导】

我们可以通过有目的的教育行动和日常生活养育来培养孩子的主动分享行为，让孩子体验分享和被分享所带来的快乐和满足。

1. 改变教养方式。父母在教养孩子的过程中要做到"松紧有度"，既要让孩子感受到父母的关爱、家庭的温暖，同时，也不要过度干涉和保护孩子。这么做的目的，一方面是避免孩子自我中心意识膨胀，另一方面是给予孩子足够的自主性，培养其同理心和自信心，增加分享行为发生的可能性。

2. 做好榜样示范。模仿是孩子习得社会准则、适应社会生活的重要途径之一，良好的行为榜样为孩子的分享行为提供了可参照的标准，使其对照、觉察、省悟自身行为。在日常学习生活中，孩子最常接触的人就是父母、老师及同伴，这些群体就是孩子直接模仿的对象。我们应注意引导孩子"择其善者而从之，其不善者而改之"。

3. 加强移情训练。移情训练旨在通过开展相关练习活动来提高孩子体察他人情绪、理解他人情感的能力。我们可以让孩子在角色互换、情景扮演与讨论活动中体会他人的情绪情感，引导孩子换位思考，逐步淡化自我中心意识，进而主动做出分享行为。

4. 强化分享行为。心理学家斯金纳认为，正强化就是为了建立一种适应性的行为模式，运用奖励的方式，使这种行为模式重复出现，并稳定下来。孩子早期的分享行为更多的是在父母的表扬与奖励下产生的。因此，我们可以在孩子每次做出分享行为时，恰当地运用言语表扬、物质奖励等方式给予强化，促使该行为持续发生，并逐渐成为孩子的行为模式。

【教育提升】

分享，就是与他人分着享受、使用某样事物，或是向别人诉说自己的感受，让别人也体会自己的感受。但是，这样的分享通常是单向式的，受益群体面小，资源分享种类有限，各项资源的使用价值无法达到最大化，有时候还会使某些人群习惯于充当被分享的角色。该怎么让分享升级，改变这些现象呢？可以从以下两点入手。

1. 从分享到共享。共享是将物品、信息等各种形式资源的使用权或知情权与其他人共同享有、享用，如现在社会上的共享单车。有鉴于此，我们可以让孩子与孩子之间、家庭与家庭之间、单位与单位之间组成一个共享体，将单向式分享变成双向式、多向式分享，共享各种资源，提供便利的同时，又能推动共享体的进步与发展。

2. 从分享到共赢。共赢是人与人之间更好的、和谐的共处方式，是以开阔的胸襟、理智的态度求得共同的利益。以分享知识为例，当你把自己的知识与别人分享时，别人必定会对你的知识进行补充，帮助你充实自己的知识体系，这时候的你们各取所需，合作共赢。知识方面如此，其他方面亦是如此，从分享到合作，再到共赢，需要人人拥有一颗分享的心。

问题6：孩子在学校容易和别人起冲突，为什么？怎么办？

案例

马先生与妻子离婚三年，一个人独自抚养9岁的儿子。马先生是司机，一出车就要去一两天，儿子的一日三餐经常是自己随便买一点，或者就在小吃店里解决。儿子的自理能力较强，但是上学的时候经常与其他同学闹矛盾，不是打架就是闹别扭，动不动就对同学拳脚相加，导致很多同学都不愿意跟他玩。他总是嘲笑别人，别人反过来说他，他就不愿意了，就会动手反击，还振振有词地说："武力才是最好的解决方法。"老师也经常为此给马先生打电话告状，有时候还请他去学校。马先生感觉丢尽了面子，本来他的性格就比较急躁，为此，孩子也没少挨打。他每天做作业也是非常被动，马先生如果不在家，他基本上都不写作业，必须在马先生的监督下才会完成，完成的质量也很差。让他干什么都比较困难，当着马先生的面他不敢说什么，即使做了也是敷衍了事。

【原理分析】

1. 缺乏安全感。孩子经常与其他小朋友起冲突，可能是缺乏安全感。美国著名心理学家马斯洛曾说过，安全感是孩子心灵成长的重要基石，与父母的教养方式有密切关系。本案例中的家庭不完整，孩子成长中母爱缺失，没有得到父母充足的陪伴，他为了掩饰内心的孤独和脆弱，才会对外界的人和事心存戒备，表现出较强的攻击性。而导致孩子孤独和脆弱的根源往往是父母的管教方式简单粗暴，家庭不够和谐所致。马先生与妻子离婚，又因为职业原因经常不在家，正是导致孩子做出异常行为的重要原因。

2. 榜样的力量。毋庸置疑，榜样的力量是巨大的。好的榜样可以给孩子确立进取的方向，让孩子获得成长的能量。可是生活中的不良"榜样"也是有其作用的，只不过因其不良性，所以影响也是负面的。本案例中，孩子的爸爸个性急躁，处理事情的方式简单粗暴，可谓是孩子成长中的一个不良"榜样"，孩子耳濡目染，也有可能在遇事处事中与其父用一样的处理方式。

3. 缺乏沟通能力，不知道如何表达自己。每个人都渴望被认可，希望交到朋友，孩子也不例外。本案例中，孩子自我意识很强，他在生活中很孤独，内心其实是十分想交朋友的，但因为沟通能力弱，父亲也没有发挥榜样的作用，导致孩子不知如何更好地表达，从而在行为方式上容易表现得过激。

【操作指导】

孩子出现在校容易和别人起冲突这种现象，其实是在提醒父母，孩子成长出现了异常，是个体社会性发展方面的问题。我们先要分析产生异常的主要原因，再对症下药，方能达到事半功倍的效果。

1. 增加孩子的安全感。首先，要给孩子营造和谐的家庭环境。就本案例而言，父母离异已经是事实，如何在这种状态下给孩子以成长的力量，是作为监护人的父亲应该深入思考的问题：是努力提升自己的内在素质，给予孩子足够的接纳与包容，让孩子感受到父母双方对自己的爱没有变，还是继续以简单粗暴，动不动就把气往孩子身上撒的方式生活?

2. 遇到问题应该冷静、讲道理,不能诉诸武力。这个道理在意识层面上,孩子是懂得的,但是要做到却不容易。父母应努力以身作则,修正自己的行为,用榜样的力量去引导孩子,从而帮助孩子养成平和、友善的行为习惯。

3. 培养孩子的沟通能力。孩子的沟通能力并不是随着年龄的增长自然而然获得提高的,而是后天习得的。生活中,父母应有意识地引导孩子,让孩子明白如何表达才是妥善友好的方式。父母可以教给孩子一些礼仪知识,通过自己与孩子生活中的互动,或者模拟生活场景反复练习。在反复练习中,孩子很快就能掌握跟同伴交流的正确方式,其沟通能力也会慢慢提高。

【教育提升】

本案例中孩子的社会性发展出现了问题,可能源于多种不同原因,但几乎都可以归因于家庭的养育方式上。孩子出问题,父母要多从自身找原因,一味地责骂孩子,把问题归结为孩子自身的行为是不负责任的。养育孩子不仅仅是满足孩子的吃穿用,更重要的是,父母应该做孩子生活中的好榜样,同时,努力让孩子时时感受到爱。

父母在生活中要尝试与孩子做朋友,构建良好的亲子关系。孩子对父母具有天生的崇拜,希望自己能与父母处于平等的地位,他们反感处于被命令、控制、要求的状态,但是父母用这样的方式对待他们,他们表面上不敢反抗,内心却会产生抵抗、逆反的情绪,父母的威信也就在这样的状态下慢慢降低。生活中,父母要尽量避免责骂孩子,而是应该放下身段,与他们平等交流,多用商量的口气,或者以分享的方式,先谈自己的感受和看法,然后再给他表达的机会,多倾听他的诉求,并给予肯定后再给予引导建议。

需要注意的是,隔代教养的孩子也容易出现社会性发展问题。从小由爷爷奶奶带大的孩子往往容易表现出以自我为中心。祖辈隔代教养,孩子在一个"宠溺"的环境中长大,容易出现很自我的状态,不懂得尊重他人,也不会考虑别人的感受,当他们刚刚涉及社会——上学,处在学校这样一个集体环境中时,与同学发生冲突也就在所难免了。

要想解决孩子总以自我为中心,不懂得考虑别人感受的问题,就需要父母亲力亲为养育孩子。父母在给予孩子爱和尊重的基础上不要过分宠溺,要告诉孩子哪些行为是正确的,哪些行为是不被允许的。如果自己暂时无法教育孩子,也要跟家中祖辈讲清楚,教育孩子的观念必须统一:溺爱等于扼杀。

孩子在学校,除了学习知识,还要接受社会化教育。进入社会后,孩子会遇到很多的困难和矛盾,都需要他自己去面对、去解决,妥善解决与同学之间的矛盾就是他的实习阶段,要好好利用。孩子的学习能力很强,成长也很快,父母只要让孩子掌握正确的方式方法,孩子解决矛盾的能力会很快提升。

问题 7:孩子只想赢,输不起,怎么办?

案例

小明是一个12岁的男孩子,今年读六年级,成绩很好,兴趣很广泛,下象棋、弹钢琴、打羽毛球他都很喜欢。小明自身有一个很突出的问题:输不起。在小明小时候,妈妈带他和朋友的孩子一起玩,就发现他有点输不起,总是希望在各个方面自己都能赢。只要输了,他就会大哭大闹或者撒泼耍赖,搞得大家都不开心。邻居家的孩子大概也知道他这个毛病,所以基本不跟他玩竞技类的游戏。妈妈当时只觉得小明好胜心强,没有太在意。但是在前几天的羽毛球比赛中,小明进入了区前四强,明明有赢的机会,结果半决赛他怎么也不肯打。而且,小明在家跟爸爸下象棋的时候又出现只想赢、很怕输的状况。本来,爸爸还带着边下边教的心,耐心地指导小明,后来发展到爸爸快赢了小明就悔棋,而且一悔就悔好几步,不让他悔棋他就非常不高兴。最后还是爸爸赢了,气得小明连饭都不肯吃了,父子两个不欢而散。爸爸很担心,不明白自己的孩子到底怎么了?抗挫折能力竟然这么差。

【原理分析】

1. 家庭教养方式偏差。本案例中,孩子已经12岁了,似乎在输赢这个问题上还停留在8岁前的状态,没有成长。孩子不愿意面对失败多跟父母的教育有关,有些父母在日常生活中宠溺孩子,不管孩子做什么都要夸几句,孩子做得不对也不忍心批评,家务活大包大揽,不希望孩子受到一点伤害。然而这就导致孩子像温室里的花朵,经不起一点风雨。

2. 孩子个体原因。有些孩子天生就有好胜心强,事事都想争第一,有很强的竞争意识。人的个性没有好坏之分,个性不同,关注的焦点也会不同,这只是孩子的个性特点,并不是优点或者缺点。

3. 生活中的压力过大。父母对孩子期望过高,导致孩子时刻处于一种高度紧张的状态,当孩子面临压力或做事出现失误时,他们的行为就会出现异常。如本案例中,孩子读六年级,学习压力一大,想赢怕输的心态就会特别明显。一些孩子还会产生消极逃避的情绪，做出如放弃参加比赛这样的行为。也有些父母给予孩子关注太少，导致孩子缺乏认同感，以凡事争第一来吸引父母的注意，赢得他在父母心目中的地位。

【操作指导】

1. 用正确的方式表扬孩子。平时，父母可能会说"你太棒了""这么聪明""宝贝你好厉害"诸如此类的语言，这样反倒给孩子一种压力，孩子会焦虑，觉得是不是什么事做得不好就不厉害了？正确的方式应该是：具体事情要具体表扬，比如孩子考试取得了好成绩，父母可以说"嗯，你平时认真完成作业，果然就考出了好成绩"；孩子跑步跑得快，父母可以夸孩子"因为你集中注意力，所以，才能一鼓作气跑到第一个"。表扬孩子的具体行为，如"认真完成作业""集中注意力"等，帮助孩子树立正确的输赢观。

2. 让孩子正常发泄自己的情绪。面对孩子失败后的哭闹，父母不可直接训斥，而应倾听孩子的想法，并且耐心细心地和孩子谈话。操作步骤如下。第一步，看见情绪："宝贝，你输了比赛是不是很不开心"。第二步，感同身受："嗯，如果妈妈输了也会跟你一样不开心的"，先把自己调整到跟孩子同一个"频道"上，让孩子觉得你是依靠，他才有可能把自己负性的情绪宣泄出来。在理解和倾听孩子负面情绪的基础上进行第三步：谈谈失败的缘由，引导孩子认识到自己与其他人的差距，这样不仅让孩子更有前进的动力，同时还构建了良好的亲子关系。如果这时候父母对孩子训斥批评甚至动手，那以后孩子会经常出现输不起的情况。

3. 以身作则，父母不要总把输赢挂在嘴边。父母如果总是强调第一名是最优秀的，这对于孩子是一种无形的压力，导致孩子在学习和生活中事事都要争夺第一。父母平时应引导孩子客观理性地看待自身的能力，积极争取成功的同时，也能坦然面对失败，鼓起勇气在失败中自我总结和反思，帮助自己更上一层楼。

【教育提升】

1. 父母是孩子的第一任老师。父母给孩子树立榜样，示范自己对待输赢的态度。身教大于言传，当父母自己遇到问题时，处理事情的态度就是很好的教育机会。父母应冷静、客观地处理生活中遇到的困难和挫折，发挥榜样的作用。

2. 让孩子多参与集体活动和比赛，在实践中增加认识、积累经验。集体游戏中，一方面，孩子要学会如何和同伴友好相处，共同合作。另一方面，孩子还要面对伙伴之间的竞争，面对失败，这些磨炼有助于提高孩子的适应力和抗挫力。在集体活动中，孩子的自信心、进取心、责任心得到提高，闲暇时光变得丰富多彩起来，从而充盈自身的精神世界，使自己的内心变得强大。

3. 成长中的自信心培养。好胜心强的孩子，对自己在别人面前的表现有一定的要求。当他们做事能够达到自己的心理预期，令自己满意，自信心就会慢慢增强，慢慢地形成一个良性循环。反之，则可能是恶性循环，自信心可能会越来越弱，就会输不起。

人生的路很长，孩子难免要面对挫折和失败。父母带领孩子走出去，看到更多，接触到更多，获得人生更多成功与失败的洗礼。当孩子的视野开阔了，有了更多的渠道和方式肯定自己，发现更大的人生价值，也就不会拘泥于一张奖状和一次输赢上。

问题8：孩子吃不了苦，为什么？怎么办？

案例

小晨是一个11岁的女孩。她的爸爸平时很忙，基本没空管家庭和孩子。小晨的妈妈工作相对轻松，交往的也都是知识分子。小晨的爷爷奶奶没受过什么教育，重男轻女，他们一直怪小晨的妈妈没为他们家生一个男孩，一直叫小晨的妈妈辞职回家去再生一个，小晨的妈妈没有同意。小晨爸爸在这个问题上没有表态，但是老是借口忙，也不怎么管家。小晨的妈妈对女儿总是有求必应。最近，小晨的妈妈发现小晨越来越怕吃苦，很娇气，特别喜欢偷懒，在学习上怕苦怕累，作业稍微多一点就不高兴，有时完不成作业或完成质量不高，有时还会因为一点小病就请假。前几天和朋友一起去乡下采摘橘子，上山的路有点陡，小晨就很不高兴，一直喊累。更令人无法理解的是过一个坎的时候她居然哭起来了，说"又累又可怕，摘橘子有什么好玩的"小晨的妈妈原本认为小晨只是不喜欢学习，现在看见她连最基本的生活能力也很差，真的很着急，可苦于没有良策。

【原理分析】

1. 父母过度宠爱。吃苦，《现代汉语词典》中解释为经受艰苦。物质匮乏时代，吃苦更多表现在生活中身体所承受的痛苦。当今时代，吃苦并不体现在身体上，而是在精神上。案例中，小晨生活在衣来伸手、饭来张口的环境中，被母亲过度保护，特别怕吃苦，缺乏恒心和毅力。

2. 家庭成员之间关系不良，影响了孩子的心理状态。父母之间存在沟通少、基本教育理念不统一的问题。母亲认为父亲工作忙是找借口，归根结底是因为嫌弃女儿，表面上他们的问题好像是聚焦于婆家人重男轻女这一观念，母亲将这一问题归结于他们没文化，潜意识中将自己定位为有文化的那一个，却在日常生活中溺爱孩子，觉得这个孩子自己再不爱就更可怜了，折射出她自身的内在问题——怕人看不起，却忽视了自己这种不理性的"爱"对孩子的成长会造成极大阻碍。

3. 孩子自身原因。每个人都有自己的性格特点，而且都是相对固定的，有的人阳光，有的人敏感，有的人抑郁，有的人冲动。本案例中，小晨的性格相对敏感，来自母亲的负性信息对她影响很大，导致她无法按照自己的意愿生活，造成她习得性无助状态。

【操作指导】

1. 尽可能地让孩子自己决定和处理自己的事，提升责任意识。本案例中，女儿在生活中衣来伸手、饭来张口，时不时还可以跟妈妈耍耍性子，有求必应，被过度保护。女儿习惯了依赖母亲，缺乏独立意识，缺乏战胜困难的信心和勇气。当她真正面对学习、生活、交往中的一些困难或压力时，往往不知所措。这正是各种问题的根源所在。因此，父母应尽量地让孩子自己决定和处理自己的事，只要不是坏事，只要孩子能够做到，就让她自己拿主意，鼓励她自己去面对，真正承担起自己应该承担的责任。

2. 客观引导，少评价，多鼓励。诚然，表扬、鼓励等都是极重要的教育措施，但不论什么样的措施，都应客观、公正。不奉承孩子，就是不盲目地去讨孩子的欢心，善于让孩子去承担她应该承担的义务，让孩子清楚什么是对，什么是错，什么该做，什么不该做，从小就正视自己遇到的每一个问题。

3. 帮助孩子树立正确的心态。父母要让孩子明白，在成长的过程中挫折与困难是不可避免的，遇到困难也不要退缩，我们要学会面对和克服它们。

【教育提升】

意志力是心理学中的一个概念，是指一个人自觉地确定目标，并根据目标来支配、调节自己的行动，克服各种困难，从而实现目的的品质。它应是长时间为了做一件事所聚焦的能力，在长时间聚焦做这件事的过程中所放弃的娱乐生活、无效社交和无意义的消费生活，以及在这个过程中所忍受的孤独和不被理解，本质上是一种自控能力、自制能力和深度思考的能力。心理和生理一样，必须通过一定的锻炼活动来促进其健康。为培养孩子的承受能力，可有目的、有计划地开展一些"心理操练"。比如，可在体育活动中有意识地培养孩子的意志品质，通过组织各种兴趣活动来树立孩子的自信心。

罗伊斯这样说:"从某种意义上说,意志力通常是指我们全部的精神生活,而正是这种精神生活在引导着我们行为的方方面面。"当人们善于运用这一有益的力量时,就会产生决心。人有决心就说明意志力在发挥作用。人的心理功能或身体器官对决心的服从,正说明了意志力存在的巨大力量。

问题9:孩子讲粗话,为什么?怎么办?

案例

小明,五年级男生。班主任说小明在班上成绩是不错的,但是上课时非常爱出风头,他是那种反应比较快的孩子,但管不住自己的嘴,不管哪个老师上课,他都喜欢插嘴、讲怪话,看见班上同学哄堂大笑就得意得不得了。最近小明开始讲粗话,他似乎也不是很懂那些粗话的意思,就是在老师交代事情的时候,他立马回一句莫名其妙的粗话。小明看见别人看他,心里就特别得意。小明的妈妈是本校老师,将他放在自己班上管教,平时管他也管得多,爸爸是做生意的。在家中,小明很怕爸爸,不敢这样说粗话,但是爸爸往来的朋友很多都粗话连篇。妈妈觉得孩子爱讲粗话是道德品质的问题,一定要改,但是好像无论她怎么制止都没有用,妈妈在班级时好一些,妈妈不在时小明就会变本加厉地说。

【原理分析】

大多数的孩子最初出现说粗话、脏话的时候正处于学习语言的敏感期,这个时期孩子并不太理解粗话的实际含义,大多是听到电视、社会环境、家庭环境中有人这样说,觉得好玩,所以才会进行模仿。但本案例中,孩子讲粗话显然不是简单的模仿,也不仅仅是家长害怕的道德品质问题,还有可能是更深层面的心理状态方面的问题。

1. 与原生家庭不当教养有关。小明这样的状况跟家庭教育有着极大的关系,说明他在家庭中很少受到积极的、正向的关注。

2. 学生自身原因。小明聪明、反应快,学东西也很快,当他没有分辨能力的时候,就会像海绵吸水一样什么都学,所以当他所处的环境中有坏的例子——爸爸的那些朋友时,他会很容易就学会了粗话。

3. 发展环境。小明爱出风头,上课爱插嘴,说明小明内心渴望获得关注。但他不知道获得关注的正确方式是什么,在课上插嘴的时候,他发现同学或好笑或崇拜等各式的目光聚焦在自己身上,这令他获得了成就感。此外,妈妈是他的老师,这一得天独厚的资源会让他的同学产生羡慕。这些外在因素让他错误地认为同学的崇拜来自自己插嘴这一行为,于是这一原本是不经意的不良行为就慢慢地成为小明的习惯。随着小明慢慢成长,普通插嘴内容已经不能引起更多人关注的时候,插嘴的内容就会"升级",比如说粗话、脏话。他偶尔说了一句粗话,引发同学们的哄笑或者老师的斥责,更加强化了他的这一不良行为。

4. 宣泄情绪。小学阶段的孩子,无法准确地表达出自己的情绪,当他们的需求得不到满足的时候,会想尽办法来表达自己的愤怒,在这种情况下,他们也会用粗话来宣泄自己的情绪。

【操作指导】

1. 改善亲子沟通方式,提升孩子内在心理能量。本案例中,孩子说粗话是有一个发展过程的,这个发展过程的内在动力就是他渴望获得关注。被关注是孩子的一种心理需要,但如果总是试图成为关注的中心,就说明孩子自我缺失,存在感脆弱。父母应该重视对孩子独立人格的培养,给孩子适当的成长空间,信任、包容、陪伴孩子,引导孩子健康成长,而不是管束、控制、指令、要求,用爱的名义捆绑孩子。

2. 尝试改善外部环境。

(1)在孩子成长过程中,母亲与教师两个角色的职责是不同的,母亲代表着爱与包容,是柔性的状态;教师则更多是刚性的状态。本案例中孩子的母亲并没有意识到母亲与教师两个角色在自己身上是混淆的状态,认为自己作为孩子的老师,可以更好地教导孩子成长,殊不知这恰恰阻碍了孩子的发展。

(2)班级是孩子成长的重要环境,面对这样的喜欢插嘴、渴望获得关注的孩子,老师应该努力调整关注的方向,切忌负性强化,看到孩子说脏话要减少关注脏话频率,做到冷处理,不回应或者转移注意力,关注正向行为,引导孩子积极表达;当孩子在努力控制自己时,教师应该立刻给出回应。

【教育提升】

渴望被关注,寻求认同感和害怕被鄙视都是孩子低自尊的表现,也就是认为自己没有价值或者价值不高,对自己的价值判断需要借助外部的肯定、鼓励、赞同、接纳来实现。人在生理上是需要群体合作的,但如果在心理上无法独立,就无法形成正确的自我认知。而小学阶段的学生才刚刚开始发展,原生家庭的教育理念直接影响着孩子的心理素质构建,因此,父母需要通过自身的学习形成正确的教育理念,使孩子健康成长。

纠正孩子说脏话的坏习惯需要一个过程，最佳的办法就是进行冷处理，一直要求孩子不要说脏话，反而让孩子对这些脏话印象更深，不利于孩子改正。每当孩子说脏话的时候，父母可以不理睬，让孩子用文明的语言重新表达，让孩子懂得有礼貌才是受欢迎的、被接纳的。如果父母只是训斥孩子，甚至过多地强调这些词，反倒无意间强化了说脏话的行为。表扬、鼓励、奖励孩子的正面行为才会让孩子养成好习惯。

人是社会性动物，里希·弗洛姆说："孤立是焦虑的第一来源。"生活在这个社会中的每个人都需要与他人建立关系，实现自我价值以及找到归属感。孩子与父母关系的构建恰恰是他未来与他人及社会构建关系的基础，孩子无法跟父母建立正常的关系，也意味着他未来面对社会时将会面临更大的问题。而这组关系中，父母应该负主要责任。一定程度的寻求认同非常正常，是人的天性，但如果这种心理影响了孩子的正常生活，成长过程中出现了较大的行为偏差，想纠正孩子身上的异常行为，就需要全家人一起进行探讨与改进。

问题 10：孩子胆小怕事，做事缩手缩脚，为什么？怎么办？

案例

"一班加油！一班加油！"绿草如茵的操场上，一场班级足球赛正激烈上演。还不到中场休息时间，场上的 4 号选手有些体力不支，跑不动了。班主任杨老师赶忙环视四周，寻找替补上场的选手，恰好小禾同学就坐在身旁，杨老师拍拍她的肩膀说："小禾，你是候补队员，上场替换 4 号选手。"小禾愣住了，没有回应，更没有起身，反而把头埋得低低的。杨老师说："小禾，别磨蹭了，快去啊！""我……我踢不好，会给球队丢脸的。我不敢去。"小禾越说越小声，身体也缩向另一边。正在读小学三年级的小禾平时总是一个人静静地做着自己的事情，极少与人交流，若是与老师、同学交谈就会满脸通红、手足无措。有时，班上调皮的同学故意来招惹她，她不敢反抗，也不敢告诉老师，只是一味躲避。在学校里，小禾不愿表现自己，上课从不举手发言，其实她成绩并不差，但她很少主动参加集体活动，总觉得自己比别人差。

【原理分析】

像小禾这样胆小怕事、做事缩手缩脚的孩子并不少见,导致这种现象的原因是多方面的。

1. 孩子的性格因素。孩子的性格是影响其行为的一大因素,性格内向者一般喜欢安静、舒缓的环境,做事比较保守、胆小,外向者则相反。

2. 成功体验不足。成功体验是指一个人成功地完成某种任务时所产生的一种自我满足、积极愉快的情感,可以促使个体的身心与所处的环境保持平衡状态,帮助个体更好地适应所处的环境,还可以使人发现自己的潜能,从而增强自信心。如果孩子的失败体验多了,自信心也随之下降,渐渐地,孩子会采取消极的处事方式,把自己封闭起来,不敢大胆地表现自己。

3. 归因偏差。归因偏差是个体在对他人或自己的行为进行因果解释和推论时,出现不合情理、不合逻辑的现象。若孩子遇到失败时倾向于内归因,将失败归因为自己的能力、努力、态度、情绪等个人因素,加深了自己对失败的责任,则不利于自我价值的确定。

4. 家长的营造的"舒适圈"。每一个孩子都是家庭的希望,绝大多数家长都给予了高度的重视,看管得特别小心,生怕孩子出一丁点儿意外,以至于过分迁就、溺爱。家长的过度保护孩子,甚至包办一切,无形中就给孩子筑起了一个牢固的"舒适圈",限制了孩子发展,使其能力得不到锻炼与提升,无法应对遇到的挫折和压力,更没有打破"舒适圈"的勇气和毅力。面对不再处处保护自己、让着自己的老师和同伴,孩子往往会感到害怕,变得谨小慎微、缩手缩脚。

【操作指导】

面对胆小怕事、做事缩手缩脚的孩子,家长可以从以下几个方面入手。

1. 树立正确认知。心理学家艾森克指出,内向与外向实际上是遗传因素在起作用,反映了人对刺激天生的敏感性,内向者比外向者对刺激更敏感。作为家长和教师,必须摒弃偏见,树立正确认知:内向的孩子与外向的孩子没有好坏之分,而是各有利弊,只需要扬长避短即可。

2. 理性分析原因。孩子胆小怕事、做事缩手缩脚的时候,我们应该理性分析原因:是孩子的性格因素使然?或是孩子遭遇了什么重大挫折,无法自我调节?还是家长和教师的教育方式出现了问题?……只有摸清了原因,才能有的放矢,及时采取对策。

3. 培养孩子自信。自信,是孩子心灵深处的小太阳,是可以帮助孩子化弱小为强大的力量。家长和教师可以这么做:(1)经常性地在孩子身上"淘宝",发现孩子的闪光点，并加以鼓励，培养其自信心；（2）不要过度保护孩子，给孩子创造锻炼自己、展示自己的机会，让他在锻炼中提升能力，建立自信；（3）引导孩子进行行为训练，例如抬起头走路、步伐迈大等，并辅之积极的暗示"我能行""我一定能做到""小小的挫折不算什么"。

4. 归因方式的训练。孩子通过归因方式的训练，可以获得各种形式的归因反馈信息，从而消除归因偏差，形成积极的情感和期望，增强成就动机、增进身心健康。归因方式的训练有以下方法：（1）当孩子正确归因后，给予强化，使正确的归因方式趋于稳定；（2）通过榜样的归因方式演示，使孩子学会正确的归因方式；（3）家长、教师与孩子一同讨论造成成功或失败的内外部因素、稳定性和非稳定性因素、可控和不可控因素，最后确定真正原因。

【教育提升】

面对胆小怕事的孩子，家长可以尝试组建以家庭为单位的团队，这个团队可以依据家庭居住地址组建，可以依据孩子年龄特点组建，也可以依据家长或孩子的人际交往亲密程度组建……家庭团队有两种互动模式，分别是问题解决型团队（图1）和自我管理型团队（图2）。

问题解决型团队是指各个家庭就如何处理孩子情绪、性格、行为等问题彼此交换看法以及提出建议，其核心是交换看法及获取建议，且建议多为一些补救性或预防性的措施。

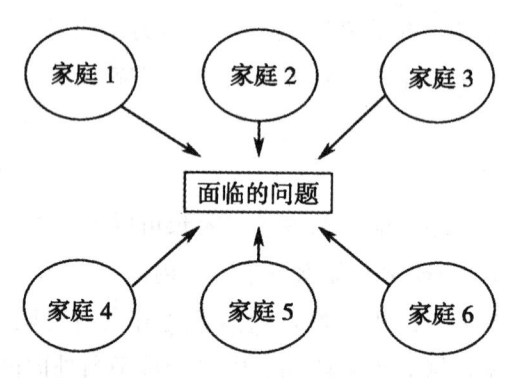

图1 问题解决型团队

自我管理型团队较之问题解决型团队多了一些灵活性，虽然各个家庭依旧围绕着孩子所遇到的问题或困惑来提出解决问题的建议和想法，但是家庭间所举办的联合活动多了一些发展性意义：（1）孩子之间有了更多的交往时间及空间，这对胆小的孩子来说是一个成长的平台；（2）家庭联合活动过程中，孩子与孩子之间的性格、气质、行为等方面无形中会形成一种的互补，有利于胆小的孩子打开自己的内心，汲取他人身上的优点。

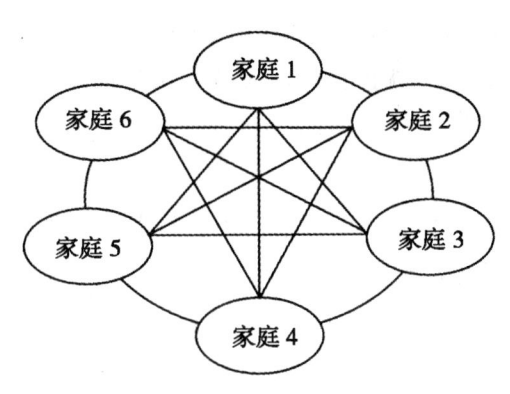

图 2　自我管理型团队

家长可以结合实际情况，有选择性地采取问题解决型团队模式或者自我管理型团队模式，或者两者结合使用。另外，在自我管理型团队模式下，家长可以给予孩子足够的自主性，让孩子自由组织活动，真正实现自我管理、自我成长。

问题 11：孩子会认错，但改不了，为什么？怎么办？

案例

小帅今年读四年级，从小特别好动，非常调皮。老师说他很聪明，就是太好动，管不住自己。于是，妈妈就经常盯着小帅，交代他要好好上学，做错事要敢承认。他嘴巴上答应得好好的，可是一转身他就又干坏事了。小帅经常在班上干坏事，今天把这个同学的文具摔坏了，明天又把那个同学弄痛了，妈妈只好带着他到处去跟人家道歉。这不，昨天他又干坏事了，老师前脚刚刚走，小帅马上就把老师放在展台前的教学工具弄坏了。老师把妈妈请到学校，说小帅存在较多问题，在班上老是不让老师省心。妈妈也不知道怎么教育小帅——他认错很诚恳，但是改不了。妈妈管不了小帅就跟他爸爸说。但是，爸爸的做法更让妈妈生气：他平时不管，听妈妈一说，他就打孩子。妈妈曾经带着小帅去医院看过，可是医生说孩子没问题，是妈妈有点焦虑。这到底是怎么回事呢？爸爸妈妈应该怎么做？

【原理分析】

1. 辩证地看待孩子犯错误这件事情。对于孩子来说，他们犯错误可能是因为自己的经验和阅历比较少，所以没办法一次就很好地完成任务，因此，抱着尝试的态度试了一次又一次，在不断试误中找到正确的办法。这就是著名的教育家桑代克提出的"试误论"，孩子就是在一次次的尝试错误中逐渐有了对世界的认知。家长不了解孩子成长的这一普遍规律，一味地从道德层面去评判孩子的行为，导致自己越来越焦虑。

2. 个性特点没被家长包容。案例中，孩子聪明、好动，对什么都好奇，什么都想去探究一下，但好奇好动在妈妈的眼中却是缺点。家长只看见行为的结果，并没有包容孩子的感受与情绪体验，事实上，孩子的有些行为是其个性特点使然，这些行为被妈妈评价为"坏事"，导致孩子对是非的判断受到了干扰。

3. 对认错与改错的本质内涵认识不到位。知易行难，孩子对于自己所犯的错误，不是承认了就能改的，因为"认错"和"改错"是两个完全不同的过程，需要不同的条件。能认错，只是说明孩子知道了这个问题的性质，想要改正却并不那么容易。

案例中，妈妈特别关心"让孩子认错"，但对"教孩子改错"关注不足，孩子认错之后，妈妈就等着孩子"自动改错"。事实是孩子认错也有可能迫于妈妈的压力，当妈妈问他"错了没有"，他为了减少痛苦，嘴上会承认"错了"，其实心里并没有真正认识到自己的错误所在，这也会导致孩子出现"屡教不改"的状况。

4. 父位缺失。父亲没有尽到教育的责任，常常用简单粗暴的方法介入孩子的教育，其实，他只是解决了自己的情绪问题，并没有对孩子起到教育引领作用。这跟其母亲与父亲的沟通方式也有着很大的关系。

【操作指导】

1. 家长应该学习和了解一些儿童个体发展的相关知识，明确孩子成长有可能出现的状况，分辨清楚哪些是孩子的个性特点，哪些是行为问题，教育才能做到有的放矢。孩子的有些错误是他的个性特点造成的，如比较毛糙的孩子，做事不细致，老犯小错误，家长应在支持鼓励的基础上，引导孩子的行为，不要在孩子出现失误时上纲上线，给他贴负面标签，使孩子心灵很受伤。

2. 保护孩子的好奇心。本案例中，孩子活泼好动，好奇心强，如弄坏老师留下的数学教具，他的初衷可能并不是要搞破坏，只是对教具感到好奇，但是由于鲁莽，把教具弄坏了。家长应该一分为二地看待这件事，耐心地和孩子谈话，倾听孩子的想法。操作步骤如下：第一步，看见情绪。"儿子，老师说你把教具弄坏了，怎么回事呀？"孩子会唠唠叨叨，真真假假地说情况，家长可不作评价。第二步，感同身受。"嗯，如果妈妈看见这个新鲜的教具，可能也会很好奇。"家长要先把自己调整到跟孩子相同的"频道"上，让孩子觉得你是依靠，他才有可能听完你接下来要说的话。在理解和倾听孩子负面情绪的基础上进行第三步，谈谈

"如果是妈妈，遇到这种情况可能会……""如果是爸爸，可能也会很好奇地去摸摸那个教具，但是爸爸可能会比较小心，不弄坏它""如果是某某某他可能会……"，引导孩子明确遇到这种事每个人都会有不同的反应。第四步，让孩子谈谈"以后你遇到这样的事会怎么做"。

3. 想让孩子改正错误，需要让他明白如何改正。孩子认错了，说明他知道这样做不对、不好。但要让孩子改正错误，家长应明确地告诉他怎么做是对的、好的。

【教育提升】

1. "知道"与"做到"是两个层面的问题，应该不同对待。"知道"属于意识层面，而"做到"（即行为）属于行为层面。认错处于人的意识层面，孩子知道这样做是不对的、不好的；改错是人的行为，孩子需要采取实际的行动。孩子明确知道怎么做才是对的、好的，下次按照新方法来做，孩子坚持一段时间的新方法，内化成自身的自觉行为后，才是真正的做得到。

2. 不要跟孩子讲大道理。许多家长在孩子一犯错时就给孩子讲大道理，这些又空又假的大道理，带着责备及嫌恶，只是家长自己在发泄情绪，孩子不但得不到一点慰藉，更没有学会该如何做，从教育角度来看是无效的。

3. 避免把小的错误无限放大。有些家长喜欢把孩子的错误放大，以此来威慑孩子。比如：你今天不小心丢了铅笔，未来很可能什么都会丢。粗心大意的毛病确实不好，也有可能会影响孩子的成长，但是家长应该就事论事，帮孩子找到解决问题的办法，而不是一味地恐吓孩子。家长把孩子的错误放大之后，有些孩子会特别害怕，导致做事犹豫不决，战战兢兢；也有些孩子会觉得爸妈在故弄玄虚，好像在开玩笑。毕竟孩子的阅历还很浅，对没有发生的事无法感同身受，更没办法体会到家长的良苦用心，最后只会对家长的教导感到厌烦，下次依旧犯同样的错误。

问题 12：孩子做事被动，依赖性强，为什么？怎么办？

案例

宁宁做事情很难能自个儿独立完成，总是靠父母。无论事情大小，她都会觉得自己一个人无法完成，或者是觉得自己会做不好。有一次，英语老师让每一个同学准备一个新的笔记本做摘抄，宁宁便让妈妈帮自己买一个笔记本回来。周末，妈妈带着宁宁出去菜市场买菜，路过文具店，那里停车不方便，妈妈就让宁宁自己进去买，妈妈在门口等着。可是，宁宁一听到妈妈让她自己一个人去的时候，就赖在车里不动了，吵着要妈妈陪着一起去。妈妈鼓励她，进去找到本子把钱交了就可以了，自己会一直在店门口等她。宁宁委屈得掉下了眼泪，喋喋不休："我就是不敢嘛！买不到本子就没法写作业，老师就会批评我当课代表没有起到带头作用，同学也会觉得不写作业的人不能当课代表……"妈妈很无奈，不想和她再纠缠下去，只能陪着宁宁走进了文具店……

【原理分析】

心理学家埃里克森指出，儿童在3～6岁的时候，迈入了人格发展的一个新阶段，这一阶段儿童的主要任务是获得主动感、克服内疚感、体验目的的实现。在这一时期，如果孩子表现出的主动探究行为受到鼓励，就会形成主动性，这为孩子将来成为一个有责任感、有创造力的人奠定了基础。这个时期的家庭教育决定了孩子究竟是依赖父母型还是具有初步的独立人格。

一般来说，两种教养方式最容易让孩子凡事依赖父母。一种是因为父母过分溺爱孩子，没有给孩子自立和成长的机会；第二种是父母高度控制孩子，父母觉得凡该遵守的孩子就一定要服从。

在孩子的成长环境中，如果充满了"不准、危险、小心、放下"等拒绝、警示性词语，他们的独立意识自然就会被限制。久而久之，孩子便会事事依赖父母，毫无自己的主见。当孩子开始尝试做一件他想做的事时，必定会遇到一些困难。屡试屡败之后，孩子便会产生沮丧、挫败等负面情绪，有可能选择放弃尝试。看到孩子被困难拦路，父母往往会忍不住出手代办。在父母代劳之后，孩子没能凭着自己的能力解决问题，他会觉得自己是无能的，必须依靠父母来解决问题，这会导致他更加不敢面对困难，更习惯性地依赖父母。

父母事事为孩子代劳，容易导致孩子形成一种依赖心理，其实不仅孩子如此，很多父母自己压根不愿跟孩子一起"断奶"，希望通过对孩子的控制来实现自己的占有欲，通过对孩子的呵护来寻找成就感，具体表现为担心孩子做不好事情，以爱的名义为孩子包办一切。

【操作指导】

为了让孩子养成独立自信的性格，父母一定要学会放手。那么如何在照顾孩子的同时让孩子学会独立呢？以下是帮助孩子摆脱依赖的几个建议。

1. 让孩子做力所能及的事情。培养孩子的独立性，必须解放孩子的手脚，放手让他们去做那些应该做而且又是力所能及的事情，即使孩子做得不好、处理得不圆满也没关系。每个孩子都是富有潜能的独立的个体，他们的独立性需要每个具体的实践经验来激发。在生活中，把犯错、纠错的机会交还给孩子，让他们在反复跌倒、站起来中，熟练掌握一些生活技能，渐渐形成独立意识。

2. 给孩子选择的权利。父母应该给孩子选择的机会和自由，而不是替孩子做选择。父母可以提出建议，但不要替孩子做决定。对于孩子的决定，父母要表示支持，这样可以坚定孩子的信念，并起到鼓励孩子的作用。而当孩子犹豫不决时，父母可以说一些鼓励、提示的话。此外，父母要尊重孩子的选择和最终的决定，也许孩子的选择并不是最佳之选，但父母如果不给孩子独立选择的锻炼机会，孩子就无法培养独立意识，无法真正成长。

3. 鼓励孩子尝试，教给孩子技能。父母在孩子遇到困难寻求帮助的时候首先孩子勇于尝试鼓励，这才是让孩子走向独立、摆脱依赖的最佳方式。有的孩子不敢尝试是因为不会做，父母应该教授孩子独立做事的技能。父母只有让孩子感受到，自己是有能力独立完成一件事的，孩子才有勇气向外探索。

【教育提升】

拥有内部动力的孩子，做任何事情都会有强烈的内在意愿和行动力，遇到挫折时不会否定自己，而是继续向前，迎接新的挑战。父母可以从以下方面来增强孩子的内部动力。

1. 满足孩子爱和安全的心理需求。根据马斯洛需求层次理论，只有当底层的生理需求、安全需求、归属和爱的需求、尊重需求依次被满足后，自我实现的需求才会产生。因此，唤醒孩子内在驱动力的前提是，先满足孩子爱和安全的心理需求，孩子只有在父母身上获取了足够的安全感，才敢于去探索外面的世界，才能变得独立。陪伴是增加孩子安全感最好的方法。父母陪伴孩子的时候，要全身心地投入和孩子互动，而不是人虽然在孩子身边，却是在玩手机、看电视、想工作等。

2. 让孩子体验到"我能行"的胜任感。胜任感是一个人能持续、积极做事的要素之一。培养孩子的胜任感，可以借助前苏联心理学家维果茨基提出的"最近发展区"。他认为每个孩子自己现有的水平，和他得到一定指导之后能够获得的潜力之间，存在一个"最近发展区"。如果父母能够着眼于孩子的"最近发展区"，为孩子提供带有一定难度的任务，并在孩子需要的时候给予适当的帮助，就能够帮助孩子超越这个"最近发展区"，达到下一个发展水平。父母布置任务的时候目标不要定得太高，要根据孩子的实际情况，并且要及时地给予孩子积极的反馈。

问题 13：孩子自控力差，为什么？怎么办？

案例

东东上课的时候特别容易走神，经常东张西望，就算是在他喜欢的音乐课、美术课上，他也没办法遵守课堂纪律，要么和同学讲话，要么做小动作，或者插嘴。他在家里一样不老实，写作业的时候身子会不由自主地扭来扭去，不时转头，这里瞧瞧那里看看。才写一会儿，他就会开始用笔敲敲桌子、敲敲墙壁，在椅子上东摇西晃，还时不时跑出来上厕所、喝水、吃零食，每次都要很晚才能写完作业，东东的父母不得不轮流守着他做作业。到了周末，东东就抱着电子产品不放手，看追剧、打游戏、刷抖音，说好了只玩一个小时，可是每次父母喊停时，东东说还要再玩 5 分钟，结果，他一玩就是半个小时，父母过来强制收走，他还要冲着父母发脾气。东东自己知道这样做不好却又控制不住自己。东东的父母很焦虑，却不知道如何是好。

【原理分析】

案例中，东东的这些行为都属于自我控制能力差的表现。对于这种情况，父母一味地说教与指责是解决不了问题的，相反，还会激化亲子之间的矛盾。在我们的大脑里，有一块前额叶皮质区，专门负责理性思维和自我控制。儿童的认知功能在快速发展，但是前额皮质发育不成熟，不容易控制住自己，父母的教育作为儿童早期经验的主要来源，对儿童的自我控制能力发展有着很大的影响作用。

1. 家庭教养方式。父母的教养方式对儿童自控能力的发展有直接影响。父母专制式的管教，或对孩子漠不关心、放任自流，或过于溺爱等，都会导致孩子自控力缺乏，意志力薄弱。有的家庭，父母和祖辈的教养方式不一样，每当孩子出现行为偏差时，父母刚想纠正，老人就急于护短，造成父母的管教无果。孩子长期处在这种教育方式中容易形成错误观念，认为控制或不控制自己的行为都会被大人允许，自然会放纵自己。

2. 父母自身控制力差。孩子的模仿能力很强，如果父母在教育孩子时不自觉地表现出暴躁、焦虑的情绪和行为，冲孩子发火、大嚷大叫，孩子对父母的行为耳濡目染，将直接影响到他们以后对待事物的态度。

3. 父母没有信守诺言。父母经常用孩子喜欢做的事情作为一种强化手段，刺激孩子做出他们本身不喜欢但父母希望他们做出的行为。这本身是一种很好的教育方法，但有些父母经常出尔反尔，或者是在孩子完成任务后又额外附加其他的条件。长此以往，孩子会觉得父母不讲信用，并在潜意识里树立起"延迟享受不如现时享受"的观点。

【操作指导】

针对以上可能导致孩子自控力差的原因，父母可以通过以下方式来解决。

1. 营造良好的家庭氛围，在教育方法上奖惩适度。父母和祖辈要统一原则，让孩子为自己的不自觉行为负责，承担相应的后果，同时，要及时对孩子自律的行为给予奖励。家庭是孩子成长的重要环境，良好的家庭氛围和沟通模式会对孩子心理层面的健康发展起到积极作用。父母要想让孩子知道什么该做、什么不该做，心平气和地讨论胜过权威高压式的管理和惩罚。父母要学会放下姿态，运用同理心与孩子建立关爱、尊重、信任的关系，设身处地考虑孩子的需求，孩子才会敞开心扉，自觉约束自己的行为。

2. 父母言传身教，树立榜样作用。在培养孩子自控能力的时候，父母也应该在日常生活中约束自己的行为，要为孩子树立自我控制的好榜样。父母首先要严格要求自己，做事有始有终，不拖拉。父母可以陪同孩子达成平等协议，一起建立起良好的生活习惯去影响孩子，逐渐引导孩子树立正确的价值观，形成自律意识。

3. 信守承诺，延迟享受奖励。孩子需要信任父母、信任这个世界，才能对自己拥有的事物充满安全感。父母答应孩子的事，一定要兑现，才能让孩子获得安全感，从而培养孩子延迟满足的能力和自我控制的能力。反之，如果父母自己不能做到言出必行，一味花时间去尝试各种方法来训练孩子，舍本逐末，很难获得令人满意的效果。

【教育提升】

有些父母也许会发现，孩子做完一些事情之后，就不愿意再去做本来计划好的或者有意义的事情。其实，这不是孩子自控力太差，而是这个时候孩子的自控力变弱了。

社会心理学家提出了自我损耗理论。他们认为自控力这种资源是有限的，随着一天中不断努力进行自我调节，比如抵制诱惑、权衡利弊、压抑情绪、面对压力，自控力会不断损耗。幸运的是，自控力跟我们的肌肉一样，可以通过恰当锻炼得到增强。那么，如何保持孩子的自控力呢？

通过合理的计划和安排，减少自控力的消耗。有了规划，孩子就不必再做太多选择，只要按计划行动，自控力就不会那么快被耗尽。在孩子养成规划的习惯之前，父母可以和孩子一起讨论：父母的目标是什么；孩子的目标是什么，孩子哪方面做得较好，哪方面需要改进，应该怎么帮助对方。孩子可以通过和父母的讨论了解自己的强项与弱项，了解自己的能力水平，以此来制订有效的行事计划。合理分配时间与任务，具体到将一天中最重要的事安排在精力更充沛、效率更高的时间段。在做规划的时候，父母注意不要让孩子同时设立太多目标，而是某个阶段只设定一个目标，或者一次只专注在一件事情上。

生活中难免有规划之外的意外事件，父母可以教孩子遵循"如果……就……"原则，提前想好应对方案。比如，"如果朋友找我出去玩，那么我就说出已经提前想好的拒绝理由"。这样一种提前计划好的自控力应对方案，可以让孩子在面对突如其来诱惑时，不用临时运用意志力去对抗。

问题 14：孩子答应好的事情，总是临时变卦，为什么？怎么办？

案例

琼琼的妈妈吐槽说："最近，琼琼总是说话不算数，让人很头疼。比如，他看动画片的时候说自己不想吃饭，一点儿都不饿，但一看完动画片就吵着要吃要喝；答应一次只吃一个冰淇淋，奶奶来了，他一口气吃了3个；答应给表弟的玩具却又反悔不给了。"……

【原理分析】

孩子答应的事情却临时变卦，这其中有很多原因，但主要和父母有关。第一，可能是大人胁迫或引诱孩子答应。这种情况最常见，父母定下规矩，然后直接暗示孩子：答应了才是好孩子，施加巨大压力迫使孩子许诺。第二，孩子懵懵懂懂就答应了。由于孩子年龄还小，对于有些事情并不明白，但父母要求孩子答应，于是，孩子就习惯性地点头答应，其实心里并不明白是怎么回事。

【操作指导】

让孩子从小养成信守承诺的好习惯，能帮助孩子将来树立威信，获得别人的尊重。具体怎么做？下面的一些建议或许有帮助。

1. **不要强迫孩子许诺。**父母不要动不动就给孩子贴上"好孩子""坏孩子"这样的标签，要放低姿态，用心去了解孩子，真正站在孩子的角度思考。如果父母总是从自己的角度出发，为了面子，或是偷懒而简化问题，或明示或暗示进行施压，孩子被迫答应后，内心也并不认可。

2. **答应孩子的事要做到。**身教重于言教，孩子会模仿父母的行为。父母应率先垂范，在日常生活中自己先做到言出必行，比如答应孩子周末去郊游，即便有事也要推掉去陪孩子；答应孩子攒几个小贴画就买一个大玩具，那就一定要兑现。父母言出必行，孩子也会说话算话。

3. **让孩子理解并认同做某件事的原因。**需要孩子承诺做到的，要先让他理解为什么要这样做，孩子只有发自内心地理解与认同，才能信守承诺。比如，父母如果想限制孩子吃冰激凌，可以向孩子讲明吃太多冷饮可能造成的不好后果，如腹泻，这样孩子就会自觉地每次只吃一个。

4. **充分尊重孩子的天性。**父母应尊重孩子的天性，要求孩子承诺的应该少而精，这样孩子容易记住，容易做到。父母不能要求面面俱到，自小就把孩子弄得谨小慎微；也不要为了面子逼孩子答应他不想做的事情。

5. **原则性和灵活性并重。**一些教育方法过于强调原则性，定下规矩就一定要执行，做不到就惩罚。强调原则性是对的，孩子既然答应了，那就应该做到，没有规矩不成方圆。但不能因此矫枉过正，孩子年纪小，尤其是低年级的孩子，有忘性，且兴趣变化快，比如沉迷于动画片忘了饭前要洗手，或是原本想去动物园，发现科技馆更有趣，又想去科技馆。诸如此类问题，父母只需要提醒孩子就可以了，没必要上纲上线。有些情况下，如孩子病了、累了或是和小伙伴玩得特别开心，就可以稍缓执行。

【教育提升】

在生活中，我们也可以通过游戏的方式教会孩子遵守约定。比如，父母和孩子一起玩打保龄球的游戏，谁打倒了几只球瓶，谁就往自己的盘子里放进同样数量的草莓。父母以身作则，先示范如何玩。游戏中，每次轮到孩子往自己的盘子里放草莓时，他可能不肯遵守约定，要多放一个或者两个。这时，父母应该规劝孩子，把多余的草莓放回去，否则就结束游戏。孩子会觉得不高兴，或许会采用其他方式来破坏规则。这时，父母应警告孩子，如果继续破坏规则，草莓将被端走,游戏终止。如果孩子仍不思悔改,那么父母要说话算数,态度坚决地把草莓端走。如果孩子试图把草莓夺回来,父母要对他提出条件:只有遵守约定,游戏才能继续。这样,孩子就可能会答应,并学会遵守规则。

父母可以设计一些类似的游戏来帮助孩子学习遵守约定,反复练习,锻炼孩子延迟满足的能力。需要注意的是,刚开始时,孩子内心会产生抗拒的情绪,也许还会想办法捣乱,这就需要父母有足够的耐心和智慧,帮助孩子约束自己。

主题五　家教与家风

问题1：家庭教育要重视言传身教，为什么？怎么办？

案例

自从豆豆上了小学，家里的电视就成了"管控物品"。爸爸妈妈和豆豆约定，周一到周五全家谁也不许看电视，周末电视限时看。这个规则执行了一段时间，总体情况还挺好。

后来，豆豆偶然发现，虽然爸爸妈妈不开电视看，但他们都用手机看电视节目。豆豆就不高兴了，怪爸爸妈妈骗人，然后也吵着要看电视，爸爸妈妈不答应，他就跟爸爸妈妈抢手机。一家人经常因为看电视和抢手机的事情闹别扭。

爸爸妈妈怪豆豆不懂事，说他不能克制住"玩心"，将来就没有出息。豆豆怪爸爸妈妈说话不算数，骗小孩，带头违规。有时候，豆豆以不给看会儿电视就不做作业来要挟父母亲，弄得爸爸妈妈心里发虚，生怕孩子真的不学习不做作业。无奈之下，他们只好向孩子妥协，在工作日当着孩子面不看电视，也不用手机看电视。但是，爸爸妈妈又觉得很委屈，觉得自己被孩子要挟，又拿孩子没有办法。

他们悄悄地询问了豆豆同学的父母，发现有的家庭也有和他们家类似的情况，也有好些孩子父母随意看电视、玩手机但并不影响到孩子的学习。都是同班同学，为什么家庭教育的情况会差别这么大呢？豆豆的爸爸妈妈觉得有点费解。

【原理分析】

家有小学生，父母在工作日能不能看电视、玩手机呢？很多人选的答案会是"不能"。因为，父母要给孩子提供良好的行为榜样示范。

很多父母热衷于跟孩子讲道理。如果不跟孩子讲道理，很多父母都不知道要如何教育孩子。讲道理的结果并不理想，让很多父母纳闷儿：自己给孩子讲的道理都是正确的，都是应该执行的，可是为何孩子就是不接受教育呢？

1. 身教是家庭教育的重要实施方式。父母是孩子身边最直观的行为榜样，孩子很容易模仿和学习。现代心理学研究发现，5～7岁孩子母亲的过度干涉、过度保护、惩罚、严厉的教养方式，都会造成孩子更多的反社会行为和一般负性社会行为。因为，母亲惩罚、严厉等不良的教养行为就是子女行为方式的示范，孩子因此习得不良的人际相处方式，这对孩子社会性发展造成极大的负性影响。

2. 言传是不可忽视的家庭教育方式。所以，父母除了身体力行、以身作则之外，也需要通过言语指导让孩子明白事理，帮助孩子明白社会规则和掌握行动方式。言传的作用在于解释、传授，可以最直接和最明确地表达教育的要求。身教的特点是直观具体，言传的特点是全面、完整和深刻。父母在家庭教育过程中要把言传和身教配合使用，才能收到良好的效果。

总之，父母在教育过程中应综合应用言传身教，提升家庭教育成效，促进孩子的学习与人格发展。

【操作指导】

有效的家庭教育需要父母的言传身教相结合。所谓言传身教，指的是家庭教育过程中，父母既要使用言语说明教育要求，对孩子的言行举止进行指导，也要注意在生活中以自身的行为表现为孩子提供行为示范。

1. 父母要用自己的规范行为给孩子做正向的示范。孔子曰："其身正，不令而行；其身不正，虽令不从。"父母的言行举止是摆在孩子面前生动的示范，孩子会有意无意地学习和模仿。父母在日常生活中要以身作则，给孩子积极正面的示范。这样的生活化的、浸润式的家庭教育过程，可以避免亲子冲突，产生良好的教育效果。

苏联著名教育学家苏霍姆林斯基说："人的全面发展取决于母亲和父亲在儿童面前是怎样的人，取决于儿童从父母的榜样中怎样认识人与人之间的关系和社会环境。"父母应从个性、道德品质和生活习惯等方面潜移默化地影响孩子。

2. 父母要学会和孩子讲道理。善于言传的父母可以通过言语向孩子提出要求，通过言语给孩子鼓励和指导，通过言语表达自己的情绪和体验。父母的言传不需要华丽辞藻，而是要向孩子明确地传达要求，具体地给予指导。父母向孩子提出的要求要清晰明了，也要考虑到孩子的能力和基础，在孩子行动过程中需要提供给孩子具体的指导。同时，还要避免让言传沦于说教和絮叨。

父母和孩子沟通和交流时，要保持充分的耐心。如果孩子无法执行父母的要求，大多数时候是因为不能理解或者不能接受父母要求，不明白行动要领。

3. 培养孩子的自我管理能力是养成教育最核心的任务。父母要将言传身教和孩子的实际行动紧密结合起来，将培养孩子的自我管理能力作为家庭教育最核心的任务，在教育过程中提升孩子的自我管理能力。同时，父母还要指导孩子学会做好行动规划，安排好学习和休息的时间，整理收纳好自己的物品，指导孩子体认和控制自己的情绪等。这样可以有效减少亲子冲突，也能让孩子自觉应对来自各个方面的压力。

【教育提升】

"种瓜得瓜，种豆得豆"。父母要对自己的言行有所规范、有所约束，才能在孩子面前树立威信，成为孩子的榜样。父母要努力改变自己不良的行为和习惯，用自己的行动去引导和影响孩子。要想让孩子养成好的学习习惯，父母必须有所改变，不断地完善自己，这样才能给孩子做一个好的榜样。

但是，父母都不是完人，要勇于在孩子面前承认自己的不足，并鼓励孩子督促父母改进，也鼓励孩子超越父母。

问题2：如何培养孩子的责任感？

【案例】

乐乐是六年级学生，会因为妈妈炒菜时错把糖当盐而大发脾气，也会因为妈妈忘记帮他准备美术工具、爸爸送他上学时意外迟到而跟父母起冲突。据了解，乐乐在家里十分依赖父母，认为做家务是父母的事情，自己不参与任何家庭劳动，认为学习是为父母而学，自己以后捡垃圾也能生活。父母每天早上要喊乐乐多次他才起床；学习时，乐乐经常发呆，做小动作；在家里一定要家长坐在一旁催促才会写作业。乐乐写完作业后很少主动收拾自己的物品，经常随处乱放学习用品，找不到时就大喊大叫，甚至哭闹。有一天，他又把作业落在家里，所以被老师批评，回到家他又冲着父母大发脾气。

【原理分析】

凯尔曼的态度形成与转变理论认为，态度的形成实际上是一个社会化的过程，是个体在后天的社会生活环境中通过学习而逐渐形成的。他提出态度形成的三阶段理论，即依从、认同和内化。

像乐乐这样，认为学习是为父母而学，不愿意承担责任的孩子并不少见，造成这种现象的主要原因之一是孩子存在认知偏差。许多父母都认为小学生目前的主要任务是学习，家务事是父母或者家庭里其他长辈的事，与孩子无关，导致孩子对于自己在家庭中所承担的责任认识不。因此，大部分孩子很少分担家务，有的孩子会拒绝父母分配的家务，有的孩子还会因为自己承担了一些家务，向父母讨要物质奖励。二是父母的溺爱与包办。父母过度的溺爱、包办代替，会让孩子责任感缺失，无法感知父母的付出，认为其他家庭成员的付出是理所应当的。父母对孩子的行为不进行约束，极易让孩子对一切规则熟视无睹，放纵自己，缺乏履行家庭责任的能力。三是父母的专制与过分干涉，要求孩子言听计从。每个孩子都有自己的想法、愿望和要求，父母过分专制干涉，孩子没有选择权，会渐渐丧失独立性，不愿意承担责任。

【操作指导】

责任感是一个人宝贵的品格和素质，一个没有责任感的孩子，将来是很难取得成功的。责任感包括了家庭责任、集体责任、社会责任。孩子成长每个阶段所要承担的责任与责任感表现各不相同，父母唯有了解孩子的发展变化，才能有的放矢地进行培养。培养孩子的责任感，可以从家庭责任培养入手。

1. 激发家庭责任感，根据孩子不同年龄进行家庭责任培养。要注重让孩子在真实情境中看到父母对自己的付出，激发孩子对父母的感恩之情，提高孩子对于家庭责任的认识，引发孩子的家庭责任行为。应该根据不同的年龄层来进行家庭责任的内容教育，例如培养低段孩子的家庭责任时，应着重于提升他们的自我管理能力，让他们做好自己应该做的事情，如洗袜子、叠衣服之类。而对于中高年级的孩子应提高要求，让他们列出家务清单，学会承担三四项家务，同时，应让他们学会理性消费，养成勤俭节约的好习惯。

2. 让孩子学会判断，进行选择。做选择能培养孩子的自主意识，父母可以告诉孩子做出正确选择的五个要点。

（1）做决定之前应该先明确自己想要的结果是什么。

（2）学习自己做判断。

（3）参考别人的经验做判断。

（4）若判断错误，马上补救，不要一直停留在后悔的情绪中。

（5）不断尝试，吸取教训，才会更容易成功。

3. 让孩子学会等待，学会自我克制。随着社会物质条件的提升，父母总是竭尽所能地给予孩子最好的物质环境，正因为这样的大量给予，导致孩子养成了予取予求的习惯，以至于孩子越来越任性，不知自我克制。

为了让孩子学会忍耐，父母在面对孩子无理取闹时，不可心软，必须坚持原则，让孩子知道大声哭闹、乱发脾气这一套戏码是无效的。同时，父母可以在事后与孩子约定，如果能完成预设的小目标就可以获得相应奖励，如此一来，既能够培养孩子忍耐性，让孩子懂得自我克制不任性，又可以让孩子更懂得珍惜现在所拥有的。

【教育提升】

父母还可以有意识地培养孩子乐观开朗的个性。父母都希望自己的孩子每天都能过得很快乐，笑口常开。然而人生总会遭遇到一些困难与挫折，唯有让孩子拥有开朗的性格，才能使他在生活中遇到不如意的事情时，以乐观的心态迎接挑战，勇于承担责任。父母批评孩子时要就事论事，不要伤害孩子的自尊，以免孩子丧失自我效能感。父母也要偶尔示弱，让孩子努力克服困难、解决问题，可以使孩子获得更多成功的体验，更加自信乐观。此外，父母要形成"以乐观态度来解决问题"的做事方式，为孩子做示范。如果父母对孩子又吼又叫，或经常唉声叹气，孩子的性格就会变得退缩消极；而当父母以明理、正向的方式来引导孩子，孩子才会有机会将性格渐渐地朝开朗乐观的方向调整。

问题3：父母该如何对待孩子犯错？

【案例】

张立，10岁，小学五年级学生，父母离异，他跟随母亲生活，家庭经济状况良好。在学校，张立常拖欠作业，上课找周围同学聊天，影响同学听课，扰乱课堂纪律。妈妈经常就他在学校的表现反复唠叨，并严厉地警告他要遵守纪律，不要捣乱。张立对妈妈的话很反感，总是当作没听见。有一次，他带了好几百元零花钱到校门口小店买游戏卡，并把买来的卡片边走边扔着玩。老师将他的行为告知家长，妈妈认为孩子不打不行，当天晚上把张立狠狠揍了一顿，并告诉他因为老师向自己告状，让自己很丢脸。妈妈经常性的打骂让张立习以为常，犯错后总是一副无所谓的态度，认为反正妈妈天天骂自己，大不了被打一顿。

【原理分析】

打骂孩子是很多父母管教孩子常用的办法。从短期看，惩罚确实有用，可以迅速地制止孩子的错误行为。但有研究表明，经常受到惩罚的孩子更容易出现焦虑、抑郁的情绪或攻击性行为。所以，对于犯错的孩子，经常性的责骂甚至体罚并非好的教育方式。

儿童发展心理学家科尔伯格提出的道德前习俗水平的第一阶段就是惩罚与服从阶段，9岁以前的孩子会根据行为的后果来判断行为的好坏，做了某件事受到奖赏便认为是好的行为，从而服从；而受到惩罚就是不好的行为，以后会避免再做。打骂是惩罚的一种，对于认知水平有限的孩子来说，这种惩罚方式能起到一定警示的作用。小学低年级的孩子个体差异较大，在孩子还不能完全听得懂、听得进去道理的阶段，接受身体上的小小惩罚比语言和其他方式的惩罚体会得更为深刻。如果孩子做了错事，前提是比较大的错事，父母必要时给予一定身体上的惩罚，会让孩子记忆深刻，知道以后不能再犯。

刺激过多、过强和作用时间过久而引起心理极不耐烦或反抗的心理现象，被称为"超限效应"。超限效应在家庭教育中时常发生。比如，当孩子犯错时，父母会一次又一次反复地针对同一件事进行同样的批评或责罚，孩子刚开始对自己做错或做得不够好的事会感到内疚不安，当多次听到父母就此事批评自己，孩子会逐渐感到不耐烦，甚至是反感、厌恶。有的孩子还会出现"我偏要这样做"的反抗心理或行为。

【操作指导】

1. 父母对孩子的批评要有一定的限度，对于同一件事只批评一次，孩子再犯同样的错误或是出现类似的错误时，要换一个角度、换一种说法，而不是用同样的语言进行重复的批评，避免让孩子觉得父母总是揪着自己的这个错误不放，厌烦情绪和逆反心理也会减少。

2. 孩子犯错时，父母不要着急责骂，可以试着问孩子几个问题，了解孩子犯错时内心的想法，往往事情会变得明朗，孩子也会自己找到原因，甚至找到解决的好方法。

问题1：说说发生了什么事情？让孩子有机会说话，描述自己的所见所感。遇到孩子做错事，父母往往会很着急地指责孩子，不给孩子说话的机会，这样做，父母便无法客观全面地了解事情的经过，很有可能冤枉孩子。让孩子自己描述事件，可以让孩子在说的过程中自己发现问题所在，即使真有错，孩子也会因为有机会为自己辩解而甘心承认错误。

问题2：你当时感觉如何？不管事情经过如何，孩子的情绪都是需要疏导的。当孩子心里不舒服、有情绪的时候，父母说什么他是都听不进去的。父母要先试着站在孩子的角度，理解孩子的感受，等他情绪平静下来，再做进一步的交流。

问题3：你觉得有哪些办法能解决？这时父母可以跟孩子一起想各种解决问题的办法，合理的或不合理的，都允许孩子表达出来，父母不做任何可行性判断。

问题4：这些方法可能会产生哪些结果呢？让孩子自己思考，孩子根据自己的生活经验基本都能明白不同的解决方法产生的不同结果。如果是低年级的孩子，认知经验不足，父母可以引导孩子思考，帮助孩子找到正确的解决方法。

问题5：你决定怎么做呢？在了解各种办法会产生的不同结果后，孩子一般都会做出合理的选择。这时父母要表示出对孩子的信任，尊重孩子的决定，给予孩子积极的鼓励。

【教育提升】

面对孩子犯错，父母往往着急生气，急切地希望孩子能快速改正错误，所以，批评责骂是父母常有的反应，但经常收效甚微。父母不妨换个角度、换个方法处理问题。

1. 改变不合理的沟通方式。孩子犯错时，父母不停地唠叨、不停地责骂多会适得其反，孩子可能表现出情绪烦躁，行为上屡教不改。犯错是孩子成长过程中的必然，父母要以平常心看待，比责备孩子更重要的是，让孩子在平和的心态下理解自己犯错的原因。孩子只有在正确理解自己为何犯错的前提下，才有可能改正并不让同样的错误再次发生，这是从认知的角度帮助孩子获得自我的提升。

2. 给孩子提供必要的帮助。小学阶段的孩子由于认知水平有限，错误行为出现时往往不自知，父母需要明确地予以指出，摆事实讲道理的方法有利于孩子及时纠正行为上的偏差。此外，父母的以身示范则是孩子最好的学习榜样，良好的家风，耳濡目染地学习，能在潜移默化中帮助孩子树立正确的人生观和价值观。

问题 4：孩子懒，不愿做家务，为什么？怎么办？

案例

小亮，男，小学五年级学生。小亮读书刻苦，学习成绩也非常好，就是不爱做家务。妈妈每天下班回来还要给一家人做饭，忙得不可开交，每次叫小亮帮忙打下手，可是叫了半天也没人应。有一次，妈妈叫小亮来帮厨，小亮就说自己要写作业，没时间干活。无奈，妈妈只能回到厨房自己又忙碌起来。吃完饭，小亮把碗筷一推就要回房间，妈妈喊住了他，希望他能帮忙收拾一下碗筷，小亮就说他困了得休息了。妈妈有些生气："小亮，你已经这么大了，应该帮忙做一些家务，你是家里的一员，不能什么都不做，什么都不会做！"小亮也不高兴了："爸爸也在那里休息，为什么就不能让爸爸做？"妈妈这下更生气了："爸爸工作一天了很辛苦，身体也不好，你为什么就不能帮帮忙？"小亮来一句："那我学习了一天也很辛苦！"说完就摔门进了房间。妈妈感觉很头疼，不知道要怎么教育他。

【原理分析】

孩子并不是天生愿意做家务的，需要父母后天的培养和指导。小亮到了五年级依然不想做家务，这和父母的教育有很大的关系。

1. 父母的过度溺爱。有的父母打孩子出生起就十分溺爱孩子，什么事都舍不得让孩子做，认为做家务是大人的事，孩子只要能好好学习就行了。等到孩子长大了，父母想要让他做家务就会变成一件困难的事情。

2. 强制的责任让孩子变得逆反。如果父母希望孩子能够做一些事情，最好用夸奖、认同、支持和鼓励等情感表达来代替"责任"这类有压力的词。有些父母喜欢使用长辈权威来命令孩子做事情，这样容易引发父母和孩子之间的冲突，孩子在长期的强制下会产生逆反心理，抗拒家务劳动。

3. 父亲的榜样作用缺失。孩子大都是有样学样，做家务也不例外。如果家中家务都是妈妈一人承担，而爸爸袖手旁观的话，势必会让孩子产生："爸爸都不干，凭什么让我干？"的观念。家庭是一个集体，每位家庭成员都必须承担起自己那份的责任，彼此分担家务活。

4. 父母没有对孩子进行引导。有的父母并没有在家务劳动方面花时间教孩子，没有给孩子相应的锻炼机会。当孩子想尝试去承担家务的时候，就会觉得无从下手，担心自己做不好，让父母不满意，内心纠结，从而产生畏难情绪。

5. 孩子帮忙做家务的时候被否定。父母要求孩子一起做家务的时候，心里头总免不了担心孩子会帮倒忙。这种担心会无意识地通过父母的情绪态度表露出来，让孩子觉得他的参与和付出并不重要，是多余的，甚至会给父母添乱。久而久之，在孩子的眼中，自己没有做家务的必要。因为孩子都是敏感的，即便是很小的孩子也能够感觉得到他们对父母的帮助是否真的被需要。如果孩子看不到自己被需要或者被肯定，自然也就丧失了对这件事的兴趣。

【操作指导】

孩子不愿意做家务，父母可以尝试通过以下方式引导孩子。

1. 改变观念，正确引导。父母要改变自己的观念，做家务并非浪费孩子的学习时间，而是孩子成长的过程中不可或缺的一门课程。做家务其实是孩子和家长的一种沟通渠道，孩子通过做家务，能更好地理解父母的辛苦和不易，从而更加努力学习。

2. 尊重孩子，给孩子选择权。父母应该尊重孩子，给他们更多选择的机会。比如，"今天我们全家一起打扫卫生，你想扫地、整理房间还是叠衣服？"不给孩子拒绝的选项，引导他参与到家务劳动中来。

3. 全员参与，树立榜样。父母要给孩子做好榜样，平常就不能抱怨家务烦人，甚至夫妻双方因家务活推诿扯皮闹别扭。父母应该向孩子传达出做家务是一件有意义事情的信号，同时给孩子教育示范，尤其是父亲参与家务劳动，对孩子来说具有很好的榜样作用。比如，吃完晚饭后，爸爸可以主动跟孩子说："妈妈刚才做饭好辛苦呀！咱们负责来收拾桌子、刷刷碗吧！"有爸爸带头，孩子做家务的积极性和主动性会逐步增强。

4. 把任务具体化。父母在给孩子下达家务指令时，不要含糊笼统地说"把这里收拾一下"，这样孩子并不知道怎么去做。可以给孩子列一个劳动任务分解清单，告诉孩子如何做，比如整理房间应该先擦拭家具，再用扫把把地板扫干净，然后拿拖把拖地……详细的家务指令可以让孩子充分理解劳动要求，并更有条理、更有逻辑地行动。

5. 懂得示弱，肯定孩子的付出。在孩子面前，父母千万不要表现出一副无所不能的样子，更不要替孩子包办一切，而是要懂得适当地示弱，让孩子感受到自己的劳动参与对父母来说很有价值。父母提醒孩子做家务时，要懂得用"你可以……"或者"你愿意……"代替"你去……"这样的句式。

孩子做家务难免无法达到成人的标准，这个时候父母千万不要对孩子过分苛刻、责备，否则会让他备受打击，以后会更抗拒做家务。父母给孩子一些安慰、鼓励和指导，才能激发孩子做家务的主动性。

【教育提升】

哈佛大学学者曾经做过一项调查研究，得出一个惊人的结论：爱干家务的孩子和不爱干家务的孩子，成年之后的就业率为15∶1，犯罪率是1∶10。爱干家务的孩子，离婚率低，心理疾病患病率也低。另有专家指出，在孩子的成长过程中，家务劳动与孩子的动作技能、认知能力的发展以及责任感的培养有着密不可分的关系。

1. 丰富感官体验。0~6岁的孩子，感官用得越多，输入大脑的信息越丰富，大脑里感官经验越多，对于将来智力成长、人格健全越有好处。每一项家务劳动都需要孩子运用到各个感官，孩子对家务的参与程度越高，感官经验就越丰富。所有感官经验的累积，有助孩子3岁以后对抽象概念的学习。

2. 巩固语言基础。通过做家务，孩子能对各种物品有更深入的认识。在做家务的过程中，父母还可以跟孩子聊天，增加亲子互动。

3. 培养秩序感。做家务必须讲究一定的次序，比如洗衣服，要先泡衣服、搓泡泡、漂干净、拧干、晾起来……这个过程只有孩子通过自己的切身体验才能理解。所有家务都需要练习，在此过程中孩子的次序感会越来越好。

4. 提高专注力。专注力发展的前提，是具有智力目的，能够动手动脑，这与家务劳动完全吻合。只要孩子动手，他一定会表现出专注，因为不专注就没办法完成一件家务活。

5. 建立独立自信感。父母时常交给孩子一些力所能及的小活儿，时常使唤一下他，这会激发孩子内心小小的责任感，让他感到自己在家里是很重要的，帮助他逐步建立起自信和自尊。

6. 培养责任感。如果一个人经常性为家庭成员承担一些劳动，并视别人的需求为己任，他就已经培养起了责任感。

问题 5：孩子过分依赖父母，为什么？怎么办？

案例

早晨，"小小，快起床。""我再睡一会儿。"5分钟后，"快起床！""好啦，好啦。"10分钟后，"你到底要不要起来，上课要迟到了……"

中午，"快点来吃饭，总是要叫那么多遍，连吃饭都不自觉。""好，好，好，来了。"

晚上，"小小，今天的作业已经做了很久了，怎么还空那么多？""我不会，想找语文书查看一下，却找不到语文书了。妈，我的语文书放在哪里了？"

走进心理辅导室的小小的妈妈诉苦道："孩子做事很被动，起床要家长催，吃饭要家长请，自己的东西不会收拾，作业等着家长教……都已经四年级了，还这么不自觉，什么都等着家长催，真是太依赖我们了。"

【原理分析】

自我决定理论是美国心理学家瑞安和德西等人在20世纪80年代提出的一种关于人类自我决定行为的动机过程理论。他们认为，自我决定是一种关于经验选择的潜能，是在充分认识个人需要和环境信息的基础上，个体对自己的行动做出的自由选择。自我决定论将人类行为分为自我决定行为和非自我决定行为，认为驱力、内在需要和情绪是自我决定行为的动机来源。这一理论认为，个人是积极的有机体，具有先天的心理成长和发展的潜能，而潜能可以引导人们做出感兴趣的、有益于能力发展的行为，这种对自我决定的追求就构成了人类行为的内部动机。社会环境可以通过支持自主、胜任、关系三种基本心理需要的满足来增强人类的内部动机，促进外部动机的内化。

根据这一理论，孩子依赖行为和习惯形成的原因可能有以下几种。

1. 孩子自主性较弱。也就是说，父母对孩子的事情包办过多，孩子没有成长独立精神及行为的需要，例如："就算我不做，妈妈也会替我做。""就算我做出了选择，家长也会否定掉，那我为什么还要选？"其实，孩子的潜力很大，可以胜任许多事情，只不过父母常常用替代和包办剥夺了他们自立的能力。

2. 孩子缺乏胜任力。当孩子提出自己的观点和主张，或者表示出自己想要尝试着做某件事时，却被外界一再否认，那么孩子也会渐渐对自己的决定产生质疑，"我是不是很差？""我就是不行！"一次次的自我怀疑导致孩子缺乏胜任感。

3. 孩子没有安全感。当孩子感觉不到父母对自己的关爱，或者孩子潜意识中觉得父母对自己的关注不够，就会对周边环境、对父母缺乏安全感，便会通过依赖父母的方式，向父母索取爱以补足缺失的安全感。

【操作指导】

培养孩子的独立性，父母不妨试试这么做。

1. 把握依赖的"度"。父母需该放就放，该退就退，不越俎代庖。具体情况要具体分析，根据孩子的年龄和个人情况，结合事情发生的场景，判断孩子的依赖行为是否过度。若孩子的依赖行为是合理的、适度的，父母可以及时伸出援手帮孩子解燃眉之急，并在事后和孩子交流处事的方式方法，以便提高孩子的能力。如果孩子的依赖行为或提出的要求明显不符合年龄发展特点，那么父母是可以拒绝的，同时需向孩子说明理由。

2. 该放手时就放手。父母多插手一分，孩子的依赖就多一分。孩子的年龄在增长，生活和学习经验也在不断累积，父母应当充分信任孩子的潜能，鼓励孩子大胆尝试，独立完成任务。为了让孩子获得更多成功体验，培养孩子的胜任力，父母可以先选择小事、较容易实现的事，或孩子喜欢的事情，放手让孩子独自承担，当孩子实现目标后，再慢慢提高任务的难度，有目标、小步子地推动孩子前行。这样做可以让孩子不断获得"我能行""我可以"的成功体验，从而产生行为动力和自我实现的内部动机。

3. 底线原则要守住。若孩子在完成任务的过程中出现反复，例如，在遇到困难时退缩，或者偷懒，那么父母要坚持原则，不因"看不下去""忍不住"而插手孩子正在做的事。这样能让孩子意识到父母说话算话，自己没有空子可钻，自己的事情必须自己做，自己做的事情需要自己来负责。这里并不是鼓励父母撒手不管，而是提醒父母要时刻关注孩子，从旁指导孩子，只是不能直接替代孩子。这样做，孩子同样能感受到来自父母的关注和爱。

4. 语言使用恰到好处。当孩子好不容易下定决心要独立承担某件事时，父母要及时鼓励，肯定孩子的勇气和点滴进步，让孩子能够感受到父母对自己的支持和理解。当孩子开始尝试分析事情，提出自己的观点，试着做出决定时，父母切忌"泼冷水"打击孩子的积极性。即使父母认为孩子的想法或思路有偏颇，也可以先默默关注或陪伴孩子，等孩子尝试过后，再与孩子分析他处理事情的过程中，哪些部分做得好，哪些部分可以再提升。

【教育提升】

很多父母虽然理解自己的帮助会对孩子带来不好的影响，但却难以真正放手。这时候父母要进行自我反思，思考自己为什么会无法放手：到底是因为孩子真的没有办法做好这件事情，还是因为自己担心孩子做不好，或者是因为害怕自己不能成为一个称职的妈妈？这些担心会影响父母教育孩子的方式，从而不愿放手。这种担心和负罪感反而成了孩子独立的障碍。

父母内心真正放手之后，如何在行为上真正放手呢？如果最开始孩子难以独自做出决定，父母可以给孩子选择权，提供可行的选项，尊重他的选择。例如："妈妈理解你现在很困，但我们马上要去上学了。你可以再睡 5 分钟，或者你也可以再睡 10 分钟，但是等下洗漱的时候要抓紧时间。你来决定。"在孩子的独立性得到锻炼之后，父母可以学会示弱。当孩子询问问题的时候，父母可以将决定权交还给孩子。例如："写作业是你的事情，妈妈相信你可以自己安排。"通过循序渐进的方式帮助孩子摆脱依赖心理。

父母真正放手之后会面临一个新的问题——缺少监督和帮助，孩子更没有办法完成自己的事情。这是因为孩子没有明确的目标和责任意识。为什么早上起不来？因为没有目标；为什么不把不会的题弄明白，因为他不知道弄明白这道题有何意义。所以，父母可以从孩子感兴趣的点入手，挖掘孩子的内在动力，帮助孩子一起确立目标，并将目标明确细化。

问题 6：家里的长辈太宠孩子，为什么？怎么办？

案例

泉泉的父母工作很忙，平时没有时间照顾泉泉，只好把爷爷接到家里来照顾泉泉。爷爷非常宠爱这个孙子，孙子无论干什么他都依着。泉泉把遥控器砸烂，爷爷却夸他："哎呀！泉泉好厉害！长大肯定当个工程师！"泉泉用彩笔在墙上乱涂乱画，爷爷也不在意，反而还沾沾自喜："看来我孙子长大后会是大画家。"总之，在泉泉爷爷看来，泉泉打个喷嚏都比别家的孩子响。泉泉经常在家里无法无天，但爷爷总是百依百顺。泉泉不仅在家里是小霸王，在学校也经常调皮捣蛋，欺负同班同学。每次老师找到家长投诉，父母回家刚要好好批评泉泉一顿，泉泉总是马上找到爷爷，爷爷就会把孙子护到一边，父母这时教育也不是，不教育也不是，不知道该如何对泉泉进行管教。

【原理分析】

在我国的家庭文化中，有一个非常明显的特点，就是隔辈亲，所谓的隔辈亲就是儿子和父母之间的关系，可能不如儿子和爷爷奶奶关系亲。造成这个现象有很多原因，第一个原因就是因为爷爷奶奶和孩子之间的关系比较简单，爷爷奶奶没有教育孩子的责任，更多的是照顾孩子的饮食起居，所以爷爷奶奶和孩子之间的关系会更加亲密，因为他们之间不会产生一些冲突。第二个原因是一种社会依恋，因为爷爷奶奶的年龄都比较大了，基本上不参与社会的一些生产活动，他们的一些社会性功能也基本上消失了，所以，他们更愿意去依赖家人。而这个时候自己孙子孙女的出现，会让他们更加珍惜这一层关系，于是，他们就会用他们认可的方式与孩子相处，比如给孩子买东西、买玩具或者陪孩子玩，以此来获得孩子的陪伴。

但是家里长辈太宠孩子，很容易对孩子造成过度保护。根据过度保护理论，父母向孩子提供本不需要的关怀和帮助，会使孩子不能身心健康地发育和成长，缺乏独立解决问题的能力，产生"宁可我负别人，不许别人负我"的心态，容易成为家里和外面的小霸王。这种教育方法看似保护了孩子，却在客观上剥夺了孩子成长的机会，对孩子健康成长造成负面的影响。

【操作指导】

1. 理性沟通。面对这个问题，父母应该和祖辈多沟通，劝说他们不要溺爱孩子。父母也不能责怪老一辈人，因为他们的出发点都是好的，都是因为爱孩子，所以，只有相互沟通，才能妥善地解决问题。首先，作为年轻的一代人，需要了解老一代人的教育思想，并与自己这一代人的教育思想做比较，找出两代人育儿方面的差异和矛盾，然后在商量和沟通的基础上，双方都要做出一定的让步和妥协。父母不要认为孩子还小，从而任由祖辈溺爱孩子，其实小时候是孩子的性格和习惯养成的关键时期，父母一定要分清楚爱和宠爱的区别，一味地宠爱会变成溺爱，孩子也就会变得越来越任性放肆。父母可以向祖辈陈明利害，老人大多通情达理，只不过因为隔辈，才会溺爱孩子。其次，父母不要与祖辈发生冲突，这样会给孩子树立错误的"榜样"，父母应该和祖辈多沟通，不能强迫祖辈接受自己的想法，但是可以劝说他们不要溺爱孩子。

2. 坚定自己的立场。在教育原则的问题上，父母是绝不能妥协的。当然，父母最好不要在孩子面前和老一辈人发生冲突，可以在事后和老人好好地沟通和交流。如果和祖辈的矛盾和冲突实在很多的话，在家庭经济条件的允许下，可以选择和祖辈分开住。俗话说"距离产生美"，不在同一个屋檐下的确可以避免很多矛盾的产生，也有利于促进家庭的和谐。但前提是一定要和老人说清楚理由，不能让老人感到失落。

3. 要教会孩子如何应对祖辈的过度宠爱。比如爷爷奶奶给孩子送礼物，父母要教育孩子给爷爷奶奶送礼物；爷爷奶奶给孩子做好吃的，也要让孩子给爷爷奶奶做好吃的，这样让孩子会学会感恩。对于爷爷奶奶对孩子太过溺爱的问题，父母要做的是积极引导孩子做出正确的行为，坚定自己的立场，不要让孩子成为家里的小霸王。

【教育提升】

1. 改变祖辈的思想。与祖辈进行理性客观的沟通，让老人了解到他们的溺爱是在害孩子，并不是对孩子好，让老人知道后果的严重性。老人也是为了孙辈好，一般会配合的，并会慢慢地改正溺爱的教育方法。

2. 可以和祖辈分开住。爷爷奶奶若是控制不住地溺爱孩子，总是打扰了我们教导孩子，也可以和老人分开住的，这样孩子就知道依赖不了爷爷奶奶，管教起来更容易。

3. 教导孩子时避开祖辈。父母在管教孩子的时候，可以避开祖辈。这样，管教孩子的时候就不会有我们在严肃教育，爷爷奶奶在旁边哄孩子，心疼孩子，甚至教训着我们的情况出现。那样的教导等于没教，甚至适得其反，让孩子感觉有爷爷奶奶在，爸爸妈妈也不敢对自己怎么样，自己想怎样就怎样。

4. 给孩子立规矩。给孩子立规矩是必不可少的，父母可以严肃地告诉孩子，无论爷爷奶奶在不在，他必须要按规矩做事。

5. 让祖辈平时参与孩子的教育。明事理的老人都明白溺爱的害处，所以，祖辈平时也应该对孙辈的行为多加留意，若孩子犯错，应对孩子进行批评教育。父母可以随时提醒老人，让老人做到这一条。

问题 7：孩子对长辈的付出总是感觉理所当然，为什么？怎么办？

案例

东东的妈妈很烦恼。东东小时候乖巧懂事，妈妈为了鼓励他在家积极承担家务的行为，主动提出"洗一次碗给 1 元我作为奖励"。有几次碗盘比较多，妈妈就提高了奖励金作为额外奖励。慢慢地，奖励金的数额越来越高，现在已经发展到洗一次碗 5 元钱了，但是东东洗碗的次数不增反降，最后竟然都不洗碗了。有一次妈妈忙不过来，让东东帮忙洗碗，东东居然要求妈妈支付 10 元钱。不仅是洗碗的奖励金，孩子在其他方面也变得越来越不知足了。比如说，买鞋要买名牌，一双动辄上千元，不买东西就耍横；和同学一起出去玩，说是要看电影、吃午饭，一开口就要一两百元。东东的妈妈越想越心酸：以前懂事的孩子怎么会变成这样，对父母的辛苦付出视而不见，对父母提出要求却变得理所当然。

【原理分析】

像东东这样，不懂珍惜，不知感恩，只关心自己的需求是不是被满足，却习惯性忽视家长的关爱和付出，这种"关爱麻木"的表现体现了心理学中的贝勃定律。

贝勃定律是指个体在长期接受一种比较高强度的刺激后，会习惯于这样的刺激强度，如果后续个体接受程度较低的刺激，则会觉得微不足道，或在心理上不能得到满足，变得无动于衷。在家庭教育中，贝勃定律主要体现在：一开始家长给予孩子额外的奖励或满足孩子的要求时，孩子会表露出意料之外的兴奋和满足。慢慢地，随着奖励物的不断增加，孩子提出的要求越来越高。但是，孩子在一次次得到满足后，逐渐对家长的给予习以为常，对家长的关爱逐渐变得麻木，把家长的付出当成是一种必须、一种义务。当家长减少奖励或无法满足孩子的要求时，孩子反而觉得是家长在敷衍、家长有过错，因此怪罪家长。

贝勃定律可能会给孩子带来以下负面影响。

1. 孩子变成"物质取向"，不懂得珍惜。唾手可得的东西容易被看轻，而孩子的需求也将日益膨胀，要求越来越高，变得不懂得珍惜，不懂得节制。比如说，家长刚买回来的玩具，孩子玩两天就腻了，将旧玩具弃之如敝屣，吵闹着要新玩具；习惯性向家长讨要零花钱，花钱大手大脚。

2. 孩子不懂得感恩，影响人际关系。习惯于享受和向家长提要求的孩子，不会考虑自己的索取是否合理，不能体谅家长的付出，反而通过与他人攀比来合理化自己的需求。逐渐地，这种对家长的要求会扩展到对家长以外的人群，例如朋友、同学，孩子潜意识里认为别人都必须满足他。这样，势必影响其人际关系的发展。

3. 孩子可能形成不良的个性品质。当孩子将他人所做都当成是"应该的"，那么就会觉得自己是周围人的中心，别人应当以自己为优先，凡事只考虑自己的感受，形成自我为中心的个性品质，成为自大自私的人。

【操作指导】

1. 家长对孩子的满足要适度。首先，当孩子提出要求时，家长不要急于同意，而应当思考、分析孩子的要求是否合理，是不是符合孩子的年龄特点。如果家长不同意，应当向孩子阐明自己的想法，说服孩子。这样做可以避免孩子形成习惯性索取的意识。其次，评估给予孩子的刺激的频率和强度。太容易得到的往往很难被珍惜。因此，不能过于频繁地给孩子兴奋刺激以及过量的刺激强度，尤其是物质刺激。家长奖励孩子做到适度，偶尔制造小惊喜，反而能让孩子产生兴奋感，激发孩子的感激之心。

2. 让孩子体验获得的经过。家长通过努力工作换取报酬，深知工作的辛劳和不易，也因此更加珍惜劳动所得，但是孩子尚未获得这样的体验。要想让孩子获得体验感，家长可以让孩子参与到家务劳动中，鼓励孩子参加社会实践或志愿服务活动，适当地让孩子体会生活的辛苦，让孩子明白没有什么是可以轻易得到的。让孩子体验付出的过程，比只讲道理更有效。同时，家长要有意识地让孩子明白事事不易，即便是家长，能力也是有限的。当孩子提出超出家长承受能力的要求时，家长应当如实告知孩子。

3. 家长以身作则，学会表达感谢。往往家长或孩子做出了利于对方的事情，似乎都不好意思说出来。家长适度表达感谢，能让孩子感受来自于家长的关注、重视和爱，正向强化孩子的积极行为。这不仅有利于孩子养成说"谢谢"的好习惯，收获好人缘，更重要的是能促使孩子懂得感恩，做一个常怀感恩之心的人。

【教育提升】

自我中心的孩子无法客观地看待周围世界的人和物。孩子更多地在乎自己的需要，而忽视他人的付出。虽然自我中心思维会随着年龄的增长而慢慢改善，但是如果家长引导不到位，孩子自我中心的思维会一直持续甚至变得更为严重。

帮助孩子摆脱自我中心思维，学会感恩，要采用正确的方式方法。

1. 纠正宠溺孩子的心态。家长首先要调节好自己的心态，树立正确的教育观，才能给孩子正确的引导。心甘情愿地给孩子一切可能是很多家长的心态。但如果孩子只一味地得到，就会对家长的期待值越来越高。当家长不能满足孩子时，孩子就可能会心生抱怨。

2. 让孩子感受帮助他人的乐趣。家长可以带着孩子去参加一些志愿活动，让孩子在活动过程当中感受帮助别人的快乐。这样孩子才能够更多地站在别人的角度上去考虑问题，也能够提升他们的同理心。

3. 引导孩子观察生命现象。根据蒙台梭利的教学理念，培养农作物和动物，可以让孩子更深入了解到生命、学会感恩。一颗种子从种下到开花结果需要经历不短的时间，其间浇水、施肥、清理、虫子等都需要一步步慢慢实施。在这一过程中，孩子的耐心得到了锻炼，而最后种子的开花结果也会让他体会到付出所产生的幸福感，也能感受到父母付出的伟大和良苦用心。

问题8：孩子不懂礼貌，不会主动跟长辈问好，为什么？怎么办？

【案例】

小文今年8岁了，平时沉稳少言，但自理能力强。因为与外公外婆家住得近，所以小文从小都是被外公外婆照顾生活起居。父母去上班的时候，白天外公外婆带他，吃过晚饭父母再带着他回自己家。一吃完饭，小文就闹着要回家，外公外婆还开玩笑地说他是"外孙狗，吃了走"。上小学后，因为家离学校近，父母便让他自己上下学，他也很懂事，没有吵着让父母去接送，可是外公看着心疼，就常常在他上学的时间或者放学的时间跑到学校附近去守候他。小文在看见外公时，要么假装没看见，要么看见了也不跟外公问好，这让外公好郁闷，觉得这个外孙真不懂礼貌。小文的父亲有时候带着小文出门，在小区里遇到外公外婆，看见小文没有主动跟长辈问好，还一直羞涩地躲避，也觉得很内疚，会不由自主帮小文找借口，"小文太内向了"。外公外婆也就同意了这种说法。但是小文的母亲却认为小文这样做是不对的，很想知道她的教育是不是真的出问题了。

【原理分析】

1. 特定成长发育阶段的表现。孩子不打招呼并不一定是刻意拒绝打招呼，也不是有意识地要"不礼貌"，而很可能是特定成长发育阶段的表现。对于孩子来说，做任何事情都需要一个预热的过程，每次叫孩子吃饭，孩子总是不能第一时间坐到饭桌前，还要再玩一会儿，才能慢慢进入吃饭的状态；叫孩子起床也一样，总是要在床上赖一会儿；出门就更是，父母都急得火烧屁股了，孩子却还不紧不慢的……其实，与长辈打招呼是同一个道理。孩子需要有一个预热的过程，一个准备的阶段。有的孩子适应能力强，准备的时间就短；有的孩子适应能力弱，准备的时间就会更长。而父母不了解这样的过程，说孩子"太内向了"，这反而有可能给孩子贴了一个"内向"的标签，为他不礼貌的行为找了一个借口。

2. 自尊心问题。有可能是因为这孩子自尊心太强，脸皮薄，也很好面子。妈妈教育他的理念是要他自立，所以他觉得外公经常偷偷跟着他是不信任他，在这样的情况下遇到外公，他肯定要躲着走，怎么可能跟外公问好？父母要开导孩子，放下顾忌，不要想太多。

3. 个性方面问题。有些孩子的性格可能确实比较内向，不爱说话，这是他的性格特点。父母见到孩子不愿意跟长辈打招呼，就上纲上线，认为孩子不懂礼貌，使他越发觉得这是自己的缺点。孩子一旦合理化了这个观念，慢慢地，这个性格特点也就真的成了他的缺点。

4. 心理能量缺乏。孩子在看见长辈时不打招呼，也有可能是缺乏心理能量。有些孩子因为小的时候经历过安全感损伤的事件，那种负性的情绪记忆会常常让他感觉害羞。而总是掌控一切、否定孩子、合理化孩子行为或是过度放任的教养法，也可能导致孩子做出这种行为。从案例中，儿子小时候一吃完饭就要回自己家这一行为初步可以判断，孩子外公外婆有些做法让孩子感到不舒服，这也是导致孩子见到外公外婆不打招呼的原因之一。

【操作指导】

1. 如果孩子不爱主动跟长辈问好，父母也不要太着急，不要一开始就定性为自己的孩子不懂礼貌，因为导致这种状况的原因有很多种，了解了行为成因，我们才可以有针对性地对其进行引导、培养，锻炼孩子这方面的能力。若父母一开始就将它定性，会限制解决问题的思路、方法，对孩子的成长不利。

2. 排查成长环境中的因素。

（1）孩子白天由老人带，有些老人带得特别小心，给孩子设置了许多条条框框，孩子好奇的天性被限制，有可能出现不亲近老人的行为。这种情况不要强求孩子一定要按我们的意图去跟老人打招呼，也不要帮孩子找借口，而是用自己的实际行动来影响孩子。事实上，很多父母要求孩子跟长辈问好，自己却很少能做到。有的父母是以孩子的口吻跟长辈问好："儿子呀，看见外公有没有问好呀？"或者帮孩子问好："外公好！"将自己意愿强加给孩子，对孩子的心灵造成伤害。

（2）现代家庭住单元房，限制了孩子的活动空间，孩子从小缺少同龄的玩伴，养成了在家里闷着的习惯，建议父母多带孩子到小区里玩耍，多让孩子和同龄小伙伴交往，特别是朋友家有比较开朗的孩子，跟他一块儿玩耍。大家看见老人家会一起向长辈问好，有人一起问好，可减轻单独问好的心理压力，也是锻炼孩子主动向长辈问好的重要方式。

（3）如果父母感觉孩子莫名其妙地自卑、害羞，则可能是孩子心理能量缺乏。这种情况建议父母尽早寻求专业心理咨询师帮助，梳理导致孩子缺乏安全感的原因。

【教育提升】

主动社交是儿童成长为社会中的一员的重要一环。而孩子小的时候不会主动问好虽然貌似只是个小问题，但如果这时候不重视并解决这个问题，可能影响孩子的社会交往能力的培养。

在教育过程中，父母必须要有一个意识，即不逼迫孩子做任何事情。有的孩子性格外向，热情开朗，自来熟，提醒一两次就记住了要和长辈打招呼这件事。但是，有的孩子性格内向，过度逼迫孩子做他们不愿意去做的事情，对孩子造成心理压力，不利于孩子健康成长。孩子是很敏感的，能察言观色，看出父母对自己不满意，久之会形成自卑心态。同时，孩子自己不想去和人打招呼，但是被逼无奈去打招呼，纯粹是为了照顾父母的情绪，父母却不照顾孩子的心理需要，这对孩子的健康成长十分不利。

操作要点：尊重孩子。父母应该尊重孩子的心理需要，征求孩子的意见，让孩子做主动的一方，即让孩子形成一个意识：是孩子自己主动打招呼的，而不是在父母的要求下才打招呼。孩子在5岁以前，自我意识不明确，父母可以创设一些练习的场景，并且一定要宽慰孩子：如果你不好意思打招呼，等一会儿再打招呼也没问题。

无论任何时候父母都不能"当人训子"。从孩子出生那一刻开始，对孩子要像对成人一样尊重、理解、宽容、沟通。

问题 9：孩子眼里只有自己，不懂得尊重他人，为什么？怎么办？

案例

小李是个五年级的男生，性格活泼，成绩优异。妈妈却经常接到老师的电话，反映孩子在学校不把老师、同学放在眼里，目中无人。在学校里，老师若是批评小李，经常是老师说一句，小李就会顶一句；与同学发生矛盾时，即便是小李的错，他也从不道歉，总把原因归结在别人身上。妈妈对小李的这些表现一直持有包容的心态，每每遇到孩子犯错，妈妈总是主动跟老师道歉，小李与别的孩子闹矛盾，也是妈妈出面找对方同学的家长道歉。妈妈常跟老师说："孩子成长的过程中难免与同学发生冲突，请老师多包容，多给孩子机会。"

【原理分析】

家庭是儿童成长中最重要的生活环境，家长的教养方式对孩子的行为塑造起着不可替代的作用。一般研究者将家庭教养方式划分为三种：权威型、放纵型和专制型。在放纵型教养方式下，父母为孩子提供了过于宽松的教养氛围，对孩子成长过程中的所作所为采取放任和忽视的态度，他们乐于接纳孩子的一切行为，很少对孩子提出应有的要求，在需要家长参与的事情上缺乏耐心，甚至厌烦或干脆撒手不管，对孩子行为上的偏差不予以指导和帮助。当父母与孩子的意见不一致时，父母多数情况下采取的是由着孩子来的态度，这就容易导致孩子以自我为中心，没有规则意识，更无法学会体谅他人，也不懂得尊重他人。

皮亚杰的道德认知发展理论认为，儿童的道德判断水平要经历从他律到自律的发展过程。他律阶段的道德规则是通过成人的教导强加于儿童，儿童按照强制的是非标准进行道德判断；自律阶段的道德规则是儿童在相互协作中形成的，按照自己的主观标准进行道德判断。小学低年级的孩子处于他律阶段，认为父母和老师提出的要求是必须遵守的，对他们提出的要求多是绝对服从。8～12 岁的孩子处于从他律到自律的过渡阶段，逐渐形成了自己的道德判断，不再认为成人的要求是必须服从的，他们开始在与同龄人的交往中学习必须遵守的规则。父母要培养孩子尊重他人的良好品质就要遵循孩子的成长规律，有目的、有意识地创设尊重情境，通过同伴间的协作交往促进孩子尊重品质的发展，并内化为自觉尊重他人的观念。

【操作指导】

1. 父母的言行是最好的榜样。懂得尊重他人的孩子,在说话时往往会顾及到他人的感受。父母的言行是孩子模仿的榜样。父母在日常的生活中首先要尊重自己的孩子,给孩子做出榜样,进而培养孩子尊重他人的习惯。比如,妈妈想要孩子帮助自己做事,可以对孩子说:"请你帮我做这件事好吗?"孩子做完了这件事,妈妈再对孩子说声"谢谢"。生活中与孩子有关的一些小事,父母可以征求孩子的意见或建议,比如:爸爸和孩子一起看电视,如果爸爸想换一个节目看,可以先对孩子说:"咱们换个频道看看好不好?"而不是强制孩子服从父母的意愿。父母的这种教育方法,可以使孩子慢慢养成彬彬有礼的习惯。同时,父母之间的相互尊重,也会在潜移默化中影响孩子。

2. 从小事中培养礼貌的习惯。有些孩子从小就形成了以自我为中心的意识,因为在家中,他就是全家人的核心,所有人都围着他转,他不懂得该怎样去关注除了自己以外的其他人。父母要善于用日常生活中的一些小事来教育孩子尊重他人,比如:要求孩子在学校主动向老师问好,主动跟同学打招呼,遇到熟人要热情地问候,离开时不忘说再见,请人帮助时要用礼貌用语等等。

3. 注重反复、多次强化地练习。习惯的养成不是一蹴而就的事情,必须依靠父母长期反复地提醒,孩子反复地实践。尤其是对小学阶段的孩子而言,他们的自控能力差,一些良好习惯易产生也易消退。父母要时常提醒孩子多站在别人的立场上想一想。父母要求孩子尊重他人,是需要父母长期反复地不断训练巩固的。冰冻三尺,非一日之寒,父母要培养孩子的良好行为习惯,父母和孩子都需要长期努力。

4. 适当地予以惩罚。很多情况下,孩子做出不尊重他人的行为,是不自知的,父母如果发现孩子不尊重他人,应及时提出,制止并给予适当的惩罚,比如:终止他正在进行中的游戏,将玩具没收,不给他喜欢的零食等。要让孩子体会到,不尊重他人是要付出代价的,是要受到惩罚的。

【教育提升】

1. 引导孩子发现并学习他人的优点。父母可以多向孩子讲述一些他熟悉的亲朋好友的优点,并让孩子在与他人的相处中试着努力去发现别人的长处,鼓励孩子多学习别人的优点。同时,教育孩子凡事应谦虚谨慎,取得成绩时不骄傲自满,不以自己的长处比他人的短处,正确地看待别人的缺点和不足,让孩子明白"金无足赤,人无完人"的道理。

2. 让孩子在被尊重中学会尊重他人。孩子是独立的个体,也是家庭的一员,父母要多让孩子参与家庭事务,比如参与制订家庭活动的计划、承担部分家务劳动等等,不要事事包办,让孩子感受到自己是与所有家人平等存在的家庭成员之一,有自己独立思考的能力,有发表看法意见的权利,体会到被重视、被尊重,进而让孩子从被尊重中学会平等地尊重他人。

问题 10:孩子的生活自理能力要从小培养,为什么?怎么办?

案例

早上上学时间,孩子们匆匆进入校园,大约有95%的孩子是由家长护送到校门口的,只有大约5%的孩子是自己步行来学校的。自己背书包的孩子约占60%,家长替自己背着书包的占到了40%左右。不少家长不顾校门口执勤教师的劝阻,执意强行越过接送点警戒线,以种种理由要将孩子送到校门口。一位奶奶非要送自己上二年级的小孙女到班级,理由是孩子的手扭了,背不了书包。上课铃响过后,还有家长和学生陆续赶到学校,有些迟到的孩子走路仍是不紧不慢,家长也不催促,执勤老师拦下孩子批评教育,家长在旁解释"孩子早晨起不来,是我没有早点喊他",将孩子迟到的原因都揽在自己身上。

【原理分析】

生活自理能力,是指人们在生活中自己照料自己的行为能力,它是一个人应该具备的基本生活技能。培养孩子具备基本的生活自理能力,有助于增强孩子的责任感、自信心以及自己处理问题的能力,这对孩子的成长具有深远的影响。可是现在的大部分孩子由于家长过度溺爱,事事包办,导致孩子缺乏锻炼,自理能力较差的问题普遍存在。现在的家庭中,多是四个老人加一对父母面对一至两个或三个孩子。家人对孩子有很高的关注度,几乎是一家人围着孩子转,有些家庭甚至有着"孩子只要读好书就行了,其他什么都不用管"的观念,事事

包办，逐渐让孩子产生了惰性，丧失自我分析、自我处理问题的机会。

孩子的生活自理能力差，究其原因大致有三个。其一，父母的行为使孩子失去掌握自理生活的方法的机会。孩子年龄小的时候，一些生活小事都直接由父母代办，这种代办的方式让孩子无法学到完成这些事的方法和技巧。其二，父母的行为使孩子缺乏自理的兴趣。当孩子刚刚学会做一件事时，希望得到父母的表扬，不少父母不但没有鼓励表扬孩子，反而还会百般挑剔，导致孩子失去了动手操作的兴趣。其三，家人的包办让孩子没有自理的机会。现在多数家庭对孩子娇惯溺爱，只重视孩子的学习成绩，却忽视了对孩子生活能力的培养和锻炼。尤其是与老人共同生活的家庭，几乎孩子的所有生活琐事都由爷爷奶奶包办，导致孩子在不知不觉中养成了懒惰、依赖的习惯。

【操作指导】

对孩子的教育不但要"管"，更要"放"。在孩子成长的过程中，父母需要给孩子细致的照顾，更应教给孩子照顾自己的方法，让孩子自己动手动脑。具体再做到以下几点。

1. 在生活中培养兴趣。自理能力是在实践中培养起来的，孩子力所能及的事父母不要包办，哪怕孩子做得不够好，做得很慢，父母最好也不要急于帮忙或催促，让孩子慢慢地学着做，以此培养孩子的自主性和积极性，孩子自理的本领自然会逐渐提高。

2. 信任并鼓励孩子，帮助孩子树立"我可以"的信心。孩子的自理能力如何，与父母的态度有着直接的关系。每个都希望得到家人的信任和表扬，看到父母做家务会产生"我也想试试"的心理，这时，父母一定要抓住孩子的兴趣，鼓励孩子积极尝试，并充分信任孩子，提高孩子的自信心。这样孩子才会乐于尝试自己力所能及的事。

3. 给孩子创造锻炼的机会。父母要有意识地给孩子提供一些需要独立思考、动手完成任务的机会，不要事事都为孩子代劳，需给孩子留点自主探究的空间，让孩子自己动脑想、动手学着做，孩子实践的过程就是学习做事方法、提升自身能力的过程。

4. 及时表扬，少指责。孩子毕竟能力有限，事情不可能做得那么完美。父母也要以鼓励为主，先表扬孩子的主动性，夸奖他做得好的方面，再冷静客观地指出待改进之处，避免直接指责，让孩子易于接受。

5. 给予适当的帮助和指导。若孩子做事时遇到困难，父母要及时地提供帮助，避免出现"这么简单你都不会"这类语言，更不要直接把事情包揽过来，让孩子失去动手的机会。这不但会让孩子产生"我不会做没关系，反正有人会帮我做"的想法，更会对自己失去信心，从而产生依赖的心理。

【教育提升】

1. 尊重孩子是一个独立的个体。每个孩子都是一个独立的个体，未来都将成为独立的社会人，需要具备独立生活的能力。良好的生活自理能力，是孩子将来适应社会的前提。父母爱孩子的同时要尊重孩子，把孩子视为独立的人，给孩子提供独立思考、独立活动、独立承担责任的机会，让孩子减少对家人的依赖，在成长中逐步学会生活技能，掌握社会生存方法，促进自我成长以适应未来的社会。

2. 协调家庭观念，保持祖父辈教育观念一致。家庭中，相比父辈，往往祖辈对孩子更为宠爱，生活中包办的现象也更为突出。父母应积极与祖辈沟通，指出溺爱孩子导致的不良后果，并与祖辈在教育理念上尽量达成共识，形成两代人在教育上的统一。

问题11：孩子不诚实、说谎话，为什么？怎么办？

【案例】

球球是二年级学生，近期，球球的妈妈发现他开始频繁地说谎，今天说自己肚子不舒服，明天说头疼，不想去学校。妈妈曾经带球球去社区医院检查，但医生反馈并没什么大问题。学校的老师也向球球的妈妈反映，球球在学校经常未经过其他小朋友同意，随意拿他人的东西，被发现了仍然矢口否认。为此，球球妈妈很着急，孩子为什么变得爱说谎了？

【原理分析】

绝大多数孩子都有过撒谎的行为。如果发现孩子说谎，很多父母经常又气又急，通常会觉得这是个恶习，并为此忧心。其实父母大可不必过于惊慌，因为说谎是儿童心理发展的必经之路，是自发而普遍存在的，无关成年人心目中的道德理念。

需要关注的是不同孩子说谎的原因。有的孩子说谎是为了逃避父母的责罚，有的是为了达到自己的某一目的，而这一目的通常是不被父母所允许的，还有的是为了博取父母的关注，也有的是由于记忆失真或者想象上的错误而说出了与事实不相符合的话。总之，孩子说谎很少出于恶意，他们并不是要危害什么，也不理解说谎的道德意义。父母不要轻易地将说谎与孩子的品质联系在一起。

【操作指导】

1. 不要急于揭穿孩子的谎话。当孩子的叙述和事实不相吻合时，父母不要急着揭穿，不妨试着站在孩子的角度想一想他为什么要说谎。如果不是什么原则性的问题，就给孩子一点时间和空间，引导他将注意力集中在事件本身上。等孩子放松情绪后，父母再向他暗示正确的做法。

2. 尝试赞美孩子的诚实。在孩子说出真实情况后，父母一定要赞美他，使孩子相信父母更看重的是他诚实的品质，让孩子明白诚实的可贵，从而明确努力的方向。同时，父母还需要多关注孩子的生活情况、交友情况、情绪思想上的变化，与孩子多交流沟通，成为孩子的知心朋友。

3. 避免孩子习惯性说谎。当孩子经常说谎时，父母要考虑是否要针对孩子说谎的行为给予惩罚，如取消某种活动，让孩子感到说谎比承认错误付出的代价更大，从而改正说谎的行为。当然，一看到孩子有明显的变化，父母需要及时表扬予以强化。

德国的教育专家罗特·克雷奇默说，如果父母亲能采用一种平静、镇定、理解的方式对待子女的说谎，那么从一开始就能避免许多谎话和不必要的争论。相信每位父母都能有适合自己的方法化解孩子成长过程中的小波折。

【教育提升】

1. 说谎不是道德品行问题。根据皮亚杰的道德阶段发展理论，2~5岁的孩子处于前道德阶段，该阶段的儿童对事物的判断缺乏规则意识，表现出自我中心倾向；6~8岁的孩子在评价自己和他人行为时，完全以权威的态度作为依据；8~10岁的孩子初步开始拥有自己的是非观，但这时他们的是非观念尚不健全，父母也常在这个时期发现孩子开始说谎。孩子的道德水平尚未发展完全，他们说谎并不属于品行问题，它只是孩子使用的"有效"的解决问题的方式。父母要做的是，指出孩子这样做是无效的，并教他们正确的做法。

2. 了解孩子说谎的原因。孩子说谎的一个主要原因可能是父母的过度管束。父母管得太严，孩子做什么都不被允许，偏偏孩子又很想做，自然就会选择说谎的方式来使自己的要求得到满足。还有一个原因是父母过度奖励或过度惩罚。有的家庭会对孩子符合父母期待的行为给予重奖，有的奖励甚至大大超出孩子为获得奖励所付出的辛劳。如果孩子没完成目标，但又想得到奖励，就可能向父母说谎。有的家庭是惩罚过于严厉，出现一点错误都要被惩罚。孩子不想被惩罚，就容易以说谎的方式进行逃避。所以，当孩子说谎时，父母可以进行自我检查：自己对孩子有没有管束过度、惩罚过度、奖励过度。当孩子没有了各种心理负担，他自然就不会再说谎。

3. 父母直接点明问题或者提供建议。孩子说谎只是为了解决问题，并达到他的目的。所以，父母不要给孩子提供说谎机会，或变相地鼓励说谎，而应直接点明问题，并与孩子一起探讨解决问题的方法。假设经过确认，案例中的球球确实是随意拿了他人的东西。这时妈妈如果问："你有没有随便拿其他人的东西？"球球极有可能矢口否认。妈妈提出的问题就是给球球提供了说谎的机会。其实，妈妈可以说："你拿其他小朋友的东西肯定有你自己的想法，你愿意和妈妈交流一下吗？"这样的谈话可以帮助父母了解孩子真实的想法，并教会孩子如何正确解决问题。

问题 12：家风传承要讲好家庭故事，为什么？怎么办？

案例

小雨的父母时常忙于工作，很少有时间照顾小雨，但他们并没有因此疏忽对小雨的家庭教育。小雨的父母注重高质量陪伴，为人脾气温和，生活中遇到负性事件也会与他人友好协商处理，顾及身边的每个人。所以小雨的脾气也很温顺，能换位思考，关心理解他人，善待动植物，大家都很喜欢小雨。有关小雨自己的事情，父母会让小雨自己独立做决定，并先让她自主完成。当小雨遇到困难向父母求助时，父母也会用启发式教育，与小雨一起探索解决问题的方法。此外，小雨的父母一有假期就会带小雨参加一些户外活动、公益活动等，鼓励小雨积极主动参与到各项活动中。因此，

小雨也变得多才多艺，善于人际交往，深受老师和同学的喜欢。

【原理分析】

古语云："家风正，则后代正，则源头正，则国正。"端正家风是家庭教育的重要组成部分。顾名思义，家风是一个家庭的风气，是中华优秀传统文化的现代传承，是家庭教育智慧的生动体现，具体体现在尊老爱幼、勤俭持家、重德修身等方面。根据心理学家班杜拉的社会学习理论，孩子在观察他人的各种行为时，就已经无意识地学习了这种行为。父母在日常生活中的处事原则、思维方式和行为习惯，都会对孩子的成长产生重要影响。家庭教育的核心就是良好的家风，良好的家风可以使家庭成员形成正确的价值观。如果一个家庭拥有良好家风，那么培养出来的孩子也会拥有良好的身心素质。为此，我们需要强化家风意识，讲好家庭故事。讲好家庭故事，需要每个家族一代又一代家庭成员的共同努力。每个家都是所有家庭成员共同生活的空间，在这个空间中发生的所有事情都与每个人密切相关。父母需要让孩子力所能及地参与家庭的各项事务，用真实的、亲身体验的成长事件引领孩子的成长，共同把家庭故事讲好。

【操作指导】

1. 家风传承，言传身教。言传身教就是用言语解释与传授，并用实际行动对孩子进行教育。欲要从严治家，必先修其自身。父母是孩子的第一任老师，若想要形成良好的家风，讲好家庭故事，父母应该时刻都警醒自己，发挥模范带头作用，严于律己，身正为范，不断提高个人道德修养。

2. 强调规矩，方以成圆。家庭规矩是一个家庭共同遵守的规则，有助于家庭成员形成良好的行为习惯。当孩子犯一些严重错误时，父母不能以"孩子还小"为理由而纵容孩子，需要在第一时间严肃教育，纠正孩子的错误想法和行为，从而使孩子形成良好的生活习惯和行为习惯。

3. 因材施教，循序渐进。因材施教是我国自古以来的优良教育传统，也是家风教育的一个有效方法。对孩子进行家风教育是一个潜移默化的过程，一定要循循诱导，用正确的方式引导孩子接受家风教育。

4. 教爱结合，严宽相济。（1）爱要有度。父母对子女的爱是自然流露的，但要防止这种爱变质，演变成溺爱，从而对孩子的发展产生不利影响。（2）严要有方。家规文化中的严，不是当孩子犯错误时父母体罚自己的孩子，而是父母保持一种严格的态度，坚持原则和底线，在孩子面前树立威信，这样在教育孩子时才能有效果。（3）奖惩结合。当孩子做错事时，父母要对孩子进行适当的惩罚，赏罚分明。

5. 讲好故事，传递自豪。父母可以向孩子讲述家族过往的优秀事迹，或带孩子重返故乡，了解家乡的习俗文化、红色革命事迹等。孩子倾听长辈述说家乡的古往今来，体验家乡的山川变化，憧憬未来，从而产生家庭荣誉感，并以此为前进的动力。

【教育提升】

1. 良好的家风是孩子身心健康成长的基石，在家庭教育中传承良好的家风有利于孩子形成良好品格。家庭教育是教育的开端，父母应将正确的价值观从小就传递给孩子，并从自身做起，帮助孩子养成良好的行为习惯，塑造良好的品格。

2. 积极鼓励孩子一同参与志愿服务等社会实践活动，在锻炼实践技能的过程中，强化社会服务意识和奉献精神，助力讲好家庭故事。

3. 父母在讲好家庭故事的同时，也应提升自我情绪管理能力，理性引导、平和对待孩子。当孩子有负面情绪时，要循序渐进地引导，使孩子能够改变不良习惯，形成良好的情感。

4. 父母每日三省，不因工作、生活压力而迁怒于孩子。人非圣贤，孰能无过？父母在教育孩子时应多一分耐心与细心，尊重孩子的人格。

问题13：父母如何克服自己的"控制欲"？

案例

康康是个小学三年级的学生。在家里，爸爸妈妈、爷爷奶奶都有个相同的观念：孩子把书读好最重要，其他事会不会不要紧。家人总是把康康照顾得无微不至，生活琐事几乎都有人代劳。康康学习成绩不错，可老师却常常向家长反映他在学校里的各种问题，比如，上学时衣服常常穿反，放学后常把课本落在班上，不会系鞋带……妈妈常跟老师道歉，说自己会在家好好教康康做这些事，可放学回家的路上妈妈又习惯性地帮康康背起了书包。康康从小喜欢画画、做手工，可自从上了小学，父母就停了他的美术兴趣班，康康多次表示自己很想继续学习画画，妈妈总是告诉他："画画对学习没有好处，上小学了就要专心学习。"并在没有征得康康同意的情况下，给他报了奥数和英语兴趣班。

【原理分析】

如果父母对孩子事事管控，孩子缺乏独立尝试的机会，就会变得事事依赖父母。父母为孩子代劳过多会让孩子逐渐丧失自我。有的父母每天回家后都会详细地盘问孩子在学校发生的一切，并给孩子种种指导，比如，"上课老师有没有提问你""你回答了什么""今天有没有喝水"等等。甚至孩子在班上跟哪个同学玩，不跟哪个同学玩，都由父母决定。孩子在生活、学习中，处处根据父母的意见进行选择和判断，靠父母的力量去解决各种问题，久而久之，孩子会丧失独立思考的能力和克服困难的意志和能力，这对孩子的成长是非常不利的。

父母的责任是帮助孩子学会生活、学会自立、学会做人。父母为孩子包办所有的事情，不仅不会给孩子带来幸福感，相反，孩子可能会因为失去自己做事的机会而苦恼。孩子只有通过自己动手实践，可以体验到成功的快乐，也可以感受到失败的痛苦。反之，孩子体验到的就只有父母禁止他们动手做事的失落和郁闷，这对孩子百害而无一利。父母对孩子最大的帮助就是指导孩子去克服困难，使孩子早日获得独立生活的能力。凡是孩子自己能做的事都要让孩子自己去尝试，让孩子学会自己照顾自己，在具备了一定的自理能力后，孩子就能摆脱成人的照顾，学会自主。

【操作指导】

很多孩子对父母有着很强的依赖性。孩子独立性缺乏，导致孩子累，父母也累。父母应该考虑如何对孩子逐渐放手，让孩子学着独立。

1. 让孩子做力所能及的事。生活中，很多父母总是怕孩子这做不好那做不好，习惯性地包揽孩子的各种事情，就剥夺了孩子亲自动手的机会。父母应该相信孩子，让孩子去做自己力所能及的事情。比如，小学低年级的孩子可以自己整理书包，自己检查作业是否全部完成；中年级的孩子可以学着整理自己的房间，可以和父母一起做家务；高年级的孩子可以自己独立上下学，可以自己洗鞋子等等。

2. 给孩子犯错的机会。不少父母出于保护孩子的心理，事事为孩子考虑周全，并替孩子包办一切，殊不知这种做法剥夺了孩子试错的机会，让孩子丧失了判断能力。对孩子来说，亲身经历、亲身体验过的事，哪怕是做错了，也会让他记忆深刻，并从中学到经验和教训，避免以后再犯同样的错误。犯错后的纠错也是一种学习和成长。

3. 放手不等于放任。放手并非父母完全不管孩子，孩子年龄尚小，分辨是非的能力较弱，不知道自己的行为是对的还是错的。如果在孩子成长的过程中，父母过度放任孩子，孩子有可能会变得无法控制自己，缺乏自我约束意识。所以，放手要有一个度，让孩子在某个范围内自由成长。

4. 立下规矩，严格遵守。无规矩不成方圆，放手教育并非让孩子完全自由成长。校有校规，孩子在学校有严格的班规校纪需要遵守，在家里也应该一样，父母应在家中为孩子定下应当遵守的规则。制订规则时可参考孩子的意见，让孩子在规则要求的范围内享有一定的自由。而规则一旦定下，父母就得带领孩子一起遵守，帮助孩子形成规则意识，提升自我控制的能力。

【教育提升】

家庭教养方式是一个家庭对孩子的教养观念、教养行为和家庭主要成员对孩子的情感表现的综合体现。在大多数情况下，权威型教养方式更有利于培养出优秀的孩子。权威型教养方式理性且民主，父母理解并尊重孩子，给孩子一定自由的空间，帮助孩子设立恰当的目标，对孩子的生活和行为给予适当的约束，经常与孩子交流，适时为孩子提供一定程度的帮助，孩子对父母敬畏且尊重。在这种教养方式下成长起来的孩子独立性强，自尊和自信的水平较高，善于自我控制和解决问题，乐于与人交往。父母应多给孩子一点自由成长的空间，让孩子在尝试中、在跌倒中学习，适当的时候拉孩子一把，帮助孩子摆正方向，为孩子营造一种相互信任、相互尊重的家庭氛围，让孩子感受到家人对他的关心，而不是简单地管束。

问题 14：父母尽量别当着孩子的面吵架，为什么？怎么办？

案例

乐乐，某小学二年级的女生，性格内敛。父母对她非常疼爱，可二人经常因为对人对事意见不一致而争吵不断。每次父母争吵时，乐乐都很想逃，但她不知道自己可以躲在哪里，所以她就只能静静地站在墙角看着父母争吵。乐乐时常会感到无助恐惧、害怕委屈。那时，她会屏住呼吸，她偶尔甚至会忘记呼吸，直到自己喘不过气来了，才意识到自己忘了呼吸。每次这样的体验都让乐乐难受不已，可她又不敢告诉爸爸妈妈。在学校里，乐乐看起来与其他同学不同，她胆小、不敢大声说话，非常在意老师同学对她的看法，做任何事都小心翼翼。

【原理分析】

父母争吵会使孩子的情绪受到强烈的冲击。平常，父母对孩子疼爱有加，孩子对父母也是充满了依恋。但夫妻之间吵架时，往往争得面红耳赤，嗓门不知比平时高了多少倍。这种巨大的转变容易使孩子受到惊吓，让孩子产生强烈的恐惧心理。有些孩子表现得默不作声，有些则会号啕大哭，这些都是害怕的表现。有的父母争吵时情绪失控，对孩子哭喊也充耳不闻，甚至拿孩子出气，这让不少孩子认为是自己做错了事，爸爸妈妈不爱自己了，从而产生焦虑、恐惧、悲伤、无助的消极情绪。

父母争吵会使孩子缺乏安全感。孩子对父母充满了依赖，父母当着孩子的面吵架，容易让孩子对父母的爱患得患失。孩子可能会变得特别黏人，总是用各种语言或行为讨父母欢心，争得父母对自己的关注。如果父母之间频繁争吵，孩子就会整日生活在惶恐之中，导致安全感缺失，给孩子的心理带来巨大伤害。

父母争吵会影响孩子的个性发展。长期生活在不和睦的家庭中，孩子会变得攻击性强，性格发展可能出现扭曲。如果家庭氛围长期得不到改善，孩子在察言观色中长大，会逐渐变得情感冷漠，表现出性格内向，对他人缺乏信任，不愿与人交流，遇到困难容易退缩，为人刻薄，脾气暴躁。孩子时刻都在观察学习中成长，父母的一言一行都会成为孩子学习的榜样。父母吵架时的神态、语气、语言内容等都会被孩子记在心里，久而久之，孩子的性格也变得易怒至暴躁。

有些父母认为，两人有矛盾时，只要在孩子面前保持克制，不当着孩子的面发生冲突就行了，殊不知当夫妻双方的情绪情感发生变化时，家庭中弥漫着压抑的气氛，而孩子是非常敏感的，即使父母没有争吵，他也能从父母的脸色、语气，从家中无处不在的细微小事中感受到父母间感情的微妙变化。看到父母阴沉的脸，有些孩子会认为矛盾是自己造成的，从而感到不安、无助。家庭氛围会影响孩子的心态，在不和谐的家庭氛围中长大的孩子，内心会存在阴影，影响自身正常的人际交往。

【操作指导】

日常生活中，夫妻双方偶尔争吵是在所难免的。正确适当的吵架方式不仅能解决夫妻之间的琐碎矛盾，帮助夫妻双方在磨合中共同成长，还能让家庭更加和谐美好。

父母是孩子的直接接触人，父母开心孩子也开心，父母难过孩子也不好过。父母两人难免会有因为意见不一致而争吵的时候，可以主动告诉孩子：爸爸妈妈吵架是正常的，偶尔吵一吵发泄一下，一会儿就好了，你不用在意。这种主动解释的行为会让孩子觉得父母偶尔的争吵是一件非常正常的事，这会儿吵，过一会儿就能和好，是生活的调剂品，父母的感情也并不会因此受到影响。

父母当着孩子的面吵架后，最好能当着孩子的面和好。如何处理人际关系是孩子成长中的必修课，孩子不仅可以从中学到如何与人相处，也能学习如何解决冲突，达到关系和睦的技巧。

保持和睦的夫妻关系。生活中，有些家庭有了孩子之后，夫妻关系就不再像之前那样和睦了，妻子对孩子关注往往取代了原先对丈夫的体贴，丈夫也逐渐忽视了对妻子的爱护。实际上，夫妻是否和睦关系到家庭是否有良好的风气，它不仅是夫妻之间的事，还会给孩子的成长带来很大的影响。丈夫爱护妻子，妻子体贴丈夫，带给孩子的是温馨的家庭氛围。夫妻和平相处，可以各自发挥自身优势来教育孩子。比如，父亲对孩子提出要求，母亲则可以给孩子提供建议，或指导孩子具体做法；孩子犯错时，父亲给予相对严厉的批评，母亲则可以给孩子摆事实讲道理，帮助孩子学习如何改正错误。

【教育提升】

1. 将夫妻关系摆在第一位。父母要明白，夫妻的关系是第一位的，要先处理好夫妻间的亲密关系，然后是亲子关系。只有夫妻间和睦相处，孩子才会从良好的家庭氛围中获得安全感。父母的关系会影响到孩子的婚恋观。沟通是解决夫妻矛盾的良好途径，夫妻间有不和谐的，双方及时提出来说明白，以防双方各自隐忍负面情绪，在某一时刻突然爆发，因为这时年纪小的孩子更容易受到惊吓。另外，不要试图在孩子面前伪装自己的情绪，孩子能够敏锐地感知父母的情绪变化。所以，当夫妻二人出现矛盾时，应尽量选择一种更为温和的方式妥善解决。

2. 事前避免，远胜于亡羊补牢。夫妻间的矛盾归结原因大部分都是双方语言表达不恰当或者找不到更好的表达方式，以及意见不合。那么，父母在有孩子之后，也要适当地留出二人的独处时间。在二人世界中，提高默契度，减少摩擦，远胜于缓和争吵后的矛盾。

3. 父母之间的矛盾不是孩子的错。如果一些夫妻间的吵架、拌嘴不能避免，父母要让孩子清楚，父母间的矛盾是父母的问题，不是孩子的问题，避免孩子产生自责心理。当争吵发生之后，可以找时间和孩子解释原因："可能是爸爸或者妈妈最近工作太忙了，压力又大。不管什么时候，发生什么事情，爸爸和妈妈都是爱你的。而且，爸爸妈妈吵架不是因为你。"这时候父母最好抱抱孩子。父母因为意见不统一吵架了，就需要大方地和孩子承认。

主题六　家长自我提升和家校合作

问题1：家长要接受家长教育，为什么？怎么办？

案例

冬冬马上就要上小学了，他很高兴，也很期待，但妈妈却紧张了。她说："孩子马上要上小学了，我要多花点时间在他身上，无论如何也不能让孩子输在起跑线上。"

冬冬的家长对冬冬上学这事很上心，是件好事。但是，冬冬上学后，家长要做什么，要怎么做，是一个很重要的问题。家长重视家庭教育，但如果在教育观念和教育内容、方法上不得法，结果可能会事与愿违。

家长实施家庭教育，大多是一种自发行为而非自觉行为。在全社会重视家庭教育的大环境下，家长接受系统的家庭教育指导，树立科学的教育观念，掌握有效的教育方法，对提升家庭教育质量是至关重要的。

"陪孩子成长"和"跟孩子一起成长"，都应该是身为父母的必修课题。

【原理分析】

学习与发展是社会个体的终身任务。现代社会对家庭教育提出越来越高的要求，家长需要接受"家长教育"，学习和掌握一定的家庭教育专业性知识和技能。

1. 家长教育是帮助家长适应时代变化提出的家庭教育新要求。如今，社会发展日新月异，家庭教育也应与时俱进，后喻时代的家长权威性变小，孩子争取自我权益的意识和能力增强，父母的教养意愿达成难度加大。环境影响冲淡甚至冲垮家长们的正面教育要求，使家长实施正面教育的难度增大。所以，现在的社会环境对家庭教育提出了新的要求。家长需要通过专门的学习来调整家庭教育的观念和行为。

2. 家长需要通过学习来适应孩子发展的新阶段。当孩子离开幼儿园进入小学后，需要适应新环境和新角色的不仅仅是孩子，整个家庭尤其是父母，都应进行相应的调整，以适应不同阶段孩子发展的不同需求。

父母在教育孩子的过程中，应根据孩子成长的不同阶段的不同特点，调整家庭教育的内容和方法，以有效地实现家庭教育功能。所以，家长必须接受必要的家长教育，以更好地适应孩子发展新阶段的需求。

3. 家长通过系统的学习和实践来建立新的家庭教育模式。提高家长的家庭教育素养是提升家庭教育质量的基础和前提。家长家庭教育素养不是天生的，需要通过学习不断提高。家长需要重新学习以更好地促进下一代的成长。孩子上小学之后，家长需要了解这一时期孩子的成长规律和教育规律，提升家庭教育素养，建构家庭教养新模式，应对新时期家庭教育的新要求。

总之，家庭教育伴随孩子整个成长的过程，不同年龄段的孩子都有各自心理特点和需求。家长的学习必须是持续和持久的过程，以适应这种过程性的变化。

【操作指导】

"不要让孩子输在起跑线上"，理解和领悟这句话的重点，在于如何理解"起跑线"和"输赢"。家庭是孩子的第一所学校，家长是孩子的第一任教师，那么家庭就是孩子人生的起跑线。家长不断提升自身的教育素养，为孩子创造良好的家庭教育环境，不仅可能让孩子"赢在起跑线"，也让孩子在日后成长的道路上走得更稳健，成为"最好的自己"，最终也能"赢在终点"。

1. 各类家长学校是提升家长教育素养的主阵地。家长必须有学习的意识，并认真对待家庭教育这件事，才能把家庭教育工作做好。家长要建立终身学习的理念，把握好在不同时期自己的角色定位。家庭教育的学习途径和方式有很多，家长可以根据自己的条件加以选择。家长日常的自学自悟也是提升家庭教育水平的重要途径。但附设在学校和其他社会教育机构中的家长学校，是目前开展专业家长教育的主要场所，也是提升家长教育素养的主阵地。建议家长不要忽视学校里的家长教育课程。

2. 家长教育的内容是多方面的。家长教育的核心任务是调整家长的家庭教育观念，帮助家长掌握科学有效的教育方法、学习亲子相处之道等，使影响家庭教育的诸因素都能起到积极的、正向的作用。

家长参加的课程学习，内容应该涉及家庭系统、家庭环境的整体建设内容。所以，家长教育的内容还应该包括：婚姻教育、家庭伦理教育、家庭与社区关系教育、家庭沟通、家庭资源管理、家庭功能、两性与教养、婚前教育，甚至还有离婚教育、单亲家庭教育、家庭危机教育等。

3. 从孩子的言行举止中反思家庭教育的成效。《礼记·学记》所提的"教学相长",在家庭教育中也是适用的。家长需要和孩子一起成长,在家庭教育实践中,不断反思自己的教养行为,以孩子为师来促进家庭教育水平的提升。

家长如果发现孩子成长中的问题,第一反应不应该是责罚孩子,而应该是反思自己的家庭教育。只有这样,才能全面认识问题,找到孩子出现成长问题的真正根源。而这点,是大部分家长做得不够的地方。

【教育提升】

1. 家长秉持"蹲下来看孩子"的教养态度。"蹲下来看孩子",家长才能看到家庭教育的症结所在,听到孩子的心声。家长要有"空杯"心态,保持对家庭教育学习和思考的热情,善于在日常生活中观察孩子的发展情况,用心倾听孩子的心声,及时地发现和解决孩子成长中的问题,不断提高自身的教育水平。

2. 反思原生家庭成长经验对自己实施家庭教育的影响。我们每一个人在原生家庭中的成长经验,都会影响我们的价值观念和行为方式。家长在家庭教育过程中,要特别注意对原生家庭教育经验进行反思,扬优抑劣,不让自己成为自己都不喜欢的人。

问题2:父母自身文化水平不高,如何教育孩子?

【案例】

婷婷是一名小学四年级的学生,目前和爸爸妈妈居住在一起。婷婷的父亲和母亲都是初中一毕业就进入了社会工作,两个人文化水平都不高。针对目前婷婷在学校学习与家庭生活中所遇到的一些问题,婷婷的父母感觉到自己已经不能够很好地解答女儿的疑惑了。当婷婷向父母询问家庭作业中所不明白的问题时,父母经常答不上来;当婷婷询问父母如何处理与闹矛盾的朋友的关系时,父母也不太清楚如何解决这个年龄段孩子的朋友关系。现在,婷婷的父母又十分担心自己不能够给女儿好的引导又或者是给了女儿错误的引导,从而导致女儿不能够得到很好的发展。因此,他们经常思考像他们这样文化水平不高的父母应该如何去教育孩子。

【原理分析】

父母是孩子的第一任老师，父母的言行举止直接影响孩子的行为和品德。文化水平不高的父母相较于教育背景更好的父母，能够传递给孩子的知识较为有限，但是这个并不意味着文化不高的父母在子女教养上完全无能为力。父母仍然能够通过合理的方式与方法对子女进行良好的教育。下面的操作指导之中，将针对案例中婷婷的父母，简要分析文化水平不高的父母如何更好地教育子女。

【操作指导】

1. 给孩子创造良好的学习条件。父母能力有限的时候，应当有意识地给孩子营造一个良好的学习氛围，比如，当孩子遇到难题时，主动带孩子去图书馆查阅资料或者积极鼓励孩子去寻求伙伴的帮助，拓宽孩子的视野。在为孩子创造基本的学习条件这一点上，父母的学历并不是决定因素，而是是否有这个意识。

2. 父母要经常与老师取得联系，了解孩子在学校的学习情况。在孩子进入学校进行系统学习之后，父母与孩子的相处时间会大幅减少并且对孩子的了解也不再如以往那么清楚。在这个阶段，老师成为最了解孩子的人。如果发现孩子学习上存在问题，父母需要督促孩子及时向老师请教解决的办法。同时，父母要学会检查孩子完成作业的情况，孩子放学后，父母要督促孩子认真做作业、检查作业及复习、预习功课。

3. 要有积极的人生态度。父母是孩子最好的榜样。父母应树立积极向上的人生观，鼓励孩子以积极的态度面对学习和生活。

【教育提升】

文化水平不高的父母除了可以采纳以上建议，还可以参考下面更进一步的方法。

1. 通过学习获取相关知识。文化水平不高虽然是一个事实，但也只是一种暂时的状态。这就意味着我们可以通过努力来提高自身的素质，有时间与有意愿的父母可以通过不断地学习来使自己成为一个教养孩子方面的合格者。

2. 提升自身的素质。父母要自律，约束自己的行为。父母是孩子的第一任老师，他们的言传身教对孩子的健康成长有举足轻重的作用。教育不仅仅是简单地把知识传递给孩子，还要培养孩子品德、人格等多方面的素质。父母要以身作则，不断提升自身素质，从而引导孩子健康成长。

问题3：家长学了家教理论却没什么用，为什么？怎么办？

案例

菁菁的家长非常重视家庭教育。他们购买和阅读了大量的家庭教育的读物，从胎教到青春期教育的都有。他们还报名参加各式家长学校课程的学习。不过，让他们觉得非常疑惑的是，他们如此大费周章地学习，菁菁的发展状态平平，并没有比其他孩子优秀，甚至还表现得有点胆小、谨小慎微的样子，遇事不像别的孩子那么放得开。菁菁选择参加了几种自己喜欢的技能训练班，在班上的表现也一般。

家长教育已经蔚然成风的今天，不少家长愿意通过学习提升家教素养改善家教质量，但是面对琳琅满目的读物和课程，家长不知道如何选择。各种家教理论流派的观点，各类家长的家教风格，让家长不知该如何应对。有的家长各类读物看多了，各种观点听多了，反而有种"邯郸学步"的感觉，最后变得手足无措了。

【原理分析】

菁菁的家长看了不少家教读物，最后觉得"看和没看没啥差别"，这多少是一个让人感觉有点沮丧的结果。我们要理性地、全面地、客观地分析菁菁父母的这种感受。

1. 未真正掌握科学的教育理论。现在图书市场上的家庭教育图书琳琅满目，关于家庭教育的"宝典"有不少，各种教育理念纷呈。但每个孩子的资质不同，发展的优势领域、发展途径和成长的速率不同，适合孩子的教养方式也不同。家长没有充分了解孩子的发展特点，将众说纷纭的各类家教理论生搬硬套在自己孩子身上，势必会出现"东施效颦""邯郸学步"的结果，家教理论"学了也没啥用"就在所难免了。

2. 对孩子成长的认知比较片面。菁菁的家长因为学习了家教理论，已经在很大程度上避免和缓解了菁菁成长中的各类问题，但由于对孩子发展的期望值过高，他们的关注点可能主要集中在菁菁的课业成绩和技能学习方面。菁菁的学业成绩没有出类拔萃，技能表现也不是很突出，让他们觉得有些失望。但他们忽略了对菁菁其他各个方面的发展的关注，比如菁菁的自觉性、自制力等方面的表现。也有可能菁菁的气质特征偏向沉稳缓慢，在日常活动中没有太积极和抢眼的表现，但菁菁情绪稳定、心思缜密，而且品行良好，是一个身心健康的孩子，只是这些优点暂时没有让菁菁在学校的各类活动中表现出优势，这让菁菁父母多少有些失望。

【操作指导】

家长考察家庭教育理论学习的成效，不能仅仅考察孩子的发展结果，尤其不能仅仅关注孩子的课业成绩，而是要关注到孩子的发展过程，全面考察孩子的身心发展状况。

1. 家长要调整急功近利的学习心态。不少家长觉得学习家教理论没什么用，主要还是因为太过急功近利的缘故。孩子的发展是一个长期的过程，每个阶段都有不同的发展动态，存在不同的发展问题。所以，问题层出不穷是正常的现象，家庭教育并不是一劳永逸的。

家庭是孩子成长的土壤，家长的优秀品质和较高的教育素养，是促进孩子发展的最重要因素。家长还要注意发挥自己的榜样示范作用，如果自己不思进取，不求改变，那么他所实施的教养也可能是无效的。

2. 家长要慎重选择读本。市场上家教读本有很多，这些读本表达的家庭教育态度取向也很多。家长如果没有考虑自己家庭和孩子的条件适合什么样的教育策略，就会对家庭教育是"向左"还是"向右"而备感迷茫，无所适从。

家庭读物有偏向理论分析的也有偏向实践指导的。理论分析方面的读物，可以帮助家长掌握家庭教育原理，了解孩子身心发展特点。实践指导方面的读物，则对家长的教育教养方法和行为有具体的示范和指导。这些对提升家长的教育素养都是有帮助的。所以，家教领域的专家撰写的"家教秘籍"也是可以阅读和参考的。我们不仅要从中看到孩子顺利进入了名校，也要学习他们父母在生活中的努力和提升，看到家庭系统在促进孩子发展中发挥的作用。

【教育提升】

1. 家长的学习要遵循"学思结合"的原则。"学而不思则罔，思而不学则殆"，家长的学习也要遵循"学思结合"的原则。如果只学习而不加思考，不仅吸收不到营养还可能会消化不良，容易对家庭教育起反作用。

不管是哪一种类型的成功家教，家长都不能生搬硬套，不能依葫芦画瓢，要多思考。家庭的教育资源不同，孩子的发展特点不同，教育的方式和成效也会有很大不同。家长在理论学习的过程中，要在全面考察自身、孩子、家庭环境等家庭系统的要素基础上，才能对别人的经验加以吸收和利用。

2. 家长要注重自我反思和实践提升。家长在发现了自己的教育问题之后，就要刻意调节和修正，提升自己的素养，然后才能给孩子积极影响。总之，家长是对孩子影响最大的教育资源。家长在家庭生活中"以身作则"是实现家庭教育功能最直接、最有效的途径。

问题4：父母相互推卸教育责任，为什么？怎么办？

案例

小颖的父母都是单位职工，夫妻恩爱，家庭关系和谐，而小颖的出生更是给这个家庭带来许多欢乐，这是一个令人羡慕的模范家庭。但随着小颖进入小学，和谐的家庭氛围就被打破，慢慢地，每天晚上几乎都能听到这个家里传出训斥小孩以及大人争吵的声音，这一切的改变来源于小颖的教育问题。在小颖刚刚上小学时，考虑到妈妈繁重的工作任务，爸爸主动挑起了教育孩子的重任。随着时间的推移，爸爸在教育小颖的过程中慢慢失去了原有的热情和耐心，并慢慢开始抱怨妈妈，责怪妈妈不管小颖，只顾忙自己的事。到后来，当爸爸拖着疲惫的身体回到家，看到小颖又犯错时，更是难以控制自己的情绪，将情绪宣泄到小颖身上。妈妈见状，害怕爸爸的这种状态会对小颖造成不利影响，同时想帮助爸爸回归正常的工作、生活状态，于是开始有意识地分担起教育小颖的重任。一段时间后，妈妈发现爸爸的状态慢慢恢复了，但也开始慢慢退出对小颖的教育工作。随后，妈妈也变得情绪暴躁，开始指责爸爸，再之后双方就陷入无休止的相互指责中，指责对方没有尽到教育孩子的责任，都认为对方应该承担更多的教育责任。

【原理分析】

在教育孩子过程中，父母相互推卸教育责任甚至相互指责的原因各种各样，但归根结底来说，主要是由以下两个方面原因造成的。

1. 责任分散。责任分散一词来源于责任分散效应，责任分散效应说的是当一件紧急事件发生（如路上有人突然晕倒不起、有人摔倒流血不止等）时，如果在场的人越多，那么在场每个人提供帮助的意愿就越低。因为这些路人都理所当然地认为自己不提供帮助，其他人也会提供帮助，总而言之，在场那么多人，肯定有人管的，不用自己去操心。在上述案例中，刚开始由爸爸全权负责孩子的教育，妈妈在看到事情有人做了就心安理得地专心做自己的事情；之后妈妈开始承担起教育孩子的重任后，爸爸反而悄悄退了出来；教育孩子的责任在爸爸与妈妈之间分散开来，甚至到最后双方开始相互推诿，都希望对方担起更多的教育责任。

2. 心理内耗。如果说责任分散效应是造成父母间教育责任相互推卸的根源，那么父母自己严重的心理内耗则是助燃剂。父母亲苦工作了一天，身心俱疲，好的情绪、状态都已经被消耗殆尽，甚至有时还会带着负能量回家，当回到家看到孩子屡教不改时，压抑的情绪就会彻底爆发，甚至将自己一天的负能量宣泄到孩子身上。这种坏情绪的传递也是我们常说的踢猫效应。而此时感受到父母坏情绪的孩子变得更容易犯错，这进一步加剧了父母的负性情绪体验。责任分散效应的存在已经降低了父母教育孩子的意愿，而教育孩子过程中满满的负性情绪体验，更是进一步消耗甚至透支着父母忙碌一天后所剩无几的心理能量，让父母教育孩子的意愿再次急剧下降，此时，他们十分渴望有人能够接过这项艰巨的任务。所以，案例中小颖的父母在责任分散及心理内耗的双重作用下，双方相互推卸教育责任甚至争吵不休就在所难免了。

【操作指导】

父母在日常教育孩子的过程中，遇到这样的情况该怎么办？做到以下两点即可。

1. 明确各自的责任义务。消除责任分散效应最好的方式就是有明确的责任分工。在教育孩子的过程中，父母明确各自在教育孩子时的职责，任何一方都必须履行自己的责任义务，不能当甩手掌柜。而当父母都能够各司其职时，教育孩子将变成一件有整体规划且有条不紊的事情，教育责任的相互推卸困境也就迎刃而解了。当然，分工内容是可调整的，也是需要调整的。如刚开始的时候由爸爸负责孩子行为习惯的培养，妈妈负责孩子的思想教育；一段时间后可以调换分工内容，由妈妈负责孩子行为习惯的培养，爸爸负责孩子的思想教育。分工内容的轮转，不仅能保证父母各自承担起教育孩子的义务，还能让父母通过换位体验，加深相互之间的理解与沟通，促进家庭和谐氛围的建设。父母要时刻谨记，明确各自的教育责任与义务是为了让教育孩子的工作更加顺畅，父母间的理解、合作、协调配合才是孩子教育工作向前有序推进的重要保障。

2. 适时自我心理赋能。一方面，父母要适时赋能克服踢猫效应。踢猫效应是指对弱于自己或等级低于自己的对象发泄不满情绪，而产生的连锁反应。这也阻碍着父母与孩子健康的沟通与交流，让父母在教育孩子过程中更是屡屡受挫，父母的无力感不断加深，使得父母教育孩子的意愿降低，同时也会给孩子带来不小的负面影响。所以，父母要及时赋能，做到不将工作上的情绪带回家里，无论工作是否顺利，无论在工作中受了什么委屈、遇到什么挫折，父母都要及时调整好自己的心态。另一方面，父母要适时赋能应对教育孩子的重任。父母在教育孩子过程中，绝大多数的体验都是负性的，此时，父母要运用自己专属的调节方式，调节好负性情绪，以最好的情绪和积极的状态投入到孩子教育的事业中，用细心、耐心、全心帮助孩子快乐成长。在教育孩子过程中，体验它的酸甜苦辣，真实表达自己的情绪、情感，让孩子走近父母，促进亲子关系的和谐可持续发展，使得教育孩子这件事不再是负担而是乐趣。

【教育提升】

父母只有切实担负起教育孩子的职责，才能促进孩子的健康成长，在孩子教育过程中，要重视对孩子优秀品质的培养。

1. 自律能力。孩子自律，就不需要父母过多的干涉与管教，一方面不仅能减少父母在时间、精力上的付出，降低父母的心理内耗；另一方面还能减少亲子冲突的可能性，对亲子关系的改善与和谐家庭氛围的建设都是有利的。

2. 心理韧性。孩子在成长道路上，必然会遇到各种挫折，良好的心理韧性能够给予孩子更强大的抗打击能力，不断总结并汲取经验教训，使得挫折终将成为孩子成功的垫脚石。

3. 良好习惯。良好的行为习惯能够让孩子的生活有条不紊，让孩子的发展空间更加宽广，它是孩子可持续发展的必备要素，是孩子成功的重要保障。

父母要坚信，只要孩子有所成长，自己的付出就是有收获的，那么教育孩子应该给予父母愉悦的、享受的心理体验。

问题5：父母要做好"幼小衔接"准备，为什么？怎么办？

案例

一天早上，某小学门口上演着这样的一幕：小明母子在校门口来回徘徊，妈妈安慰小明很久后，他极不情愿地走进校门，但还没往里走几步又跑了出来。妈妈见状又上前做思想工作，小明又慢吞吞地走进校门，进校门没几步又跑了出来……如此反反复复。出现这一幕场景的原因是小明不想去学校。三年幼儿园的生活帮助小明及其父母成功克服了分离焦虑，可是刚进入小学，适应新环境成为横亘在小明面前的另一道坎。一年级刚开学的时候，小明对新环境充满了新奇，很乐意去学校。但一周过后，当新鲜感褪去，小明每天就推三阻四不想去学校。父母与老师沟通后，找到了原因所在：小明发现小学不像幼儿园那么自由，自己被各种规章制度束缚着，老师管理也变严格了，这些都和原先想象中美好的小学生活相差甚远，于是就不再愿意去学校，甚至吵闹着要继续回幼儿园上学。面对这种情况，老师、父母试过了一切可行的办法，还是没能将小明顺利地送回课堂。今天妈妈送小明去学校，小明坚决不肯进校园，无论妈妈怎么威逼利诱、安慰劝说都没用，于是就出现了开头的那一幕。

【原理分析】

孩子已经上过三年幼儿园，有三年甚至更长时间的集体学习、生活经历，基本能适应集体生活和学校的规范管理。但是，计划永远赶不上变化，孩子进入小学后仍可能会出现各种各样的"意外"，这些"意外"主要由三个方面原因造成。

1. 孩子不适应新环境的新任务。进入小学，孩子所面临的第一个挑战就是要适应新环境所提出的各种新要求、新任务，尤其在行为规范及学业任务两个方面。在行为规范上，老师会对孩子提出更高的课堂纪律要求，要求孩子自觉遵守校规校纪，规范自己的一言一行，这对那些自律性较差或注意力发展较慢的孩子而言是一种挑战；在学业任务上，小学会每天布置作业任务，这无形中会占用孩子一定的娱乐时间，孩子不能像幼儿园那样无拘无束地玩耍，这对爱玩的孩子而言是一种负担。当新鲜感退去，孩子如果还不能适应新环境所提出的新要求、新任务，就容易引发新环境适应不良等问题。

2. 孩子不适应新环境的师生关系。进入小学，孩子的人际关系也面临重新洗牌，首先是师生关系。在幼儿园，每个孩子的吃饭睡觉都能得到无微不至的照顾，师生关系十分亲密，甚至一些老师比父母更了解孩子的情况。进入小学阶段，基本的班级管理工作几乎占据老师所有的时间、精力，要想像幼儿园那样对每个孩子呵护备至，这是不现实的。因此，小学的师生关系不会像幼儿园那样亲密，相对会变得生疏，孩子被关心、被关注的幸福感、愉悦感下降，师生关系的变化可能会引起孩子心理不适，降低孩子适应新环境的意愿与动力，并通过哭闹、不去学校等外显行为表达出来。

3. 孩子不适应新环境的亲子关系。在幼儿园，父母培养孩子的中心思想是健康、快乐成长，亲子关系十分和谐，亲子冲突较少，孩子对父母比较依赖、亲昵。进入小学后，父母对孩子提出了更高的要求，随着监管力度、严厉程度的提升，亲子冲突逐渐增加，不和谐的亲子关系让孩子感受到太多的负性体验，使其对新环境也失去原有的期待，成为阻碍孩子适应新环境的又一"拦路虎"。这种亲子关系的变化是需要父母提前预见并且有效解决的，否则不仅影响孩子适应新环境，还会对孩子的成长造成更多的影响。

【操作指导】

如何做好孩子幼小衔接的准备，不同的人采取的方式、方法也不尽相同，但家长一定要做到以下二点。

1. 帮助孩子树立"变化"意识。幼小衔接工作不只是父母的事情，更是孩子的事情，孩子在思想上也要树立"变化"意识。父母帮助孩子树立"变化"意识，是对孩子变相的思想教育，能够帮助孩子提前做好适应新环境的思想准备。在条件许可的前提下，父母可以带孩子提前感受小学的学习、生活，通过小学一日游等亲子活动，帮助孩子真切地体验幼儿园与小学的差异，同时，在活动过程中父母要通过细心的观察，收集到一些有用的信息，作为后续帮助孩子更好、更快适应新环境的重要参考与依据。

2. 帮助孩子提高"独立"能力。从幼儿园到小学，是孩子真正走向独立的第一步，学会独立才能让孩子尽快适应环境变化所带来的影响。适合提高孩子独立能力的途径有很多，适合这个年龄段孩子的最好方式是故事分享。父母可以选定一些符合这个年龄段的关于"独立"这个主题的童话故事或真实案例，并通过亲子阅读的方式分享给孩子,让孩子在阅读中领悟"独立"的必然性与重要性、学习独立的方式与方法、激发独立的意愿与动力。

3. 帮助孩子培养良好的习惯。父母要相信适合才是最好的,培养良好的习惯,实际就是培养最适合孩子的习惯。父母要根据孩子的特点及实际情况,通过"21天效应"帮助孩子养成良好的作息、学习等方面习惯,在习惯养成的前21天,认真扮演好护航者的角色,当孩子犯错时及时纠正,当孩子坚持不下去时及时赋能,21天后习惯就可养成。孩子的良好习惯养成之后,父母就不需要过多的监督,亲子冲突也自然减少,这对于亲子关系的改善、和谐家庭氛围的营造都有积极的促进作用。

【教育提升】

做好孩子的幼小衔接工作,父母自身更需要学习与改变。

1. 学习必要的知识。父母可以通过阅读一些幼小衔接的相关书籍、资料,或者与有经验的父母沟通,了解孩子从幼儿园到小学都会遇到哪些问题,又要如何去有效应对,学习这些知识能够帮助父母丰富解决孩子出现适应问题的方式、方法,同时增加父母面对问题、解决问题的信心。

2. 树立变化的意识。父母要树立变化的意识,明确孩子是成长变化的,环境是变化的,幼儿园的一套经验已经不再完全适用了,父母需要作出相应的改变:一是改变原有的教育思想,明确新环境需要新教育;二是改变原有的教育手段,提升或转变原有的教育方式、方法,使其更适用于小学阶段的孩子教育。

3. 下定放手的决心。学会放手,是这一阶段父母的必修课。走进小学课堂,意味着孩子开始真正的自助求学之旅,只有父母更多的放手,才能促进孩子的向前发展,才能让孩子在摸爬滚打中更快地适应新环境。从幼儿园到小学这个阶段,是孩子人生当中必经且重要的一道坎。关于孩子的幼小衔接准备工作,作为父母的你准备好了吗?

问题6:孩子教育问题父母无法摆脱"内卷",为什么?怎么办?

【案例】

刚刚把上二年级的小张送到学校,妈妈就与爸爸商议起了小张的"人生大事"——报兴趣班。父母之所以这么着急,是因为他们觉得小张已经输在起跑线了,必须快点迎头赶上,而之所以有这种感受,是上周末一场家长会所带来的。上周末,小张班级召开了二年级新生家长见面会,妈妈在与其他家长的交流中发现,许多孩子在一年级甚至幼儿园就开始上各类培训班了,所以他们都有自己的一技之长,有的孩子能歌善舞,有的孩子运动能力突出,有的孩子已经考过三级主持人了……这本是一条普通的交流信息,但此时却如狂风暴雨般冲进小张妈妈的大脑,深深地刺激着她的敏感神经,让她原本平静的内心不断起伏,小张妈妈的焦虑情绪油然而生,于是,简单地和老师、其他家长交流几句后,就回家找小张爸爸探讨破除困境的办法。

【原理分析】

在日常生活中,类似上述例子中"小张妈妈"的大有人在,一些父母听到别人家的孩子又学习了什么新技能,心情马上焦虑起来,害怕自己的孩子与别人家的孩子差距越来越大,恨不得立马把自己的孩子也送去学习这个技能。于是,就出现只要有个别孩子报了兴趣班,其他孩子也会跟风报班的现象,这就是当前备受关注的社会现象——教育内卷。尽管学习的主体是孩子,但是父母比孩子还焦虑、紧张,这种父母教育内卷现象,可以用著名的经济学效应——剧场效应来解释。

剧场效应,又名踮脚效应,是指在一个剧场中,本来大家都是坐着观看节目,这时前排有一个人为了更好地观赏节目,不顾后面观众的感受,直接站起来观看。后面的观众见状,为了避免自己的视线被阻挡,也纷纷站起来观看节目,到最后整个剧场内的观众全都站了起来。但是,大家发现这样集体站着看不仅身体受累,而且和原先大家都坐着看的效果是没什么区别的。

从剧场效应回过头来看孩子的教育,当个别父母为了让自己的孩子能够甩开与其他孩子的距离,于是"站起来"培养孩子,其他父母为了不让自己的孩子输在起跑线上,也纷纷效仿,开始"站起来"培养孩子。到最后,所有父母都"站起来"培养孩子,这就使得所有孩子又在同一起跑线上。第一批"站起来"培养孩子的父母开始着急、焦虑,于是"站得更高",只为让孩子拉开距离,后面的父母见状也"站得更高"了……如此,就形成一个恶性循环,父母的付出越来越多,孩子的担子越来越重,父母的焦虑情绪却越来越高,最终就导致父母们的教育内卷现象越来越普遍,也越来越严重。

【操作指导】

教育部"双减"政策的落地，在一定程度上有效缓解了父母们的教育内卷，但是要想从根本上克服甚至消除教育内卷，父母还是要从自身着手，具体的可以从以下两个方面入手改变。

1. 学会适度对比。"没有对比就没有伤害""人比人气死人"等这些从前流传下来的俗语都在告诉我们，很多时候父母的焦虑、不安等负性体验都是在比较中产生的，因为许多父母习惯把自己孩子不足的地方和其他孩子优秀的地方进行比较，这些对比给父母造成了焦虑、不安。因此，降低教育内卷水平，父母要学会适度对比。首先，可以减少对比频率。这就要求父母要做好自己的心理隔离建设，如在听到其他父母炫耀自己的孩子时，能够隔离别人家孩子的"优秀"对自己的影响；再如看到自己的孩子与别人存在差距时，能够隔离自己孩子的"一般"对自己的影响。其次，要多比较优势。如果父母一定要将孩子和别人的孩子比，应该多比较自己孩子的优势，这样对比让父母感受到的情绪不再是失落、焦虑，而是满意、愉悦。最后，要全面评价孩子。将孩子与别人家的孩子对比时，既要看到自己孩子的不足，更应该看到孩子身上优秀的地方，做到对比中优与劣的平衡，更全面理性地评价自己的孩子。

2. 培养孩子的闪光点。打铁还需自身硬，父母要想从根本上降低甚至消除自己的教育内卷，还需要从孩子自身入手。父母不一定培养孩子成为全能型的人才，但要培养孩子身上的闪光点。一旦孩子拥有闪光点，在任何对比中，父母也能有自己的心理优势，这样就能从根本上有效遏制对比中负性情绪的滋生和发展，教育内卷自然不再加深。孩子闪光点的培养效果依赖于孩子的主观能动性，而主观能动性又与孩子对事物的兴趣水平息息相关。常言道：兴趣是最好的老师。父母应该根据孩子的兴趣爱好，结合家庭的具体情况，帮助孩子选择最适合自己的方向去发展。充分尊重孩子的选择，不仅能最快、最有效地培养出孩子自己特有的闪光点，同时孩子也会越学越开心、越学越自信。自信的人是最美的，尊重孩子选择而培养出来的闪光点，将成为孩子最大的底气、自信的底蕴，孩子也必将成为其他父母口中"别人家的孩子"。

【教育提升】

竞争不息，内卷不止，教育内卷必然存在，父母对教育内卷要有正确的认识。

一方面，认识教育内卷的利。就如同压力与动力的关系一样，对于父母而言，教育内卷是一种变相的压力，当父母存在教育内卷时，能促进父母切实担负起教育孩子的重任，对家校合作、家校共育起到较大的促进作用。所以，当父母出现教育内卷时，要看到它的有利作用。

另一方面，认识教育内卷的弊。虽然一定水平的教育内卷有助于父母担负起教育责任，但凡事过犹不及，教育内卷太过严重会让教育成为父母的负担、孩子的苦难，成为破坏亲子关系的重要因素。所以，当父母发现自己的教育内卷水平过高时，要及时调整，保证教育内卷维系在一个适度的水平，保持自己教育内卷的动力正性取向，而非焦虑负性取向。

最后，父母要牢记：教育是为了孩子更好地成长，当教育给孩子带来的只有痛苦、焦虑，而没有快乐甚至阻碍孩子成长的时候，孩子不需要这样的教育。

问题 7：家长的教育期望越高失望越大，为什么？怎么办？

案例

小鑫今年上五年级，他的爸爸在当地经营一个装修公司，这几年生意不错。妈妈全职在家照顾一家人的生活，平时爸爸请家庭教师辅导他的学业，周末他上老师家补习。爸爸给小鑫买高档文具，送小鑫上当地最好的私立学校。爸爸说："我为了孩子，把能做的都做了。我对小鑫的要求也不高，只要学习成绩能考到班级中上游就行。"

小鑫其他方面表现还算不错，就是学习成绩不太好，学习成绩一直稳定地徘徊在班级中下游。爸爸觉得非常沮丧。半期考后，爸爸难得地去参加了一次家长会。回来之后，爸爸对着小鑫吼道："我给你配备了顶级的文具、顶级的学校、顶级的老师，你居然给我弄回这样的成绩，你对得起我吗？"小鑫妈妈怼了爸爸一句:"孩子他爸,你对孩子的期望值可以低一点儿吗?"

【原理分析】

教育期望是家长对孩子发展状态的主观预估,是家长预期的教育目标。积极期望对孩子有一定的促进作用。但家长如果不切实际地对孩子有过高期待,一厢情愿地为孩子制定成长目标,就会经常出现事与愿违的结果。家长对孩子过高和过低的教育期望都会成为个体发展的限制性因素。

1. 不切实际的高期望会带给家长心理落差。合理期望有积极的暗示作用,可以激发个人的心理潜力、提高学习效果,它对心理态度建立与习惯的养成有积极的作用。合理期望是指符合行为主体的主客观条件,即具有实现的可能性。如果家长的期望从客观上讲是合理的,而主体行为上是不可能的,那么这种期望就不能转化为主体内在的需要和动力。当家长的心理期待无法达成,可能会因此产生极大的心理落差——"恨铁不成钢",对孩子抱怨和指责,从而产生亲子冲突。这就是所谓的"期待越大,失望也越大"。"别人家的小孩"往往就是家长过高教育期望的反映。

2. 不当的家庭教育使得教育期望难以实现。案例中,小鑫爸爸对小鑫的教育投入更多是物质的投入,他为小鑫提供了优越的学习条件,但这些投入里爸爸妈妈是缺位的。同时,爸爸妈妈只是对孩子做教育投资,却忽视了对自己的教育投资,这导致了家庭教育成效不佳。

小鑫的家庭教育境况,是当前家庭教育问题的集中反映:社会生活的不安全感引起家长对孩子的过度关注和过高期待;教育成效的滞后性和长效性特征又导致家长的无力感和焦虑感;家长的高期望值和低教养成效之间存在较大反差。家庭教育中出现的事与愿违结果,使家长产生严重的失败感、负疚感。这些负性的感受和体验交织在一起,其结果直接影响到家庭和谐和孩子的健康成长。

【操作指导】

古往今来,教育一直是个体获得经济地位和社会地位的重要途径,是促进社会阶层流动的重要手段。我国有重视教育的传统:社会地位高的人,希望通过教育实现优势地位的代际传承;社会地位低的人,希望通过教育改变家庭的命运。望子成龙,望女成凤是当前大多数家庭教育期望的生动体现。

1. 建立合理的教育期望。家长的教育期望是家长对子女成长状况的预期。只有那些具有挑战性的,超出原有水平,但通过努力可能达到的期望,才有吸引力和激励性。可望而不可及的或随手可得的期望都是不可取的,俗话说:跳一跳可摘到的桃子最甜。

"望子成龙，望女成凤"表达的是家长对孩子积极的正向期待，是家长对孩子的潜能以及将来的成就有积极的预期，并愿意为此付出努力。家长对孩子的信任和积极的正向期待，会通过家长对孩子的态度和行为评价表现出来并让孩子能够感受到，进而成为孩子内在的发展动力。要使家长对孩子的期待产生积极的正面导向效果，首先需要家长信任孩子。积极的正向期待，需要对孩子给予信任和支持，而不是一味地对孩子的学习施压，更不是盲目攀比。

2. 用多元和正确的评价方式来衡量孩子的发展。在日常生活中，有些家长对孩子提出才艺、课业和学历水平方面的要求，并以此当作是对孩子的期待，这是对"积极期待"的一种偏见和误解。孩子的教育效果不能仅仅用才艺、课业和学历水平来衡量。就如案例中的小鑫，即使是学习成绩优秀，父母也不能以为就万事大吉了。因为父母的情感缺位，对孩子的社会性发展会有一定的不良影响，因此父母还要关心孩子的社会性发展和心理健康。

最主要的是，家长要对孩子发展持有积极的态度，向孩子提小步子的发展要求，一步步引领孩子成长。比如，家长要相信孩子愿意成为有教养的孩子，也会在将来成为一个有教养的人。在孩子犯错误的时候，家长能表示理解和宽容，并能耐心地加以批评指正。

【教育提升】

1. 学习一些心理学知识，会对孩子有更全面的了解。首先是在学习中了解儿童的年龄特征，即了解各个年龄段孩子身心发展的一般的、基本的特征。在日常生活中，了解孩子发展的差异性和特点。只有全面了解孩子，才可能建立对孩子的合理期待。

2. 重视培养孩子发展的内驱力。家长对孩子的教育期望不能以自己投入的物质资本来确定，毕竟教育孩子不是做生意。影响孩子成长的因素有很多，但各种教育因素都是外因，合理的家庭教育可以激发孩子自身的学习自觉主动性，使孩子有发展的动力。

家长不仅要为孩子提供学习生活的物质条件，还要为孩子构建良好的家庭情感氛围和教育环境。当然，也并不是说如果家长在家庭教育中缺位，孩子就不能健康成长，而家长在家庭教育中不缺位就一定能让孩子健康成长。最重要的，还是尊重孩子，让孩子有可持续发展的动力和能力。

问题 8：家庭教育不能依葫芦画瓢，为什么？怎么办？

案例

小红的妈妈是一个远近闻名的家庭教育狂热者，为了小红有更好的成长环境，接受最好的家庭教育，她熟读各类家庭教育读物，聆听各种家庭教育讲座，并加入了好几个家庭教育交流群，孜孜不倦地汲取着优秀的育儿知识、经验。经过长时间的学习、积累，小红的妈妈已经成了其他父母眼中的育儿专家，但这个大家眼中的育儿专家也有自己的苦恼，就是小红的教育问题。曾经，小红妈妈借鉴别人成功的经验，想要通过舒尔特方格训练提高小红的注意力水平，结果因小红对数字不敏感而以失败告终；曾经，小红妈妈借鉴书本上的知识，打算通过营造良好的阅读氛围培养小红的阅读习惯，结果因找不到适合的阅读场所无疾而终；曾经，小红妈妈听取专家的意见，计划通过"21天效应"来培养孩子的习惯，结果因自己时间、精力有限无法监督到位而宣告计划破产。经过这一系列碰壁后，小红妈妈开始纳闷：难道真的是"别人的经验都是传说"吗？

【原理分析】

小红妈妈的无奈，也是许多父母都会遇到的，从孩子进入小学阶段开始，育儿经验的生搬硬套，更多的时候是无效的，甚至还会有反效果，这主要是由以下三个因素造成的。

1. 个体差异凸显。随着个体进入小学阶段学习，学前阶段"拿来主义"式的家庭教育方式已经不能适应孩子的成长需求，此时同样的教育方式、方法用到不同孩子的身上，其结果就会不尽相同。这种现象的出现是因为个体在成长，个体的成长预示着孩子个体间的共性部分变得越来越少，差异逐渐凸显，从而导致问题带有个性特征，父母们没有意识到虽然孩子和其他孩子表现出的问题是一样的，但原因却可能不同，所以用同样的方法教育有同样问题的孩子，结果却大相径庭。

2. 教育环境有别。个体差异的凸显导致父母在解决孩子一些个性问题时，无法有效地借鉴他人成功的经验，但在解决一些共性问题时，优秀经验的运用也屡屡受阻，这是因为有些成功的经验需要有一定的环境条件加持，如紧密的家校配合、有效的心理支持、和谐的家庭氛围等。这些父母经常忽视的外界因素往往是一些家庭教育成功案例的基础，正是这些外在的教育环境保障了优秀经验、理论在实践中的有效运用。所以，教育环境影响着教育的效果，教育环境有"别"，教育结果就有"异"。

3. 父母素养不一。家庭教育过程中，无论是解决孩子出现的共性问题还是个性问题，对于效果最直接的影响还是父母本身，不同的人用同样方法解决同一个问题，效果也不同。比如做菜，相同的步骤，不同的人做出来的味道就是不一样。所以，不管多么优秀的家庭教育经验、理论知识，都是他人在实践中不断提炼、总结出来的，当运用到类似的具体问题中，还需要结合个体的实际情况。在教育环境有别、个体差异凸显的前提下，父母能借鉴别人成功经验取得的效果的多少，这取决于父母的家庭教育素养，许多父母对这个问题没有充分认识。

【操作指导】

面对众多的优秀家庭教育经验和理论，父母要结合孩子的具体实际情况灵活地运用好它们，发挥其应有的价值，具体可以从以下三个方面着手。

1. 通过学习提升认识。许多父母会问：我们不是学习了优秀的育儿经验吗？还要学习什么，又要认识什么？实际上，父母更应该要了解孩子的身心发展规律，尤其是进入小学阶段，孩子个体差异逐渐凸显，父母要更好地把握孩子的身心发展特点。所以，尊重孩子身心发展规律的家庭教育才是合理的、有效的、成功的。父母要学习一些心理学尤其是发展心理学方面的知识，通过对这些知识的学习，充分了解小学阶段孩子的身心发展规律和特点。这些心理学知识，为开展家庭教育提供了充足的理论及科学依据。

2. 审势指导选择。一些优秀的经验和理论可能适合别人，但是不适合你自己，父母要有审时度势的意识，因地制宜地作出选择。对此，父母可以学习SWOT分析法，运用这个方法来帮助自己做出最佳的选择。解决问题的途径是多样的，面对不同的方式、方法，父母可以运用SWOT分析法，结合自身的能力、孩子的情况、家庭的条件等，分析这些方式、方法各自的优势、劣势、机会及威胁，最后对每种方式、方法综合分析，通过对比最终选择最佳的一种方式、方法予以运用。这种审势后所做出的选择，必然对具体实践有着更好的指导意义，效果也是值得期待。

3. 内省引导实践。问题的解决不是一蹴而就，实践也是曲折甚至迂回的。父母要让自己的教育效果能尽快达到预期，就需要经常内省，而内省又依赖于实践中的效果反馈。对此，一方面父母要鼓励孩子勇敢地表达自己的真实感受，用孩子的真实感受来评价教育对孩子带来的影响；另一方面父母要善于观察，能够详细观察并记录孩子的改变，用数据来衡量教育带来的变化。只有双管齐下，父母才能明确知道这些方式、方法在实践中的真实效果，并通过内省的方式，适时调整教育实践的方向，让自己的教育实践不断逼近目标。同时，内省与实践相互促进，帮助父母形成一套自己特有的育儿经验，而且这套经验也是最有效的，因为适合的才是最好的。

【教育提升】

如何借鉴优秀经验，关键在于"变"。父母要充分地理解、认识、运用它。

一方面树立"变"的意识。父母要相信世界上没有两片相同的叶子，更没有两件一样的事情，问题的解决更不可能一样。孩子的个体性差异是"变"，成长环境的不同是"变"，资源的不同也是"变"，这些的"变"就要求父母一定要树立"变"的意识，用"变"的思想认识、思考问题。另一方面运用"变"的经验。使用优秀育儿经验要学会"变"，这就要求父母具有扎实的理论基础和丰富的、优秀经验，在此基础上，结合自己的实际情况，选择最适合自己的教育方式、方法，在实践中不断地取其精华、去其糟粕，真正做到优秀经验、理论知识在"变"中使用。

对孩子出现的问题，父母只有学会"变"，才能游刃有余地一一应对、解决，最终成为一个成功的父母、优秀的育儿专家。

问题 9：父母在教育孩子时经常意见不一致，怎么办？

案例

周五，小丽吃过晚饭后，就和平时一样到书房学习。随后，吃完饭的爸爸回自己房间拿东西，路过书房，看到小丽在认真学习，想着明天是周末，就想带小丽出去逛街放松一下，顺便带小丽吃点甜点，犒劳一下这段时间表现优异的孩子。于是，爸爸叫小丽换衣服出去走走，可还没等小丽回到房间，妈妈听到父女俩走路的动静，就急匆匆跑过来，当听到爸爸要带孩子外出时，就不问缘由地与爸爸对峙起来。妈妈质问爸爸，为什么要带孩子出去，难道不知道这会打破孩子好不容易培养起来的学习习惯、学习状态吗？总之，妈妈对爸爸就是一顿指责，爸爸见状也表明自己的立场，认为无论学习还是生活都需要劳逸结合，带孩子出去走走才是对的。于是，就因为这样一件事，小丽的父母再次"干"上了，习惯了这种场景的小丽，默默地收拾起自己的东西，回房间学习了。

【原理分析】

看到这段时间努力付出的孩子，爸爸想奖励一下她，妈妈则希望孩子持续保持良好的学习状态，可以说父母站在各自的立场考虑问题都没有错，但却因为意见分歧发生争执，并彻底打破家里和谐的氛围，这主要是由下面两个原因造成的。

1. 父母双方缺少有效的沟通。从上述案例可以看出，小丽父母之间存在沟通不畅的问题——双方没有进行有效的沟通。妈妈之所以一上来就发脾气，一方面是因为不赞同爸爸的观点，希望爸爸不要轻易地去打破孩子目前较好的学习、生活状态；另一方面更是因为爸爸没提前告知自己就擅自做决定。爸爸做决定的时候没有与妈妈打招呼，妈妈会感受到自己不被尊重，在孩子面前自己的想法被否定、被质疑，感觉这是对自己权威的一种挑衅，会让自己在孩子面前失去威严。如果在作出决定之前，小丽爸爸能够知会妈妈一声，即使妈妈不同意，至少也有心理准备，当爸爸向孩子宣布决定时，妈妈最多也只是心里不舒服，不会在孩子面前表现出过激的反应，更不会上演案例中的那一幕。由于小丽父母双方缺少有效的沟通，双方均无法了解对方的想法，在做决定时只会遵循自己的想法，这就极易出现意见不统一的情况，让孩子无所适从，对孩子教育产生十分不利的影响。

2. 各自原生家庭成长经验的影响。一个人作出决定的时候，往往会考虑诸多的影响因素，比如他人的意见、客观的环境等，但是更多的是由个体固有的思维模式、决策模式所决定的。而一个人的思维模式、决策模式，是个体从出生到现在一步步不断培养、强化而形成的，它与个体原生家庭的成长经验息息相关。不同的原生家庭成长环境，影响个体各自的思维模式、决策模式也迥然不同，从而对待同一件事，不同的人必定会出现不同的看法、意见，就如"一千个读者有一千个哈姆雷特"这句话所折射出来的道理一样：个体的成长经验对其所思、所想有着巨大影响。由此，小丽父母的原生家庭成长经验不同，父母双方在教育问题上必定也会存在分歧，这是一个不可避免的正常现象。这也很好地解释为什么许多家庭在孩子的教育问题上，父母双方常常难以做到统一意见。

【操作指导】

正如上述所言，在家庭教育的过程中，父母双方意见不统一是一个正常且必然发生的现象。那么，父母要如何降低甚至避免这种现象，给孩子教育带来不利的影响呢？父母可以尝试以下两种方法。

1. 沟通达成共识。在家庭教育过程中，虽然父母意见不统一的情况必然存在，但是不涉及原则问题时，没有什么事情是不能商量的。父母双方遇到意见分歧的时候，要达成一致共识后再做决定。首先，做到处理事情前先处理情绪，在分歧发生后，双方要先稳定各自的情绪，用平和的心态解决问题；其次，充分倾听对方的想法和意见，心平气和地进行商量；最后，根据双方商量的结果，作出能够让双方都接受的决定，如此就能尽快地解决家庭教育过程中出现的意见分歧。当然，也有可能到最后父母双方谁也不愿妥协，谁都要坚持自己的想法，此时就可以借助一些特殊的手段，如游戏、猜拳等来决定执行谁的教育理念，另一个人则保留自己的意见，并且做到不拆对方的台。只要父母双方能达成共识，就能形成合力，各自在家庭教育过程中扮演好自己的角色，那么意见分歧所带来的影响也将降到最低甚至消失。

2. 划分决定权限。如果父母双方都是固执的人，出现意见分歧后，即使长时间的沟通、协商也很难达成共识，这样就会影响家庭教育工作。此时，父母可以尝试采取划分决定权限的家庭教育模式，即父母可以自己的优势、特点，划分孩子教育不同模块的决定权：学霸父亲拥有孩子学习兴趣培养方面的决定权，自律的母亲决定孩子习惯养成的所有事宜。在某一模块的教育上，父母协同完成，但负责该模块的一方拥有绝对话语权和决定权，另一方即使再不满也只有事后的抗议权和建议权。这种划分决定权限的家庭教育模式，一方面能有效避免意见分歧所引发的家庭冲突，另一方面还可以充分发挥父母各自的优势，给孩子提供最好的成长环境。同时，绝对的话语权和决定权也增强了父母在孩子心目中的威信，抗议权和建议权给父母双方提供了内省和反思的空间，在一定程度上，这是一种值得借鉴的家庭教育模式。

【教育提升】

父母在解决意见分歧问题时，还要关注孩子的感受，由此解决教育问题需要做好父母内部及亲子之间的沟通工作。

一方面，父母之间要相互理解。虽然说达成共识是目标，但在这一过程中，父母之间的相互理解更能促进分歧的解决。正所谓退一步海阔天空，当父母双方能做到理解对方、体谅对方，就可能使双方的想法、意见擦出不一样的火花，从而获得不同的问题解决视角和方法，这样不仅能有效解决问题，还能促进夫妻关系和谐发展。

另一方面，亲子之间要加强沟通。在意见分歧发生后，父母要明确孩子具有一定自主决策权，可以与孩子进行沟通，让孩子自己思考、选择，并鼓励孩子勇敢地说出自己真实的想法、感受。父母作出的一切决定都是为了更好地教育孩子，让孩子参与意见分歧的解决，是对孩子成长的一种肯定，更是孩子对自己人生负责的重要体现。这种问题解决的方法，不仅能收获多方满意的结果，更有助于家庭和谐氛围的建设。在家庭教育过程中，父母意见分歧在所难免，父母要做的就是去面对、接纳、解决它。

问题 10：家长难以改变不良的教育行为，怎么办？

案例

小瑞是小学五年级的小姑娘，长得文文静静的，可以说是个典型的"完美主义"者：作业本要干净整洁，书本文具甚至是鞋子的摆放都要一丝不苟。小瑞的脾气有点犟，平时练琴如果不顺利，她会自己和自己较劲，一遍一遍不停地练，练上十几遍甚至是几十遍。

小瑞的妈妈带着孩子去找了心理老师，希望心理老师能开导小瑞，让她学会放松情绪。老师说，小瑞的这些表现与妈妈的控制型教养方式有关系，孩子不能接受自己表现不够完美的地方，不允许自己犯错误。妈妈也意识到自己的家庭教养方式有些问题，在一番检讨之后，对老师说："老师，我知道我之前很多行为都是不合适的，但已经都过去了。现在，我要改掉这些毛病真的很难。你能不能帮着想想办法，让小瑞改掉她的臭毛病，毕竟她是一个才十来岁的孩子，要改正缺点更容易一些。"

老师说："你是一个明事理的成年人，知错不改错，不能给孩子积极的榜样示范。再说，孩子的某些行为是家庭环境导致的问题，首先要做的是改善家庭环境。"

【原理分析】

虽然小瑞妈妈是成年人，但是其行为习惯的固执程度大于成长中的青少年，行为习惯的可塑性要比青少年小。这话是有一定道理的：成年人的理性一般要强于青少年，对问题认识到位，只要下决心去改变不良教养行为也是能做到的。家长为何回避自我调整呢？这主要是因为改变是一个很艰难的过程。

俗话说："积行成习，积习成性，积性成命。"个体的行为习惯都是在平日生活中日积月累起来的，家长和孩子的行为习惯养成也是如此。个体在经历了不断重复同样的动作过程后，形成应对事件的固定反应模式，即养成固定的习惯。家长要改变已经形成的行为习惯，就需要先打破已经形成的固定行动模式，再建立新的行动模式。可见，"改造要比塑造难"，是青少年的日常行为还是家长的教养行为，一旦成为习惯性行为，改变都有一定的难度。所以，很多家长对家庭教育中存在的问题，不是不知道而是改不了。

小瑞妈妈虽然意识到了小瑞的不当行为和自己的教养方式有密切关系，但这套家庭教育行动体系是她已经很熟悉的，要改变确实是一件很不容易的事情。所以，她就开始回避对自己的改造要求，转而希望改变孩子。

家庭作为孩子成长的第一所学校，家长作为第一任教师，家庭教养方式直接影响着孩子的行为习惯养成，对孩子习惯养成的影响具有先入性和持久性。孩子以自己的方式适应家长的教养方式并形成行为习惯。家长的教养行为是因，孩子的行为习惯是果。如果家长不能改变自己的教养行为，孩子的问题行为也同样难以改变。

案例中小瑞妈妈，在家庭教育过程中对孩子不打不骂，她用的是絮絮叨叨"碎碎念"的教育方式，对小瑞饮食起居中的细枝末节实行"温柔的控制"，小瑞极度反感却无力挣脱。家长不良的教养方式是引发小瑞不良行为的根源。如果家长不改变，孩子其实是很难有大的转变的。

与很多存在家庭教育问题的家庭一样，小瑞的家长没有尽早发现家庭教育问题的端倪。孩子进入青春期或者生活中出现重大事件和变故的时候，问题就会集中爆发，很多家长直到这个时候才会对问题有所觉察，面对孩子表现出对抗、退缩、任性等问题行为，手足无措的家长则表现为焦虑甚至是恐慌。在孩子进入青春期后，原来一直隐隐存在的问题集中爆发，人们就容易把这些问题都归于青少年的青春期叛逆。

【操作指导】

在日常生活中对孩子的不良行为进行认知行为矫正固然重要，同时对家长不良教养行为的认知行为矫正也同样重要。甚至，我们认为后者的重要性要大于前者。

俗话说："解铃还须系铃人。"孩子的行为问题主要是家庭教养环境造成的，那么，其行为问题的调整就需要从调整家长的教养方式、改造家庭教养环境入手。

1. 家长要善于反思自己。大多数家长都没有经过专门的家庭教育课程学习，家庭教育的有效策略往往是"做中学"。家长的家庭教育素养是在后天的家庭教育实践中，通过学习、反思不断积累而成的。尤其是当前的社会环境较之从前变化巨大，家长甚至无法简单套用自己原生家庭中的家庭教养习惯。新时期的家长需要坚持学习，提升家庭教育的素养。

家长的个性、职业、社会阶层、受教育水平和成长经验各不相同，他们对待家庭教育的需求、态度和期许具有很强的异质性。因此，在家庭教育的学习过程中，家长不能生搬硬套家教理论和他人的实践经验，而是要根据家庭和孩子的情况需要进行调整。家长尤其要从孩子的表现中来反思自身的教养行为，并和孩子保持良好的沟通与交流，及时调整教育行为，以保证教育的有效性。

2. 加强对家长教养行为的干预与辅导。当前，家长在学校中的参加专题教育活动的频次相对比较少，家长教育最常见的方式是大型的专题讲座。这样的讲座让家长当时听着很有感触，但对家长的教养行为影响力却往往不足。因为，大型的专题讲座针对性不够，很难满足家长的不同需求。

对教养行为习惯不良的家长，学校可以对家长实施教养行为干预和辅导，主动介入并影响家长，包括实施团体干预辅导和个别干预辅导。

专业人员可以面向父母进行团体辅导，这些辅导一般伴随在讲座、座谈会、研讨会等活动中进行。家庭关系复杂、父母情绪困扰严重、父母个性问题明显的家庭，或者家中有特殊儿童的家庭等，就有必要进行个别干预和辅导。受到学校人力、时间等因素的影响，对问题比较大的家庭，建议家长到相关的专业机构寻求帮助。

【教育提升】

"孩子是家长和家庭教育的镜子"。家庭犹如青少年成长的土壤，如果家庭的"土质"不变，孩子作为在上面生长的苗子也就很难改变。大多数家长在意识到家庭教育的责任重大的同时，也意识到家庭教育的问题应该从解决"家长忽视家庭教育"转变为解决"家庭教育不当"问题。

家长作为成年人，应该要比成长中的青少年更明事理，如果知错不改，就很难给青少年发展提供良好的行为示范，这也是我们需要加强家长教育的重要原因之一。

问题11：教育要求被孩子当成了耳旁风，为什么？怎么办？

【案例】

乐乐马上就要上三年级了，仍然是一副"不长耳朵，听不进话"的样子。乐乐妈妈跟我们说了乐乐一大堆毛病，比如拖拉、贪玩、依赖性强等。她说："孩子特别爱玩手机游戏，手机一旦到他手里很难再收回来；做事情磨磨蹭蹭，我们怎么催促都没用，每次做作业都要磨叽很久；好不容易做完作业上床睡觉，他总是要看绘本童书，还一副放不下来的样子……我每天跟在他后面催催催，他永远都是应你'等一下'，真的很令人焦心！"

妈妈特别担心乐乐再这样磨蹭下去，以后连家庭作业都会完不成。因为怕乐乐上学迟到，家人要帮乐乐挤好牙膏、放好洗脸水，甚至还要给他喂饭，好让他尽早出门上学去。妈妈一脸无可奈何，边说边摇头叹气："都说儿女就是债，还真的是如此啊！"

【原理分析】

乐乐妈妈的描述很有画面感，让我们可以很直观地感受到乐乐在家里那副磨磨蹭蹭、懒洋洋的样子，也可以想象出妈妈跟在乐乐后面唠叨催促甚至还有些气急败坏的样子。妈妈的教育要求，乐乐怎么就听不进去呢？

1. 说教容易引起孩子厌烦。乐乐妈妈在教育过程中没有少说孩子。所谓的"说"，就是我们日常所说的"说教"。父母对着孩子一番数落，一边指责孩子的不良行为，一边发泄自己的不满情绪。长时间的说教，孩子会产生厌烦心理。通常孩子会选择性屏蔽妈妈的"碎碎念"，将这些当作背景噪声，视而不见，听而不闻，也就是妈妈说的内容根本就没有入耳，更没有入心，而是被当作"耳旁风"吹过。

父母的说教没能指导孩子该如何去完成活动，还会给孩子贴上某种标签，比如被妈妈挂在嘴边的乐乐"等一下"或者"总是磨磨蹭蹭"等，对乐乐的行为有负性导向作用，导致乐乐的每一次行动都下意识出现"磨磨蹭蹭"和"等一下"。结果就是事与愿违，父母想让孩子做的事情孩子听不进去，越不想让孩子做的事情，孩子倒是一件不落都做到了。

2. 不良的批评教育方式削弱孩子的发展动力。被孩子当成耳旁风的一般是父母的批评和教育要求。成长中孩子的行为难免出现不足，父母可以对其施以批评教育，但不当的批评教育方式会在很大程度上影响孩子的自尊心自信心，导致孩子没有了发展动力，也就无法接纳父母的教育影响。

容易被孩子当成耳旁风的批评有三种：一是情绪化批评，严格说这种不是批评而是批判，父母情绪激动地一股脑发泄内心的不满，甚至不顾场合，置孩子的自尊心于不顾；二是泛滥式批评，父母因为孩子当下的错误而将"陈年旧账"重提，让孩子觉得他在父母面前永远无法翻身，丧失了修正错误的信心，而且这种做法也偏离了当前教育的主题；三是攻击性批评，父母对孩子恶语相向，甚至用简单否定、粗暴训斥和嘲讽等方式对孩子进行人身攻击，如"你真是笨，一辈子没有出息"，对孩子的全盘否定最易伤孩子的自尊心，不仅使孩子怨恨父母，变得对任何事情都无所谓，甚至还会自暴自弃。

【操作指导】

父母要使家庭教育要求入孩子的耳、入孩子的心，就要增加亲子之间的交流，增进亲子之间的心理相容。同时，父母要改善教育的态度与方法，并调整教育内容。

1. 站在孩子的立场看问题，接纳孩子。父母要接纳孩子，让孩子有安全感，并有信心、有决心让自己变好。因为，孩子的感受被接纳之后，他们才能集中精力去改正行为。但是，对父母来说，完全接纳孩子也不是一件容易的事情。面对孩子的不足，父母难免有负性情绪。当孩子犯错、孩子有负性情绪的时候，父母要能站在孩子的立场看问题，也许对问题的认识就不一样了。

有人说，教育孩子就像是"牵只蜗牛去散步"，孩子的脚步总是会比成人要慢，要耐心等待孩子的进步。不能用对成人做事的评价标准来评价孩子的行为，而是要用尊重和信任的眼光看孩子，相信孩子内心也是想把事情做好，但受限于能力和经验，往往事与愿违。

2. 及时给予孩子肯定评价，减少亲子交流中"多余的后半句话"。对孩子进行负面评价和指责，充其量只能让孩子知道自己做得不好，却不能让孩子学会应该怎么做。经常性的负面评价可能导致亲子之间的矛盾冲突，产生情感隔阂，不利于家庭教育。有的父母虽然注意到要给孩子正向指导，却常常不自觉地在指导之后加上指责或者抱怨。比如："记得检查你的文具盒，然后放到书包里。每次都这样，总是要我提醒。"这"多余的后半句话"常常会引起孩子负性情绪，削弱教育效果。

3. 用"自然后果法"来督促孩子自行修正不良行为。当对孩子的教育要求不被接受时，父母不要着急去教育更不要去训斥。因为，父母惩罚孩子会在一定程度上剥夺孩子从内心深处对自己错误行为的反省过程。

　　因为行为是孩子自己的选择，父母可以顺其自然让孩子承担选择的后果。这个时候，建议使用"自然后果法"进行教育，减少说理教育，也不要对孩子施以惩罚，而是让孩子体验自己的行为和过失带来的不良后果，从中去认识错误，吸取教训并自行进行行为矫正。例如，孩子早上赖床，起来后磨磨蹭蹭地吃早餐，出门上学可能就会迟到。父母事先和孩子先说明利害关系，告知他如果不能按照要求行事，就可能出现迟到、被老师批评和被学校惩罚等后果。第二天孩子如果还是一切照旧，父母也不要着急催促，就等着他按照自己的节奏行事，并让他承受没有按要求行事带来的后果，从而发现和改正自己的错误行为。

【教育提升】

　　1. 父母要学会赞赏孩子，及时给孩子肯定性评价。否定性评价主要是告诉孩子什么不能做，而肯定性评价能告诉孩子该怎么做。肯定性评价可以让孩子更愿意给自己树立高的目标，并向着目标去努力。

　　2. 培养孩子的主体性。培养孩子的主体性，才是教育的根本所在。父母可以指导孩子、教育孩子，但是不能代替孩子生活。在家庭教育过程中，父母要注重培养孩子的独立意识和责任感，让孩子学会对自己该负责的事负责。

问题 12：父母无法纠正孩子的坏习惯，为什么？怎么办？

案例

　　童童今年上四年级，他的父母是一对硕士夫妻。童童父母经常接到老师的告状电话，一般都是因为童童违反课堂纪律，比如，时不时跟同桌说话，或者毫无顾忌地离开座位去上厕所等。老师说："这个孩子总是我行我素，怎么说都不听。"

　　童童父母很着急。他们没把孩子交给祖辈代管，没把孩子往机构里推，而是克服困难自己带孩子。除了上班时间，平时没有少陪伴孩子，在日常生活中对孩子行为规范的教育也抓很紧。可是，这个孩子在学校有各种坏习惯，在家里做事也是拖拖拉拉的，晚上写作业更是磨磨蹭蹭。

小两口在对孩子行为问题原因进行分析时各执一词：妈妈认为可能是因为自己没能把教养要求说清楚，所以孩子听不进去；爸爸平时配合不好，会在孩子稍有转变的时候突然插手，破坏了她原先苦口婆心的教育效果。爸爸认为，孩子之所以没能养成好习惯，是因为妈妈对孩子还不够严格，总是宠溺孩子，每天絮絮叨叨说得太多；孩子被爸爸教训的时候妈妈来庇护，变得有恃无恐，导致孩子的坏习惯一直无法纠正。

【原理分析】

童童的父母也算是比较用心地对孩子进行教育引导，却仍无法纠正孩子的不良行为习惯，童童的各种行为问题可谓是此起彼伏，这说明孩子的自觉性严重不足。

1. 孩子没有内化教育规范和要求。童童的父母对孩子的生活干涉度和控制欲比较高，且父母二人的控制方式是居于"强硬"和"温和"的两个极端：妈妈的教养方式倾向于"温柔的控制"，她用温和的方式，管理着孩子饮食起居的方方面面，对孩子提出各种细致的要求和规范；爸爸的教养方式则是"粗暴地控制"，他用严厉的批评甚至是体罚来纠正孩子身上不符合规范的行为。

父母希望孩子能按照自己的要求和意愿成长，成为自己心目中的"好孩子"。但父母对孩子提出的规则太多、要求太多，反而导致孩子自身无法内化这些规则。在高控制家教方式之下，孩子属于"他律型"，行为的自主性和自控性都比较弱。他们可能什么也不做以防被呵斥，也可能什么都去做，就等着看看是否会被"叫停"。孩子内心没有规范，只是用各种行为试探可能导致的后果。如果孩子的行为没有受到父母的约束或阻止，孩子就会继续和坚持。案例中，孩子在学校里各种违规行为就是这样出现的。

2. 父母执行规范的"宽严"度把握不够恰当。父母在教育子女的宽严分寸把握上，有两种极端倾向：一是认为"严师出高徒""棍棒底下出孝子"，他们对孩子的要求十分严格，要求孩子事事遵从父母，动辄拿出父母的威严，进行责骂批评甚至棍棒相加，导致孩子幼小的心灵充满恐惧和防御，还会因为畏惧而对父母产生情感隔阂。二是父母认为"树大自然直"，孩子小时候不懂事容易犯错，长大懂事点自然就好了。于是，父母可能对孩子的不良行为采取容忍甚至是纵容的态度，导致孩子做出不良行为。

未成年孩子的身心发展不成熟，没有足够的人生经验，自我约束和自我教育能力很差，在成长的过程中难免会犯各种各样的错误。父母应该用一颗宽容的心去包容孩子的这些错误。在宽容态度的感召下，很多孩子会意识到并改正自己的错误。但是，对孩子的宽容不是纵容，如果对孩子的宽容没有坚持适度原则，则容易让孩子是非不分。案例中的父母就是对孩子的宽严度把握不好，妈妈太迁就孩子，而爸爸太过简单粗暴，两者对孩子的影响都是不利的，所以孩子行为规范的养成方面就有明显的不足。

【操作指导】

"木可雕，而病于越度；金可铸，而病于跃冶。木越度，金跃冶，虽有良工，巧将安施？是故君子养质以成器。"所谓"欲速则不达""物极必反"，都是说明对"度"把握不好就会有不良的后果。"各归其位，各取所求；见我所爱，给其自由"，家庭教育要坚持适度法则，做到宽严有度，这是对孩子的尊重，也是对孩子成长的促进。

1. 允许孩子犯错。"实践出真知"，孩子的行为规范，是在实践中逐渐习得的。家长要鼓励孩子参加各种实践活动，并在实践中践行规范，尤其是引导孩子同伴交往，同龄人的"朋辈互助"是最有利于规范习得的。

处于学习成长阶段的孩子，必然会出现各种各样的错误和问题。"错误是一种资源"，孩子犯错的地方，正是孩子需要父母引领、需要学习的地方。家长要允许孩子犯错误，并给孩子改正错误的机会，并多听听孩子的想法和意见，孩子是可以慢慢转变行为方式，并学会做事的。

2. 弄清楚造成孩子坏习惯的原因，对症下药。造成孩子行为问题的原因是多方面的，对孩子的行为问题要区别对待。属于恶意的坏毛病就要坚决制止，甚至给予适当的惩罚。而对于孩子的过失行为，则应该宽容对待、耐心教导。有的时候是因为孩子认知不够、经验不足，就要采取"不知者不怪罪"的态度，父母要对孩子进行规范的教育。有的是因为孩子自制力不足，或者情绪抵触而出现了违规行为，这种情况下，家长就要先进行情绪安抚，鼓励孩子以积极心态面对困难，解决孩子内在的行为动机问题。

【教育提升】

1. 对孩子提出适度要求。"没有要求就没有教育"，但教育切忌拔苗助长。父母总提过高的要求，孩子没有成功感，就会失去努力的动力。对孩子的教育目标不要过高，让孩子能"跳一跳摘到桃子"。

2. 对孩子的要求要具体。具体的要求对孩子的行为有指导意义，孩子容易执行，也就比较愿意做了。最重要的是，父母容易判断孩子做事的效果。

比如，父母对孩子提出整理自己房间的要求，可以说"你把自己的书桌和床收拾好"，更具体的是"你把书桌上的书叠起来，把文具收到文具盒里，整理完以后把垃圾带出去扔了""把床上的被子叠好，睡衣睡裤挂到门后"。

问题 13：隔代抚养影响到家庭教育成效，为什么？怎么办？

案例

小李和小丽是一对 80 后小夫妻。他们有了孩子之后，小李的妈妈就来到家中帮助照看孩子。老人家非常勤快也利索，几乎揽下了家中所有的家务，让他们工作没有后顾之忧。但是，在感受到老人给家庭生活带来便利的同时，小丽也感受到很多困扰。比如，如果小李和小丽发生争执，老人家不会袖手旁观，但从来都是"帮亲不帮理"，总是向着儿子。常常是小夫妻早就和解了，但老人家还会一连好几天不给儿媳妇好脸色看，这让小丽觉得很不得劲儿。最让小丽受不了的是在教育孩子的问题上，老人家的教育方式就是溺爱。因为她对孙子的百般迁就、万般溺爱，这一段时间以来，孩子已经变得非常执拗、不讲理，稍不如意就撒泼打滚。小丽让小李跟他妈妈说说，不能再这么惯着孩子。可是，小李一开口就会被直接怼回来："你小时候比他还捣蛋，我没打没骂你，不也把你培养成才了吗？"

"没老人帮衬带孩子，身体累，有老人帮衬带孩子，心累！"小丽不止一次地感慨，不知道该怎么办。

【原理分析】

教育专家孙云晓通过大量调研发现，我国 70% 的隔代抚养都不成功。有人对 3~6 岁儿童的社交水平及其影响因素做了调查研究。研究表明，核心家庭中的儿童社交水平最高，而家中有一位老人的和三代同堂家庭中幼儿的社交水平较低。其主要原因是家中有一个老人或者是三代同堂，家庭关系可能出现纠缠，幼儿的亲代和祖代之间可能存在着教养态度与方法方面的分歧，这种分歧会造成对家庭教育的影响，并制约到孩子的社会性发展。

自家老人来家里帮着带孩子，给家庭生活带来便利，但也出现了孩子的隔代抚养问题。

1. 祖辈和亲辈的教养要求和教育方式存在差异影响到儿童的性格发展。俗话说"隔代亲",孩子的很多行为,在亲辈眼里是错误的,但在祖辈的眼里是有趣和可爱,因为两代人的教育理念不同,采取的教养方式也不同。

隔代抚养中,祖辈的过度保护、迁就和放纵,容易使孩子形成胆怯退缩、骄横任性等不良性格特征,甚至出现更极端的性格和行为。在现实生活中,有些老人带的孩子,进入集体活动中会有各种各样的问题出现。比如,孩子的动手能力差,容易和其他小朋友发生小摩擦,也可能是把握不好交往方式,老人带的孩子还可能更会欺负别人,很难交到朋友。

2. 隔代抚养家庭中家庭关系纠缠会影响到家教成效。三代人生活在一起,夫妻关系、婆媳关系、亲子关系、祖孙关系纠缠在一起,导致家庭矛盾频发。案例中出现的问题,就是因家庭中的角色关系和责任分工不清,不同关系链互相牵扯、互相纠缠,而导致家庭矛盾和冲突并影响到家庭教育的。

【操作指导】

影响家庭教育成效的因素,不仅仅是家庭教育模式,三代人家庭中各种关系的互相纠缠,对家庭的情感氛围、家庭教育的实施等都会产生影响。妥善处理好家庭的各种关系,有助于提升家庭教育的成效。

1. 厘清家庭关系,为家庭教育营造和谐情感氛围。夫妻之间、亲子之间的摩擦因为祖辈的参与会变得更加复杂。这种关系纠缠的重点,是家庭关系和地位的博弈中,哪一方或者哪一组关系在家庭关系中占据核心地位,哪一方或者哪一组关系在家中更有话语权的问题。所以,我们要以尊重长辈为先,让长辈在家中有一定的决定权和话语权,可以将家庭生活安排权交由长辈,对长辈在家庭中的付出要给予充分的肯定,以维护长辈在照顾家人生活起居方面的权威性。

2. 要极力避免对孩子进行打击和讨好两种不良倾向。有的父母无法改变祖辈对孩子的骄纵,于是在祖辈宠惯了的行为上加倍责罚孩子,借着处罚孩子来发泄祖辈的不满。比如,祖辈纵容孩子看电视,父母就在孩子沉迷于看电视而做不完功课的时候把他痛打一顿。这种做法直接伤害了孩子,也在无形中加深了两代之间的鸿沟。

有的祖辈或者父母会讨好孩子来结成联盟,以对付另一方。孩子对人际关系的敏感度超乎成人的想象,他们很快就能领会到这种两方都想讨好自己的竞争态势,于是学会了投机取巧,在父母与祖辈之间获取好处。其结果是非常容易造成孩子教养方面出现问题。

【教育提升】

1. 维持好夫妻关系,努力营造和谐的家庭情感氛围。如果隔代抚养影响到夫妻关系与亲子关系，我们则需要和长辈进行相关的沟通。实在无法回避和长辈之间的关系纠缠，就要把调节的重点放在夫妻关系和亲子关系的调整上，让夫妻关系和亲子关系中的双方能相互理解、达成共识，这更有助于维护家庭的和谐稳定。

2. 履行家庭生命周期中不同阶段的责任。家庭是承载着繁衍生命和教养子女责任的场所，但一组家庭的责任存在期是有限的。新婚之后，到养育子女长大成人，就是一组婚姻家庭的责任周期，之后一个新的家庭又开始新的家庭周期。每一对父母都要学会调整自己的行为方式，在孩子成长的不同阶段发挥不同的功能，该出手时才出手，该放手时要放手。

问题 14：家长忽略了家校合作请求，为什么？怎么办？

案例

小毛老师是一所城乡接合部小学的语文教师。这学期，她接手了一年级的班主任工作。小毛老师工作非常认真负责。她觉得新生处于刚入小学的适应阶段，需要更多的家校配合。为了使孩子们能更快更好地适应小学的学习生活，她努力地做好家校联系工作。比如，她要求家长督促孩子养成好的学习习惯，按时完成作业，写作业字迹要工整等。同时，她希望学生的课余生活多样一些，要求家长周末带孩子去参加户外活动。有时，她还会布置一些手工作业，让家长陪孩子操作，培养孩子的动手能力和熏陶孩子的艺术品位。

但是，一段时间后，小毛老师就有些沮丧了。她开始抱怨：班上一些家长不配合自己的工作。当问及家长怎么"不配合"时，她说："很多家长没有给孩子的作业签字，这些孩子的作业错误百出。那些手工作业和户外活动作业，很多家长没有按要求完成。这些家长也太不重视孩子的学习了！"小毛老师一脸的不开心，不明白为何家长还不如老师关心自己孩子的成长。

【原理分析】

小毛老师的确是一位负责任的好老师。一年级的孩子才刚刚入学，做好孩子的入学适应环节，抓好孩子学习生活习惯和能力培养，是至关重要的教育任务，需要家校配合才能有更好的教育效果。但小毛老师忽视了所在班级的家长群体特点，这些家长可能难以完成家校合作教育的要求。

1. 家长的工作和生活特点影响家校合作工作。小毛老师所在的学校位于城乡接合部，学校生源主要以乡村人口和外来务工家庭为多。学生家长的文化程度普遍不高，而且大多数家庭生活压力都比较大，工作时间长，工作强度大。这些家长在家的时间少，在工作之余对孩子的关心也就是过问下孩子的学习和生活的基本情况，对辅导孩子学习以及陪伴孩子游玩和做手工等具体活动任务，他们都可能有些力不从心。因此，他们对教师提出的要求表现出的"不合作"，可以说是无心之过。

2. 教师对家庭教育和学校教育职责范畴的认识不够清晰。家庭教育和学校教育对孩子的成长都有其作用，但是，两者的职责范畴和效能存在较大的差异。

从学校教育角度看，教学工作是学校的主要职责，批改作业是教师教学工作的重要环节。教师在批改作业的过程中，得到教学成效的反馈信息，将其作为后续教学的基础。如果孩子在家长的"帮助"之下，上交的作业都是"全对"，教师就难以得到关于学生课程学习真实情况的反馈。

从家庭教育角度看，家长了解孩子在校的学习情况，为孩子创设适当的学习条件并督促孩子在家认真学习，是家长对孩子学习方面的职责。至于是否辅导孩子作业，一般要看孩子的发展状况和家长的条件来定。家长的文化水平和时间等条件允许，孩子个性化学习有需要，那么家长可以做相关的课业辅导。但案例中要求全体家长在家做"老师"，显然要求不是太合理。家长不能很好地完成这类任务，也就在所难免了。

【操作指导】

孩子是带着家庭教育的烙印走进学校的。"家庭教育不仅是教育的基础，也是主要的教育形式，它给孩子带来深入骨髓的影响，是任何学校教育和社会教育永远都无法替代的。"孩子的健康成长需要家庭教育和学校教育的密切配合，学校要做好家长工作，引导家长和学校配合完成教育的职责。

1. 要求家长要做好力所能及的教育事务。家庭是孩子的第一所学校，家长在孩子的教育方面有着不可推卸的责任。家庭教育对孩子的影响是全面持久而且深刻的。家庭教育的影响是伴着生活过程来完成的，家庭教育影响的发生形式是潜移默化的。一般情况下，家庭对孩子学业方面的教育工作，最基本的是要为孩子提供一定的学习条件，支持和鼓励孩子积极地学习，维护孩子的学习兴趣和学习动机，帮助孩子养成良好的学习习惯等。但家长要有意识地通过自己的言传身教和家庭生活实践，对孩子的自我管理、孝亲爱友等社会性行为施以影响，这对孩子的社会性发展影响是重大的。对家长来说，这方面的家庭教育任务不仅必须而且是可以胜任的。城乡接合部的学生家庭中父母的工作时间比较长，除了让孩子分担一些力所能及的家务劳动之外,更要注重培养孩子自我管理时间和学习能力。如果家校合作教育对此没有尽早加以重视,一旦孩子形成不好的行为习惯,要改正就比较难了。

2. 教师要把握好家校合作要求的可行性和策略性。在家校合作系统中,学校与教师要起到主导作用。家校合作活动和要求要根据学生家庭的具体情况而定。

教师要详细了解家长的家庭教育困惑和困难,了解家长的需求,引导家长参与学校教育和管理策略的制定,使学校提出的家校合作要求更具有针对性和可行性。同时,教师在布置给家长配合的任务时,面对不同的学生家长有针对性地进行教育方法指导,以利于家长更好地完成任务。同时,家长要发挥家长委员会对家长的影响作用,把学校以及班级的目标和活动通过家长委员告知所有的家长,同时收集家长对学校及教师的意见。

【教育提升】

1. 创设家校合作的良好氛围。家校两者之间要有相互信任和相互依赖的合作态度。我们经常看到:因为孩子调皮捣蛋、学习成绩差或者长期不完成作业,家长被班主任叫到学校来,班主任告诫家长要对孩子进行严加管教,使得家长对来到学校产生一种畏惧感,对学校的合作要求有抵触心理。因此,学校要有意识地创建良好的家校合作气氛,防止家校之间产生"敌意"。

2. 建立班级通信网络。教师可以把学生分成多个小组,每组设立一个联络员,负责把教师的要求传达给家长。同时,家长也可以通过电话向同学或老师了解情况,形成一种良性的互动交流。有条件的学校还可以建立班级网站,教师通过网站,向家长介绍有关家庭教育的知识,针对一些家庭教育问题开展讨论,这种形式的交流可以提高家庭教育的质量。

问题 15:父母和老师沟通不顺畅,为什么?怎么办?

案例

小云、小川及小伟三个孩子的妈妈相约去医院看望林老师,林老师既是三位妈妈的闺密,也是三个孩子的原班主任,今年因身体问题手术住院,所以,孩子们更换了新的班主任刘老师。在探望的过程中,四人难免会聊到这位新班主任,小云妈妈抱怨说："刘老师不好沟通，我经常电话联系她，但好多次没聊几句，对方就急不可耐地挂断，好多事情都没来得及交流。"小川妈妈也插话道："是的，每次通话我话还没说完，她就打断我询问孩子的情况。"小佳妈妈，补充道："我和她沟通过好几次，希望她能多看着点孩子，不要让孩子每天一身脏地回来，结果并没什么用。"听了三位闺密的抱怨，林老师微微一笑，对他们说道："小云妈妈，你以为人人都会像我一样，吃饭时间或者休息时间来电话都陪你好好聊吗？小川妈妈，每次打电话，你都在抱怨，从老公到公婆，这哪里是沟通孩子问题，完全是在诉苦；还有小佳妈妈，班主任不是保姆，对孩子的照顾不可能无微不至，你以前的那些要求也就闺密能做到。"听完林老师的话，三位妈妈陷入了沉思。

【原理分析】

现实生活中，小云、小川及小佳三个孩子的妈妈出现的问题并不少见，这也是目前许多父母与老师沟通过程中一些典型现象的真实写照，父母与老师的沟通不顺畅，主要有以下三个方面原因。

1. 入侵私人边界。一些父母十分热衷于与老师沟通，每当老师在家长群发布消息，这些父母会立马第一时间回应，并送上各种掌声、祝福等；同时，这些父母还会经常主动联系老师，了解孩子在学校的近况。乍一看，这是负责任的家长的表现，实则会给老师带来一定的困扰，影响到父母与老师之间正常的沟通。一方面，一些家长在沟通过程中没有把握好分寸，正如案例中所述的小云的妈妈，她会在吃饭或休息时间打电话给老师，这种做法已经严重影响到老师个人的私人时间、空间，这是对老师私人边界的一种侵犯；另一方面，父母对老师太过频繁的"打扰"，也会让老师产生负性的情绪体验，降低老师与父母沟通的意愿，不利于父母与老师良好关系的保持。

2. 沟通内容无效。一些父母与老师沟通时，还没等老师说几句话，就开始自己的"表演"了，从自己的家庭情况延伸到孩子的生活琐碎，再从孩子的生活琐碎扯到希望老师能多体谅、多照顾孩子等。总之，父母与老师一两个小时的谈话下来，老师对孩子的情况没有了解多少，反倒是听家长发泄了一通，就如同小川妈妈一样。这个过程中，老师的思路一直被父母带着走，导致聊完之后，父母忘记了原本联系老师的初衷，老师也不知道家长为什么联系自己，沟通内容明显是无效的，沟通效果自然达不到预期。

3. 所提要求不当。一些父母能在恰当的时间联系老师，及时与老师沟通孩子的情况及存在的问题，并且也愿意配合老师帮助孩子进步。但是在具体沟通过程中，他们又会像小佳的妈妈一样，提出一些不合理的请求，如给孩子换个合适的座位、帮助孩子换个好相处的同桌、帮忙监督孩子喝水等。这些要求看似简单，实则都是不容易完成的，也会给老师带来一定的困扰，且老师一旦没有达成父母的这些要求，父母又会认为与老师沟通没有意义，这样的沟通给双方都带来不舒适感，父母与老师的沟通自然不会顺畅。

【操作指导】

父母与老师的沟通不顺畅，严重阻碍了家校合作教育工作的向前推进，这是父母需要正视的问题。如果想让自己与老师沟通变得顺畅，父母要做到以下三点。

1. 保持沟通距离。案例中已经提到过，一些父母经常在吃饭或休息时间联系老师，给老师带来了一定困扰，所以，父母在与老师沟通过程中要保持好沟通距离。一是时间上，除非紧急情况，否则尽量在工作时间联系老师，不占用老师的私人时间，同时，联系也不要太过频繁，避免引起老师的反感。二是内容上，在沟通过程中只谈孩子，不要过多涉及老师个人隐私，否则会让老师有种被窥探隐私的感觉。当父母保持好沟通距离后，老师沟通的意愿就会上升，双方的沟通必然会更加顺畅。

2. 把握沟通内容。父母与老师沟通过程中，要认识到机会的难得与时间的宝贵，联系前要做相关的准备工作，保障沟通内容的有效性。首先，明确联系老师的具体目的；其次，围绕目的做好相关的语言组织工作，同时要再三明确沟通内容是否清晰、合理；最后，保证自己与老师沟通时不偏题，所聊内容是围绕既定内容展开的，自己所提的要求也是在老师的能力范围内且能够较容易达成的。这样，父母就可以避免将沟通变成吐槽，保证沟通内容的有效性，让自己与老师的沟通变得更加顺畅。

3. 掌握沟通技巧。提升沟通效果最直接的途径是运用沟通技巧，所以父母要掌握一些基本的沟通技巧，其中最低要求是学会倾听。在父母与老师的沟通过程中，只有学会倾听，父母才能从老师那里获得最详细、最完整的信息，才能对老师提出的问题、疑惑进行有针对性的回答。倾听是一门技术，也是一门艺术，希望各位父母都能学习、掌握和运用它，让它成为自己与老师之间沟通的重要利器，让自己与老师的沟通真正顺畅起来。

【教育提升】

父母与老师的沟通是否顺畅，树立正确的沟通意识十分重要。

一些父母，习惯性地把孩子送到学校后就不管不顾了，只要孩子没出事，就不会主动联系老师。在这些父母看来，在家教育孩子是父母的责任，去了学校那就是学校的责任、老师的工作了。当老师主动联系时，这些父母仍然是一副甩手掌柜模样，对于老师提出的要求、配合，更多地停留在表面层次，想要他们付出更多的时间、精力到孩子身上，几乎是不可能的。

父母，一定要正视与老师的日常沟通，要清楚地意识到父母与老师之间沟通是有必要的，它能够让双方相互了解孩子在家、在校的学习、生活情况，这些情况是父母开展家庭教育、老师开展学校教育的重要依据和参考。同时，父母还要充分认识到这种沟通的重要性，它能确保孩子出现异常表现时，父母和老师第一时间就可以获悉异常情况，并进行有效的干预。

父母与老师的沟通是必要的也是重要的，它既是学校的要求更是父母的责任，沟通顺畅，家校才能形成合力，才能促进孩子身心健康并可持续发展。